Kanalende in Biedermannsdorf

Kanalabfluss im Mödlingbach, Achau

Mödlingbach

Teichschleuse

Pfaffstättner Feldbrücke

Forstmeisterkanal

Schwechat-Aquädukt

Mühlbach

Schwechat

Hörmbach

Haidbrücke

Piesting-Aquädukt

Hauersteigbrücke

Triesting

Schleuse 31

Piesting

Warme Fischa

Kehrbach

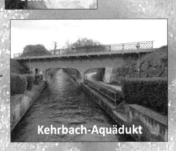

Kehrbach-Aquädukt

Warme Fischa-Aquädukt

Peischinger Wehr, Kehrbachableitung

Rechte Kanalzeile, Wiener Neustadt

Schifferlfahren am Triangel Wiener Neustadt

Die 40 Wasserfälle Richtung Wien

Der Wiener Neustädter Kanal

Heinrich Tinhofer

Die 40 Wasserfälle Richtung Wien

Der Wiener Neustädter Kanal

Die Achse des Industrieviertels

KRAL
VERLAG

Danksagung

Anliegen des Buches bzw. des Autors ist es, den riesigen Kontext, in dem sich das über 60 km lange Industriedenkmal befindet, in einer reich bebilderten und leicht lesbaren Form zu erfassen. Nachdem über den Wiener Neustädter Kanal im Vergleich zu anderen Bauten bisher relativ wenig geschrieben wurde, und es von den zuständigen Fakultäten keine wissenschaftliche Aufarbeitung gibt, wurde auch versucht, allfällige noch „weiße Flecken" zu erkunden. Diese Unternehmung war eine große Herausforderung für alle, die an der Entstehung des Buches teilhatten.

Der Dank gilt:

Meiner Familie, die nicht nur ein angenehmes Arbeitsumfeld schaffte, sondern auch durch ständiges Korrekturlesen und diverse Hilfestellungen bei Recherchen und EDV-Herausforderungen einen unschätzbaren Beitrag leistete.

●

Allen, die sich der Qualitätssicherung annahmen und dabei Ausdauer bewiesen. Es waren dies: Manfred Schnitzer, Anthropologe und Soziologe; Manfred Pregartbauer, technischer Mathematiker; Mike Clarke, Kanalhistoriker in Großbritannien, und alle anderen, die ich in den letzten drei Jahren privat ansprach, um mir Feedback zu geben. Die Letztgenannten bitte ich um Nachsicht, dass sie nicht namentlich genannt werden.

●

Meinen zahlreichen Interviewpartnern und -partnerinnen, die bei den Quellennachweisen genannt werden.

●

Dem Verlagsteam, dem Grafiker, den Kartografen sowie dem Korrekturleser, welche die nötige Geduld hatten und Verständnis in Stresssituationen aufbrachten.

●

Bei jedem Buch steht zuerst eine Idee. Der, der die Idee mit seiner ihm eigenen Überzeugung beim Autor zum Manuskript werden ließ, war Gerhard Horvath, Radbeauftragter der „Ziegelgemeinden" unter den ehemaligen Kanalanrainern rund um Leopoldsdorf.

Jeder Autor, jede Autorin eines Sachbuches braucht wohl auch eine externe Sinnfindung. Diese fand sich durch das umsichtige und zielstrebige Teamworken von Gabriele Bröthaler, Regionalberaterin der NÖ.Regional, mit „Ihren" Kanal-Anrainergemeinden im Zuge der Planungsarbeiten für die „Achse Wiener Neustädter Kanal" der NÖ Landesaustellung 2019. Das vorliegende Buch bringt die Bilder und historischen Hintergründe zu dieser Achse.

Heinrich Tinhofer
November 2017

Inhaltsverzeichnis

Geleitwort

Von den Regionen übergreifenden frühindustriellen Bauwerken ist der Wiener Neustädter Kanal mit seinen über 200 Jahren das mit Abstand älteste. Darüber hinaus war der Kanal die einzige künstlich angelegte schiffbare Wasserstraße Österreichs. Während die rund 40 Jahre älteren englischen Kanalvorbilder auch heute noch mit Schiffen befahren werden, fristet der Wiener Neustädter Kanal gerade einmal ein geduldetes Dasein als Gerinne. Jedes Jahr verfallen technische Einrichtungen dieses Wasserweges und nur wenige der Anrainer, Spaziergänger und Radfahrer wissen noch über die ursprüngliche Funktion dieser Transportachse des vorvorigen Jahrhunderts Bescheid.

Blättert man dieses Buch durch, staunt man über die gewaltige Bauleistung aus der napoleonischen Zeit, über die Schönheit der klassizistischen Ziegelgewölbebrücken, das „Wunder" der in zwei Ebenen kreuzenden Wasserwege und kann anhand der historischen Bilder das Spektakel nachempfinden, das die Mehrfachschleusen einst geboten haben müssen. Der reich bebilderte Band zeigt aber auch die heutigen mehr oder weniger verborgenen Schönheiten des Kanals und der Anrainergemeinden.

Als Raum- und Landschaftsplaner imponiert mir die sich ergebende Matrix-Struktur, die der Wiener Neustädter Kanal – samt seinen Zuflüssen – in der Süd-/Nordrichtung mit den kreuzenden Flüssen in der West-/Nordostrichtung in das durch das Zusammenwachsen der Gemeinden im Laufe der zwei Jahrhunderte etwas amorph gewordene Industrieviertel zeichnet. Unter diesem Blickwinkel ergeben sich reizvolle Entwicklungsmöglichkeiten für diese uralte Kulturregion.

Ich würde mir wünschen, dass der ehemalige Schiffskanal wieder einige seiner technischen Ausstattungen, wie Schleusentore, zurückbekommt und das Bauwerk in seiner einstigen Bedeutung im Bewusstsein der Menschen wieder erkennbar wird. Der einstige verbindende Charakter des Wasserweges könnte im Sinne einer Kommunikationsachse und Identitätsstiftung wieder aufleben.

Persönlich erlebe ich den Wiener Neustädter Kanal schon seit Jahren als interessante Radstrecke entweder als kleine Runde von Mödling aus oder auch als „Heimweg" von größeren Touren im Wienerwald. Etliche Heurige werten die Strecke auch kulinarisch auf.

Univ.-Prof. DI Dr. Wolfgang Feilmayr
Department für Raumplanung
Technische Universität Wien

Hinweise zur geschlechtergerechten Formulierung und Datenqualität:

Der Autor bemühte sich, den Grundprinzipien sprachlicher Gleichbehandlung zu folgen, wie sie im Leitfaden „Geschlechtergerechtes Formulieren" des bm:uk empfohlen werden. Lediglich der „Sparschreibung", also dem Binnen-I und der Variante mit dem Schrägstrich, kann in einem Buch nicht Folge geleistet werden. In Fällen, in welchen wegen der leichteren Lesbarkeit die männliche und weibliche Form nicht angeführt wird, wird gebeten, diese gedanklich mit einzubeziehen. Im oben angeführten Leitfaden wird die Forderung nach einer Sprache, die Frauen und Männer gleichermaßen sichtbar macht, mit einem Beispiel aus der Geschichte anschaulich begründet. *„Bereits um 1840 schrieben Mathematiker die ersten Computerprogramme. So bleibt in diesem Beispiel unerwähnt, dass um 1840 das allererste Computerprogramm von der Mathematikerin Lady Ada Lovelace geschrieben wurde."*

Datenqualität: Ein Nachweis für Genauigkeit und Authentizität ist bei Beschreibungen mit geschichtlichem Hintergrund nicht möglich, weil Lexika und historische Quellen unzuverlässig sein können und sich zum Teil auch widersprechen. Auch hier ein Beispiel, und zwar aus der italienischen Geschichtsschreibung:
So wies der Historiograf Leopold Ranke (1795–1886) nach, dass in der „Storia d'Italia" von Francesco Guicciardini (1483–1540), die jahrhundertelang als unumstritten galt, Fehler enthalten sind. Wenn möglich, wurden im vorliegenden Buch jeweils zumindest zwei Quellen herangezogen.

Einführung

Da wo heute das Beton- und Glasmonument „Shopping Center WIEN MITTE - The Mall" mit 30.000 m² Verkaufsfläche steht, lag einst der Endhafen des Ökonomischen Canals, auch Wiener Kanal und heute Wiener Neustädter Kanal genannt. Er ist in seiner heutigen Form ein bemerkenswertes Überbleibsel eines zwischen 1797 bis 1803 erbauten Wasserweges, der für Gütertransporte – vor allem für Kohle und Holz – konzipiert war und die Pferdefuhrwerke ablösen sollte. Den Beinamen ökonomisch bekam er in der Planungsphase um 1796 deswegen, weil er nach englischem Vorbild der Narrowboat Canals und nicht nach den wesentlich breiteren französischen Kanalvorbildern projektiert wurde.

Mit dem Siegeszug der Eisenbahn ab 1848 wurde der Kanal, der 65 km lang war, sukzessive wieder zugeschüttet. Der heutige Wasserweg zwischen Biedermannsdorf und Wiener Neustadt hat eine Länge von 36 km.

Charakteristisch für das in diesem Ausmaß früheste Industriedenkmal Österreichs sind die in zwei Ebenen erfolgenden Wasserkreuzungen des Kanals, die sogenannten Tröge mit den kreuzenden Flüssen.

Seine Existenz verdankt das verbliebene, mit 36 km Länge immer noch imponierende Denkmal den noch in Betrieb stehenden Kleinkraftwerken, die immerhin 0,6 Megawattstunden pro Jahr ans Netz liefern, den sonstigen mannigfaltigen wasserwirtschaftlichen Funktionen sowie der Nutzung als Erholungsgebiet.

Der Kanal wurde in einer uralten Kulturlandschaft trassiert. Er stand logistisch in engem Zusammenhang zuerst zu Schwemmkanälen und Holztriften und dann zu Eisenbahnen in einem der ältesten Industriegebiete Österreichs.

P . e . r . l . e . n . k . e . t . t . e der Gemeinden am Wasserweg in den Süden

Die Flussrichtung des Kanals ist von Süden nach Norden. Die Beschreibungen in diesem Buch erfolgen immer von Norden nach Süden und folgen somit der historischen Schleusennummerierung.

Die Einmaligkeiten des Kanals

Die „Wasserfälle"
Heute gibt es noch 40 Schleusenstufen, die von Wiener Neustadt bis Biedermannsdorf ca. 83 Höhenmeter überwinden. In der Betriebszeit des Kanals waren es 50 Schleusen, die von Wiener Neustadt bis zum Ort Landstraße, heute der 3. Bezirk von Wien, rund 100 Höhenmeter überwanden. Das Bild zeigt eine Schiffsmannschaft bei der Betätigung der Rabengassen-Zweifachschleuse, wo heute die Beatrixgasse in Wien 3. die Schnellbahn S7 überquert.

Die klassizistischen Brücken
Bauwerke in historischer Zeit waren stets auch Kunstwerke und nicht nur Mittel zum Zweck. Acht Brücken von insgesamt fünfzig, im Stil des sogenannten romantischen Klassizismus, sind heute noch erhalten. Diese Brücken, die allesamt zwischen 1797 und 1803 entstanden und heute auf rund 20 km verteilt in der Kanallandschaft stehen, sind als Ensemble die ältesten funktionsfähigen Brücken in Österreich.

Die Aquädukte über die den Kanal kreuzenden Flüsse, auch Tröge genannt
Heute gibt es noch 8 Aquädukte. Die Kanalkreuzungen mit kleineren Gewässern erfolgen durch sogenannte Düker mittels Rohrleitungen. In der Betriebszeit des Kanals waren die meisten der 16 Aquädukte nicht aus Stein, sondern aus Holz gebaut. Der im Bild links gezeigte Wiener Neustädter Aquädukt über die Warme Fischa hatte einst 6 Bögen. Der Aquädukt mit der höchsten Scheitelhöhe war jener über den Liesingbach in Wien-Unterlaa bei Kledering. Er wurde erst 1979–1982 demoliert.

Kapitel I.

**Stimmungsbilder
Ein Kanal auf Werbetour**

Ein Industriedenkmal, das real 36 km und virtuell 65 km lang ist, rund 50 historische Bauwerke und 100 andere Bauobjekte umfasst und auf den meisten Streckenabschnitten begehbar beziehungsweise befahrbar ist, erschließt sich leichter, wenn man es vor der Bereisung in seiner Gesamtheit in einer Bildabfolge ansehen kann. Vordergründig ist der ehemals schiffbare Kanal ohne seiner einstigen Mobilitätsfunktion und Kenntnis seiner Geschichte wenig attraktiv.

Diese Wahrnehmung ändert sich jedoch, wenn man die folgenden „Stimmungsbilder" und das Kapitel III. über die Geschichte des Kanals angesehen beziehungsweise gelesen und die Strecke zu unterschiedlichen Jahreszeiten und Wetterlagen befahren hat oder abgegangen ist. Vertieft man sich dann noch in das Kanal-Ambiente der einzelnen Streckenabschnitte (siehe Kapitel VI. „Perlenkette der Anrainer-Städte und Gemeinden") wird das vordergründig gesichtslose und unstrukturierte Industrieviertel auf einmal spannend und mit Leben erfüllt.

Die stillgelegten und zugeschütteten Kanalabschnitte abzugehen, scheint zunächst etwas schräg. Sieht man sich jedoch die „Stimmungsbilder" an der wasserlosen Strecke an und erinnert sich an die Geschichte des schiffbaren Kanals und des beginnenden Industriezeitalters, wird das Unternehmen durchaus Sinn und Freude ergeben. Schülerinnen und Schüler der HTL Mödling konnten im Rahmen eines Projektes jedenfalls diese Erfahrung machen.

Bauten längs der ehemaligen Kanaltrasse in Wien-Landstraße

Musikuniversität, Schnellbahn auf der Kanaltrasse

Kathedrale der Russisch-Orthodoxen Kirche

St. Marxer Biedermeier-Friedhof

Bauten längs der ehemaligen Kanaltrasse in Wien-Simmering

Bildstock des Hl. Nepomuk

Straßenzug „Am Kanal"

Verschiebebahnhof mit Bartholomäuskirche

Landschaft längs der ehemaligen Kanalstrecke in Wien-Unterlaa und Rannersdorf

Liesingbach an der Stelle des demolierten Aquäduktes

Kanal-Assoziation

Aspangbahn längs der Kanaltrasse

Bilder längs der ehemaligen Kanalstrecke Lanzendorf, Maria Lanzendorf, Leopoldsdorf und Achau

Blick auf Maria Lanzendorf

Stelle des 1932 abgerissenen Aquäduktes, Fotomontage

Historische Mautbrücke Achau, Seitenarm der Mödling, in der heutzutage Kanal- wasser fließt

Biedermannsdorf – in der Mitte des Gemeindegebietes beginnt bzw. endet der Kanal

Ehemaliger Stichkanal

Krottenbach an der Stelle des ehemaligen Aquäduktes

Beginn bzw. Ende der heutigen Fließstrecke

Laxenburg

Kanallandschaft mit Schilfrohr

Laxenburger Notauslass

Die Biber sind zurück

Guntramsdorf

Teichschleuse

Dreifachschleuse

Haltung oberhalb der Dreifachschleuse

Gumpoldskirchen

Entenparadies

Biber-Technik

Schleusentechnik

Traiskirchen

Kulturflüchtlinge

Schleusenstudie

Historische Pfaffstättner Feldbrücke

Pfaffstätten

Staudruckturbine

Schleusenstudie

Fuchs´n-Steg

Tribuswinkel

Schwechat-Aquädukt

Aquädukt in Flussrichung

Historische Weingartenbrücke

Baden

Historische Haidbrücke

Eine der letzten Pappelalleen

Blick auf die Voralpen

Bad Vöslau

Kleinkraftwerk

„Neue Industrie" am alten Kanal

Wolliger Kanalnachbar

Kottingbrunn

Schaufelradturbine

Wasserfall, Schleuse 31

Steg im Wienerwald-Look

Leobersdorf, Schönau an der Triesting

Mobilitätsmedien

Schneeberg am Kanal

Schleusenkammer Nr. 35

Sollenau

Historische Hauersteigbrücke

Kreuzung zweier Mobilitätsachsen

Piesting-Trog

Ebenfurth, Eggendorf

Die Natur erobert den Industriekanal

Historische Untereggendorfer Brücke

Schotter quert Kanal

Wiener Neustadt

Schafflerbrücke im Visier des 3er Kanadiers

Historischer Warme-Fischa-Trog

3er-Kanadier vor dem Hafen am Triangel

Allee vor der Hohen Brücke

Dieser Anrainer „An der Hohen Brücke", Jahrgang 1933, kannte noch die originale historische Brücke und fuhr als Kind auf der Rennstrecke von Austro-Daimler längs des Kanals mit dem Rad.

Aufgelassene Strecke in Lichtenwörth und Kanalzuflüsse aus Katzelsdorf und Peisching/Neunkirchen

Stelle der ehemaligen Kriegsfleckbrücke

Hier querte der längste Aquädukt die Leitha

Ehemalige Kanalstrecke vor der Pöttschinger Höhe

Ableitung des Leithawassers in Katzelsdorf

Schwemmgut-Skulptur in Katzelsdorf

Ableitung des Schwarza-Wassers in Peisching

Die davor gezeigten Stimmungsbilder haben die heutige Kanallandschaft eingefangen. Am besten kann man sie bei einer Radfahrt hautnah selber erleben. In drei Tagen ginge es aber auch zu Fuß. Wie schon am Anfang des Kapitels erwähnt, setzte sich unter dem Motto „Von Süden nach Morgen" die HTL Mödling nicht nur mit der Vergangenheit des Wiener Neustädter Kanals, sondern auch mit der Zukunft auseinander. Im Zuge dieser Projektarbeiten stellte sich eine Projektgruppe der Herausforderung und ging die gesamte 65 km lange Strecke ab.

Die einzelnen „Stimmungsbilder" wurden, außer in der Überschrift, nicht näher beschrieben. Diese oder ähnliche Bilder finden sich später im Kapitel VI. „Perlenkette der Anrainer-Städte und Gemeinden" wieder und werden dort im Kontext gezeigt.

Zum Abschluss folgen drei historische Stimmungsbilder, stellvertretend für alle anderen: Ein Aquarell der Rabengassenschleuse, ein Kanalmotiv, das die Maler der damaligen Zeit am meisten beschäftigt hat, und von dem die meisten Bilder gemalt beziehungsweise gezeichnet wurden. Das Bild fängt die Symbiose von Architektur, Technik und dem Leben in der Biedermeierzeit ein. Auch wenn wahrscheinlich niemand mit der Zeit des Vormärz und den damaligen gesellschaftlichen und sozialen Zuständen tauschen wollte, eine Hauptlogistikachse faktisch im Zentrum der Stadt ließe sich heute nicht mehr derartig harmonisch darstellen.

Auch der Kanal bei Maria Lanzendorf war ein beliebtes Motiv für die zeitgenössischen Maler.
Es ist das einzige Bild, das den Gegenverkehr zweier Schiffe zeigt.

Der ungewohnte Schiffsverkehr in Wiener Neustadt bot zusammen mit der klassizistischen Brücke im Vordergrund
und dem Gebirge im Hintergrund ebenfalls ein beliebtes Motiv für Künstler.

Kapitel II.

Was macht den Kanal außergewöhnlich?
Vergleiche und Alleinstellungsmerkmale

Um 1791 wurde die Wiener Neustädter Steinkohlengesellschaft gegründet; wenig später, im Jahre 1794, stellte der Großhändler Bernhard von Tschoffen, ein Beteiligter der Gesellschaft, Überlegungen an, einen Kanal nach englischem Vorbild bauen zu lassen.

Der einzige Vergleich, der damals zog, war der, dass ein Pferd lediglich

- 1 Tonne mit einem Fuhrwerk auf der Straße ziehen konnte,
- 6 ¾ Tonnen mit der Pferdeeisenbahn und
- unglaubliche 20–30 Tonnen, wenn es am Wasser einen Kahn zog.

Am 18. April 1803 war es dann so weit. Zwar zog das Pferd bei der Eröffnung noch keine 30 Tonnen, sondern die Mitglieder der Kanalbau-Hofkommission: Feldmarschallleutnant Freiherr von Frohn, Hofrat Wiebeking, Hofarchitekt Montoyer, Graf Wrbna und Schleusenmeister Denis, die eine hochoffizielle Inspektion des Gerinnes vornahmen. Der 12. Mai 1803 gilt als Eröffnungstag des Frachtbetriebes. Vier Kanalfrachtkähne fuhren um 5 Uhr von Wien weg und nahmen in Guntramsdorf erstmals Ziegel als Nutzlast auf und setzten ihre Fahrt Richtung Wiener Neustadt fort.

Dieser 1:30-Tonnen-Rekord bei der Transportleistung war nicht der einzige. Mehr an Rekorden und Hinweise zu den Alleinstellungsmerkmalen werden auf den folgenden Seiten dargestellt.

Der Kanal im Vergleich

Größenunterschiede hinterlassen besonders nachhaltige Wahrnehmungen, wie man bei den folgenden Vergleichen zwischen einem Hochhaus und den Myrafällen sehen kann.

Höhendifferenz

Die 40 Wasserfälle Richtung Wien, also die Schleusenstufen zwischen Sollenau und Guntramsdorf, überwinden rund 80 Meter. In der Mitte der Bilder oben ist als Beispiel die Dreifachschleuse in Guntramsdorf zu sehen. Das entspricht einer Hochhaushöhe wie etwa dem HOCH-ZWEI-Bürohaus, das sich zwischen dem Prater und dem Messegelände in Wien befindet. Damit überwinden die heute noch zu bestaunenden 40 Wasserfälle Richtung Wien rund 10 m mehr als die 70 m Höhenunterschied der Myrafälle, deren Wasser letztlich mit der Piesting im Ortsgebiet von Sollenau unter dem Kanal durchfließen.
Auch wenn das Industrieviertel von Neunkirchen (Seehöhe 354 m), wo das Schwarza-Wasser über den Kehrbach nach Wiener Neustadt zum Kanal abgeleitet wird, bis nach Wien-Landstraße (Seehöhe 163 m), wo der Kanal einst seinen Endhafen hatte, als geografisch gesehen flach empfunden wird: der Höhenunterschied beträgt immerhin 191 Meter. Für ein Gefälle von 163 m relativer Höhe von Wien zum Schwarzen Meer braucht die Donau rund 1300 km.
Der Kanal überwand von Wiener Neustadt (Seehöhe 263 m) nach Wien, wo sein Wasser letztlich in den Wienfluss mündete, rund 100 Meter.

Die Alleinstellungsmerkmale des Kanals

Bei Alleinstellungsmerkmalen geht es eigentlich um Rekorde. Sie beruhen ebenfalls auf Vergleichen, die gerne für Werbezwecke herausgestellt werden. Die folgenden „Rekorde" des Kanals sind kaum bekannt und wären erst einmal in das Bewusstsein der Menschen zu rücken.

Das größte Industriedenkmal unter den ältesten Industriebauten Österreichs

Mit heute noch 36 km Fließstrecke (einst 65 km) und dem Baujahr 1803 handelt es sich bei dem ehemals schiffbaren Kanal um das älteste der „großen" Industriebauwerke in Österreich. Vergleichsweise wurde die I. Wiener Hochquellenwasserleitung mit ihrer imposanten Länge von 95 km erst 70 Jahre später, nämlich 1873, erbaut. Das wahrscheinlich bekannteste Bauwerk der Industrialisierung, die Semmeringbahn, Streckenlänge 41 km, wurde 1854 eröffnet.

Die ältesten Brücken Österreichs

Mit dem Baujahr 1803 sind die heute noch vorhandenen 8 Brücken des sogenannten romantischen Klassizismus das mit Abstand älteste Brückenensemble in Österreich. Die 8 Brücken befinden sich auf einer rund 21,3 km langen Kanalstrecke zwischen Traiskirchen/Pfaffstätten und dem nördlichen Ortsende von Wiener Neustadt.

Pfaffstättner Feldbrücke in Traiskirchen

Weingartenbrücke in Tribuswinkel

Haidbrücke in Baden

Kottingbrunner Straßenbrücke

Hauersteigbrücke in Sollenau

Blumauerbrücke in Eggendorf

Untereggendorfer Brücke

Schafflerbrücke in Wiener Neustadt

Wasserkreuzungen

Im Verlaufe des Wiener Neustädter Kanals befinden sich Wasserkreuzungen, die in zwei Ebenen stattfinden. Dabei kommt das Wasser des Kanals mit dem des jeweiligen Flusses nicht in Berührung. Derartige Wasserkreuzungen gibt es in Österreich, sieht man von Wasserleitungen in Rohren, unterirdischen Wasserkreuzungen und einigen wenigen Mühlbächen ab, nur beim Wiener Neustädter Kanal.

Über sieben große und spektakuläre Tröge – so werden die Kanalaquädukte genannt – verfügt der Kanal und ist somit in Österreich einzigartig. Das Beispiel des Kehrbachtroges in Wiener Neustadt verdeutlicht das Kreuzungsprinzip.

Das Industriedenkmal, das sich über 15 Gemeinden erstreckt

Nur noch die beiden Wiener Hochquellenwasserleitungen sind derartig „Kommunen verbindend" wie der Kanal.

Der einst schiffbare Wasserweg verbindet auch heute noch die Anrainergemeinden, wie auf einer Perlenkette; und zwar sind dies:

- *Biedermannsdorf*
- *Laxenburg*
- *Guntramsdorf*
- *Gumpoldskirchen*
- *Traiskirchen*
- *Pfaffstätten*
- *Tribuswinkel (Traiskirchen)*
- *Baden*
- *Bad Vöslau*
- *Kottingbrunn*
- *Leobersdorf*
- *Schönau an der Triesting*
- *Sollenau*
- *Ebenfurth*
- *Eggendorf*
- *Wiener Neustadt*

Dieses Gefühl der Verbundenheit kann man als Radfahrer oder Fußgeher längs des Kanals beschaulich nachempfinden.

Schautafeln erinnern an die einstige Bedeutung des Wasserweges und die damalige Außergewöhnlichkeit des Bauwerkes.

Das Stadtmuseum in Traiskirchen, das Schlossmuseum in Kottingbrunn und das Industrieviertelmuseum in Wiener Neustadt zeigen Modelle des einst schiffbaren Kanals und veranschaulichen den Schleusenbetrieb.

Einst-und-Jetzt-Vergleiche

Es liegt in der Natur der Sache, dass Vergleiche von Ansichten schon aufgelassener Streckenabschnitte des Kanals am augenschein-lichsten sind. Der Einst-und-Jetzt-Vergleich soll auch die Sensibilität für den baulichen Verfall schärfen, der gerade jetzt in der heu-tigen Zeit stattfindet. Von den 80 Schleusentoren der heutigen Fließstrecke gab es vor rund 50 Jahren, als Fritz Lange zu erheben begann, noch einige. Im Zeitabschnitt der Recherche des Buches, 2014/2016, waren bereits alle Schleusentore entfernt, das letzte, das der Schleuse 34 in Kottingbrunn, im Jahre 2013. Ebenfalls 2014/2016, waren zwar noch die meisten Schleusenkammerwände vorhanden, die Wände wiesen aber zum Teil Auswaschungen auf. Einige eingestürzte Schleusenmauern, zum Beispiel im Schloss-park von Kottingbrunn, mussten bereits Böschungen weichen.

Besonders bedroht sind technische Bauteile des Kanals, die hydraulisch keine Funktion mehr haben, beispielsweise wunderschöne Zahnstangen mit Rücklaufsicherung, die an Holzstehern montiert sind, welche nach Jahrzehnten vermorschen.

Der „Wiener" Hafen des Kanals, der zwischen 1803–1848 in der damals niederösterreichischen Landstraße lag. In Blickrichtung rechts sieht man den Kanaleinstich unter der Stubenbrücke.

Seit 2014 dominieren 30.000 m² Geschäftsfläche von „WIEN MITTE – The Mall" das ehemalige Hafenareal. Die Fotomontage mit einem Kanalkahn zeigt „alte" und „neue" Moderne.

Bei der heutigen Beatrixgasse befand sich zwischen 1803–1848 die Rabengasse-Doppelschleuse. Oben thront die 1821–1823 nach Plänen von Johann Amann errichtete „Militair-Thierarzneyschule". Ab 1996 hat hier die Universität für Musik und darstellende Kunst Wien (Bild rechts) ihr repräsentatives Hauptgebäude gefunden.

Nach 1849 wurde die Kanaltrasse von der Bahn übernommen. Heute führt hier die Schnellbahn S7 von Wien-Floridsdorf, Wien-Mitte, Rennweg, St. Marx (Vienna Bio Center), Geiselbergstraße, Zentral-friedhof, Kaiserebersdorf, Schwechat, Mannswörth zum Flughafen Wien (VIE).

Bis 1930 führten der Kanal und die Aspangbahn am Aquädukt über den Liesingbach, der auch „Klederinger" Aquädukt genannt wurde. Dem in Unterlaa, heute in Wien-Favoriten, gelegenen Bauwerk wurde 1945 ein Pfeiler weggesprengt. Mit Eisenträgern gestützt konnte auch nach 1945 die Bahn noch verkehren. Trotz Denkmalschutz wurde der ehemals höchste Aquädukt, mit einem Wasserspiegel von 12 m über dem Liesingbach, 1982 gänzlich abgerissen.

So wenig spektakulär sieht die Straßenüberführung über den Liesingbach heute aus, die sich in der Nähe des ehemaligen „Klederinger" Aquäduktes befindet.

Ein Maler des frühen 19. Jahrhunderts, der es mit der historischen Realität nicht so genau nahm, malte eines der heute bekanntesten Kanalbilder mit der Maria Lanzendorfer Kirche im Hintergrund. Mit den Schiffen und dem Zugpferd stimmt einiges nicht und auch der Brückenstil ist auf keinem der Baupläne zu finden.

Hier die Wallfahrtskirche von Maria Lanzendorf, ungefähr von der gleichen Stelle, in Leopoldsdorf, aufgenommen. Es dominiert auch heute eine Mobilitätsachse das Bild, nur wirkt das Ganze weniger beschaulich.

Es gab eine beeindruckende Straßenquerung des Kanals, wo die Straße nicht über den Kanal, sondern darunter führte, nämlich die Kanal-Kreuzung mit der damaligen Ödenburger Straße in Leopoldsdorf.

Die Ödenburger Straße heißt jetzt Achauerstraße. Das Foto zeigt den Abbruch des Aquäduktes, unter dem die Straße verlief. Heutzutage steht lediglich das Datum des Abbruches, nämlich 1932, an einer Gartenmauer in der Nähe des ehemaligen Bauwerkes.

Die Tore der Schleuse 34 wurden 2013 mit der Zusage entfernt, sie zu erneuern. Diese Schleuse war die letzte des Kanals mit eingehängten Toren.

Schleusenkammern alleine ohne Tore schaffen das Empfinden, dass etwas fehlt.

Der Kanal-Trog über die Warme Fischa in Wiener Neustadt hat(te) sechs Bögen, von denen heute noch vier, zum Teil ansatzweise, zu sehen sind.

Die „verschwundenen" Bögen wichen dem Hochwasserschutz. Ebenfalls verschwunden ist die einst hier angesiedelte Fabrik von Austro-Daimler, die legendäre Fahrzeuge produzierte.

Die Kanalverlängerung von 1811 bis 1916, mit Speditionshaus in Lichtenwörth, führte über die Leitha. Hier befand sich der längste Aquädukt des Kanals. Geplant war die Strecke Richtung Pöttsching, Ödenburg nach Györ.

Am linken Ufer der Leitha, hier bei Hochwasser, kann man an der Stelle des einstigen Aquäduktes noch Reste der Kanaltrasse sehen.

Kanal-Datenblatt

Wasserweg		Kanalposition	Jahr	Ereignisse	Bedeutende Phasen
≈ 1,7 km	1	Hafen Stubenbrücke 1803-1848, 1. Wiener Hafen 209 x 114 m	1795/96 1797 1803 1805 1808 1811	Planung Baubeginn Erste Frachtfahrt Beginn Schwechat-Holztransport Beginn Naßwald-Holztransport Erste Fahrt am Pöttschinger Ast	Regulärer Frachtverkehr: 1803-1848 zwischen dem 1. Wiener Hafen und Wiener Neustadt 1849-1879 zwischen dem 2. Wiener Hafen und Wiener Neustadt
≈ 18,1 km	2	Hafen Rennweg 1849-1879, 2. Wiener Hafen 228 x 35 m			Bedarfsverkehr: 1880 bis kurz nach 1900 zwischen Wr. Neustadt, Guntramsdorf bzw. Leopoldsdorf
≈ 1,1 km	3	Kanalende: Krottenbach 1930-1945 und 1952-1963	1916	Kehrbach-Umlegung: Anspeisung über Katzelsdorfer Mühlbach und Kehrbach Auflassung der Neudörfler Rigole	1811-1916 Betrieb bis Pöttschinger Anhöhe (1813-1822 war die Strecke am Pöttschinger Ast trockengelegt)
Σ 1-4 ≈ 20,9 km ≈ 2 km	4	Mödlingbach Seit 1973		Stilllegung des Wiener Neustädter Hafens Kanalanfang ab Kraftwerk Ungarfeld	
	5	Haidbach 1945-1952 und 1963-1973	1926/27 1927/35 1930 1965	Zuschüttungen: Wiener Neustädter Hafen Wiener Stadtgebiet Achau bis Rannersdorf Pöttschinger Ast	Kanaleinspeisung: 1803-1916 über Neudörfler Rigole Ab 1916 über Kehrbach bzw. Katzelsdorfer Mühlbach
≈ 33,3 km		Kleinkraftwerke: 13 Stk., erbaut 1936, bei den Schleusen 18-25, 27-29,32 und 33 mit einer Leistung von 1,5 Mio. kWh/ Jahr. Davon sind seit 1947 7 Anlagen mit einer Leistung von 600.000 kWh/ Jahr wieder In Betrieb. Weitere Kleinkraftwerke wurden mittlerweile in Gumpoldskirchen, Pfaffstätten und Kottingbrunn installiert.	1930 1945 1952 1963 1973 2003 2019	Nördliches Kanalende: Krottenbach, Biedermannsdorf Haidbach, Laxenburg, Notauslass Krottenbach, Biedermannsdorf Haidbach, Laxenburg, Notauslass Kanalende Mödlingbach- Biedermannsdorf 200-Jahrfeier des Kanals NÖ. Landesausstellung mit der Achse Wiener Neustädter Kanal	Holzschifffahrt am Kanal: 1808-1855, Hubmersche Schwemm-Compagnie mit Holz aus dem Naßwald über Schwarza u. Kehrbach 1805-1879, zwischen Verladestelle Leesdorf und Wien mit Holz von Klausen Leopoldsdorf über die Schwechattrift Betriebszeiten wichtiger Stichkanäle: 1803-1884 Guntramsdorf 1850-1895 Leopoldsdorf 1858-1883 Biedermannsdorf
				Kanalbreite: 11 m, Sohle 6m Tiefe: 1,26 m, später 1,58 m Die heutigen Werte liegen darunter. Gefälle: etwas über 100 m, heute etwas über 80 m Durchfluss: 1,2-1,4 m³/s	Eigentumsverhältnisse: 1797-1801 Gesellschafterbesitz 1801-1822 Staatliche Verwaltung 1822-1871 Pächterzeit 1871-1956 Kanal in Privatbesitz 1956- Kanal in Landesbesitz
Einspeisung Neudörfler Rigole 1803-1916				Brücken: 58 auf der historischen Fließstrecke 8 bzw. 9 (inkl. Gumpoldskirchner Brücke) historische Brücken auf der heutigen Strecke	1867-1897 Wiener Eislaufplatz am ehemaligen 1. Wiener Hafen Ab 1857 Verbindungsbahn bzw. S-Bahn auf Kanaltrasse
	6	Triangel 6 bis 7 ≈ 0,8 km			1944-1947 teilweise Trockenlegung durch Bombenschäden
Pöttschinger Höhe	7	Kraftwerk Ungarfeld Kanalanfang seit 1916		Aquädukte: Auf der historischen Fließstrecke befanden sich 13 große Aquädukte. Der heutige Kanal benötigt 7 große Aquädukte.	Historische Schleusen: 50 Schleusen, davon eine Dreifach- und drei Doppelschleusen 40 Schleusenkammern seit 1973
Triangel bis P. Höhe ≈ 7,6 km	8	Wiener Neustädter Hafen 1803-1926 7 bis 8 ≈ 0,7 km		Schiffe: L = 22,8 m, B = 2,05 m später 2,3 m, Tiefgang: 0,13 bis 0,97 m	Abmessung der Kammern: L = 24,7 m, B = 2,21 später 2,53 m Gefälle ca. 1,96 m.
Σ ≈ 65,3 km		Heutige Fließstrecke 4-7 ≈ 36,1 km		Geschwindigkeit ca. 4 km/h Beladung: 22 t später bis zu 33 t	Die Schleusenverbreiterung erfolgte 1822-1845/50

Kapitel III.

Geschichte, Technik, Betrieb und Infrastruktur des Kanals

Der Wiener Neustädter Kanal fiel mit seiner Baugeschichte und fast drei Jahrzehnten seiner Betriebsgeschichte in die Regentschaft nur eines Monarchen, und zwar Franz II. (ab 1804 Franz I.), der sich auch mit seinem Privatgeld an den Baukosten beteiligte.

Trotz der 43-jährigen Regentschaft und der markanten historischen Ereignisse seiner Ära, wie

• *den napoleonischen Kriegen,*
• *dem Ende des Heiligen Römischen Reiches,*
• *dem Wiener Kongress und*
• *der Biedermeierzeit,*

hat Franz der II./I. bei Weitem nicht den Bekanntheitsgrad anderer Habsburger.
Sein Bruder Erzherzog Johann, übrigens ein großer Förderer der Industrialisierung, und Kanzler Metternich sind wesentlich mehr in der Erinnerung der Menschen geblieben.
Ein tonnenschweres Denkmal dominiert den inneren Hof der Hofburg in Wien, aber nur wenige nehmen den am Denkmal dargestellten römischen Imperator als Kaiser Franz wahr. Dem Wiener Neustädter Kanal geht es in der öffentlichen Wahrnehmung ähnlich. Er prägt mit seinen kreuzenden Flüssen auf der heute noch 36 km langen Fließstrecke das Industrieviertel, aber nur wenige Menschen sind davon beeindruckt.
Das liegt wohl daran, dass weder über Kaiser Franz noch über den Wiener Neustädter Kanal viele Bücher und Geschichten geschrieben wurden.

Planungs-, Bau- und Betriebsgeschichte
des Wiener Neustädter Kanals

Die ersten überlieferten Überlegungen zum Bau eines schiffbaren Kanals vom Norden des Heiligen Römischen Reiches nach Süden stammen aus der Zeit Kaiser Karls VI. und wurden unter Maria Theresia und Josef II. fortgesetzt. Dabei handelte es sich noch um strategische Aspekte, die von höchster Stelle und deren Beratern ausgingen.

Um 1790 war dann die Industrialisierung in Österreich so weit, dass aus dem privaten Unternehmertum Vorstöße zum Bau einer Wasserstraße, und zwar konkret vom Ödenburger Kohlenrevier nach Wiener Neustadt und von dort nach Wien, gemacht wurden. Der Kaiser konnte für das Unternehmen gewonnen werden und er war ab da wohl der treueste und beharrlichste Förderer des Kanals.

Bemerkenswert ist, dass nach Fertigstellung des Kanals von Wiener Neustadt nach Wien der Transportzweck nicht mehr bei der Kohle, sondern bei anderen Gütern wie Brennholz lag, und der zwingende Wille, den Kanal nach Ungarn weiterzubauen, aus technischen und politischen Gründen verloren ging.

Mit der folgenden Beschreibung der Kanalgeschichte soll auch mit drei Mythen aufgeräumt werden:

1. So wäre der niederösterreichische, schiffbare Kanal des frühen Industriezeitalters gegenüber anderen Kanälen, die vor seiner Zeit entstanden, ein einziges Beispiel für schwere bauliche Mängel und Planungsfehler.
   Sieht man sich vergleichsweise die Baugeschichte des berühmten Canal du Midi an, stellt man fest, dass bei diesem nach rund 19-jähriger Bauzeit eine 9-jährige Sanierungsphase stattfand, für die immerhin der europaweit berühmte königliche Festungsbaumeister Sébastien de Vauban beauftragt werden musste. Rechnet man die unterschiedlichen Bauausmaße und Ressourceneinsätze der beiden Kanäle um, so sind die Ergebnisse durchaus vergleichbar.
   Bei Vergleichen bezüglich der Bauergebnisse mit den englischen Kanälen, die Vorbilder waren, sind die stark unterschiedlichen klimatischen und geologischen Bedingungen zu berücksichtigen.
   Dass Österreich im 18. Jahrhundert bautechnisch und industriell nicht so weit entwickelt war, wie beispielsweise England, stimmt. Dies betraf aber fast alle Bereiche und nicht nur den Kanalbau.

2. Der Mythos, dass der Kanal nie wirtschaftlich gewesen wäre und

3. der Kanal bald durch die Eisenbahn überholt war, ist über die gesamte Betriebszeit gesehen, betrachtet man die Betriebsergebnisse und die Zeitgeschichte des Eisenbahnbaus, schlichtweg falsch.

Es lassen sich, bei einer groben Gliederung, sechs Phasen des Kanals ausmachen:

- 1791–1803   Gründungsphase, Planung und Bau des Kanals
- 1803–1830   die ersten Frachtjahre, Mühlengründungen und die lange Sanierungsphase des Kanals
- 1830–1875   die prosperierende, gewinnbringende Frachtzeit des Kanals
- 1875–1918   der Wettbewerb gegen die Eisenbahn ist verloren, Einbruch der Frachtraten, Zeit der sporadischen Schifffahrten, Kanaleisgewinnung
- 1918–1945   vom völligen Niedergang zur Phase der Vielzwecknutzung ohne Schifffahrt, Zeit der Kleinkraftwerke
- 1945–   ein Gerinne behauptet sich: von Auflassungsgerüchten zum Tourismus bis zur Option als Kommunikationsachse des Industrieviertels

Die komplexe Geschichte rund um den Kanal läuft in der folgenden Beschreibung auf drei „Spuren" (Seitenspalten) ab:

- Auf der linken Spur werden in erster Linie Bilder mit kurzen Beschreibungen gezeigt,
- in der Mitte steht die Erzählform im Vordergrund,
- auf der rechten Spur befinden sich hauptsächlich Zeittafeln zu verschiedenen Themenbereichen.

*Kaiser Franz II./I.,
Langzeitregent und
Schirmherr des Kanals*

*Anton David Steiger,
Bergbaupionier und einer
der Initiatoren des Kanals*

*Sebastian von Maillard,
Planer des Kanals und Bauführer bis 1799*

*Franz Anton de Paula Gaheis;
er verfasste bereits in der
Bauphase eine Reisebeschrei-
bung längs der Kanaltrasse
(siehe Kapitel X)*

Planungs- und Baugeschichte

Lange bevor Kaiser Franz II. (* 1768 Florenz; † 1835 Wien) seinen Genieoffizier (so wurden die Pioniere damals genannt) Sebastian von Maillard (* 1746 Luneville; † 1822 Wien), einen gebürtigen Lothringer, zu Studienzwecken des Baus eines Kanals 1795/96 nach England beorderte, hatte man Vorstellungen, das „Heilige Römische Reich" von Norden nach dem Süden mit einem Wasserweg zu erschließen.

Ausschlaggebend für den tatsächlichen Kanalbau war die beginnende Industrialisierung im Habsburgerreich Ende des 18. Jahrhunderts und der damit verbundene Energiebedarf, gekoppelt mit den wirtschaftlichen Zwängen bei den Transportwegen. Zog ein Pferd eine Tonne am Wagen, so konnte das gleiche Pferd bis zu dreißig Tonnen, bei gleicher Geschwindigkeit, mit dem Kahn befördern. Es sollen in der Zeit rund 40.000 Pferde im ständigen Einsatz zwischen Wien und Triest im Frachtverkehr unterwegs gewesen sein.

Nach dem Siebenjährigen Krieg (1756–1763) war Schlesien samt seinen Kohlerevieren endgültig an Preußen gefallen, es gab aber Kohlevorkommen bei Ödenburg und rund um Wiener Neustadt. Der Mineraloge und Bergbaupionier Anton David Steiger (* 1762 Pöttsching; † 1832 Wiener Neustadt) und Investoren aus Wiener Neustadt gründeten 1791 die „Wiener Neustädter Steinkohlengewerkschaft". Der Druck, Kohle konkurrenzfähig zu Holz nach Wien befördern zu können, stieg.

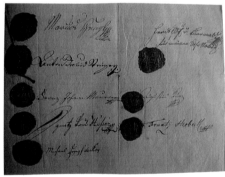

*Unterschriften eines Vertrages der Steinkohlengewerkschaft;
Transkription, siehe Anhang Kapitel III.*

Später beteiligten sich andere Financiers am Kohleabbau, u. a. der Fabrikant und Großhändler Bernhard Tschoffen, von dem die Idee zum Kanalbau ausging. Der ungarische Graf Anton Apponyi, der gemeinsam mit dem Grafen Harrach Hauptaktionär der „Königlich ungarischen privilegierten Schiffahrtsgesellschaft" war, die 1794 bis 1802 den 100 km langen Franzenskanal (Batschka-Kanal) zwischen Donau und Theiß errichtete, beteiligte sich 1794 an der Wiener Neustädter Steinkohlengewerkschaft.

Die „k.k. privilegierte Steinkohle- & Canalbau A.G." wurde 1796 mit dem Ziel gegründet, den Bau des Kanals von Wien bis Ödenburg bzw. Raab, dem heutigen Györ, durchzuführen. Wie man der rechten Randleiste entnehmen kann, gab es schon im 18. Jahrhundert schwer überblickbare Firmenkonstrukte.

Die Errichtung des „oeconomischen Canals" (den Namen Wiener Neustädter Kanal erhielt er erst später) nach dem Muster der englischen Narrow Canals, im Zeitraum zwischen 1797 und 1803, während der Kriegswirren mit Napoleon, in einem Terrain mit einem Höhenunterschied von rund 100 Metern und porösem, wasserdurchlässigem Untergrund, kann als sensationell schnell bezeichnet werden. Allerdings litt dabei die Qualität der Ausführung.

Zeittafel

Kanal-Planungen
unter:

Karl VI.
Anfang 18. Jhdt.
Lothar von Vogemonte
(Donau, Moldau, Elbe, Oder, Weichsel)
(Theiß, Donau, Save Adria)
General S. Schmettau
(Laibach, Save, Belgrad)

Maria Theresia
„Kommerzrat" um 1760
(Donau → Adria,
Save, Kulpa, Fiume)

Josef II.
„General-Navigations-Departement"
F. Josef Maire 1785/86
(Donau → Adria, Wr. Neustadt/
Leitha, Neusiedler See, Raab, Radkersburg/Mur, Fridau/Drau,
Agram/Save, Porto Ré)

Franz II.
1795/96/97
Sebastian von Maillard
Hauptmann Swoboda,
Josef Schemerl
(Wien → Triest (Ober-Laibach),
Wr. Neustadt, Ödenburg, Steinamanger, Warasdin, Cilli, Laibach)

Initiatoren des Kanals

(a) **Wr. Neustädter Steinkohlengewerkschaft:** A. D. Steiger, 1791
B. Tschoffen, J. Reitter, 1793
A. Apponyi, 1794,
Graf Saurau (Franz II.) 1795

Kanalbau:
Wien - Wiener Neustadt
1797–1803
Pöttschinger Ast
1810/1811

Financiers, Bauführung
(b) **K.k. priv. Steinkohlen- und
Kanalbau AG,** 1796,
(= Umbenennung von (a))

(c) **K.k. priv. Kanalbau- und Bergbaukompanie,** 1797
Dieser tritt Kaiser Franz bei,
(Zusammenarbeit mit (d))

(d) **Innerberger Stahl- und Eisen-Hauptgewerkschaft,** 1798,
Josef Schemerl, Bauführung ab 1798/99
Baulos 1, Guntramsdorf bis Wien,
Josef Schemerl
Baulos 2, Gumpoldskirchen bis
Wr. Neustadt, Hptm. Swoboda

(e) **Hauptgewerkschaft,**
1799, ((e) = (c+d))

Mann in napoleonischer Uniform bei der Mautstelle am Kanal bei St. Marx

Sträflinge mit Aufseher beim Materialtransport

Ausbaupläne

Konkret geplant war der Kanalbau bis Ödenburg. Vermessungen wurden bis Raab bzw. Ober-Laibach vorgenommen.

Baustil:
Stilistisch fällt der Kanalbau in die Epoche des Klassizismus. Nachdem in der Zeit um 1800 in der Literatur die Romantik aufkam, spricht man bei diesem Baustil vom romantischen Klassizismus, auch wenn die beiden Strömungen fallweise konkurrieren. Stimmungsmäßig passt die Bezeichnung zu den zeitgenössischen Bildern vom Kanal.

Aus diesem Grund war der Kanal jahrelang ein Sanierungsfall, ein Ruf, den der Kanal bis heute nicht losbekam.

Die Beschaffung von Baumaterialien und die Rekrutierung von Bauarbeitern war eine große Herausforderung. Valerie Else Riebe, die 1936 ein umfassendes Buch „Der Wiener Neustädter Schiffahrtskanal" schrieb, bringt eine Milieuschilderung dazu:

„Um billige Baustoffe zu erhalten, trat die Gewerkschaft als Selbsterzeugerin auf. Sie pachtete die Eisenschmelze des Grafen von Hoyos zu Pitten und erwarb Steinbrüche, Ziegel- und Kalkbrennereien in der Guntramsdorfer Gegend. Zunächst bemühten sich die Unternehmer um Ziegelarbeiter. Nach vergeblicher Umschau in und um Graz wurde der Beamte Amstetter im Februar 1797 nach Kroatien geschickt. … doch folgten ihm nur 48 Mann. Mit ihnen wanderte er zu Fuß über Ödenburg nach Guntramsdorf, wo sie am 19. Juni eintrafen. Da die Gewerkschaft noch keine Vorbereitungen zur Beschäftigung der Ziegelschläger getroffen hatte, so gebrauchte sie die Leute noch am selben Tage zu den ersten Erdaushebungen des Kanals. Als die Kroaten jedoch in 4 Schuh Tiefe noch keinen Lehm fanden, warfen sie zornig das Werkzeug weg und widersetzten sich, die gar nicht bedungene Schanzarbeit zu leisten. Reitter befürchtete, dass sich die Gesellschaft mit der so konfus eingeleiteten Ziegelschlägerei vor aller Welt blamiere. Daher beschwichtigte er die wütende Horde, unterhandelte mit ihren beiden Meistern, und es gelang ihm schließlich, die Kroaten bei den Ziegelöfen zu Guntramsdorf und Baden beschäftigen zu können."

„Zur Beschleunigung des Werkes wurde 1798 in zwei Abteilungen gebaut; die eine unter Schemerl hatte die Arbeiten inner der Linie und das noch unvollendete Stück Richtung Kledering, die andere unter Swoboda die angefangene bis Wr. Neustadt unternommen. Plötzlich drohten Kriegsunruhen den Kanalbau ganz lahmzu- legen. In dieser Bedrängnis berief man mit Einwilligung des Kaisers Sträflinge zum Kanalbau. Mit 100 Brünnern wurde zunächst der Versuch gemacht. Man schickte die Leute unter gehöriger Bewachung nach Wien und quartierte sie in den ehemaligen Narrenkottern des St. Marxer Spitals ein. Am 3. Juni 1799 arbeiteten sie zum ersten Male öffentlich in Eisen und Banden am Rennweg. … Da Kaiser Franz die Sträflinge in der Stadt nicht dulden wollte, so wurden sie zu entfernteren Arbeitsstätten beordert. Am 22. Juli 1799 rückten noch 25 Prager Verbrecher zur Arbeit in den Steinbrüchen von Mannersdorf und Guntramsdorf ein."

Kurz nach Baubeginn und trotz der Wirrnisse mit Napoleon inspizierte Franz II. bereits am 26. Oktober 1797 die Dreifach-Schleuse bei Guntramsdorf. Der Bau schritt ihm zu langsam fort. Daher versprach er bei eintretendem Frieden, zu den bereits 200 abgestellten Militärarbeitern weitere 6.000 bis 7.000 Mann zu schicken. Wie Valerie Riebe schreibt, war die Kanal- und Bergbaukompanie aber zufrieden, 1798 wenigstens 1.260 Militärarbeiter abgestellt zu bekommen.

Bürgerbewegungen gab es auch schon in der Monarchie, anno 1798; dazu schreibt Valerie Riebe:

„ …. Das Landvolk hatte nämlich in seiner Antipathie gegen den Kanal das Gerücht aufgebracht, dass dieser viel zu schmal und die Schiffahrt gar nicht möglich sei. Dies zu widerlegen, wurde Maillard beauftragt, in der Eile ein Kanalschiff bauen und in die Guntramsdorfer Haltung setzen zu lassen. Bevor es jedoch dazu kam, griff ein Naturereignis dem Lauf der Dinge vor. Am 20. August 1798 nach 19 Uhr mussten Maillard und Swoboda die Arbeiten am großen Aquädukt des Badener Schwemmbaches wegen drohenden Unwetters verlassen. Bald darauf ging ein katastrophaler Wolkenbruch mit Hagelschlag nieder. Die Herren flüchteten zum Schulmeister. Als das Gewitter zwei Stunden später nachgelassen hatte, versuchten sie unter Voranleuchtung eines im Wasser wartenden Boten nach Guntramsdorf zu fahren. Unterwegs kehrten sie aber wegen der reißenden Fluten um und übernachteten notdürftig im Badener Kasino. Am anderen Morgen zeigten sich die schweren Folgen des Unwetters. Das Wasser war in großen Massen vom Guntramsdorfer Teich gekommen, hatte den provisorischen Schutzdamm zerrissen, sich in den Kanal gestürzt und eine Menge Geräte nach Achau verschleppt. … auch die dreifache Schleuse wies starke Schäden auf, … kostspielige Reparaturen waren die Folge der ersten Probe, die das Maillardsche Bauwerk zu bestehen hatte. Aber sie brachte auch ihr Gutes. Die in Scharen herbeigeströmten Neugierigen überzeugten sich nun von der Möglichkeit der Wasserführung."

Sebastian von Maillard konnte die von ihm prognostizierten Baukosten nicht einhalten, war säumig bei der Erstellung der Baupläne und wurde schließlich mit einem Golden Handshake gefeuert.

Zeittafel

Abberufung Maillards, 9/1799, Geschäftsführung Graf Rottenhan ab 1801.
Abfindung der Gesellschafter von (e), auf Veranlassung Franz II. durch den Hofärar.

Habsburger Regenten/Regentin

Karl VI.: * 1685, ⌂ 1711–† 1740

Ma. Theresia: * 1717, ⌂ 1740–† 1780

Josef II.: * 1741, ⌂ 1765–† 1790

Leopold II.: * 1747, ⌂ 1790–† 1792

Franz II./I.: * 1768–† 1835
(als dt. Kaiser: Franz II. ⌂ 1792–1806)
(als öst. Kaiser: Franz I. ⌂ 1804–1835)

Ferdinand I.: * 1793–† 1875,
⌂ 1835-1848

Franz Josef I.: * 1830, ⌂ 1848–† 1916

Karl I.: * 1887–† 1922, ⌂1916-1918

Politische Ereignisse

Österreichischer Erbfolgekrieg,
1740–1748, Schlesien an Preußen, es verbleibt österr. Schlesien mit Teschen und Troppau.

Siebenjähriger Krieg, 1756–1763, weltweiter Krieg,
Versuch Österreichs der Rückeroberung Schlesiens.

Bayerischer Erbfolgekrieg,
1778/1779, Innviertel an Österr.

Teilungen Polens,
1772, Galizien, 1795, Krakau an Ö.

Französische Revolution, 1789–1799.

Koalitionskriege, 1792–1815,
Frankreich gegen wechselnde Bündnisse.
1797 österr. Niederlande an Frankreich; Venetien, Istrien, Dalmatien, Kotor an Österreich.
1805 Schlachten Ulm u. Austerlitz; Tirol, Vorarlberg an Bayern,
1805/06-14/15.
1809 Besetzung Wiens, Schlachten Aspern, Wagram.
Erzbistum Salzburg, 1805–1810, bzw. 1816 an Österreich;
Völkerschlacht Leipzig, 1813;
Schlacht Waterloo, 1815;
Wiener Kongress, 1814/15:
Österreich verliert u. a. Vorderösterreich (Freiburg/Breisgau).

Von Josef Schemerl ist kein Bild verfügbar; Faksimile seiner Unterschrift auf einem Dokument.

Die Stadt Wien benannte die Brücke bei der Wehranlage Nußdorf nach Schemerl.

Charakteristisch für Industriekanäle sind Schleusenanlagen. Hier die einstige Doppelschleuse, die sich bei der heutigen Universität für Musik und darstellende Kunst, Wien-Landstraße befand.

Ansicht der Schleuse 34 in Kottingbrunn aus dem Jahre 2008. Sie war 2013 so baufällig, dass sie entfernt wurde.

Wasserspeisung des Kanals, strichliert der Status vor 1916

Josef Schemerl von Leythenbach, in Laibach geboren, ein in den Niederlanden und Deutschland ausgebildeter Kameralingenieur, noch von Maillard in Dienst gestellt, zog die Fertigstellung des Kanals durch. Schemerl wurde später Hofbauratsdirektor, der 1810 das erste, jedoch nicht verwirklichte Projekt einer Donauregulierung ausarbeitete. Ihm zu Ehren benannte man später die doppelte Fachwerkbrücke in Wien, Am Brigittenauer Sporn, die im Zuge der Wehr- und Schleusenanlage 1892 errichtet wurde, dort wo der Donaukanal von der Donau abzweigt.

> „Am 18., 19. und 20. April 1803 unternahm die Kanalbau-Hofkommission die erste Bereisung der Kanalstrecke. ... Kehrbach, Leitha, Kalter Gang, Hirm, das Guntramsdorfer-, Gumpoldskirchner und Kottingbrunner Wasser wurden zur Speisung des Kanals herangezogen, doch wegen des Dammbruches nur bis zur Kirchhof-Schleuse geführt.
>
> Das Frachtboot stieg von Stufe zu Stufe empor und vollendete am dritten Abend seine Fahrt vor Wiener Neustadt, allerorten von dem Jubel der Bevölkerung begrüßt."
>
> *Zitat Valerie Riebe*

Die Jungfernfahrt mit Fracht begann am 12. Mai 1803 um 5 Uhr früh in Wien. 1803 erfolgten an die 400 Schiffsfahrten.

1810/1811 wurde das Teilstück von Wiener Neustadt zur Pöttschinger Höhe an der ungarischen, heute burgenländischen Grenze eröffnet.

Den Weiterbau nach Ödenburg verhinderten – so entnimmt man der Literatur - ungarische Weinbauern, die ihre Gründe nicht ablösen lassen wollten, und pferdezüchtende Magnaten, die kein Interesse an einem Verkehrsmittel hatten, das für eine Fuhr statt 30 Pferden nur mehr eines benötigte. Wahrscheinlicher ist, dass sich durch die Erfahrungen beim Kanalbau herausstellte, dass der wesentlich aufwendigere, fehlende Streckenabschnitt sich mit seinen über 20 Schleusen nicht rentiert hätte.

Um die Höhenunterschiede zu bewältigen, benötigte man Schleusen, die im Falle des Wiener Neustädter Kanals mit Drehbäumen bewegt wurden. Die Schleusen hoben und senkten die Schiffe um ca. 2 m, bei einer Kanaltiefe von bis zu 1,58 m.

Im Vollausbau hatte der Kanal 50 Schleusen bei ca. 100 Metern Höhenunterschied. Der verbliebene Kanal durchläuft ca. 83 Höhenmeter. Es sind heute noch 40 Schleusenkammern sichtbar. Sämtliche Schleusentore wurden mittlerweile entfernt.

Die Wassereinspeisungen des Kanals sind komplex. Grob gesagt, wurde der Kanal bis 1916 hauptsächlich durch die Leitha gespeist, die bei Neudörfl abgeleitet und in einer sogenannten Rigole zu einer Einspeisestelle am Pöttschinger Ast geleitet und von dort Richtung Wiener Neustadt de facto zurückgeleitet wurde. Damit wäre die geplante, aber nie realisierte Kanalführung nach Ödenburg ebenfalls mit Speisewasser versorgt gewesen. Seit 1916 wird der seit dem Mittelalter bestehende, künstlich angelegte Kehrbach für die Kanalbefüllung herangezogen. Wirft man einen Blick auf die Landkarte, sieht man, dass es sich stets um Wasser der Schwarza oder der Pitten handelt, zumal die Leitha erst durch den Zusammenfluss dieser beiden Flüsse entsteht.

Als 1873 die I. Wiener Hochquellenwasserleitung errichtet wurde, entzog diese große Wassermengen der Schwarza, was vorübergehend zu Schwierigkeiten bei der Wasserdotierung des Kanals führte.

Der Kanal wurde von Anbeginn an auch für Antriebszwecke, wie Mühlen, Hammer-, Bohrwerke und diverse Wasserversorgungen, verwendet.

Der erste Pächter, Graf Fries, sollte per Vertrag den Kanal bis Ödenburg verlängern; es war der letzte Versuch. Der Frachtbetrieb zwischen der Pöttschinger Höhe und dem Triangel war jahrelang unterbrochen, 1816 ging er wieder in Betrieb.

Moritz Graf Fries, 1801, mit Gattin Theresia Josepha, Prinzessin zu Hohenlohe Waldenburg-Schillingsfürst

Schloss Vöslau, Rathaus

Von Feldmüller jr. ist kein Bild überliefert

Klausel im Vertrag zwischen dem Hofärar und Miesbach.

„Sollte während der Pachtzeit ein Unternehmer oder eine Gesellschaft zur Fortsetzung (gemeint war Ödenburg) des Kanals durch eine Eisenbahn oder einen Kanal sich finden, so darf der Pächter kein Hindernis bilden."

Betriebsgeschichte

Auch wenn sich die Kanalbau-Hofkommission, also die staatliche Verwaltung, bei der Baudurchführung und Fertigstellung des Kanals verdient gemacht hat, beim Betrieb, den Sanierungsarbeiten und den, wie sich bald herausstellte, notwendigen Verbreiterungen der Schleusenkammern versagte diese Geschäftslösung. Außerdem hatte das staatliche Führungspersonal mit Korruptionsvorwürfen zu kämpfen.

Man entschloss sich den Kanalbetrieb zu verpachten und koppelte den Pachtvertrag mit der Verpflichtung, jährlich eine bestimmte Anzahl von Objekten zu erneuern bzw. Schleusenkammern auf Kosten des Pächters zu verbreitern.

Gleich den ersten Pächter wollte man zur Verlängerung des Kanals bis Ödenburg innerhalb von 6 Jahren verpflichten, ein Unterfangen, das wieder einmal an Ungarn scheiterte, diesmal am Fürsten Esterházy. Die Kanalverlängerung wurde daraufhin mehr oder weniger nicht mehr weiter verfolgt, aber immerhin wurde das jahrelang eingestellte Teilstück zur Pöttschinger Höhe wieder in Betrieb genommen.

Die Chronologie der illustren Pächter findet sich in der rechten, ihre Konterfeis in der linken Randspalte.

Kanalpächter, 1822–1871

Erste Pächterin, 1822–1827, wurde die **NÖ. Schiffahrtskanal-Pachtungsgesellschaft** (Bankhaus Fries & Co).

Moritz Christian Graf von Fries (* 1777 Wien; † 1826 Paris), dessen Vater ein Großhandels- und Bankhaus gründete, die Maria-Theresien-Taler im Orient vertrieb, die Herrschaft Vöslau kaufte und das heutige Palais Pallavicini am Josefsplatz erbauen ließ, galt um 1800 als reichster Mann der Monarchie. Um 1822 zur Zeit der Kanalpachtbeteiligung von Fries, war er das längst nicht mehr. Nach dem Bankrott seines Bankhauses 1824 wurde seine Kunstsammlung mit Werken von Dürer, Raffael, Rembrandt, van Dyck versteigert und er übersiedelte nach Paris.

Neben dem Mäzen Fürst Lobkowitz kommt Moritz Fries als Vorbild für den Flottwell in Ferdinand Raimunds Verschwender infrage.

Die Allgemeine Hofkammer des Kaisers musste sich um einen „Afterpächter" kümmern und wurde beim Sohn des ,Donauadmirals von Persenbeug', Matthias David Feldmüller, fündig.

Matthias Feldmüller junior, (* 1795 Freienstein/Strudengau, † ?), Kanalpächter 1827/28–1834.

Bei der Pachtversteigerung 1828 setzte sich Feldmüller jr. gegen den Ziegelofenbesitzer Johann Gansterer durch. Die Pachtbedingungen waren größtenteils die gleichen wie beim Grafen Fries. Feldmüller jr. war Holzhändler und bei Weitem nicht so schillernd wie Fries oder so bekannt wie sein als „Donauadmiral" titulierter Vater, aber er war der, der den Kanal so richtig in Schuss brachte. Trotzdem, bei der nächsten Versteigerung der Kanalpachtung kam letztlich Freiherr von Sina zum Zug.

Von den Kanalanrainergemeinden hat Leopoldsdorf einen Bezug zu Feldmüller jr., er besaß hier eine Ziegelei.

Sonstige Daten zum Kanal

F. Dries erwirbt 1821 die Konzession für Dampfantrieb am Kanal, welcher jedoch nicht zur Anwendung kommt. (Siehe Anhang)

Kleinkraftwerke
1935/36

Georg Simon Sina

Georg Simon Sina, Freiherr von Hodos und Kizdia (* 1783 Niš in Serbien; † 1856 Wien). Kanalpächter 1834–1846.
Er war der Kosmopolit unter den Kanalpächtern: griechisch-orthodox, vermutlich armenischer Abstammung, mit ungarischem Adelsprädikat und österreichischer Ritter, er unterstützte den griechischen Unabhängigkeitskampf, von Theophil Hansen ließ er die Sternwarte in Athen erbauen. Von seinem Vater übernahm er 1822 ein Großhandels- und Bankhaus.

> „... er kontrollierte einen großen Teil des Donau- und Levantehandels mit Baumwolle, später mit Schafwolle, Holz, Kohle und Salz und seit Mitte der 1830er Jahre v. a. mit Tabak. Seine Handelsverbindungen reichten über die größten europ. Wirtschaftsmetropolen bis nach Ägypten und Indien. Er beteiligte sich an der Industrie, wie an der Pottendorfer Baumwoll- und Flachsgarnspinnerei und der Papierfabrik in Klein–Neusiedl, insbesondere aber an Verkehrsprojekten, zuerst der Pferdeeisenbahn Linz-Budweis, der Südbahn von Wien nach Gloggnitz und der Donau-Dampfschiffahrts-Gesellschaft." Zitat deutsche-biographie, online

Sina war der Gegenspieler der Rothschilds und verhinderte deren Eisenbahn-Monopolstellung in Österreich.
Georg Simon Sina hatte, ausgehend von Wien, ein Eisenbahnnetz

K.k. Münzamt, ab 1838, Rechte Bahngasse 2; im Vordergrund ein Kanalschiff

- Richtung Osten über Schwechat und Bruck an der Leitha nach Raab (Győr) beziehungsweise
- Richtung Süden über Wiener Neustadt (mit einer Option nach Gloggnitz) und weiter nach Ödenburg und wiederum Raab.

im Sinn, für das er 1836 um Bewilligung ansuchte.
Die Strecke Wien und Gloggnitz, ein Vorläufer der Südbahn, am Nordfuß des Semmerings, wurde 1842 in Betrieb genommen.
(Zum Zeitpunkt von Sinas Ansuchen um die Bahnkonzessionen konnte er sich eine Gebirgsbahn über den Semmering, also eine direkte Nord-Süd-Verbindung von Wien nach Triest, noch nicht vorstellen. Diese wurde, ab 1841, von Carl von Ghega geplant und 1854 in Betrieb genommen.)
Nach einem Baustopp 1842 wurde 1845–46 auch die Strecke von Wien nach Bruck an der Leitha – die Wien-Raaber Bahn (Ostbahn) – gebaut.

Magazin des Hauptmautgebäudes mit Schleppbahn zum Endhafen

Im Kanalpachtvertrag wurde Sina verpflichtet, neue, breitere, 7 Schuh 4 Zoll (2,32 m) Frachtschiffe anzuschaffen. Nachdem seine Vorgänger die Schleusenkammern zwischen Wien und Baden auf 8 Schuh (2,53 m) verbreitert hatten, eine Auflage, die Sina bis zum Jahre 1845 mit einigen Anstrengungen erfüllte.
Dadurch erhöhte sich der Wert der Kanalanlage, was Sina aber nicht gedankt wurde.
Die riesigen Magazine, Stallungen und sonstige Infrastruktur-Einrichtungen für den Kanalbetrieb, am Areal vor dem Endhafen bei der Stubenbrücke (heute Am Heumarkt 1, Rechte Bahngasse 2), mussten 1835 dem neuen Hauptmünzamt des Architekten Paul Sprenger weichen.
An der Pachtversteigerung 1846 beteiligte sich Sina nicht.
Von den Kanalanrainergemeinden hatte Leopoldsdorf einen speziellen Bezug zum Kanalpächter Sina:

Palais Sina, ab 1810, Hoher Markt 8, Umbau Theophil Hansen, 1860, abgerissen nach 1950

> „Mit der Revolution von 1848 verlor der Leopoldsdorfer Schloßherr Georg Freiherr von Sina jegliche persönliche Oberhoheit, aber auch seine bisherigen verwaltungsmäßigen und richterlichen Funktionen, über die Bevölkerung von Leopoldsdorf." Zitat leopoldsdorf.gv.at

Der Kanalpächter nach Sina war Alois Miesbach, mit dem Sina einen Afterpachtvertrag für die Steinkohlenwerke am Brennberg bei Ödenburg abgeschlossen hatte.

Schloss Leopoldsdorf Im Besitz der Sinas 1839–1883

Alois Miesbach

Ziegelarbeiterinnen

*Ziegelwappen
A(lois) M(iesbach)*

Alois Miesbach (* 1791 Röschitz/Rešice in Mähren; † 1857 Baden)
Kanalpächter 1846–1857.
Er leitete die Ära der Baustoffunternehmer und Ziegelfabrikanten unter den Kanalbetreibern ein. 1810 trat er in die Dienste des Fürsten Kaunitz, der ihn auf Reisen nach Spanien und Italien mitnahm, wo Miesbachs Interesse für gebrannte Bausteine geweckt wurde. 1820 pachtete er eine 1775 am Wienerberg gegründete Ziegelei, der Ursprung des Markennamens für das spätere Wienerberger-Ziegelimperium. Er sicherte sich seine Rohstoff- bzw. Brennstoffquellen, indem er Besitzungen mit Tonvorkommen rund um Wien und Kohlebergwerke erwarb. Über den Kanal versorgte Miesbach seine im Umraum gelegenen Ziegeleien mit Kohle und verfrachtete über ihn die Tonprodukte von den Brennereien nach Wien. Er galt mit 42 Ziegelöfen und einer Jahresproduktion von 126 Mio. Ziegel nicht nur als größter Ziegelfabrikant Europas und führender Kohleproduzent der Monarchie, sondern auch als erfinderischer Geist. Er ließ u. a. die ersten Ziegelstreichmaschinen entwickeln. Für seine aus Böhmen und Mähren rekrutierten Arbeiter, die Ziegelböhm, schuf er soziale Einrichtungen. Eine staatlich organisierte Sozialversicherung, nach Bismarckschem Vorbild, gab es in Österreich-Ungarn erst nach 1887.
In die Pächterschaft von Miesbach fiel das Revolutionsjahr 1848, ein von Frankreich ausgehender europaweiter Aufstand gegen die sozialen und politischen Zustände, der in Österreich nach anfänglichen Erfolgen und Reformen im Oktober von kroatischen und böhmischen Einheiten unter Jellačić und Windischgrätz niedergeschlagen wurde. Das Zentrum der Lehmvorkommen und Ziegelwerke, der Laaer Berg, spielte bei der „Rückeroberung" Wiens, 1848, eine Rolle.
Von den Kanalanrainergemeinden hatten Biedermannsdorf und Guntramsdorf mit ihren Ziegeleien einen speziellen Bezug zum Kanalpächter Miesbach.

Heinrich Drasche

*Heinrich(s)hof
1863-1945*

Heinrich Drasche (* 1811 Brünn; † 1880 Inzersdorf bei Wien), Kanalpächter 1857–1871.
Der 1870 geadelte Drasche, Ritter von Wartinberg, ging als Ziegelbaron in die Geschichte ein.
Er übernahm nach dem Tod seines Onkels Alois Miesbach 1857 dessen Ziegelfirma und baute sie zum führenden Konzern seiner Art in Österreich-Ungarn auf, strukturierte sie 1869 zur börsennotierten Wienerberger Ziegelfabriks- und Baugesellschaft um, die heute als AG mit rund 230 Werken in 30 Ländern der größte Ziegelproduzent weltweit ist.

Für diesen Aufstieg war eine Entscheidung Franz Josephs I. zur „Auflassung der Umwallung und Fortifikationen der inneren Stadt sowie der Gräben um dieselbe" im Jahr 1857 mit ausschlaggebend. Der Ringstraßenbau konnte beginnen und mit ihm ein Bauboom, die erste Gründerzeit, die bis zum Börsenkrach 1873 währte. Der Gründerzeitstil war der Historismus, der durch von Drasche hergestellte Tonbauelemente, wie Terrakotta, charakteristische Akzente erfuhr.
Äußerlich präsentierte sich Drasche mit dem Bau eines später Heinrich(s)hof genannten, von Theophil Hansen geplanten, palaisartigen Nobel-Zinshauses, das gegenüber der Oper stand und wegen Bombenschäden in den 1950er-Jahren abgerissen wurde.

Zeittafel

Rückbau

Kanalende

Landstraße 1803–1848
Rennweg, Aspanghafen 1848–1930
Krottenbach 1930–1945
Laxenburg, Notauslass 1945–1952
Krottenbach 1952–1963
Laxenburg, Notauslass 1963–1973
Biedermannsdorf, Mödlingbach seit 1973

Ende der Schifffahrt
Verkürzung bis Kledering 1882
Generelle Einstellung ca. 1914

Trockenlegungen
Pöttschinger Ast 1916
Wiener Neustädter Hafen 1926

Zuschüttungen, Abrisse
der aufgelassenen Teile ab 1930 bis in die 1960/70er-Jahre,
Liesingbachaquädukt 1982

Ziegel

„Ziegel sind die ältesten vorgefertigten Bauelemente.
Schon in Ägypten wurden an der Sonne getrocknete Ziegel hergestellt.
Gebrannte Ziegel wurden bereits ca. 4000 v. Chr. in Mesopotamien erzeugt.
Die Kunst der Ziegelherstellung wurde von den Römern im gesamten Abendland verbreitet.
In Österreich wurde auf Veranlassung von Kaiserin Maria Theresia Mitte des 18. Jahrhunderts der k. & k. Ziegelofen am Wienerberg errichtet.
1859 wurde der Ringofen vom deutschen Erfinder und Baumeister Friedrich Eduard Hoffmann zum Patent angemeldet. Diese Erfindung ermöglichte das ununterbrochene Brennen von Ziegeln.

1865 wurde mit dem Bau der ersten Ringöfen in Wien begonnen und kurz darauf waren die Ziegeleien am Wienerberg die größten der Welt. Zu dieser Zeit waren ca. 10.000 Arbeiter beschäftigt und es wurden jährlich mehrere Millionen Ziegel produziert.

Das Altösterreichische Ziegelformat beträgt 29 x 14 x 6,5 cm und beruht auf dem Wiener Klafter, welches von Ende des 18. Jahrhunderts bis zur Einführung des metrischen Systems 1872 das amtliche Normalmaß war.
1 Klafter = 6 Fuß = 72 Zoll = 1,8965 Meter, demnach entsprechen →

*Victor Adler 1870
(* 1852 in Prag; † 1918 in Wien)*

Ziegel mit den Initialen H(einrich) D(rasche)

Exkurs:

Personenschifffahrt am Kanal

In der Voreisenbahnzeit wurde der Kanal auch für die Personenschifffahrt benützt.

„Zu den Herbstmanövern verkehrte täglich ein 80 Personen fassendes Lustschiff. Es ging um 7 Uhr von Wien nach Laxenburg und fuhr um 18 Uhr zurück. Der Fahrpreis betrug 36 kr. Zur gelegentlichen Vermietung an Gesellschaften stand noch ein kleineres Schiff bereit." Zitat: Valerie Riebe

1845 wurde eine sogenannte Flügelbahn zwischen Mödling und Laxenburg eröffnet, die bis 1932 bestand.

„Kaiserbahnhof" genannter Endbahnhof der rund 5 km langen Flügelbahn von Mödling nach Laxenburg, die für den Personenverkehr bis 1932 in Betrieb war und den Personenverkehr am W.N. Kanal ersetzte.

Im Drasche-Imperium waren rund 10.000 Arbeiter beschäftigt. Er ließ Arbeiterwohnhäuser bauen und richtete eine Krankenfürsorge ein.

Diese und andere soziale Leistungen sollten die insbesondere von Victor Adler später angeprangerten Arbeits- und Lebensbedingungen verbessern. Die tägliche Arbeitszeit betrug im Schnitt 15 Stunden, Wochenende bzw. arbeitsfreie Tage gab es nicht. Der Lohn bestand oft in Blechmarken, die in betriebseigenen Kantinen eingelöst werden konnten. Den Arbeitern und Arbeiterinnen brachte 1885 Adlers Kampagne die Abschaffung der Blechmarken, des verbotenen Trucksystems, per Gesetz (Englisch: to truck „tauschen").

Von den Kanalanrainergemeinden hatte Guntramsdorf einen speziellen Bezug zum Kanalpächter Drasche, der die dortigen Ziegelöfen 1868 kaufte.

Privatisierung des Kanals 1871-1956

Wegen der finanziellen Probleme des Staates nach dem verlorenen Krieg gegen Preußen, 1866, und dem österreichisch- ungarischen Ausgleich, 1867, wurde Österreichs einziger schiffbarer Kanal, zu einer Zeit, als er absolut rentabel war, 1869 an die „K.k. Privilegierte Österreichische Vereinsbank" verkauft. Da der Pächter Heinrich Drasche gegen den Verkauf prozessierte, wurde der Eigentümerwechsel erst 1871 wirksam.

„K.k. Privilegierte Österreichische Vereinsbank",
(Erste österreichische Schiffahrts-Canal-Actien-Gesellschaft), Eigentümerin des Kanals von (1869) 1871 bis 1876/78.

Obwohl in die Kanal-Ära der Vereinsbank die Weltwirtschaftskrise 1873 fiel, warf der Kanal bis 1875 Gewinne ab. Mit dem Siegeszug der Schienenwege, wie der Inbetriebnahme der Pottendorfer (1874/75) und der Raaber Bahn (1879 bis Ebenfurth), brach der Frachtverkehr am Kanal dramatisch ein. Die Vereinsbank liierte sich ab 1876 mit der „Société Belge de Chemins de Fer".

Formal firmierte die E. ö. Schiffahrts-C. AG ab 1878 als:
„Austro-Belgische Eisenbahngesellschaft".
Sie war Eigentümerin des Kanals von (1876) **1878** bis **1955** (ausgenommen 1938–45).
Ein Hauptaugenmerk der Gesellschaft war die Planung einer Eisenbahnstrecke von Wien nach dem damals osmanischen Saloniki, die letztlich aber nur auf der Rumpfstrecke vom Kanalhafen am Rennweg in Wien über Wiener Neustadt nach Aspang am Wechsel realisiert werden konnte. Noch heute findet man entlang der Strecke Kilometersteine mit den Initialen „WSB" für „Wien-Saloniki-Bahn". Siehe Bild eines Grenzsteines, nächste Seite, rechte Spalte unten.
Der Kanal, der bis 1930 in Wien noch wasserführend war, und die einspurige Aspangbahn teilten sich ab Baubeginn 1879 und Inbetriebnahme der Bahn, 1881, das Bett.
Man nimmt an, dass 1879 der reguläre Frachtenverkehr am Kanal eingestellt wurde.

Zeittafel

29 cm 11 Zoll. Mit ½ Zoll Putz auf jeder Seite ergibt dies genau 12 Zoll, also 1 Fuß."
Zitat: Philip Jakob Schleidt
www.historischeziegel.at

Ehemaliger Ringofen in Leopoldsdorf

Österreichs letzter in Funktion befindlicher Ringofen, Ziegelwerk Nicoloso, Pottenbrunn, St. Pölten

Erste Eisenbahnen

Middleton (Pferde-) **Railway** Leeds, Ch. Brandling 1758, als Dampfzahnradbahn 1812
Derby Canal Railway (Pferdebahn) Outram 1795
Stockton – Darlington-Shildon – (Dampf-)Railway Stephenson/Hackworth 1825

Eisenbahnen in Österreich

Pferdeeisenb. Linz – Budweis 1827, Dampfbetrieb 1855; erste Dampfeisenbahn, 1838, Floridsdorf – Deutsch-Wagram (Kaiser-Ferdinand-Nordb.); Wien – Gloggnitz 1839–42; 1845–46, Wien – Bruck/ Leitha Wien – Raaber Bahn (Ostbahn); Semmeringbahn 1848–1854; Südbahn bis Triest 1857; Raab – Ödenburg – Ebenfurth 1876.

Projektierter Verlauf der Wien-Saloniki-Bahn

Wien – Wiener Neustadt
Radkersburg – Zagreb
Sisak – Banja Luka
Sarajevo – Mitrovica

*Verwendung des
Kanalverlaufes
als Eisenbahntrasse*

**Diskrepante Bilder
zwischen Verfall und Idylle**

*Reste eines Kanalhauses
bei Schleuse 23, Bad Vöslau
um 2016*

Ruine eines Schleusentores

*Schifferlfahrt am Kanal
heute, zwischen Triangel und
Schafflerbrücke in Wiener
Neustadt*

*Kanalidylle bei der
Tritolfabrik Eggendorf*

Allerdings ging der Schifffahrtsbetrieb noch bis zu Beginn des Ersten Weltkrieges weiter, wobei bis ca. 1890 positiv bilanziert werden konnte.

Nach dem Krieg verwahrloste der Kanal und die „Austro-Belgische" beabsichtigte das Gerinne aufzulassen. Wegen der Wasserrechte intervenierte das Land Niederösterreich und sanierte den Kanal unter Mitwirkung der am Kanal ansässigen Werkbesitzer, im Zuge dessen die Strecke zwischen Wien und dem Krottenbach, 1930, stillgelegt wurde.

In den Jahren 1935/36 wurden 13 Kleinkraftwerke unter Nutzung der Gefälle bei den Schleusen 18–25, 27–29 und 32–33 errichtet. Auf Basis der Wassermenge von max. 1,4 m³/sek und der Höhendifferenz von 1,9 m lag (liegt) die Leistung eines Kleinkraftwerkes bei ca. 20 kW x Wirkungsgrad. Netto liegen die Leistungen, je nach Bauart, bei ca. 10 kW.

Verkauf der Kanalstrecke Krottenbach (Biedermannsdorf), Laxenburg, Grenze Guntramsdorf, 1942, an die:
Flugmotorenwerke Ostmark. Die Bombardements der Alliierten legten ab 1944 den Kanal trocken.

Dieses Kanalareal ging nach dem Krieg bis 2007 an die
„Industriezentrum Niederösterreich Süd GmbH"
und danach an die
„ECO-Plus Betriebsführungsgesellschaften" über.

Da die Kanalsanierung nach dem Zweiten Weltkrieg die Mittel der „Austro-Belgischen" überschritt, drohte erneut eine Stilllegung des Kanals. Diesmal sprang die Niederösterreichische Handelskammer ein.

Niederösterreichische Handelskammer
Eigentümerin des Kanals **1955/56**
Als Betreibergesellschaft war eine Wasserwerksgenossenschaft beabsichtigt, die aber nicht zustande kam, worauf die Kammer an das **Land Niederösterreich** verkaufte.

Landesbesitz seit 1956 bis heute

Das Land Niederösterreich ist seit 1956 Eigentümer des Kanals, ausgenommen ist der ECO-Plus-Kanalabschnitt zwischen Guntramsdorf und Biedermannsdorf.
Zuständig ist die Abteilung Wasserbau NÖ, Regionalstelle Industrieviertel.

Heutzutage wird der Kanal weiterhin für diverse Wasserversorgungen und einige Kleinkraftwerke genutzt. Er erfreut sich einer Nutzung als Begleitstrecke für den Eurovelo-9-Radweg, Thermenradweg, und man hat seine Bedeutung für das Mikroklima der Region erkannt.

Gleichzeitig leiden die industriehistorischen Einrichtungen des Kanals weiterhin unter einem schleichenden Verfall, deutlich sichtbar an den fehlenden Schleusentoren.
Es gibt aber seit dem 200-Jahre-Jubiläum 2003 und zuletzt auch im Zuge der Planungen zur Landesausstellung 2019 Anstrengungen, den Kanal als Industriedenkmal ins Bewusstsein zu rücken und touristisch als Erlebnislandschaft in Szene zu setzen.

Zeittafel

Eröffnungen

Aspangbahn 1881,
Wien Rennweg, Aspangbahnhof –
Aspang

Wechselbahn 1910,
Aspang – Friedberg

Thermenbahn 1885/91/1905,
Friedberg – Hartberg –
Fürstenfeld – Fehring

Aspang-, Wechselbahn heute:

Wien Hbf. – Grillgasse
Kledering – Ma. Lanzendorf
Laxenburg – Biedermannsdorf
Guntramsdorf – Kaiserau
Möllersdorf Aspangbahn –
Traiskirchen Aspangbahn
Trumau – Oberwaltersdorf
Tattendorf – Teesdorf
Sollenau – Felixdorf
Theresienfeld – Wr. Neustadt
Lanzenkirchen – Bad Erlach
Brunn/Pitten – Pitten
Sautern Schiltern –
Seebenstein
Gleißenfeld – Scheiblingkirchen
Petersbaumgarten – Edlitz G.
Aspang – Aspang Zöbern
Tauchen Schaueregg –
Pinggau Markt
Friedberg – Hartberg –
Fehring – Graz

Der historische Aspangbahnhof beim ehemaligen Kanalhafen in Wien wurde 1971 aufgelassen und zur Schnellbahn verlegt.

WSB
1881
1981

*Grenzstein der
Wien-Saloniki-Bahn
WSB*

Der heutige Bahnhof Laxenburg-Biedermannsdorf liegt in unmittelbarer Kanalnähe.

Aufstellungen der Schleusen, Aquädukte, Brücken sowie der Erfindungen im 18./19. Jh. und der Fabriken im Industrieviertel

Schleusen

Von Wien bis Guntramsdorf tragen die Schleusen Namen. Von dort bis Wiener Neustadt sind sie mit den Nummern 1 bis 36 bezeichnet. Schleusenzuordnung nach Friedrich Umlauft.

Landstraße:
• Stubenthormühle
• Stuckbohrerei
• Grasgassen-Schleuse
• Rennweg-Schleuse
Simmering:
• Kirchhof-Schleuse
Biedermannsdorf:
• Krot(t)enbach-Schleuse.
Guntramsdorf:
• Teich-Schleuse
• Dreifach-Schleuse

Gumpoldskirchen:
• Schleusen 1–4
Traiskirchen:
• Schleusen 5–8
Pfaffstätten:
• Schleusen 9–13
Tribuswinkel:
• Schleuse 14
Leesdorf, Baden:
• Schleuse 15–18
Vöslau:
• Schleusen 19–23
Kottingbrunn:
• Schleusen 24–34
Schönau:
• Schleuse 35
Sollenau:
• Schleuse 36

Hafenanlagen, Verladestellen

• Der erste Wiener Hafen lag bei der Stubentorbrücke, heutiges Areal der Shopping Mall, Wien Mitte
• Der zweite Hafen, ab 1849, befand sich zwischen dem Rennweg und der heutigen Aspangstraße
• Der Hafen in Wiener Neustadt befand sich beim Corvinusring, Ungargasse
Es gab noch rund 10 weitere Verladestationen, wobei zu den Ziegelwerken in
• Leopoldsdorf,
• Biedermannsdorf
• Guntramsdorf
Stichkanäle führten.
• Die Holzverladestelle in Leesdorf bei Baden, Schleuse 15, und die
• Werft im Norden Wiener Neustadt hatten ebenfalls Stichkanäle.
• Siebenhaus, Schleuse 34, und
• Sollenau, Schleuse 36, besaßen größere Verladestellen.

Gewässerquerungen

Der Kanal überquert kreuzende Flüsse mittels Aquädukten, auch Tröge genannt. Ursprünglich waren es 16 derartige Bauwerke. Acht sind heute noch in Funktion:
• Badener Mühlbach
• Schwechat
• Hörm
• Schleiferbach
• Triesting
• Piesting
• Kehrbach
• Warme Fischa
Kleinere Gewässer werden mit sog. Dükern, das sind (z. T. siphonartige) Unterführungen, passierbar gemacht.

Straßenquerungen

Von den über 50 Brücken zur Zeit des Kanalbetriebes waren die meisten aus Ziegeln und einige als Steinbrücken gebaut.
Heute haben nur noch acht Wegebrücken das ursprüngliche Aussehen, wobei auch hier aus statischen Gründen Betonelemente eingezogen wurden.
• Pfaffstättner Feldbrücke Dr.-J.-Folk-Gasse, Traiskirchen
• Weingarten- od. Tribuswinkler Viehtriebbrücke
• Haidbrücke od. Rote Brücke, Baden
• Kottingbrunner Straßenbrücke, Flugfeldstraße
• Hauersteigbrücke, Sollenau
• Blumauer Feldbrücke, Neu-Wiesmud-Straße, Sollenau
• Obereggendorfer Brücke, Waldgasse
• Schafflerbrücke, Wr. Neustadt
Die historische Gumpoldskirchner Brücke (Houskaweg) hat zwar die ursprüngliche Bausubstanz, ist jedoch nicht historisch getreu restauriert.

Beispielgebende Kanäle

Erste Schleusen: **Vaartse Rijn** (NL) 1373, **Damse Vaart–Zuid** (B) 1396
1. Wasserscheidenkanal: **Stecknitzkanal** (D) 1398
Erste Schleusentreppe: **Canal de Briare** (F) 1604–1642; Erste Meer-zu-Meer-Verbindung, Wasserspeicheranlagen:
Canal du midi (Canal Royal) (F) 1666/81/85/94
Erste Narrow Canals (GB): **Sankey Canal** 1757, **Bridgewater-Canal** 1761
Erster Kanal der Monarchie:
Franzenskanal (H/SRB)1793–1801, Donau/ Theiß (Großer Batschka-Kanal)

Erfindungen

(z. T. Wiedererfindungen bzw. Weiterentwicklungen)

Dampfmaschine: Newcomen, 1712, Watt 1769
Dampfwagen, Cugnot, 1769
Dampflokomotive:
Trevithick, 1802/04/08; Stephenson, 1814
Dampfschiff, Fulton, 1807

Gussstahl, Huntsman, 1740
Eisenwalzwerk, Cort,1754

Spinnmaschine: Paul und Wyatt, 1738, Baumwollspinnmaschine „Spinning Jenny" Hargreaves, 1764, Arkwright Waterframe – Spinnmaschine, 1769, Begründer der Textilgroßindustrie
Mechanischer Webstuhl: Vorläufer zw. 1728–1745, Schnellschusswebstuhl, Kay 1733, Cartwright, 1785

Netzstrickmaschine, Jaquard, 1804

Pockenimpfung
Jesty/Jenner, 1774/1798

Taucherglocke, Smeaton, 1778

Leuchtgas, Minckelaers, 1783

Papiermaschine Robert, 1799

Drehbank mit Kreuzsupport, Maudslay, 1797

Portlandzement, Aspdin, 1824
Eisenbeton, Monier, 1867

Fotografie, Daguerre, 1839
Fernsprecher/Telefon, Reis/Bell/Grey, 1861/76

Elektromotor, Jacobi, 1834
Gasmotor, Lenoir/Otto/Langen, 1860/1864/1867
Dynamo, Siemens, 1867
Viertaktmotor Reithmann/ Beau de Rochas/ Otto, 1860-77
E-Lokomotive, Siemens, 1879
Benzinmotor Otto/Daimler/ Maybach/Benz, 1884
Automobil, Lenoir/Benz/ Marcus, 1863/1886/1888
Dieselmotor, Diesel, 1897
Luftschiff, Zeppelin, 1900
Motorflug, Wright, 1903

Fabriken im Industrieviertel

Nadelfabrik/Lichtenwörth, erste Arbeitersiedlung, 1747–1756
Cromford, Derbyshire, erste Textil-, Baumwollfabrik, 1771
Spinnereien: Teesdorf,
Freiherr von Puthon, 1803
Vöslauer Kammgarnfabrik, 1834, Möllersdorf 1875;
Fahrzeuge, Maschinen:
Maschinenwerkstätte der Wien-Raaber Bahn, Haswell, 1839; Maschinenfabrik der StEG Staats-Eisenbahn-Ges., 1854; Georg Sigl's Lokomotivfabrik Wr. Neust., 1842; Rax-Werk 1942 –1966
Leobersdorfer Maschinenfabrik, 1850, erste österr. Turbinenfirma 1887;
Austro-Daimler Wiener Neustadt, 1899–1935

Kanalbauten, Technik, Frachtbetrieb, Transportgüter, Ökonomie

Schleusen: Nach der Einstellung des Schiffsverkehrs verfielen die Schleusen allmählich, sodass heute keine einzige mehr funktionsfähig zu sehen ist. Lediglich die Schleusenkammern mit den Staustufen – die „Wasserfälle", denen der Buchtitel gewidmet ist – blieben größtenteils erhalten. Die Funktionsweise der Schleusen, Anfang des 19. Jahrhunderts noch bestaunt, wird in der Folge mit Bildern des Kanalmodells des Industrieviertelmuseums Wiener Neustadt gezeigt.

Das Schiff bewegt sich kanalabwärts, vorbei am oberen einflügeligen Schleusentor. Dadurch, dass das untere zweiflügelige Schleusentor geschlossen ist, kann die ca. 1,9 m hohe Schleusenstufe, die sich beim Angelpunkt des oberen Tores befindet, passiert werden, weil die Schleuse aufgestaut ist. Befindet sich das Schiff zur Gänze in der Schleusenkammer, wird das obere Tor geschlossen und das untere zweiflügelig aufgemacht. Um den Staudruck beim Öffnen zu reduzieren, werden Schieber im unteren Bereich der Torflügel über Zahnstangen und Kurbeln geöffnet. Um den Vis-à-vis-Torflügel zu betätigen, konnte man über einen schmalen Steg des geschlossenen oberen Tores das andere Kanalufer erreichen. Das Wasser in der Schleusenkammer ist nun abgesenkt und das Schiff kann die Schleuse verlassen. Will nun ein anderes Schiff kanalaufwärts fahren, fährt es in die Schleuse ein. Die unteren Tore werden geschlossen, die Schützengänge am Eingang der Schleuse werden aufgemacht, Wasser fließt in die Kammer ein. Das Schiff hebt sich um ca. 1,9 m, das obere Tor, drucklos geworden, wird geöffnet und das Schiff kann weiterfahren.

Oberes Schleusentor, Schützen u. Windesäulen   *Windesäule, 2015, Gumpoldskirchen*   *Unteres zweiflügeliges Schleusentor*

Schleusenvorgang auf einem englischen Narrow Canal, der mit dem Wiener Neustädter Kanal vergleichbar wäre

Schleusen-Daten:

Länge der Schleusenkammer: 24,7 m, Breite 2,21 m bzw. 2,53 m nach der Verbreiterung.

Ein Vorgang beim Schleusen dauerte ca. 3 Minuten.

Vor und nach der Schleusenkammer befindet sich, auch heute noch, ein oberes und unteres Schleusenhaupt. Der Umlaufgang (-kanal), parallel zur Schleusenkammer angeordnet, garantierte den Wasserausgleich (siehe Modell auf der Vorseite).

Historisches Bild, das den Steg über ein (hier ausnahmsweise zwei-flügeliges) oberes Schleusentor zeigt, um das Kanalufer während der Schleusenbetätigung wechseln zu können.

„Vue de la Seconde Ecluse du N „50. Canal de Vienne. Ansicht der zweiten Schleuse des Wiener Canalo."
Originalbildtitel

Das letzte 2014 bei Schleuse 34 ausgebaute untere Schleusentor mit Schütz und Gestänge.

„Der Canal gegen St. Marks"
Originalbildtitel

Zwischen Schleusenmauer und Schiff passten bis zur Schleusenverbreiterung links und rechts 8 cm, also eine Damenhandbreite und nach der Verbreiterung eine Männerhandbreite mit 11,5 cm. Die beiden Bilder eines englischen Narrow Canal veranschaulichen das.
Berüchtigt waren die Schiffe der Schwemmcompanie des Georg Hubmer, die möglicherweise breiter gebaut oder rücksichtsloser navigiert die ursprünglich aus Ziegel gebauten Schleusenwände ramponierten.

Kanalschiffe, Schiffsbesatzungen und ihre Pferde

Die ersten Kanalschiffe wurden in Passau gefertigt, später in der Werft in Wiener Neustadt. Die Schiffe waren symmetrisch und brauchten nicht gewendet werden. Das Ruder und die Seilstange wurden bei Richtungswechsel umgesteckt. Ab 1804 wuchs die Flotte auf 55 Schiffe an. Ab 1808 kamen ca. 30 Schiffe der Hubmerschen Schwemmkompanie für den Holztransport aus den Hoyoschen Wäldern im Schwarzauer Gebirge und der Rax dazu. In der „Blütezeit" des Kanals waren an die 90 Schiffe unterwegs.

Bild eines Kanalschiffes vor dem Hauptmünzamt, Wien-Landstraße

Länge: 22,8 m,
Breite: 2,05 m;
2,30 m,
nach den Schleusenverbreiterungen.
Tragkraft je nach Volumen des Ladegutes ca. 30 Tonnen.

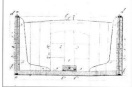

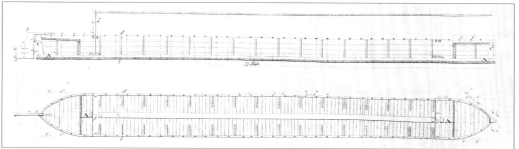

Die historischen Bilder zeigen verschiedene Schiffsbautypen:

Erster Hafen in Wien-Landstraße, 1803–1848, beladene Kanalschiffe und Holzlagerplatz

Modell im Museum Möllersdorf

Foto eines Kanalschiffes im Hafen Wiener Neustadt um 1920

Kanalschiff an der Marxer Linie

Eine Schiffsbesatzung bestand aus drei Personen: dem Treidler, der das Pferd führte, dem Steuermann und einem Mann am Vorschiff, der Distanz hielt. Das leere, sonst das abwärts fahrende Schiff, musste ausweichen. Es fuhr auf die Vis-à-vis-Seite des Treppelweges, das Zugseil wurde auf Grund gelassen, sodass der Entgegenkommende vorbeifahren konnte.

Die Fahrgeschwindigkeit betrug ca. 4 km/h, die Fahrdauer von Wiener Neustadt nach Wien ca. 1 ½ Tage. Für die Nächtigungen standen Kanalhäuser samt Ställen am rechten Kanalufer zur Verfügung. Die Schifffahrtsperiode dauerte vom 1. April bis Ende Oktober. In der verbleibenden frostfreien Zeit erfolgte die „Abkehr" des Kanals für Zwecke der Reinigung und Reparaturen.

Das Bild mit Schiff vor dem Palais Harrach zeigt eine Schiffsmannschaft in Aktion

Betätigung der Rabengassenschleuse

Stadtmuseum Traiskirchen/Möllersdorf: Kanalpferd im Sonntagsstaat

*Treidlermodell im Stadtmuseum
Traiskirchen/Möllersdorf*

*1804 bis 1838 gab es 3 x wöchentlich Schiffsverkehr für bis zu 80 Personen nach Laxenburg.
Die Fahrzeit betrug 3–4 Stunden. Man konnte auch kleinere Personenschiffe mieten.*

Treidler beim Diskutieren

1976 zogen noch Pferde die Boote am Bridgewater Canal. Heutzutage verkehren dieselbetriebene Boote und Hausboote auf den britischen Narrow Canals.

Auch im Mutterland der Narrow Canals fand der Frachtverkehr auf den Kanälen mit dem zunehmenden Eisenbahn- und Straßenbeförderungsaufkommen sein Ende. Hunderte Kanalmeilen wurden aufgelassen und ihrem Verfall überlassen. Mit dem britischen Selbstverständnis für Tradition begann aber bald ein Umdenken und man sah dann bald die Chancen für den Tourismus. Heute sind die meisten Narrow Canals gut erhalten und sie sind vor allem in den wirtschaftlich schwächeren Regionen durch die geschaffene Infrastruktur ein Umsatzfaktor geworden. Auslöser für eine Canal-Nostalgie soll eine Hochzeitsfeier auf einem Canal nach dem Zweiten Weltkrieg gewesen sein, die mit ihren Bildern über alle Medien Verbreitung fand.

Transportgüter am Kanal

Spätestens nach der Beschreibung der Schiffe, der Mannschaft und der Pferde erhebt sich die Frage: Was wurde eigentlich transportiert?

Johannes Hradecky vom Bezirksmuseum Simmering, mittlerweile ein Kompetenzzentrum unter den Museen für den Wiener Neustädter Kanal, hat auf Basis der Berichte der „k.k. Cameral-Gefällen-Verwaltung" für die Jahre 1839-1844 - Kanalpächter (1835-1846) war Georg Simon Sina - Jahresdurchschnittswerte nach Frachtgütern errechnet:

Frachtverkehr nach Wien	3.767 Schiffsladungen	6,543.749 Stück Ziegel
		58.279 Kubikmeter Holz
		1.456 Tonnen Steinkohle
		949 Ballen diverser Waren
Frachtverkehr zwischen Stationen außerhalb Wiens	1.795 Schiffsladungen	
		37.716 Stück Ziegel
		11.385 Kubikmeter Holz
		10.838 Tonnen Steinkohle
		18.889 Tonnen Schotter und Bausteine

Um eine Vorstellung zu bekommen: Die in einem Jahr transportierten rund 70.000 Kubikmeter Holz machen eine Fahrstrecke von Wien bis nach Wiener Neustadt Nord aus, wenn die Stoßhöhe 1 Klafter = 1,89 m beträgt.

Holzstoß von Wien nach
....
Wr. Neustadt

Oder ein anderer Vergleich, die ca. 4.000 Schiffsladungen entsprechen einer Kolonne von ca. 4.000 Sattelschleppern.

Wien .... **Neunkirchen**

Aquädukte

Der Wiener Neustädter Kanal verfügte in seiner Betriebszeit über 16 Aquädukte, die zu den spektakulärsten Bauwerken des Kanals zählten. Sie wurden Tröge genannt, weil das Wasser in Holztrögen (siehe Bild unten, der Leithaaquädukt) über die Flüsse floss, die später durch Beton- und heutzutage durch Stahltröge ersetzt wurden. Die Liesing wurde bzw. die Warme Fischa wird noch immer durch eine Ziegelbrücke überquert. Sämtliche Aquädukte finden im Kapitel VIII., „Die Flüsse, die den Kanal kreuzen", Erwähnung.

Der Liesing-Aquädukt war mit ca. 12 m die höchste Querung

Der Aquädukt über die Ödenburger Straße war eine von drei Straßenquerungen

Der Schwechat-Aquädukt ist heute mit 49 m die längste Flussquerung

Historischer Fischa-Aquädukt und was heute noch zu sehen ist

Beispiel für einen Aquädukt aus Beton, der Kehrbachübergang

Der ehemalige Leithaübergang, er war mit 65 m der längste

Brücken

Von den Brücken über den Wiener Neustädter Kanal, die 1803 bei der Eröffnung bestanden, sind noch acht in einem einigermaßen originalen Zustand vorhanden. Sie alle werden im Kapitel II. „Was macht den Kanal außergewöhnlich? Vergleiche und Alleinstellungsmerkmale" gezeigt. Fritz Lange unterscheidet zwischen dem schmäleren nördlichen Brücken-Typ und dem breiteren südlichen Typ ab Bad Vöslau, die vor der Verbreiterung des Kanals zwei Treppelwege hatten.

Beispiel einer „nördlichen" Brücke, Weingartenbrücke, Tribuswinkel

Beispiel einer „südlichen" Brücke, Schafflerbrücke, Wiener Neustadt

Die Brücken des Wiener Neustädter Kanals erregten die Fantasie der Maler von allen Bauten am meisten.

Leichenzug zum St. Marxer Friedhof, Josef Kriehuber, 1823

„Brücke am Wiener Neustädter Kanal", Franz Bilko

Hohe Brücke 1952 (der Bub ist heute Gynäkologe in Wr. Neustadt)

„Karren ziehende Frau" über die Hohe Brücke, Wr. Neustadt

Mühlen und Kraftwerke: die genutzte Wasserkraft am Wiener Neustädter Kanal

Jede der 50 Staustufen der Schleusen des Kanals hat(te) eine potenzielle Energie – abhängig von der Wasserzuführung zum Kanal – von brutto ca. 16 kW. Das sind je nach Wirkungsgrad ungefähr 10 kW Nettoleistung. Dieser Richtwert gilt auch für die heutigen Kraftwerke. Vergleichsweise verbraucht ein Heizlüfter 2 kW.

Bald nach der Inbetriebnahme des Kanals, nach 1803, entstanden die ersten Mühlen. Insgesamt gab es an die 22 Standorte. Es werden aber wesentlich mehr Mühlennamen erwähnt, zumal die Besitzer im Laufe der Jahrzehnte wechselten.

Stubentormühle, hier stand schon im 15. Jh. eine Mühle

Reste einer 1812 errichteten Mühle beim Krottenbach

Abgerissene Pulverisierungsmühle, Schleuse 10, Pfaffstätten

Wechselvolle Geschichte: Mühle, Fabrik und jetzt Casino-Lager

In der Wirtschaftskrise wurden 1934 und 1935 insgesamt 13 Kleinkraftwerke im unmittelbaren Kanalverlauf errichtet, die zum Teil in den Kriegsjahren zerstört wurden. Von diesen liefern noch 7, nämlich die bei den Schleusen 18, 20–22, 24, 27, 32, jährlich ca. 600.000 kWh in das Netz der Wien-Strom. Das entspricht dem Stromverbrauch von 140 Haushalten.

Typisches Klein-KW aus der Zwischenkriegszeit, Schl. 32, Kottingbrunn

Beispiel einer „modernen" Staudruckturbine, Schleuse 9, Pfaffstätten

Industriebetriebe am Wiener Neustädter Kanal

Die größten der unmittelbar mit dem Kanal in Zusammenhang stehenden Industrieanlagen waren die Ziegelfabriken.

Ehemalige Ziegelfabriken in Leopoldsdorf

Aufgelassene Industrieanlagen in Gumpoldskirchen

Marktführer bei Dichtungen, Firma Klinger, Gumpoldskirchen

Ehemalige Oetkerfabrik in Baden, bei Schleuse 16

Fa. Elektron/Seeliger, Scheuermittel, Schleuse 13, Pfaffstätten

Schotter- und Betonwerke am Kanal, Eggendorf

Austro-Daimler am Kanal, um 1920, Wiener Neustadt →

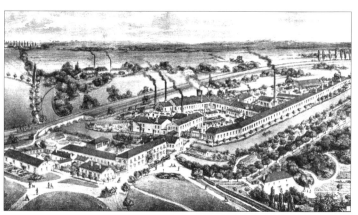

← Im 19. Jh. befand sich hier die Maschinenfabrik Fischer

Kanalhäuser und heutige Gasteinrichtungen am Wiener Neustädter Kanal

Heutzutage existieren nur mehr einige wenige Objekte, die auf ehemalige Kanalhäuser zurückgehen. In der Folge werden Bilder von ehemals auf der Kanalstrecke befindlichen Kanalhäusern und Gasteinrichtungen gezeigt und Fotos von Gastronomiebetrieben, die sich heutzutage unmittelbar am Wiener Neustädter Kanal angesiedelt haben.

Lucullus und Zur Steirischen Botschaft, Rechte Bahngasse 36 bzw. 42, längs der S7, wo der Kanal verlief   *Kantine SC Ostbahn in Simmering*

Ehemalige Kanalhäuser beim Aquädukt
über die ehemalige Ödenburger Straße

Heuriger Gausterer am Kanal,
Rohrfeldgasse in Guntramsdorf Nord

Ehemaliges Gasthaus Sychra, am Wiener Neustädter Kanal
in Gumpoldskirchen

Radlerheuriger am Wiener Neustädter Kanal in Pfaffstätten,
Johann und Angelika Kernbichler

Umgebautes Kanalhaus zwischen Schleuse 18 und 19, Baden

Weingut Rathbauer, in Sichtweite des Kanals, Kottingbrunn

Ehemaliges Kanalhaus bei Schleuse 35, Schönau an der Triesting

Bootshaus und Gaststätte von Andreas Camus, „Schifferlfahren am Wiener Neustädter Kanal", am Triangel in Wiener Neustadt

Kanalhaus zwischen Hoher Brücke und dem Triangel in Wiener Neustadt

„Schifferlwirt", Gasthaus der Familie Nemetz, zwischen E-Werk Ungarfeld und Hoher Brücke

Kapitel IV.

Projektierte Kanalabschnitte: Pöttsching – Ödenburg – Laibach
Kohlen-Bergbau im Einzugsbereich des Kanals

Wenn man heute den Wiener Neustädter Kanal betrachtet, erinnert kaum etwas

- an den ursprünglich angedachten Verwendungszweck, die Stadt Wien über den kostengünstigen Wasserweg mit Kohle zu beliefern, und zwar vor allem aus dem Kohlenrevier in der Nähe von Ödenburg, dem heutigen Sopron, und
- an die Vision, einen Schiffsweg von Wien bis zur Adria zu schaffen.

Der Pöttschinger Bergbaupionier und dem romantischen Rittertum-Kult zugeneigte Anton David Steiger dürfte letztlich ein wesentlicher Auslöser des Jahrzehnte vorher schon mehrmals angedachten Kanalbaus gewesen sein. Er bewarb sich 1789 um die Schürfrechte für Kohle in der Gegend um Ödenburg, und im selben Jahr wurde ein Kontrakt zwischen Steiger, den Grafen Wrbna bzw. Falkenhayn auf der einen und der Stadt Ödenburg auf der anderen Seite wegen Verpachtung des westlich von Ödenburg gelegenen Kohlenreviers am Brennberg geschlossen.

Im Jahre 1791 gründete Steiger mit einigen lokalen Honoratioren die Wiener Neustädter Steinkohlengewerkschaft, zu der etwas später, nämlich 1795, der Vertrauensmann von Franz II., Graf Saurau, stieß. Damit war der Weg für den Kanalbau geebnet. Der Kaiser beauftragte 1795/96 seinen Pionieroffizier Sebastian von Maillard mit der Kanalplanung, mit dessen Bau daraufhin 1797 begonnen wurde.

Warum dann der Kanal doch nicht wenigstens bis nach Pöttsching – hier verlief die Grenze zwischen Niederösterreich und Ungarn – und weiter nach Ödenburg gebaut wurde, hatte mehrere Gründe:

- So gab es die Ablehnung der ungarischen Großgrundbesitzer und Adeligen gegen die Kanalverlängerung unter anderem deshalb, weil ein schiffbarer Kanal andere Wirtschaftszweige gefährdete, an denen Ungarn verdiente.
- Auf der anderen Seite waren die geologischen Gegebenheiten zwischen Pöttsching und Ödenburg mit den damals in Österreich verfügbaren finanziellen Mitteln – es gab zwei Staatspleiten hintereinander – baulich nicht bewältigbar.
- Eine Rolle spielte auch die Ablehnung der Wiener Bevölkerung, Kohle statt Holz als Brennstoff zu verwenden.

Mit der neuen Holzschwemme aus dem Raxgebiet des Georg Hubmer und des Grafen Hoyos war die Versorgung von Wien mit Holz, das am Kanal ab Wiener Neustadt transportiert werden konnte, ab 1808 ohnedies wieder einigermaßen gesichert.

Die ursprüngliche Vision, die Residenz-
stadt der Habsburger mit der Adria zu
verbinden, war mittlerweile verblasst,
weil durch den Sieg von Napoleon die
italienischen Gebiete verloren gegangen
waren.

Was war somit in der unmittelbaren Zeit
des Kanalbaues realistisch?

In der ersten Ausbaustufe 1803 erreichte
der Kanal Wiener Neustadt und in einer
zweiten und, wie sich später herausstellte, letzten im Jahre 1811 das in Lichtenwörth gelegene sogenannte Fondsgut
auf der Pöttschinger Höhe, nahe der ungarischen Grenze.

Immerhin gab es dann dort auch Kohlevorkommen, nämlich im Zillingsdorfer
Wald, auch dieses von Anton David Steiger 1809 exploriert, womit der Kanal,
spät aber doch, bis zu seinem östlichen
Ende an der Grenze zum damals ungarischen Pöttsching für seinen ursprünglichen Hauptzweck genutzt werden konnte.

Schon gleich zur Kanaleröffnung 1803
warteten Kohlengruben aus dem südlichen Wiener Neustädter Raum, die von
Steiger bereits 1785 entdeckt und von
der Wiener Neustädter Steinkohlengewerkschaft in Pacht genommen waren,
auf ihre Anbindung an den kostengünstigen Wasserweg.

Als Pöttschinger Ast gilt das ca. 4 km lange Kanalteilstück zwischen der in Neudörfl von der Leitha abgezweigten Einspeisung der Neudörfler Rigole und dem
Fondsgut, beide in Lichtenwörth gelegen.
Auch wenn 1811 als Eröffnungsjahr des
Pöttschinger Astes gilt, konnte ein geregelter Frachtbetrieb erst ab 1822 sichergestellt werden, der aber dann bis ca.
1879 aufrecht war.

Der Pöttschinger Ast und das Fondsgut
werden im Kapitel VI. im Detail beschrieben.

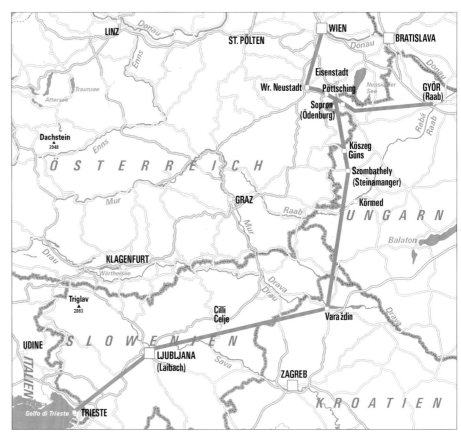

Schematische Darstellung der „Kanal-Vision" Wien – Ödenburg – Laibach – Triest

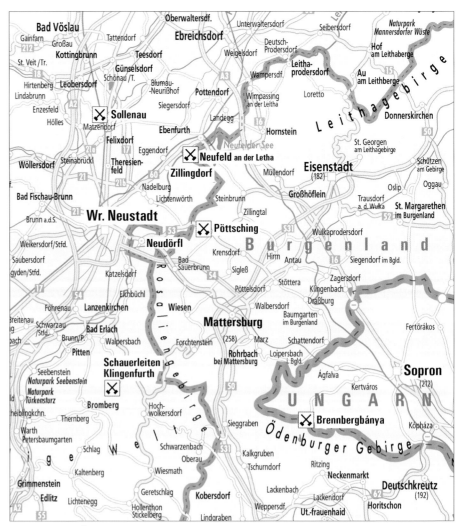

Übersicht der Kohlenvorkommen im Einzugsgebiet des Kanals

1802 wurde der Bauleiter Josef Schemerl mit der Planung des Abschnittes Pöttschinger Höhe – Pöttsching – Ödenburg beauftragt.

Es gab zur damaligen Zeit schon eine Planung von S. v. Maillard mit 13 Schleusen und aufwendiger Aquädukte. Schemerl legte zwei Varianten vor: eine, die mit 22 Schleusen ins Wulkatal abgefallen und mit 12 Schleusen nach Ödenburg wieder angestiegen wäre (siehe Bild rechts).

Die Kanalbau-Hofkommission bevorzugte jedoch Schemerls 2. Variante mit 18 Schleusen und einem 2 km langen Tunnel bei Baumgarten.

Die „Vision" nach Laibach hätte rund 840 Schleusen erfordert.

Maillard sah von dort nach Triest eine Schienenbahn vor.

Geschichte von Pöttsching

Nachdem die magyarische Westexpansion im Jahre 955 mit der Schlacht am Lechfeld jäh beendet war, mussten sich die Ungarn plötzlich selber vor Angriffen und zwar aus dem heutigen Industrieviertel sowie der Steiermark schützen. Eine der erforderlichen Maßnahmen war die Errichtung von Grenzwächtersiedlungen. Eine Reihe burgenländischer Ortschaften, wie beispielsweise Pöttsching, Oberpullendorf und Oberwart entstand aus den Siedlungen der Grenzwächter. Um 1100 siedelten die Ungarn die Petschenegen, einen aus dem Schwarzmeergebiet stammenden Volksstamm, als Grenzwächter an. Pöttsching geht auf so eine Petschenegen-Siedlung zurück. In einer Schenkungsurkunde 1223 wird Pöttsching erstmals als Beseneu, eine Siedlung, die „bei den Petschenegen" lag, erwähnt.

Pecsenyéd/Pöttsching befand sich bis 1920/21 in „Deutschwest"-Ungarn und kam erst nach Grenzkämpfen auf Grund der Verträge von Saint-Germain und Trianon zu Österreich, in das neu geschaffene Burgenland.

Ehemaliger Meierhof, 17. und 18. Jh.

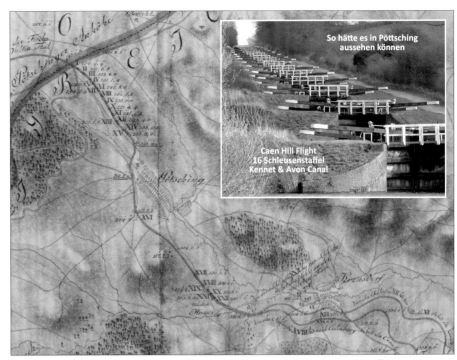

Geplante Kanaltrasse Pöttschinger Höhe – Pöttsching – Krensdorf – Ödenburg

Es gab konkrete Trassenplanungen bis nach Ödenburg, wie bereits der Buchautor Fritz Lange nachgewiesen hatte, und auch Probeschächte für einen auf der Strecke anzulegenden Tunnel. Nach Pöttsching und von dort in Richtung Südosten waren ganze Schleusenketten projektiert. Eine Vorstellung, wie das ausgesehen hätte, geben die Bilder englischer Schleusenketten. (Siehe Fotomontage oben.)

Der Kanalplaner der ersten Stunde, Sebastian von Maillard, vermied Trassenführungen mit Tunnel. Es wurde ihm Platzangst nachgesagt, die bei Tunnelbesichtigungen anläßlich seiner Studienreise in England hervorgerufen worden sein soll.

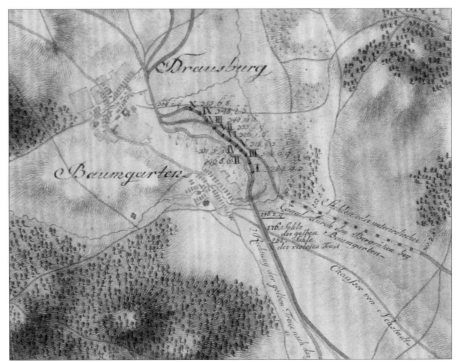

Josef Schemerls Tunnel – Variante bei Baumgarten

Das letzte Mal, dass in einem Dokument die Kanalverlängerung Erwähnung findet, war der Pachtvertrag mit Matthias Feldmüller aus dem Jahr 1827: „Sollte während der Pachtzeit ein Unternehmer oder eine Gesellschaft zur Fortsetzung (gemeint war Ödenburg) des Kanals durch eine Eisenbahn oder einen Kanal sich finden, so darf der Pächter kein Hindernis bilden."

Brennberg/Brennbergbánya

Im Jahr 1753 wurden am Brennberg Kohlevorkommen entdeckt und zuerst im Tagebau abgebaut. Der Name Brennberg soll entstanden sein, als ein Ziegenhüter durch eine Feuerstelle die an der Oberfläche liegende Kohle versehentlich entzündete und nicht mehr löschen konnte.

1759 begann hier der Tiefbau mit einem der ersten Bergwerke Ungarns. Kaiser Franz II. besichtigte 1797 den Brennberg, wo er Berichten zufolge „eigenhändig einige Stück Steinkohle vom Flöz abbaute".

In der ersten Hälfte des 19. Jahrhunderts breitete sich das Bergwerk in südwestlicher Richtung aus und immer tiefer liegende Kohleschichten wurden erschlossen. Zeitweise lieferte der Brennberg die Hälfte der in Ungarn geförderten Kohle. Im letzten Drittel des 19. Jahrhunderts wurde dann das 300–400 m tief liegende Kohlenrevier unter dem Hermesriegel ausgebeutet. Barbara-, Hermes- und Sopronschacht waren drei der bekanntesten Anlagen. Die letzte Abbauphase begann 1941 mit dem Kohlenflöz im Szent István-Schacht in einer Tiefe von ca. 640 m. Damals beschäftige der Brennberg bis zu 1.000 Beschäftigte.

Im Jahr 1862 wurde in Ritzing (Récény) der Ignazschacht und 1870 der Helenenschacht abgeteuft. Beide kamen 1921 zu Österreich. 1902 schaffte man einen Stollendurchstich vom Ritzinger Revier zum Sopronschacht des Brennberger Reviers. Im Jahre 1952 wurden die Brennberger Minen und 1955 der Ritzinger Helenenschacht endgültig geschlossen.

Ein 1967/68 eröffnetes Museum befindet sich in einem ehemaligen Zweifamilienhaus der Bergwerkssiedlung.
Brennbergbánya ist mit Sopron durch eine 10,5 km lange Landstraße verbunden, die 190 m Höhenunterschied überwindet.

Liste der Grubenbesitzer bzw. Pächter

1753–1756	Rieder János György
1759	Bayer istván
1768	Terstyánszky Dániel
1769	Mayer Mihály
1786–1787	Zoller Ferenc
1789	Schneider Vencel
1790	Falkenhayn Jenö, Wrbna Rudolf, Dávid Antal
1791–1796	Wr. Neustädter Steinkohlengewerkschaft
1796–1878	k.k. Priv. Steinkohlen Kanalbau AG
ab 1802	im Besitz der Staatskammer
Unter-Pächter:	1822-27 Fries és Tsa Bank
	1827-34 Feldmüller Mátyas
	1834-48 Báró Sina György
	1835-56 Miesbach Alajos
	1856- 78 Drasche Henrik
1878–1881	Drasche Henrik
1882–1912	Brennberger Kohlenbergbau AG
1912–1928	Soproner Regional-Kohlenbergwerks AG
1928–1952	Urikány-Zsiltaler Ungar. K.-Bergwerks AG
	Ab 1946 Staatseigentum unter Leitung der
	Ungarischen Staatlichen Kohlenbergwerke

Text der Schautafel im Bergbaumuseum

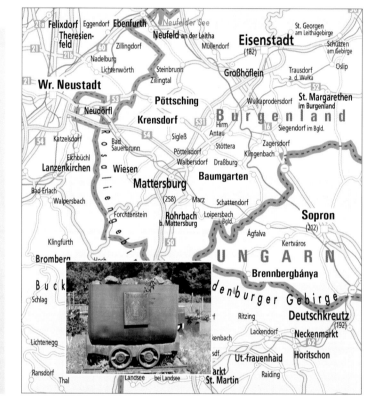

Brennberger Bergbaumuseum

Kirche und Gasthaus befinden sich in einem Gebäudekomplex

Die Kohlenabbaugebiete „am" Wiener Neustädter Kanal

Die Geologische Bundesanstalt verfasste 1982 eine „Bergbaugeschichte und Geologie der österreichischen Braunkohlenvorkommen", aus der die folgenden Informationen und Karten entnommen wurden:

Schauerleiten (Walpersbach, Schleinz) – Klingenfurt

Schon Franz v. P. Gaheis, der Erste, der den um 1800 noch in Bau befindlichen Wiener Neustädter Kanal beschrieb, erwähnt Schauerleiten und Klingenfurt als Kohlenabbaugebiete, die billige Transportmöglichkeiten nach Wien bräuchten.
A. D. Steiger entdeckte das Kohlenvorkommen um 1785. Christine Gräfin Hoyos erwarb 1788 die Grundstücke der Gruben und wurde mit dem Bergwerk belehnt. 1795 pachtete die Wiener Neustädter Steinkohlengewerkschaft das Bergwerk. 1810 waren 50 Bergleute in 7 Stollen im Einsatz und förderten rund 750 Tonnen pro Jahr. Die Kohle wurde nicht für den Hausbrand, sondern für Kalk-, Ziegel- und Branntweinbrennereien sowie für das Sieden von Pottasche, Vitriol und Zucker verwendet.
Das Ende des Abbaus erfolgte 1948 bzw. um 1965.

Zillingdorf – Neudörfl

Die dortigen Braunkohlenvorkommen waren, zusammen mit denen von Pöttsching/Neufeld, die bedeutendsten im Wiener Becken.
Auch hier war A. D. Steiger am Werk. Um 1809 entdeckt, scheint er 1822–1825 als Eigentümer eines Alaun- und Kohlenbergwerkes auf. 1843 wird Alois Miesbach als Besitzer genannt, der seine Ziegeleien mit der Kohle befeuerte. Sein Neffe Heinrich von Drasche übernahm den Betrieb, der 1875 schließlich eingestellt wurde. 1912 erwarb die Gemeinde Wien die Anlagen und befeuerte ihr kalorisches Kraftwerk in Ebenfurth mit den Kohlen, die damals per Schmalspurbahn befördert wurden.
Die Einstellung des Zillingdorfer Betriebs erfolgte 1929.

Neufeld - Pöttsching – Steinbrunn

Die Neufelder Vorkommen wurden Anfang des 19. Jahrhunderts entdeckt. Eigentümer waren u. a. Nikolaus Graf Esterházy (um 1875) und Hermann Wittgenstein. Ab 1915 standen die Kohle-Abraumhalden im Eigentum der Gemeinde Wien, die mit Eimerketten-Elektrobaggern mit einer Stundenleistung bis zu 100 m³/h gefördert wurden. 1925 wurde in Pöttsching mit Abraumarbeiten begonnen, die südöstlich in tiefbaumäßige Schürfarbeiten im Karls-, Eugen- und Georgsschacht übergingen.
Das Ende des Abbaus erfolgte 1953.

Sollenau – Schönau – Leobersdorf

Die Kohlenflöze waren zwischen der Aspang- und der Südbahn gelegen. Der Bergbau wurde in der ersten Hälfte bis nach Mitte des 19. Jahrhunderts von den Ziegelbaronen Alois Miesbach und Heinrich von Drasche betrieben und 1864 vorerst beendet. Der Wittgensteinschacht wurde 1890 abgeteuft und 1907 wieder geschlossen.

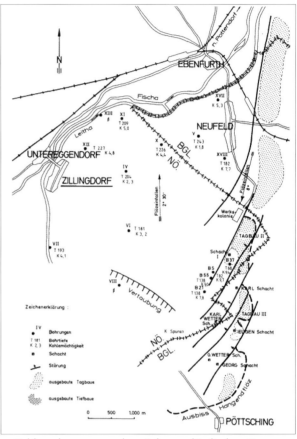

Kohlevorkommen an der nö.-burgenländischen Grenze

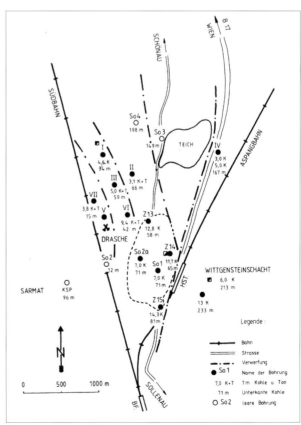

Kohlevorkommen bei Sollenau

Die wundersame Welt des Anton David Steiger

Die in Pöttsching ansässige Historikerin Susanne Steiger-Moser beschäftigte sich eingehend mit ihrem Landsmann.

Sie beschreibt den Bergbaupionier folgendermaßen:

Anton David Steiger – eine schillernde Persönlichkeit: Geadelt für seine Verdienste um den Steinkohlenbergbau, verdächtig durch seine Kontakte zu höchsten freimaurerischen Kreisen; war er eine romantische Natur oder ein „blöder Ritter"?
Ein Bub aus kleinsten Verhältnissen aus einem westungarischen Dorf mit damals etwa 1.600 Einwohnern, kann die damals einzige Bergbauakademie besuchen, hat Kontakte zu Persönlichkeiten wie Ignaz von Born, Emmanuel Schikaneder und die von ihm gegründete Ritterschaft, wird von Erzherzog Johann unterstützt und von künftigen Königen besucht.

A. D. Steiger wurde lt. Biographischem Lexikon des Kaiserreiches Österreich 1755[1] in Pöttsching geboren.

- 1788 pachtete er die Burg Seebenstein und begann sie zu renovieren und stattete sie mit historischen Möbeln, Rüstungen, Waffen und einer Mineraliensammlung aus.

- 1790 gründete er die „Wildensteiner Ritterschaft auf blauer Erde".

- 1792 wurde er Burg- und Ökonomie-Verwalter an der k.k. Militärakademie in Wiener Neustadt und erwarb sich Verdienste beim Franzoseneinfall 1805.

- 1812 wurde er aufgrund seiner Verdienste (Entdeckung und Bebauung mehrerer „Steinkohlen"-Bergwerke) von Kaiser Franz in den erbländischen Adelstand mit dem Prädikat „Edler von Amstein" erhoben.

- 1824 wurde der Ritterbund aufgelöst – das Metternichsche System sah im Bund eine Gefahr.

A. D. Steiger starb 1832 und wurde in Wiener Neustadt auf dem Friedhof St. Ulrich begraben.

Nach Steigers Sohn Hermann ist die Hermannshöhle bei Kirchberg am Wechsel benannt.

Steigers Lazulithfunde (Blauspath in Krieglach) und die in der Romantik beliebte blaue Farbe – Novalis machte in seinem Romanfragment Heinrich von Ofterdingen die „Blaue Blume" zu einem Symbol – stellen einen Bezug zur Namensgebung für die „Wildensteiner Ritterschaft auf blauer Erde" her.

Phi: Kniephecktk fe.

Hainß am Stein der Milde
Ober-Ritter auf Wildenstein

Dargebracht vom Ritter Hildebrand auf der Quick.

Seebenstein

Seebenstein soll 1092 durch Eckbert von Formbach-Neuburg erbaut worden sein, der 1055 die Grafschaft Pitten begründete. Im Jahre 1159 wurden die Wildensteiner, welche Ministeriale der Babenberger waren, mit der Herrschaft belehnt. Die erste urkundliche Namensnennung bezieht sich auf Chadelhoh de sewenstaine im Jahre 1170. Einige Jahrzehnte nach der Zweiten Türkenbelagerung baute der Burgherr Graf Pergen im Ort ein neues Schloss und Seebenstein verfiel. Nachdem 1788 A. D. Steiger die Burg pachtete, ließ er den Wohntrakt restaurieren und brachte hier auch seine umfangreiche Mineraliensammlung unter.

---
[1] A. D. Steigers genaues Geburts- und Sterbedatum können nach eingehenden Recherchen der Historikerin Susanna Steiger-Moser auf den * 2. 2. 1762 korrigiert und mit † 29. 1. 1832 präzisiert werden.

Kapitel V.

Vorbilder:
Die englischen Narrow Canals
The Seven Wonders of the Waterways

England war ein Vorreiterland der Industrialisierung. Viele der technischen Entwicklungen fanden hier um rund 30 Jahre früher statt als in der Habsburgermonarchie und waren in mannigfaltiger Weise Vorbilder.

Kapitel V. zeichnet in der Folge den schiffbaren, künstlich angelegten Wasserweg von Manchester Richtung London nach, der heute von Tourismusschiffen frequentiert wird und das umgebende Land und die Städte durch Infrastruktureinrichtungen belebt. Diese überwiegend nicht viel mehr als 10 m breiten schiffbaren Kanäle, die Narrow Canals, waren wegen ihrer kostengünstigen Herstellung die Vorbilder für die österreichischen Kanalbauer.

Manchester war eines der Zentren der frühen Industrialisierung. Hier befindet sich auch der Bridgewater Canal, der bereits 1761, also 36 Jahre vor Baubeginn des Wiener Neustädter Kanals, seinen Betrieb aufnahm. Mit ihm begann das „Canal Age". Die „Canal Mania", so wird der Hype genannt, der durch die zu erwartende Rendite der Canals ausgelöst wurde, fand ihren Höhepunkt 1785–1791, als 44 Kanäle vom englischen Parlament genehmigt wurden.

Es wäre nicht England, gäbe es da nicht noch eine ältere Tradition. Der älteste noch schiffbare Kanal ist der Foss Dyke aus der Zeit der Römer in Lincolnshire, 120 n. Chr. erbaut. Bis 1972 verkehrten hier Frachtschiffe mit Getreide.

Die Vorbilder, die englischen Narrow Canals – einst … und heute?

Österreich hatte zur Zeit der Planung des Kanals in den Jahren 1795/96 keine Erfahrung mit schiffbaren Kanälen. Das Vorbildland für Industrialisierung war damals England. Die Kanalbautechnik war zwar beispielsweise in Frankreich, Italien und Holland früher entwickelt, in England baute man jedoch „ökonomische" Kanäle, geeignet für die sprichwörtlichen „Narrowboats".

Der Kanalplaner Sebastian von Maillard bereiste mit einer Expertengruppe die bestehenden und in Bau befindlichen englischen und schottischen Kanäle und besichtigte Pferdeeisenbahnen und die in Cardiff eben eröffnete erste Dampfeisenbahn.

In Großbritannien waren zur Zeit der Bereisung durch S. v. Maillard, Ende des 18. Jahrhunderts, bereits an die 40 Narrow Canals in Betrieb.

In der großen Zeit der schiffbaren Kanäle im 19. Jahrhundert waren über 100 im Güterfrachtbetrieb. Heutzutage führt das Onlinelexikon „wasserwege.eu" rund 70 touristisch genutzte Kanäle in Großbritannien.

Die Kanäle waren „Kinder" der Industrialisierung. Mit dem Niedergang der klassischen Industrialisierung kamen auch die Kanäle und deren Erhaltung in die Krise.

Allerdings haben die Briten mit ihren „Proud-heritage-" und „Connecting-people-with-history"-Bezügen eine starke Bindung zur Tradition. So kümmert sich neben staatlichen Einrichtungen eine IWA „Inland Waterways Association" mit 16.000 Mitgliedern um die Erhaltung und mannigfaltige Nutzung des historischen Erbes.

Der Wasserweg von Manchester nach London per Schiff war zu Maillards Studienreise, 1796, folgendermaßen befahrbar:

• Bridgewater Canal

Auf den Narrow Canals:
• Trent & Mersey Canal
• Coventry Canal
• Oxford Canal

Danach auf der Themse nach London.

Die Narrowboats haben üblicherweise eine Breite von ca. 2,1 m. Die Längen liegen je nach Bootsklasse zwischen 14 m und 22 m. Der Antrieb erfolgt durch Dieselmotoren mit ca. 50 PS, womit eine empfohlene durchschnittliche Reisegeschwindigkeit zwischen 4 und 5 km/h erzielt wird.

Die Hausbootausstattung ermöglicht Übernachtungen, je nach Bootsklasse, von 4 bis 10 Personen.

Nach einer Zählung aus dem Jahre 2004 waren damals 48.000 solcher Boote unterwegs.

Bridgewater Canal
Manchester Ship Canal

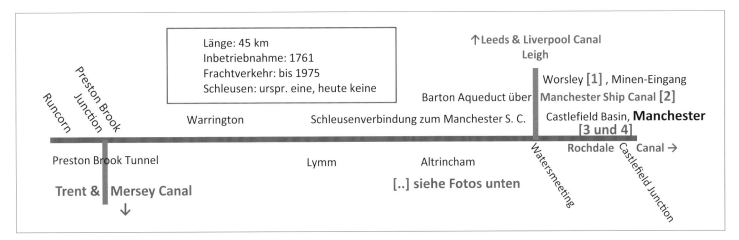

Länge: 45 km
Inbetriebnahme: 1761
Frachtverkehr: bis 1975
Schleusen: urspr. eine, heute keine

↑ Leeds & Liverpool Canal
Leigh

Worsley [1] , Minen-Eingang
Barton Aqueduct über Manchester Ship Canal [2]
Castlefield Basin, **Manchester** [3 und 4]

Preston Brook Junction
Runcorn

Warrington   Schleusenverbindung zum Manchester S. C.

Preston Brook Tunnel   Lymm   Altrincham

Watersmeeting

Rochdale Canal →

Castlefield Junction

Trent & Mersey Canal
↓

[..] siehe Fotos unten

[1] „Packet House" in Worsley

[2] Barton Swing Aqueduct über den Manchester Ship Canal

[3] Narrow Boat in einer Schleuse in Manchester

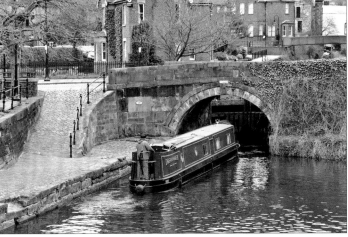

[4] Narrow Boat bei einer Brückenausfahrt in Manchester

James Brindley (1716–1772) war ursprünglich Mühlen- und Maschinenbauer. Er machte sich mit dem Bau einer Entwässerungsanlage für eine Kohlengrube einen Namen, worauf ihn der Duke of Bridgewater 1759 mit der Errichtung des gleichnamigen Kanals beauftragte. Brindley schuf Standards für das Narrowboat-Kanalsystem.

Francis Egerton, Duke of Bridgewater (1736-1803), besaß die Kohlenminen in Worsley, die er mit einem Kanal mit Manchester auf dem Schiffsweg erschließen ließ. Er gilt als Begründer der britischen Binnenschifffahrt und Auslöser des „Canal Age". Seine Kohlengruben waren mit einem Schrägaufzug direkt an den Schiffskanal angeschlossen.

Trent & Mersey Canal

Bridgewater Canal

Preston Brook- u. Barton Tunnel [1]

Anderton Boatslift [2]

Shropshire U. Canal

Middlewich [3]

Red Bull Scheitelhaltung

Macclesfield Canal

[..] siehe Fotos unten

Harecastle Tunnel [4]

Caldon Canal

Stoke on Trent

Verlauf des nördl.

Stafford- & Worcestershire Canal

Stone

Great Haywood Junction

Trent & Mersey Canals

↑

↓

Trent & Mersey C. → nach Burton

Coventry Canal ↓

Länge: ca.150 km	
Inbetriebnahme: 1777	
Frachtverkehr: bis 1960	
Schleusen: 76	
Tunnel: 5	

Der Bau des Trent & Mersey Canals, auch The Grand Trunk genannt, erfolgte 1766–1777 nach einem Plan von James Brindley. Die treibende Kraft war der Besitzer der Porzellanmanufaktur Wedgwood in Stoke-on-Trent, der sich durch die Schiffsanbindung logistische Vorteile erwartete.

Josiah Wedgwood (1730 – 1795) war sowohl als Erfinder als auch im Marketing bemerkenswert. Er erfand u. a. die Jasperware, ein bei geringerer Temperatur als Porzellan gebranntes „Weichporzellan", und er kreierte die Portlandvase als sein Firmenlogo.

Der Harecastle-Tunnel stellte sich bald als Engpass heraus. Deshalb wurde ab 1824 ein zweiter Tunnel parallel zum ersten angelegt. Auf Bild [4] sind die Nordportale beider Tunnel zu sehen, rechts der mittlerweile aufgelassene Tunnel, der noch von James Brindley stammt. Der River Trent hat eine Länge von 297 km, er ist der drittlängste Fluss in Großbritannien. Er entwässert über den Humber an der Ostküste Englands in die Nordsee.

Der River Mersey hat eine Länge von 112 km, er kommt aus der Region Derbyshire, Greater Manchester und entwässert über die Liverpool Bay in die Irische See an der Westküste Englands.

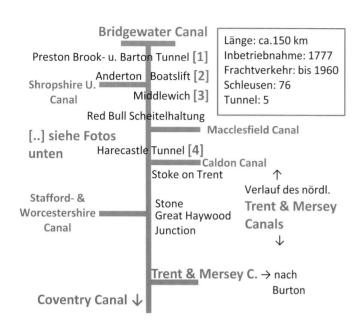

[1] Barton-Tunnel: Die Tunnel Preston Brook, Saltersford und Barton folgen unmittelbar hintereinander

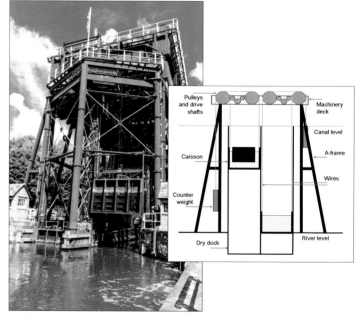

[2] Anderton Boat Lift: Das Schiffshebewerk wurde 1875 erbaut. Es war das erste Presskolben-Hebewerk der Welt.

[3] „Big Lock" bei Middlewich

[4] Harecastle-Tunnel Nordportal

Coventry Canal

Trent & Mersey Canal ↑

Fradley Junction

Lichfield Huddlesfod-
Canal Junction

Birmingham &
Fazeley Canal

Atherstone

Nuneaton

[..] siehe Fotos unten

Coventry Hawkesbury
[2-4] Canal Junction [1]

Coventry ↓ Oxford Canal

Ashby de la Zouch Canal

Länge: ca. 62 km
Inbetriebnahme: 1789
Frachtverkehr: bis 1950
Schleusen: 13

Der Coventry-Kanal hatte eine mit dem Wiener Neustädter Kanal vergleichbare Finanzierungs-Problematik gemeinsam. Der mit dem Conventry-Kanalbau 1768 beauftragte James Brindley hatte bereits 1769 sein vorgesehenes Baubudget aufgebraucht. Der Vollausbau gelang erst 1789, also rund 20 Jahre später, und der Kanal etablierte sich für viele Jahre als ertragreicher Binnenschifffahrtsweg zwischen London und Birmingham.

Auch wenn die Baugeschichte mit James Brindley keine glückliche war, so wurde ihm dennoch im Kanalhafen von Coventry ein Denkmal gesetzt. Das Bild [4] zeigt, wie der Pionier des Kanalbaus durch ein Nivelliergerät auf den Hafen in die Richtung einer historischen Kanalbrücke schaut.

Der Coventry-Kanal ist Teil des Warwickshire-Kanalringes, der gemeinsam mit dem Grand Union Canal, Birmingham and Fazeley Canal und dem Oxford Canal einen Rundkurs ermöglicht. Die Stadt Coventry ist mit rund 340.000 Einwohnern nach Manchester die größte Stadt im Umfeld der in diesem Buch beschriebenen Kanäle. Die Stadt geht auf eine Gründung von Leofric, Earl of Mercia, aus 1043 zurück, der durch seine Frau Lady Godiva unsterblich wurde. Lady Godiva wollte ihren Mann dazu überreden, die erdrückende Steuerlast zu senken. Dieser wettete mit ihr, nach britischer Art, die Steuern erst zu senken, wenn sie nackt durch die Stadt reitet. Womit Leofric nicht rechnete, war, dass seine Frau sich tatsächlich überwinden würde, ohne Bekleidung durch die Stadt zu reiten, damit es dem Volk besser ginge. Leofric, vom Mut seiner Frau beeindruckt, habe daraufhin alle Steuern erlassen, außer jene auf Pferde.

[1] Hawkesbury Junction

[2] Schiffsanlegestelle

[3] Historische Kanalbrücke am Eingang zum Canal Basin, Coventry

[4] Canal Basin in Coventry mit der Statue von James Brindley

Oxford Canal

Coventry Canal ↑
Hawkesbury Junction

Rugby

Braunstone [1 - 3]

← Grand Union Canal →

Napton on the Hill [4]

Banbury

[..] siehe Fotos
unten

Länge: ca. 124 km
Inbetriebnahme: 1790
Frachtverkehr: bis 1960
Schleusen: 43/46
Tunnel: 1 früher 2

Lower Heyford

Isis Lock   **Oxford**

Themse

Der Oxford Canal führt durch eine weitgehend unberührte Gegend von Oxford nach Coventry; er war einst die wichtigste Verbindung von London in die Midlands rund um Birmingham, einem Zentrum der Kohleförderung und der Industrialisierung.

Der Bau wurde durch James Brindley begonnen, doch er verstarb im Jahre 1772. Es dauerte von 1769–1790, bis die ca. 124 km lange Wasserstraße schiffbar war.

Nach dem Bau des Grand Junction Canals, 1805, welcher größer, breiter und moderner ausgeführt wurde, verlagerte sich das Frachtaufkommen dorthin. Der Grand Junction wurde 1929 in den Grand Union Canal integriert.

Der Oxford-Kanal war aber bis in die 1960er-Jahre für den Gütertransport in Betrieb und verfiel dann in einen Dornröschenschlaf, bis ihn der Tourismus daraus erweckte.

Nördlich von Napton on the Hill ist der Oxford Canal Teil des Warwickshire-Ringes.

Heute zählt der Kanal zu einer der Lieblingsdestinationen für Narrow-Boat-Fans.

Der Kanal hat inklusive kurzer Nebenarme 43 bzw. 46 Schleusen, die Bootsabmessungen betragen 22 x 2,1 m.

[1] Braunston Lock 1

[2] Braunston Turn, Oxford to Grand Union Canal

[3] Oxford Canal mit Blick auf Braunston Village

[4] Oxford Canal bei Napton on the Hill

The Seven Wonders of the Waterways

Die Wunder der Wasserwege beziehen sich auf die auffälligsten Bauwerke der englischen Kanäle und wurden erstmalig im Buch „Know Your Waterways" von Robert Aickman, Co-Gründer der Inland Waterways Association, angeführt. Das Buch erschien vor ca. 50 Jahren mit sieben Wundern; mittlerweile kamen neue „Wunder" dazu und es gibt verschiedene derartige Aufstellungen. Die folgenden Bilder zeigen fünf der „Wunder". Zunächst die Liste der ursprünglichen Seven Wonders:

Im Vergleich dazu der Liesingbach-Aquädukt

[1]

1. **Pontcysyllte Aqueduct on the Llangollen**, höchster Aquädukt, Höhe ca. 40 m, erbaut 1805, Bild [1] links und nächste Seite unten.
2. Standedge Tunnel on the Huddersfield Canal, längster Tunnel mit ca. 5 km, 1811. Bild [2]
3. Caen Hill Lock Flight on the Kennet & Avon, Schleusenkette, 29 locks auf 3,2 km, 1810, siehe Bild [3] u. Titelbild, Kapitel V.
4. Barton Swing Aqueduct on the Bridgewater Canal, siehe Bild [4]. Einziger schwenkbarer Aquädukt, erbaut 1894.
5. Anderton Boat Lift, River Weaver, Trent & Mersey, Erstes hydraulisches Schiffshebewerk, 1875, siehe Bild [2] beim T&M.C.
6. Bingley Five Rise Locks on the Leeds & Liverpool Canal, 5-stufige Schleusenkette ohne Zwischenbecken, erbaut 1774.
7. Burnley Embankment, erbaut 1801, ein 20 m hoher und 1 km langer Damm des Leeds & Liverpool Canals.

[2]

[2] **Der Standedge Tunnel** on the Huddersfield Canal ist mit 5 km Länge der längste und auf 196 m Meereshöhe der höchstgelegene Kanaltunnel von Großbritannien.

Er durchquert das Penninen-Gebirge nö. von Manchester, zwischen Marsden und Diggle. Der Bau begann 1795 und konnte nach mehreren Überschwemmungen und Bauunterbrechungen erst 1811 eröffnet werden. Der Bau verschlang Unsummen und machte den Kanaltunnel zum teuersten Englands. Parallel zum Kanal verlaufen noch drei Eisenbahntunnel, von denen mittlerweile zwei stillgelegt wurden. Der Kanaltunnel besitzt keinen Treidelpfad für Zugpferde, diese wurden über den Berg geführt. Die Boote wurden durch „Legging", durch Laufbewegungen mit den Beinen an der Wand oder Tunneldecke bewegt. Die Durchfahrt dauerte je nach Ladegewicht zw. 80 Minuten und 3 Stunden.

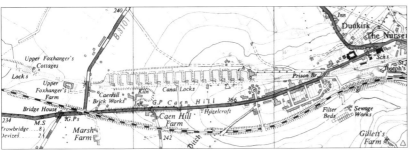

[3]

[3] **Caen Hill Locks** hat 3 Flights zu 7, 16 und 6 Locks. Auf insgesamt 3,2 km werden dabei 72 m Höhe überwunden. Vergleichsweise überwinden beim Wiener Neustädter Kanal 40 Schleusenkammern auf 36 km rund 83m. Das Bild links zeigt einen Plan aus 1949 der Locks am Caen Hill, die wegen des Wasserverbrauches seitlich Pufferbecken angelegt haben. Die Fahrtzeit liegt bei 5–6 Stunden für alle Schleusen.

[4]

[4] Der **Barton Swing Aqueduct** führt den Bridgewater Canal über den Manchester Ship Canal. Das weltweit Einzigartige ist, dass der Aquädukt bei Passieren von Schiffen am darunterliegenden Manchester Ship Canal um 90 Grad geschwenkt werden kann. Dabei wird der Aquädukt und der Bridgewater Canal an jeder Seite durch jeweils ein Tor geschlossen und die 800 t Wasser im Aquädukt und das Kanalwasser „verschlossen". Der Barton Swing wurde 1893 eröffnet und ersetzte den Brindley- Aquädukt von 1761, der nach Bau des Manchester Ship Canals für die dort fahrenden Schiffe zu klein wurde.

Das **Falkirk Wheel** wurde bald nach der Eröffnung, 2002, in die Liste der Wonders of the Waterways aufgenommen. Es verbindet die Flüsse Clyde und Forth.

*Die Konkurrenten Narrow Boats des **Llangollen Canals** und der parallelen Strecke der Eisenbahn bei Chirk friedlich nebeneinander.*

Zwei Narrow Boats fahren knapp hintereinander über den Chirk-Aquädukt.

Kapitel VI.

Perlenkette der
Anrainer-Städte und Gemeinden
des ehemals schiffbaren Wasserweges

Dieses Kapitel beginnt mit einer Übersicht der Gemeinden und Städte am heutigen und einstigen Kanal und der Gemeinden der Wasserzubringer. Gezeigt werden die jeweiligen:

- Wappen
- Schleusennamen bzw. deren Nummern
- Tröge bzw. Aquädukte
- charakteristischen Bilder

In der Folge werden von jeder Anrainergemeinde/Stadt folgende Details nähergebracht:

- Karte mit der Verortung im Bezirk und einem skizzierten Kanalverlauf
- Beschreibung der Besonderheiten des Kanalabschnitts
- Fotos und Kurzbeschreibungen des Kanalverlaufes
- historische Bilder und Karten zum Kanal
- Kurzbeschreibung der Geschichte und, falls noch Platz bleibt, Sehenswürdigkeiten der jeweiligen Gemeinde und Stadt

Übersicht zur P . e . r . l . e . n . k . e . t . t . e der Gemeinden am Wasserweg in den Süden

Der heute Wiener Neustädter Kanal genannte Wasserweg wurde im Zuge der Industrialisierung zwischen 1797 bis 1803 erbaut. Als Transportweg hat der Kanal heute keine Bedeutung mehr. Die Bildergalerie über ein gewaltiges Industriedenkmal des romantischen Klassizismus soll Lust machen, diese Nord-Süd-Achse samt ihren Querungen für die Weiterentwicklung der Region des Industrieviertels für Freizeit/Erholung/Sport, Bildung und Identitätsschaffung zu nützen.

WAPPEN	Schleusen, ausgewählte Brücken/Tröge	Charakteristische Bilder bzw. Fotos, den Wasserweg betreffend
Landstraße 	Stubentormühle Rabengassen-Zweifachschleuse → Grasgassenschleuse Rennwegschleuse Trockengelegt 1849	
Simmering 	Kirchhofschleuse St. Marxer Linie → Trockengelegt 1882	
Unterlaa 	Ehemaliger Liesingbach-Aquädukt Trockengelegt 1930, abgerissen 1982	
Schwechat 	Der Kanal floss bis 1930 durch das heute zu Schwechat gehörende Kledering und Rannersdorf	 
Lanzendorf	Der Kanal floss hier bis 1930 Unterlanzendorfer Brücke	
Maria Lanzendorf	Kreuzende Kanal-schiffe um 1820 Trockengelegt 1930	

WAPPEN	Schleusen, ausgewählte Brücken/Tröge	Charakteristische Bilder bzw. Fotos, den Wasserweg betreffend
Leopoldsdorf	Aquädukt über die ehemalige Ödenburger Straße Abgerissen 1932	
Achau 	Der Kanal floss hier bis 1930 Heutige Ansicht	
Biedermannsdorf	Krottenbach-Schleuse Ruine des Troges über den Krottenbach Heutiges Kanalende beim Mödlingbach	 
Laxenburg 	Personenschiffverkehr mit berittenem Zugpferd zwischen Wien und Laxenburg, in den Jahren 1804–1838	
Guntramsdorf 	Teichschleuse Dreifachschleuse	 
Gumpoldskirchen	Schleusen 1–4 Ab Gumpoldskirchen sind die Schleusen nummeriert. Malerische Winde Biber-„Spuren"	 
Traiskirchen 	Schleuse 5–8 Erhaltene historische Pfaffstättner Feldbrücke	

WAPPEN	Schleusen, ausgewählte Brücken/Tröge	Charakteristische Bilder bzw. Fotos, den Wasserweg betreffend
Pfaffstätten 	Schleusen 9–13 Schleuse 9 mit Schaufelrad-Turbine Schleuse 13 Umlaufkanal	 
Tribuswinkel 	Seit 1972 Traiskirchen eingemeindet Schleuse 14 Aquädukt über die Schwechat →	
Baden 	Schleuse 15–18 Erhaltene historische Haidbrücke	
Bad Vöslau 	Schleuse 19–23 Industrie und Landwirtschaft am Kanal	 
Kottingbrunn	Schleuse 24–34 Erhaltene historische Kottingbrunner Straßenbrücke	
Leobersdorf 	Traben direkt beim Kanal	
Schönau/Triesting 	Schleuse 35 Triesting-Trog	 

WAPPEN	Schleusen, ausgewählte Brücken/Tröge	Charakteristische Bilder bzw. Fotos, den Wasserweg betreffend
Sollenau	Schleuse 36 Erhaltene historische Hauersteigbrücke	
Ebenfurth	Historistische Gussbetonbrücke Großmittelstraße	
Eggendorf	Erhaltene historische Untereggendorfer Brücke	
Wiener Neustadt 	Erhaltener Aquädukt über die Warme Fischa.	
Lichtenwörth	Der sog. Pöttschinger Ast des Kanals lag in Lichtenwörth. Ehemaliger Leitha-aquädukt	
Neudörfl 	Der gesamte Kanal wurde bis 1916 über die sog. Neudörfler Rigole mit Leitha-Wasser gespeist.	
Pöttsching 	Der „Pöttschinger" Ast des Kanals erreichte 1811 nur den Ortsrand von Pöttsching, weil hier die ungarische Grenze verlief.	

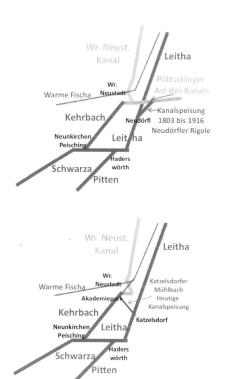

WAPPEN	Schleusen, ausgewählte Brücken/Tröge	Charakteristische Bilder bzw. Fotos, den Wasserweg betreffend
Neunkirchen 	In Peisching/ Neunkirchen wird Wasser der Schwarza mittels einer Wehr in den Kehrbach abgeleitet, der ein künstliches Gerinne seit dem Mittelalter ist.	
Katzelsdorf	Bis 1916 wurde der Kanal hauptsächlich durch Leitha-Wasser, das in Neudörfl abgezweigt wurde, gespeist. Im Ersten Weltkrieg wurde die Wasserableitung nach Katzelsdorf vorverlegt.	

Die Identitätsfunktion des Kanals für das Industrieviertel

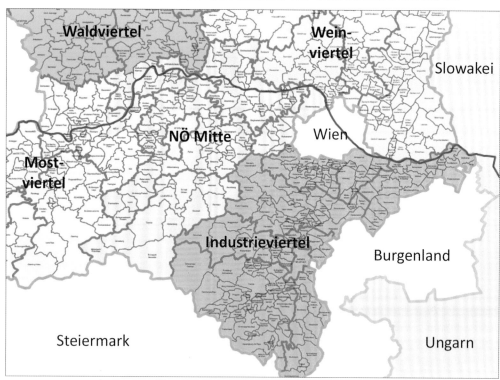

Basiskarte: http://www.noeregional.at/dokumente/PDF_ueber_uns_ ...

Die P . e . r . l . e . n . k . e . t . t . e der Gemeinden am Wasserweg in den Süden und die den Kanal kreuzenden Flüsse strukturieren das gesamte Industrieviertel matrixartig und schaffen, wenn man sich in diese Sicht vertiefen will, geografische, geschichtliche, kulturelle, soziale und touristische Zusammenhänge und Verbindungen. Unter dieser Perspektive bekommt das auf den ersten Blick heterogene Industrieviertel eine unverwechselbare Identität und eine gesamthafte Ausstrahlung.

Die Zubringerflüsse für das Speisewasser des Kanals stellen die Verbindung zu den Alpen und der Steiermark her. Einige der kreuzenden Flüsse haben ihre Mündung in Ungarn. Der ehemalige Pöttschinger Ast und die im 18. Jahrhundert projektierte Weiterführung des Kanals nach Pöttsching (Bezirk Mattersburg) und Sopron erinnern ebenfalls an die historische und traditionelle Verwobenheit mit den östlichen Nachbarn.

Ehemaliger Kanalabschnitt zwischen Wienfluss und Linienwall

Landstraße, Wien 3

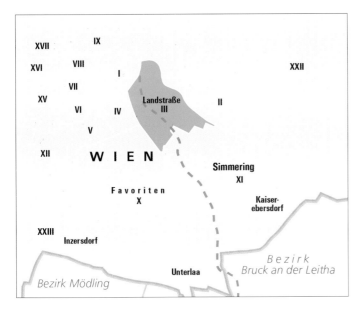

Die Ortschaft Landstraße wurde 1850, gemeinsam mit Erdberg und dem Weißgerbergrund, der Stadt Wien als 3. Bezirk eingemeindet. Ein Jahr davor im Jahre 1849 wurde der Endhafen des Kanals, der sich auf jenem Areal befand, wo heute Wien Mitte ist, zum Rennweg auf die Aspanggründe verlegt. Dieser Kanalabschnitt beherbergte – neben der Dreifachschleuse in Guntramsdorf – einst die wohl spektakulärste Schleuse des ganzen Kanals, die Rabengasse-Zweifachschleuse. Diese überwand vergleichsweise 1 ½ Stockwerke Höhenunterschied, an einer Stelle, wo heute die Universität für Musik und darstellende Kunst untergebracht ist. Das ist jenes Gebäude, das 1821/23 von Johann Nepomuk Amann als „Militair-Thierarzneyschule" errichtet wurde.

In Wien-Landstraße Spuren des Kanals zu finden, bedarf schon einiger Hinweise. Der sichtbarste Hinweis ist die heutige Schnellbahn, die zwischen der Rechten und Linken Bahngasse auf der Trasse des einstigen Wiener Neustädter Kanals verläuft. Ab dem Bahnhof Rennweg ist die Schnellbahn durch Straßen und Plätze überwölbt. Der Kanal kreuzte den Rennweg bei der Kreuzung Ungar-/Fasangasse und folgte dann folgendem heutigen Weg:

Fasanplatz, Aspangstraße, Joseph-Schmidt-Platz, Kreuzung Kleistgasse, Aspangstraße, Kreuzungen: Steingasse, Hafengasse, Lissagasse, Fred-Zinnemann-Platz. Ab hier bis zur Landstraßer Hauptstraße befand sich ab 1849 der nach Süden verlegte 2. Wiener Endhafen. Auf der Höhe Rennweg 108 und 95B bzw. Leberstraße 2A, etwa 50 m nördlich der Grasbergergasse, verlief der Linienwall, der einst Landstraße von Simmering trennte. Heute erstreckt sich Wien 3, Landstraße, bis Rennweg 120 bzw. Leberstraße 6A (Hofmannsthalgasse) und westlich davon bis zum historischen St. Marxer Friedhof und der Südosttangente.

Charakteristische Bilder zum Kanalabschnitt Landstraße: Schiffsmannschaft bei der Rabengassen-Doppelschleuse (Titelbild)

Vom „Thierärztlichen" Spital am Kanal zur heutigen Musikuniversität mit Schnellbahn und zur Januariuskapelle, Ungargasse 69

Ehemaliges Kanalgebiet in Wien 3, Landstraße, in Bildern von heute

Ehemaliger Überlaufkanal in den Wienfluss, Stubenbrücke

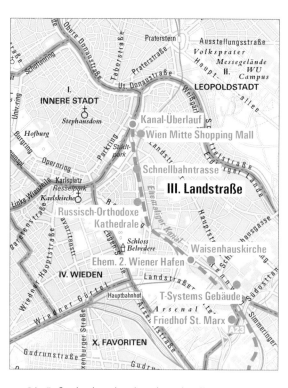

Wien Mitte: Bahnhof und Shopping Mall stehen am Areal des ehemaligen 1. Kanalhafens.

Die Fußgeherbrücke über die Schnellbahn in der Aspangstraße erinnert mit ihrer modernen Architektonik ein wenig an den ehemaligen Hafen. In den Jahren 2013 bis 2015 fanden Ausgrabungen am Areal der ehemaligen 2. Hafenanlage auf den Aspanggründen statt.

Schnellbahntrasse, Höhe Beatrixgasse. Hier befand sich die Rabengassen-Schleuse.

Bei der Eröffnung der Russisch-Orthodoxen Kathedrale, 1899, war der Kanal auf der Strecke schon außer Betrieb.

Waisenhaus-Mariä Geburt-Kirche, 1770, Rennweg 89–93. Das Waisenhaus bestand zwischen 1745 und 1797 und wurde zu Baubeginn des Neustädter Kanals in eine Artilleriekaserne umgewidmet.

Heute schaut ein (Schlacht-)schiffähnlicher Verwaltungsbau am Rennweg 97 auf die ehemalige Kanaltrasse.

Der Friedhof St. Marx (1784–1884), heute in Wien 3, Landstraße, in der Kanalzeit außerhalb des Linienwalls in Simmering gelegen, ist der einzige noch erhaltene Biedermeierfriedhof Wiens.

Geschichtliches zum Kanal in der Landstraße

Der Schriftsteller und Pädagoge Franz v. P. Gaheis berichtete in seinen beiden Reisebeschreibungen zum Neustädter Kanal über den geschichtsträchtigen Kanalabschnitt der Landstraße und widmete den Münzfunden aus der Römerzeit – hier befand sich längs einer Limesstraße eine Lagervorstadt des Castells Vindobona – breiten Raum.

Es soll bei den Kanal-Aushubarbeiten auch die Statue des ägyptischen Beamten Chai-Hapi ausgegraben worden sein, die im Kunsthistorischen Mueum aufbewahrt wird, und die wohl einst zur Ausschmückung einer römischen Anlage der Lagervorstadt diente.

Zur Zeit der Errichtung des Kanals lag das projektierte Areal des Endhafens am Ochsenmarkt außerhalb Wiens, also in Niederösterreich. Erst 1850 wurde der Ortsteil Landstraße eingemeindet. Die ursprünglichen Pläne sahen – als eine Variante – ein Hafengebiet bis zum Donaukanal vor und es gab auch Überlegungen, den Wienfluss aufzustauen.
Eine Schiffsverbindung mit dem Donaukanal wäre somit zumindest denkmöglich gewesen. Dieser Plan wurde aber verworfen. Einerseits ist die Wasserführung der Wien eine zu geringe und Dotierungen durch umgeleitetes Donauwasser wären zu kostspielig gekommen, andererseits wäre eine Umladung der Fracht auf Grund der völlig unterschiedlichen Schiffsysteme ohnedies notwendig gewesen.

Areal der ersten Hafenanlage bei der Stubenbrücke, 1803-1848: historische Bilder und Pläne

Ansicht des Areals des späteren 1. Endhafens (heute Shopping Mall), Wienfluss mit Stubenbrücke, Invalidenhaus, Landstraße, Krankenhaus St. Elisabeth

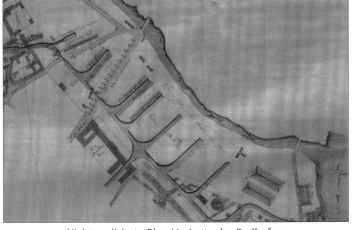

Nicht realisierte Plan-Variante des Endhafens mit Kanalende am Donaukanal

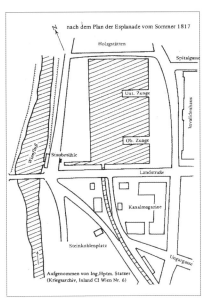

Hafenplan von 1817. Die hier als Staubmühle bezeichnete Stubentormühle gab es, mehrmals umgebaut, seit 1429. Sie wurde bis zur Inbetriebnahme des Neustädter Kanals mit Wasser des Wienflusses betrieben.

Dieses Kanalbild mit Schiff und dem zwischen 1727–1735 erbauten Vorstadtpalais der Harrachs in der Ungargasse veranschaulicht, dass die Kanaltrasse durch bereits verbautes Vorstadtgebiet trassiert werden musste. Großbauten erregten auch schon im 18./19. Jahrhundert die Gemüter.

Hafen Wien, Blick nach Südosten, Invalidenhaus, Elisabethinenkirche

Eisvergnügen am Kanalhafen, Krankenhaus St. Elisabeth, Stubenbrücke

Eislaufen am Kanalhafen, Invalidenhaus, Stubenbrücke

Hafen Wien (1803–1848), Blick nach Nordwesten

Areal der zweiten Hafenanlage, 1849–1879: Aspangstraße, Plan und Ausgrabungen

Als 1848 das Hafenareal bei der Stubenbrücke zur Errichtung einer Verbindungsbahn zwischen den Wiener Bahnhöfen benötigt wurde, erfolgte die Verlegung des Hafens in den Bereich der heutigen Aspanggründe. Lang erfreute sich dieser Hafen nicht des Betriebs. Die aufkommende Eisenbahn lief dem Kanal immer mehr den Rang ab, bis schließlich auch der zweite Wiener Kanalhafen 1879 zugeschüttet und – bezeichnenderweise – mit einem Bahnhof, dem Aspangbahnhof, überbaut wurde. Traurige Berühmtheit erlangte dieser Bahnhof durch die Tatsache, dass während der NS-Herrschaft Zehntausende österreichische Juden von dort in diverse Vernichtungslager abtransportiert wurden.

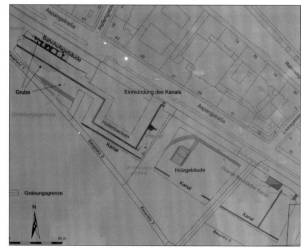

Grundrissplan der Ausgrabungen am 2. Kanalhafen

Ausgrabungen der Stadtarchäologie Wien

Ehemaliger Kanalverlauf zwischen Wienfluss und Linienwall, historische Bilder

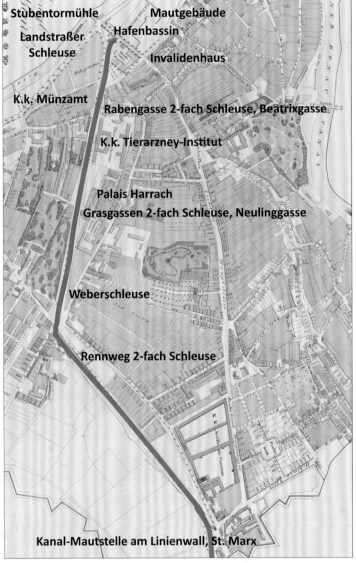

Stubentormühle   Mautgebäude
Landstraßer   Hafenbassin
Schleuse
                Invalidenhaus

K.k. Münzamt

Rabengasse 2-fach Schleuse, Beatrixgasse

K.k. Tierarzney-Institut

Palais Harrach
Grasgassen 2-fach Schleuse, Neulinggasse

Weberschleuse

Rennweg 2-fach Schleuse

Kanal-Mautstelle am Linienwall, St. Marx

Landstraße nach einer Karte von Carl Graf Vasquez, 1830

„Neues" Hauptzollamt nördlich des Hafens, entstanden ca. 1841

Hafen Landstraße mit Stephansdom im Hintergrund

Der Eislaufvereinsplatz befand sich 1867–1897 am ehemaligen 1. Hafen

Die Stubentormühle wurde vom Kanalausfluss betrieben

Die Stubentormühle brannte 1883 ab

Karte nach der um 1803 aktualisierten Josefinischen Landaufnahme

Verbindungsbahn im ehemaligen Kanalbett

Rennweg-Schleuse, links im Hintergrund die Erlöserkirche, Waisen-
hauskirche und das Bürgerspital in St. Marx

K. k. Münzamt ab 1838, Rechte Bahngasse 2, Architekt Paul Sprenger

K. k. Thierarznei-Institut, Rabengassen-Schleuse, Blick nach Süden

Rabengassen-Schleuse, Brücke Beatrixgasse, k. k. Thierarznei-Institut,
Blick nach Norden

Palais Harrach (1735–1968) mit der heute noch erhaltenen Januarius-
kapelle, Kanalschiff mit Zugpferd (links)

Historische Kanalzeichnungen zum Kanalabschnitt Landstraße

Mit zwei Kartenwerken lässt sich der historische Wiener Neustädter Kanal gleichzeitig stimmungsmäßig und gegliedert darstellen.

1. Franz Xaver Schweickhardt (* 1794 Wien, † 1858 Reindorf bei Wien) studierte an der Akademie der bildenden Künste in Wien Architektur. Er widmete sich nach seinem Militärdienst der österreichischen Geschichte und Geografie und erstellte zwischen 1830–1846 sogenannte „Perspektivkarten des Erzherzogthumes Österreich unter der Enns" im Maßstab 1 : 31.000, die in unnachahmlicher Weise die Topografie aus der Vogelperspektive zeigen.

2. Für Zwecke der Kanalinspektionen wurden mehrere Leporellos, also faltbare Papierzeichnungen, die ziehharmonikaartig zusammenlegbar sind, angefertigt.

Das vorliegende Buch zeigt für alle Anrainergemeinden eine optisch besonders ansprechende Fassung, wie man aus der rechts gezeigten Legende ersehen kann. Das Kartenwerk wurde um 1840 erstellt und nach der Verlegung des Wiener Hafens im Jahr 1849 adaptiert. Die Österreichische Nationalbibliothek, die den Leporello online gestellt hat, nennt als Autor Louis Zells, der aber vermutlich nur eine Herausgeberfunktion hatte.

Auch für alle folgenden Kanalabschnittsbeschreibungen werden jeweils diese historischen Karten gezeigt.

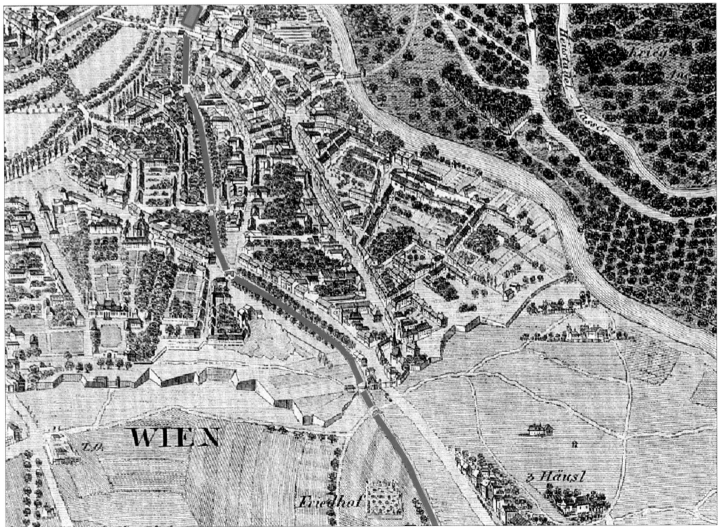

„Perspektivkarte" von Schweickhardt (der Kanalverlauf ist hier nachträglich blau hervorgehoben)

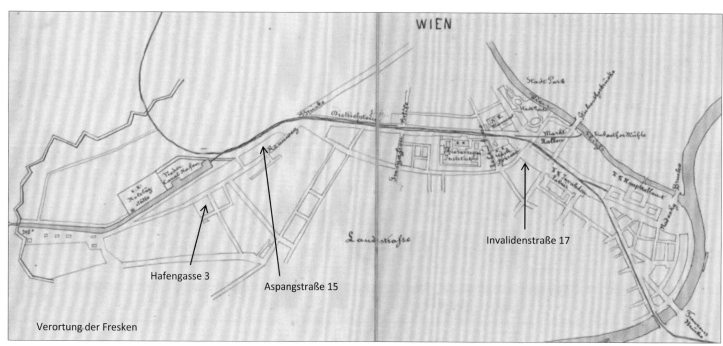

Der Kanal-„Leporello" für Zwecke der jährlichen Kanalinspektion, in der Fassung von nach 1848, zeigt den von der Stubenbrücke zum Rennweg verlegten 2. Wiener Kanalhafen. In die ehemalige Kanaltrasse ist bereits die Verbindungsbahn eingezeichnet. Im heutigen 3. Wiener Gemeindebezirk erinnern Fresken und Mosaike an Häuserfassaden an die historische Kanalzeit.

Mosaikfries am Haus Aspangstraße 15, Kanal und Aspangbahn, von Hans Fischer, 1969

Die Hausfassade in der Hafengasse 3 zeigt anschaulich die Schiffsverbindung zwischen Wiener Neustadt und Wien und erinnert an den einst hier gelegenen 2. Hafen.

Am Haus Nummer 17 in der Invalidenstraße in Wien-Landstraße ist ein Azulejo, ein Bild aus quadratischen, bunt bemalten und glasierten Keramikfliesen, aufgebracht, das im Detail das Hafen- und Kanalareal um 1792, ein paar Jahre vor Baubeginn des Kanals 1797, zeigt.

Zum Abschluss des Abschnittes zum ehemaligen Kanalverlauf zwischen Wienfluss und Linienwall noch eine Gegenüberstellung der damaligen und heutigen Örtlichkeiten beziehungsweise Objekte.

Ehemalige Brücken, Schleusen	Bezeichnungen an der einst wasserführenden Strecke	Bezeichnungen am heutigen Straßenverlauf
1.	1. Endhafen zwischen Wienfluss/ Invalidenhaus/Landstraße/Zollgebäude	Der Kanal verlief im 3. Bezirk entlang der Schnellbahntrasse S7 zwischen den Stationen Wien Mitte-Landstraße, Wien Rennweg und Wien St. Marx (Vienna Bio Center). Man kann dem Kanal entlang folgender Straßen und Wege (inklusive geringfügiger Umwege) nachgehen:
2.	2. Rampe der „Landstraßer Hauptbrücke" „Landstraßer Schleuse"	1. Wien Mitte, Shopping Mall 2. Kreuzung Landstraßer Hauptstraße Umweg Straßenzug: „Am Stadtpark", Große Ungarbrücke Linke oder Rechte Bahngasse, Abzweigung Münzgasse
3.	3. „Rabengassen-Brücke" „Rabengassen-Doppelschleuse"	3. Kreuzung (Brücke) Beatrixgasse Linke oder Rechte Bahngasse
4.	4. „Grasgassen-Brücke" „Grasgassen-Doppelschleuse"	4. Kreuzung (Brücke) Neulinggasse Abzweigung Strohgasse Abzweigung Streichergasse Reitschulsteg Abzweigung Jaurèsgasse Linke Bahngasse (über Ungargasse), Rechte Bahngasse
5.	„Weberschleuse" 5. „Rennweg-Brücke" „Rennweg-Doppelschleuse"	5. Kreuzung Rennweg/Fasangasse Fasanplatz (parallel verläuft die Aspangstraße) Abzweigung Stanislausgasse, Hohlweggasse Abzweigung Göschlgasse Joseph-Schmidt-Platz, Lotte-Lang-Platz Kreuzung Kleistg./A.-Blamauer-G./Platz der Opfer der Deportation/Aspangstraße, Abzweigung Steingasse
6.	6. Endhafen ab 1849, k. k. Holzlagerplatz	6. Rubin-Bittmann-Promenade, Abzweigung Hafengasse Kreuzung Anna-Hand-Weg (Lissagasse) Otto-Preminger-Straße, Fred-Zinnemann-Platz Kreuzung Landstraßer Hauptstraße, Station Sankt Marx
7.	7. „Liniendurchlass St. Marks" Historische Gemeindegrenze Landstraße/Simmering	7. Leberstraße, bei Rennweg Nr. 108 lag der Liniendurchlass Kreuzung Grasbergergasse Leberstraße Abzweigung Hofmannsthalgasse, hier befindet sich heute die Grenze zu Simmering, wobei westlich der S7 die Bezirksgrenze erst ab der Südosttangente verläuft. Dadurch befindet sich der St. Marxer Friedhof heutzutage im 3. Bezirk, Landstraße.

Ehemaliger Kanalabschnitt zwischen dem Linienwall und dem Liesingbach

Teile von Landstraße, Wien 3, Simmering, Kaiserebersdorf, beide Wien 11, Unterlaa, Wien 10, Favoriten

Zwei spektakuläre Bauwerke begrenzten diesen Kanalabschnitt:

1. Der öfters auf zeitgenössischen Bildern festgehaltene Mautdurchlass beim Linienwall im Norden und

2. der mit ca. 11m „höchste" aller (ehemals 16) Aquädukte über den Liesingbach in Unterlaa an der Grenze zu Kledering. Der Kanalabschnitt „Simmering, Kaiserebersdorf, Unterlaa" grenzte im Norden an Landstraße und im Süden an Rannersdorf (Schwechat).

„Der Liesingbach-Aquädukt im Kanalabschnitt Unterlaa wurde wegen seiner räumlichen Nähe zur Nachbargemeinde Kledering oft als Klederinger Aquädukt oder als Aquädukt Unterlaa/Kledering bezeichnet. Auch dessen Damm am Unterlaaer Hansen Feld wurde Klederinger Damm genannt." Zitat: Walter Sturm, Bezirksmuseum Favoriten.

Simmering und Kaiserebersdorf sowie der nördlich der 1872 eröffneten Donauländebahn gelegene Abschnitt des Unterlaaer Hansen Feldes Wien-Favoriten wurden 1892 Wien einverleibt. Südlich der Bahn blieb das Kanalareal mit dem Liesingbach-Aquädukt bis 1938 auf dem Gebiet der Gemeinde Unterlaa und kam 1956 zu Favoriten.

Im Wappen des 11. Bezirkes steht das S für Simmering, das Einhorn für Kaiserebersdorf und die gekreuzten Fische für Albern. Die Kanalstimmung in Simmering , Kaiserebersdorf und Unterlaa lässt sich an Hand von Bildern und Fotos nachvollziehen und auch noch erwandern, wenn man der ehemaligen Trasse folgt.

Charakteristische Bilder zu Simmering, Kaiserbersdorf und Unterlaa: Ehemaliger Aquädukt über den Liesingbach (Titelbild)

Mautstelle an der St. Marxer Linie   *Zentralverschiebebahnhof*   *Ehemaliger Aquädukt über die Liesing*

Aufgelassene Kanalstrecke nach dem Linienwall in Landstraße, Simmering, Kaiserebersdorf, Unterlaa (Favoriten)

Rennweg/Leberstraße, S-Bahn St. Marx, Vienna Biocenter, Grasberger- gasse (Heute Wien 3, Landstraße)

Plan mit den heutigen Bezirks- sowie den Landesgrenzen

Eingang zum St. Marxer Friedhof (heute Wien 3., Landstraße)

Ehemalige Kanaltrasse Schnellbahn und CAT

„Am Kanal"

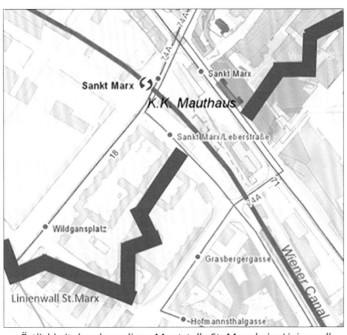

Örtlichkeit der ehemaligen Mautstelle St. Marx beim Linienwall

Johannesstöckl (Hl. Ne- pomuk) Geiselberg- straße/Hauffgasse, ehemalige Stadelbrücke

„Am Kanal" beim Zentral- friedhof

Zentralverschiebebahn- hof, im Hintergrund der Zentralfriedhof

Straße „Am Verschiebebahnhof"

Kläranlage östlich des ehemaligen Aquädukts

Brücke über die Liesing, nahe des ehemaligen Aquäduktes

Geschichtliches und historische Bilder zum ehemaligen Kanalabschnitt zwischen dem Linienwall und Liesingbach

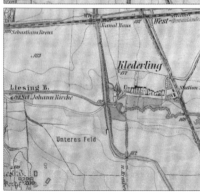

Ab 1803 überspannte ein Aquädukt des Neustädter Schifffahrtkanals mit drei Bögen den Liesingbach.

Der Schifffahrtsbetrieb wurde im Großraum Wien 1879 offiziell eingestellt. Kanaltransporte fanden jedoch fallweise noch bis zum Ersten Weltkrieg statt.
Ab 1881 überquerte auch die Aspangbahn den Liesingbach über die Kanalbrücke. Parallel zum Kanalwasser waren auf dem Aquädukt die Bahngleise verlegt worden. Nach 1882 hatte die Schifffahrt beim Liesingbach ihr Ende. Richtung Wien hatte das Gerinne nur Werkskanalcharakter. In den 1930er-Jahren wurde dieser Kanalabschnitt endgültig trockengelegt und das Kanalbett verfüllt.

Im April 1945 brachte eine Sprengung der Deutschen Wehrmacht bei ihrem Rückzug zwei der drei Brückenbögen zum Einsturz.
Ab Juni 1945 überspannte ein Stahlträgerprovisorium als Brückentragwerk den Liesingbach und die Klederinger Straße.

Mit der Errichtung des Zentralverschiebebahnhofs wurde die Aspangbahn in die Ostbahn eingebunden.

Der Abbruch der alten Kanalbrücke und der Bahndämme erfolgte trotz Denkmalschutz von 1979 bis 1982.

Mautstelle an der St. Marxer Linie

Trauerzug über die Kirchhofbrücke (heute Grasbergergasse) am Weg zum Marxer Friedhof

Das Arsenal wurde zum „inneren" Schutz von Wien in den Jahren 1849–1856 erbaut. Links im Bild ist der Linienwall und im Hintergrund der Wiener Neustädter Kanal zu sehen.

Am Kanal vor 1930 auf der Höhe Lorystraße

Simmering wurde um 1030 in einer Urkunde als „Simmaningen" erstmals erwähnt. Die Ortschaft wurde um die St.-Laurenz-Kirche besiedelt, bei der heutigen Mautner-Markhof-Gasse/Simmeringer Hauptstraße.
Die ursprünglich romanische Kirche, an der man noch den Wehrturm erkennt, zählt zu den ältesten Kirchen Wiens.

Obwohl am Kanal gelegen, fand die Industrialisierung erst relativ spät, in der zweiten Hälfte des 19. Jahrhunderts, statt. Es entstanden Arbeitersiedlungen in der Ringstraßen- (Rinnböckhäuser) und Gründerzeit.
Das einst größte Gaswerk Europas wurde 1896 bis 1899 erbaut. Für die Moderne adaptiert wurden die Gasometer zwischen 1999 bis 2001.

Der Kanal verlief in Sichtweite des 1874 eröffneten Zentralfriedhofs in Kaiserebersdorf, mit der im Jugendstil erbauten Kirche „Zum heiligen Karl Borromäus", auch „Lueger-Kirche" genannt. 1892 wurden Simmering und Kaiserebersdorf sowie kleine Teile von Kledering und Schwechat als 11. Bezirk Simmering nach Wien eingemeindet. Die (Kanal-)Grenze Simmering zu Kaiserebersdorf verlief beim heutigen Kreisverkehr Weichseltalweg/Schemmerlstraße/Zentralfriedhof. Das Bezirksmuseum Simmering zeigte 2014 die bisher umfassendste Ausstellung zum Wiener Neustädter Kanal, die auch in der Oetkerfabrik in Baden zu sehen war. Die Kuratoren dieser Ausstellung sind auch Autoren eines 2014 erschienenen Buches zum Wiener Neustädter Kanal.

(Kaiser-)Ebersdorf wird 1161 erstmals erwähnt. Die Burg der Ebersdorfer aus dem 13. Jh. kam im 15. Jh. in den Besitz von Maximilian I. Nach der 1. Türkenbelagerung wurde die verwüstete Burg in ein Schloss im Renaissancestil umgebaut und beherbergte den ersten Tiergarten Wiens. Nach der 2. Türkenbelagerung im Barockstil wieder aufgebaut, funktionierte Josef II. das Schloss 1778 in eine Kaserne um. Heute ist es eine Jugendstrafanstalt.

Schloss Neugebäude: Maximilian II. ließ in unmittelbarer Nähe zum alten Schloss ab 1569 ein Neugebäude im Manierismus-Stil (Spätrenaissance) errichten, das 1704 durch die Kuruzen verwüstet wurde und ab da eine Zeit lang als Materiallieferant für das Schloss Schönbrunn (insbesondere für die Gloriette) herhalten musste.

Später wurde aus dem Neugebäude ein Munitionsdepot. Das Bauwerk kam schließlich 1922 in den Besitz der Stadt Wien. Mittlerweile wird das Neugebäude als Veranstaltungszentrum genützt.

Ein Bild aus der Kanalzeit: Schlesinger Brücke, im Hintergrund das Schloss Neugebäude.

Zentralfriedhof:
Der Wiener Zentralfriedhof, welcher 1874 eröffnet wurde, „erlebte" noch einige Jahre als Kanalanrainer den Schiffsverkehr, der nach dem Jahre 1879 eingestellt wurde.

Das abgemauerte Tor 10 an der Mylius-Bluntschli-Straße war der Durchgang für den Ebersdorfer Weg über die Oberebersdorfer Kanalbrücke. Die (Kanal-)Grenze zu Unterlaa verlief südlich des Tores am Areal des heutigen Zentralverschiebebahnhofs.

Unterlaa: „Laa bei Wien wurde erstmals 1185 in einer Urkunde des Stiftes Klosterneuburg genannt und scheint ab dem 14. Jahrhundert als Ober- und Unterlaa auf. Die beiden nö. Gemeinden kamen (gemeinsam mit Rothneusiedl) 1938 zu ‚Groß-Wien' und wurden 1956 dem Bezirk Favoriten einverleibt.
Die Unterlaaer Johanneskirche war ein ursprünglich romanischer Bau aus dem frühen 12. Jahrhundert. Im Spätmittelalter befand sich hier ein an die Kirche angebautes Pilgerhospiz der Johanniter-Kommende Unterlaa. Nach oftmaligen Zerstörungen war das Kirchengebäude zuletzt auch nach der 2. Wiener Türkenbelagerung wiederhergestellt worden." Zitat: Walter Sturm/Bezirksmuseum Favoriten.

Historische Kanalzeichnungen zum Kanalabschnitt zwischen dem Linienwall und Liesingbach

„Perspektivkarten" von Franz Xaver Schweickhardt, um 1840 erstellt

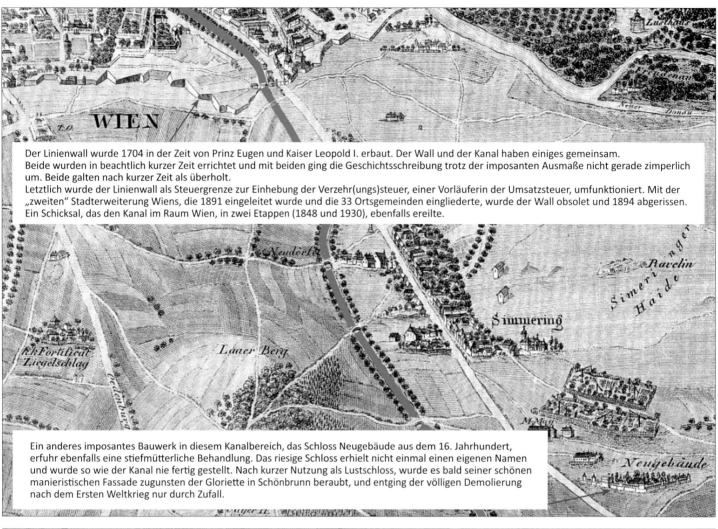

Der Linienwall wurde 1704 in der Zeit von Prinz Eugen und Kaiser Leopold I. erbaut. Der Wall und der Kanal haben einiges gemeinsam.
Beide wurden in beachtlich kurzer Zeit errichtet und mit beiden ging die Geschichtsschreibung trotz der imposanten Ausmaße nicht gerade zimperlich um. Beide galten nach kurzer Zeit als überholt.
Letztlich wurde der Linienwall als Steuergrenze zur Einhebung der Verzehr(ungs)steuer, einer Vorläuferin der Umsatzsteuer, umfunktioniert. Mit der „zweiten" Stadterweiterung Wiens, die 1891 eingeleitet wurde und die 33 Ortsgemeinden eingliederte, wurde der Wall obsolet und 1894 abgerissen. Ein Schicksal, das den Kanal im Raum Wien, in zwei Etappen (1848 und 1930), ebenfalls ereilte.

Ein anderes imposantes Bauwerk in diesem Kanalbereich, das Schloss Neugebäude aus dem 16. Jahrhundert, erfuhr ebenfalls eine stiefmütterliche Behandlung. Das riesige Schloss erhielt nicht einmal einen eigenen Namen und wurde so wie der Kanal nie fertig gestellt. Nach kurzer Nutzung als Lustschloss, wurde es bald seiner schönen manieristischen Fassade zugunsten der Gloriette in Schönbrunn beraubt, und entging der völligen Demolierung nach dem Ersten Weltkrieg nur durch Zufall.

Kanal- „Leporello" für Zwecke der jährlichen Kanalinspektion, um 1850 erstellt

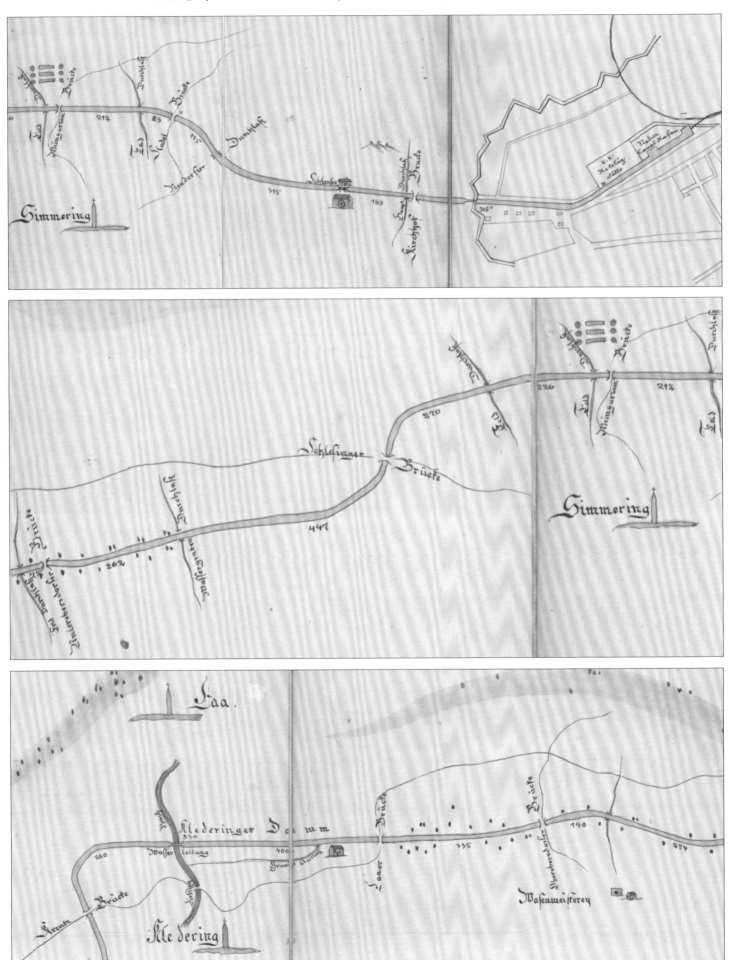

Ehemalige Brücken Schleusen	Bezeichnungen an der einst wasserführenden Strecke		Bezeichnungen am heutigen Straßenverlauf	
1.	1. „Liniendurchlass St. Marx"	Simmering	1. Rennweg 108/Leberstraße 2 S-Bahn St. Marx, Vienna Biocenter Schnellbahntrasse 2. Kreuzung Grasbergergasse Am Kanal Heutige Bezirksgrenze Landstraße/Simmering auf Höhe Leberstraße 6A Am Kanal, Überführung Südosttangente A23 3. Abzweigung Dampfmühlgasse Am Kanal Abzweigung Geystraße Am Kanal Abzweigung Rautenstrauchgasse Am Kanal Abzweigung Lorystraße Am Kanal 4. Abzweigung Hauffgasse, Kreuzung Geiselbergstr. Am Kanal Abzweigung Drischützgasse Abzweigung Zehetbauergasse Am Kanal, Herderpark 5. Kreuzung Grillgasse Bahnüberführung Ostbahn Bahnüberführung Zvbhf/Erdberger Lände Schnellbahntrasse zwischen Ludwig-Kralik-Weg/Schemmerlstraße 6. Kreuzung Hasenleitengasse Grünfläche Sportplatz Ostbahn 11 zwischen Am Kanal und Schnellbahn Abzweigung Gattergasse Abzweigung Weißenböckstraße Am Kanal	Landstraße
2.	2. „Kirchhof-Brücke"			
3.	3. „Kirchhof-Schleuse"			
4.	4. „Stadel-Brücke"			Simmering
5.	5. „Weingarten-Brücke"			
6.	6. „Schlesinger Brücke"			
7.	7. „Unterebersdorfer Brücke", Grenze zu Kaiserebersdorf	Kaiserebersdorf	7. Bahnunterführung Schemmerlstraße S-Bahn-Station Zentralfriedhof, Umweg Speditionsstraße, Gadnergasse zur Straßenrampe und Bahnübergang Straßenzug Gadnergasse-Brücke Heutige Bezirksgrenze Simmering/Favoriten etwa auf Mitte des Nord-Süd-Verlaufs Mylius-Bluntschli-Str./Verschiebebahnhof Abzweigung Grenzstraße und Weichseltal Straßenzug „Am Verschiebebahnhof" 8. Abzweigung Laaer-Berg-Weg Straßenzug „Am Verschiebebahnhof" 9. Bahnunterführung Zvbhf und Bahnunterführung Inzersdorf Ost - Winterhafenbrücke „Am Verschiebebahnhof" bis Liesingbach 10. Liesingbach, Umweg zur Klederinger Straße Brücke über den Liesingbach	Favoriten
8.	8. „Oberebersdorfer Brücke" → Tor 10 Zentralfriedhof, Grenze zu Unterlaa			
9.	9. „Laaer Brücke", Unterlaaer Hansen-Feld, „Klederinger" Damm			
10.	10. „Klederinger"- Aquädukt, Liesingbach „Wasserleitung"			
11.	11. „Krentz-Brücke", Grenze zu Rannersdorf	Unterlaa	11. Feldweg, zuerst Richtung Süden, dann Richtung Osten Grenze zu Rannersdorf (Schwechat)	

Kanalabschnitt Rannersdorf, Lanzendorf, Maria Lanzendorf, Leopoldsdorf

Rannersdorf – das heute zu Schwechat gehört –, Lanzendorf, Maria Lanzendorf und Leopoldsdorf sind Gemeinden, durch die der Kanal seit 1803 verlief, bis 1930 das Kanalende zum Krottenbach-Trog nach Biedermannsdorf verlegt wurde. Im Laufe der über acht Jahrzehnte sind seither die Spuren der Kanaltrasse nur mehr bei entsprechender Aufmerksamkeit und vorheriger Information zu bemerken. Das oben gezeigte Kanalbild mit Maria Lanzendorf im Hintergrund, das in der Niederösterreichischen Landesbibliothek aufbewahrt wird, zählt zu den schönsten Zeitzeugnissen des Industriedenkmales. Gemalt wurde es vermutlich um 1820.

Zur Zeit der Kanaleröffnung im Jahre 1803 befanden sich alle Kanalabschnitte auf niederösterreichischem Boden. Als 1892 Simmering und Favoriten (Unterlaa) Wien eingemeindet wurden, floss der Wiener Neustädter Kanal ab Rannersdorf (heute Ortsteil von Schwechat) in Niederösterreich. Dort beginnt auch diese Kanalabschnitts-Beschreibung.

Als bauliche Besonderheit galt der Trog über die seinerzeitige Ödenburger Straße, der einzige Aquädukt auf der Kanalstrecke, der lediglich eine Straße und nicht einen Fluss überspannte. Nach Abbruch desselben wurde zum Kanaldamm hin eine Betonstützmauer errichtet, auf der die Jahreszahl der Demolierung, 1932, zu finden ist. Der Kanalverlauf ist auf Höhe der Achauerstraße 10 sowohl vom Osten als auch vom Westen her noch gut sichtbar.

Auf diesem Streckenabschnitt befanden sich keine Schleusen, jedoch zwei größere Dämme – damals Dämmungen genannt –, einer bei Kledering und einer in Leopoldsdorf, der heute noch gut sichtbar ist und im Winter als Rodelberg Verwendung findet. Beide Dämme werden in der Literatur erwähnt, weil sie noch während der Bauzeit undicht wurden bzw. brachen und Wasserschäden anrichteten.

Charakteristische Bilder zu Lanzendorf, Maria Lanzendorf und Leopoldsdorf: Holztransport am Kanal (Titelbild)

Verfallene Unterlanzendorfer Brücke 1930   *Kanalbrücke, Gemälde von A. K. Schmidt*   *Straßenunterführung Leopoldsdorf*

Heutige Landschaft in Rannersdorf, Lanzendorf, Maria Lanzendorf und Leopoldsdorf,

durch die der Kanal bis 1930 floss

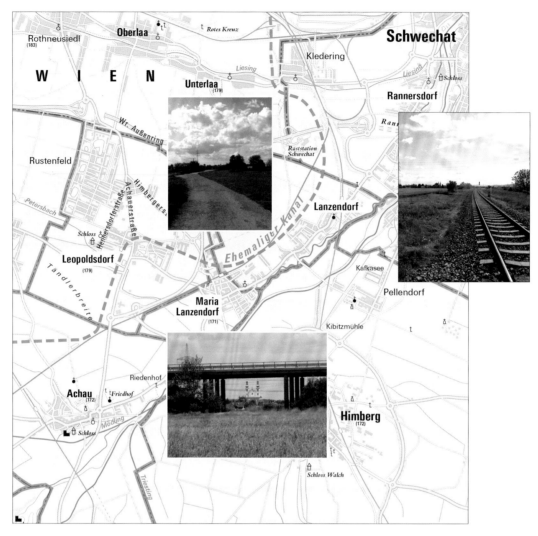

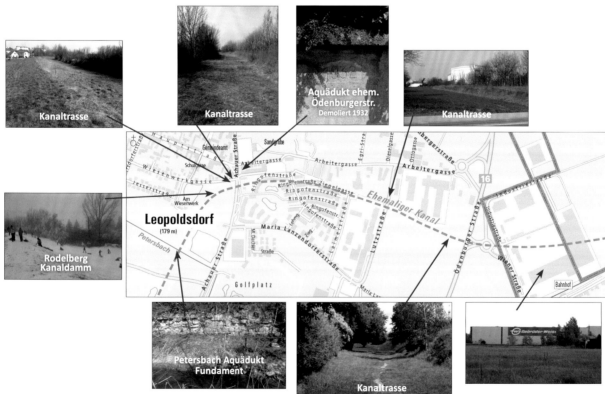

Geschichtliches über Lanzendorf, Maria Lanzendorf und Leopoldsdorf

Lanzendorf:

Karl der Große kämpfte hier gegen die Awaren. Die Ungarn, Türken und napoleonische Truppen verwüsteten mehrmals den Ort.

Im 12. Jahrhundert entstand ein Ansitz und später im 17. Jahrhundert errichtete die Familie Montrichier ein Schloss, das 1758 durch Bernhard von Lanzendorf umgebaut wurde.

Schloss Oberlanzendorf war 1941 bis 1945 ein sogenanntes Arbeitserziehungslager des NS-Regimes, in dem viele der Insassen umkamen. Nach 1948 richtete die Caritas der Erzdiözese Wien ein Rehabilitationsheim für körperbehinderte Kinder ein. Die 2013 errichtete bewusst auffällige Fluchtstiege aus Sichtbeton, rechts im Bild, soll an die NS-Opfer erinnern.

Um 1930 führte der Wiener Neustädter Kanal noch etwa 30 Zentimeter Wasser. Entlang des Ufers gab es einige Schrebergärten. Im selben Jahr wurde beschlossen, den fast ausgetrockneten Kanal samt Böschung von der Kanalgesellschaft anzukaufen. Die verfallene Unterlanzendorfer Kanalbrücke wurde 1931/32 gesprengt. Die Unterlanzendorfer Brücke befand sich hinter der Hohl, der heutigen Buchengasse. Die Feldgasse führte über die Oberlanzendorfer Brücke.

Behindertenheim der Caritas Maria Frieden

Die Oberlanzendorfer Brücke vor und während der Sprengung

Maria Lanzendorf:

Aus der Ortschronik: „Karl der Große soll 791 auf der Heide im Gebiet von Maria Lanzendorf die Hunnen (Anmerkung: so wurden die Awaren damals genannt) geschlagen und den Wiederaufbau des von ihnen verwüsteten Kirchleins veranlasst haben.

Leopold V. der Tugendhafte opferte 1191 nach seiner Rückkehr von einer Kreuzfahrt der ‚schmerzhaften Mutter Gottes auf der Heid' sein blutiges Kleid, Schwert und – namensgebend – seine ‚Lantzen'. 1418 wird Maria Lanzendorf erstmals als Wallfahrtsort bezeugt. 1696 übernehmen die Franziskaner das Kloster und 1699 lässt Kaiser Leopold I. die prächtige Barockkirche erbauen. Im selben Jahr wird mit dem Bau des beeindruckenden Kalvarienbergs begonnen, den sich Fürst Esterházy in Eisenstadt nachbauen ließ. Als die barocke Kirche 1728 um den Hochaltar erweitert wurde und der Salzburger Barockmaler Johann Michael Rottmayr die Fresken und Bilder des Presbyteriums fertigte, kann von einer wahren Blütezeit der Wallfahrt gesprochen werden.

Nach Erbauung der Aspangbahn 1879–1881 wurde der Wallfahrtsbesuch neuerlich erheblich belebt. Ihr beinahe 300-jähriges Wirken mussten die Franziskaner 1990 aus Personalgründen aufgeben und im Anschluss leitete das ‚Oratorium des hl. Philipp Neri' die Pfarrseelsorge. 2007 wurde die franziskanische Gemeinschaft ‚Maria Königin des Friedens' angelobt. Jeden 15. des Monats findet eine Wallfahrt statt."

Der Kirchengünder, der Babenberger Leopold V., hat für das Industrieviertel und für Österreich gleich mehrfach Bedeutung.

1186 handelte er die Georgenberger Handfeste aus, durch die nach dem Erbfall 1192 die Steiermark und Teile Oberösterreichs mit Österreich verbunden wurden. Dies war der erste Schritt zur Schaffung des Länderkomplexes Österreich. Leopold V. nahm 1192 Richard Löwenherz gefangen. Mit dem Lösegeld gründete er die Münze Wien, verstärkte die Wiener Stadtmauer und ließ die Städte Wiener Neustadt und Friedberg erbauen.

Wallfahrtskirche Maria Lanzendorf mit Kalvarienberg

Die geistlichen Herren waren mehrmals durch Wasserschäden vom Wiener Neustädter Kanal betroffen, so sollen Särge im Keller der Kirche geschwommen sein. Der Chronist Michael Komarek berichtet: „Die hiesigen Franziskaner befanden sich damals – unter anderem durch eine Missernte und Priestermangel bedingt – in einer Krise. Ein Majestätsgesuch des Guardians P. Constantinus Högg vom 10. Mai 1803 ist erhalten:

„Unterzeichneter hatte am 4. Mai dieses Jahres bei einer Privataudienz die Gelegenheit, persönlich und mündlich die fürchterlichen Zustände in der Kirche und im Orte Maria Lanzendorf seit dem Wasseraustritt vorzutragen. [...] Durch den Wassereinbruch sind die meisten Wallfahrer ausgeblieben und darunter leiden die Ortsbewohner, die Kirche und das Kloster überaus, denn die täglichen Ausgaben bleiben und hereinkommt zu wenig, darum bitten wir um eine Aushilfe und Unterstützung."

Dieses Schreiben, das außerdem Angaben zur finanziellen Lage enthält, wurde vom Kaiser persönlich signiert und kam über die Hofkanzlei an die Niederösterreichische Landesregierung. Diese entschied, dem Kloster 300 bis 400 fl (= Gulden) (Vergleichswert 1806: Kaufpreis von 4 bis 6 Kühen) aus dem Religionsfonds zuzuschießen, ggf. die Dotation für die Lanzendorfer Konventsmitglieder auf 260 fl (~ 4 Kühe) zu erhöhen, vor allem aber das Kloster in Feldberg mit seinen bloß vier Priestern aufzulösen, um jenes in Maria Lanzendorf zu retten – was dann mit Hofdekret vom 27. Oktober 1803 geschah.

Leopoldsdorf:

Die Gründung der Burg geht auf den Babenberger Markgrafen Leopold III. (1073–1136) zurück.
Als erster bekannter Schlossbesitzer ist um 1240 der Minnesänger Tannhäuser überliefert, der am Hofe Friedrich II. des Streitbaren (1211–1246) tätig war. Weitere prominente Schlossherren waren Erzherzog Karl und die Freiherren von Sina.

Georg Simon Sina war 1834–1846 Kanalpächter.

Die rund ein Dutzend Teiche erinnern an die Ziegelöfen, in denen örtlich abgebauter Lehm verarbeitet wurde. Das Wort „Sandler" stammt aus der Zeit. Sandler waren die Ärmsten unter den Arbeitern. Um die frisch „geschlagenen" Ziegel aus der Form zu bringen, wurden diese mit Sand eingestreut.

Der Wiener Neustädter Kanal in Leopoldsdorf:

Leopoldsdorf war ein bekannter Anlegeplatz, um die Kanalpferde zu wechseln. In der Nähe des Kanals befand sich eine Gastwirtschaft, wo man übernachten konnte. Dort befand sich auch ein Haus, das vom Kanalaufseher und vom Eismann bewohnt war. Da es früher kein Kunsteis gab, holten sich die Großkaufleute das Eis aus den zugefrorenen Gewässern.

Schließlich erhielt der Lanzendorfer Konvent (d. h. die Klosterversammlung) 300 Gulden wegen des Wasserschadens und noch einmal 300 für die übrigen Belange. Die Reparaturen konnten aber erst 1808 durchgeführt werden, wobei man die Grüfte mit Sand füllte. Vier Jahre lang hatten die Mauern ständig im Wasser gestanden. Der Kostenvoranschlag für die Ausbesserungsarbeiten belief sich auf 1.463 fl (~ 21 Kühe), wovon die Bevölkerung Hand- und Zugrobot (d. h. händische Arbeiten und Bereitstellung eigener Fuhrwerke) im Werte von 579 fl (~ 8 Kühe) zu leisten hatte.

Kalvarienberg und Heilig-Grab-Kapelle

Älteste Ansicht des Schlosses von G. M. Vischer

*2007 erwarb Dr. Michael Müller das Schloss und restaurierte es.
Es dient ihm als Zentrale seiner Firmengruppe.*

Die den Kanal kreuzenden Straßen wurden mittels Brücken über den Kanal geführt. Die Ödenburger Straße, heute Achauer Straße, wurde allerdings unter dem Kanal geführt, weil hier auf einer längeren Strecke der Kanal auf einem ca. 5 m hohen Damm verlief.

Hier sieht man beide Kanalhäuser mit dem dazwischenliegenden Kanaldamm. Heute dient der Damm im Winter als Rodelhügel.

Ein Auto passiert gerade die Kanalunterführung

Im bereits trockengelegten Kanal sitzt eine Kindergruppe, rechts ist ein Boot zu sehen

Der Wiener Neustädter Kanal in Leopoldsdorf ist endgültig Geschichte: Abbruch des Aquäduktes um 1932

Der Plan links zeigt die riesigen in Leopoldsdorf durch Ziegelwerke belegten Flächen. Das links unten gezeigte Gradkartenblatt aus 1873 veranschaulicht neben den Örtlichkeiten der Ziegelwerke die Lage des Kanals samt Stichkanal und des Arbeiterwohnheims AG34.

Für das erhaltene AG34 bestehen Pläne für den Ausbau zu einem Veranstaltungs- und Begegnungszentrum. Es wird auch die Idee verfolgt, Ziegelworkshops anzubieten.

Luftaufnahme des Areals der Ziegelwerke in Leopoldsdorf um 1925

Historische Kanalzeichnungen im Abschnitt Rannersdorf, Lanzendorf, Maria Lanzendorf und Leopoldsdorf

„Perspektivkarte" von Franz Xaver Schweickhardt, um 1840 erstellt

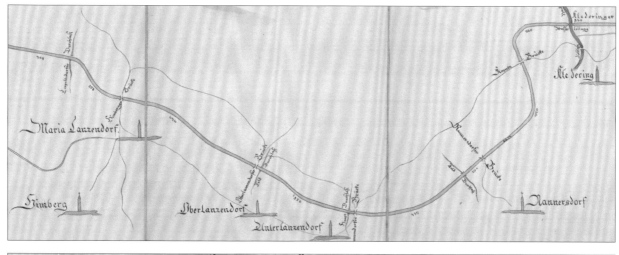

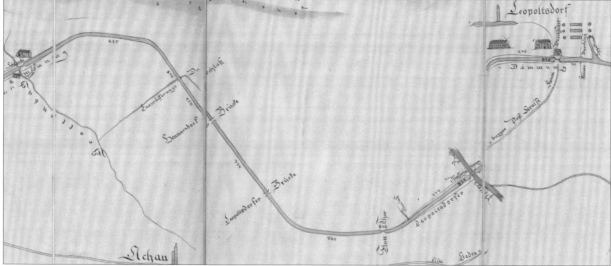

Kanal-„Leporello" für Zwecke der jährlichen Kanalinspektion, um 1850 erstellt

Heutige Kanalstrecke Rannersdorf (Schwechat), Lanzendorf, Maria Lanzendorf und Leopoldsdorf

mit Liste der Objekte und deren historischer Zuordnung

Ehemalige Brücken, Schleusen	Bezeichnungen an der einst wasserführenden Strecke	Bezeichnungen am heutigen Straßenverlauf
1.	Gemeindegrenze zwischen Unterlaa/Wien und Kledering/Rannersdorf (Schwechat) 1. „Krentz-Brücke"	*Der Aquädukt über den Liesingbach, auch Klederinger* Aquädukt genannt, befand sich in Unterlaa, das heute zu Wien-Favoriten gehört. Der Kanal verließ Unterlaa rund 500 Meter südlich des Aquäduktes. Kledering und Rannersdorf gehören heutzutage zu Schwechat.*
2.	2. „Rannersdorfer Brücke" Gemeindegrenze Lanzendorf	
3.	3. „Unterlanzendorfer Brücke"	
4.	4. „Oberlanzendorfer Brücke"	
	Gemeindegrenze Maria Lanzendorf Gemeindegrenze Leopoldsdorf	
5.	5. „Himberger Brücke"	
6.	6. „Ziegelkanal"	
7.	7. „Kanaldurchfahrt Ödenburger Post-Straße"	
8.	8. „Wasserleitung Petersbach", Petersbach-Aquädukt	
	Gemeindegrenze Achau	

Historische Objekte verortet auf der Franziszeischen Landesaufnahme (1806–1869)

* Nach Auskunft des Bezirkmuseums Favoriten befand sich der Aquädukt zu jeder Zeit seit 1803 in Unterlaa. Möglich, dass der Kanal nach seinem Schwenk bei der Krentz-Brücke nach Osten, einige Meter auf Klederinger Ortsgebiet verlief.

1. Die „Krentz-Brücke" sollte vermutlich die Grenze zu Rannersdorf bezeichnen.
6. Der „Ziegelkanal" war ein Stichkanal zu einem Ziegelofen.
7. Aquädukt über die ehemalige Ödenburger Post-Straße, die heutige Achauer Straße. Der Aquädukt wurde 1931/32 abgerissen.
8. Vom Petersbach-Aquädukt konnte kein Bild ausfindig gemacht werden. Die Reste des Aquädukt-Fundamentes sind nicht öffentlich zugänglich.

Kanalabschnitt Achau, Biedermannsdorf

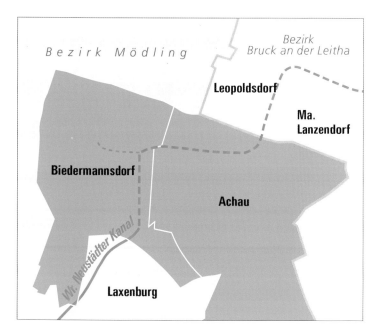

Der Kanal wurde im Gemeindegebiet von Achau 1930 stillgelegt und von wenigen spärlichen Resten abgesehen ist von dem seinerzeitigen Wasserweg heute nichts mehr zu sehen. Trotzdem fließt heute noch Kanalwasser durch Achau, zumal der Mödlingbach das gesamte Kanalwasser, das vorher in Biedermannsdorf einmündet, mit sich trägt.

In Biedermannsdorf hat der Wiener Neustädter Kanal heutzutage sein „nördliches" Ende. Hier mündet er seit 1973 mit ca. 1,4 m³/sek einigermaßen imposant in den Mödlingbach.

Fast noch interessanter als die wasserführende Kanalstrecke in Biedermannsdorf sind die Reste der hier noch erkennbaren Kanaltrasse. Spätestens, wenn man sich einige Meter über den auwaldartigen Boden des ehemaligen Kanalbettes fortbewegt hat, wissend, dass hier einst täglich Tonnen von Holz und Kohle befördert wurden, kommt ein Indiana-Jones-Feeling auf. Plötzlich erblickt man einige Meter über dem Krottenbach die Ruinen des Aquäduktes.

Charakteristische Bilder zu Achau und Biedermannsdorf: Kanalmündung in die Mödling in Biedermannsdorf (Titelbild)

Mautbrücke in Achau

Aquäduktreste am Krottenbach

Krottenbach-Schleuse als Bunker

Reste des Krottenbach-Aquäduktes

Heutige Kanallandschaft in Achau und Biedermannsdorf

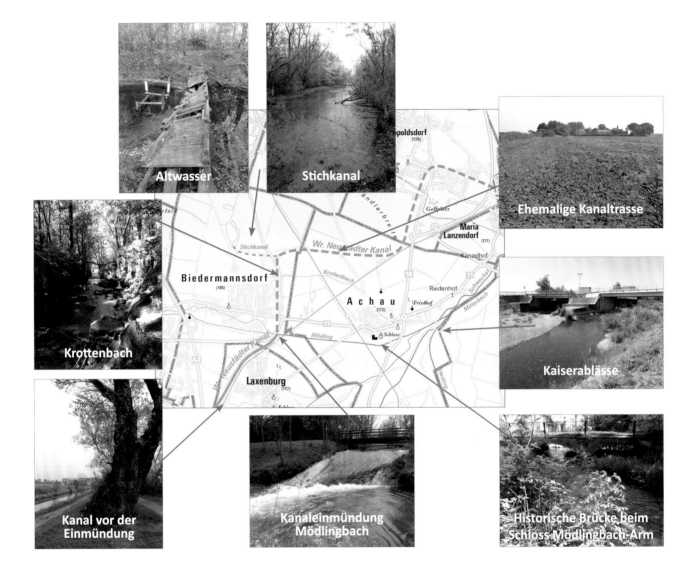

Altwasser

Stichkanal

Ehemalige Kanaltrasse

Krottenbach

Kaiserablässe

Kanal vor der Einmündung

Kanaleinmündung Mödlingbach

Historische Brücke beim Schloss Mödlingbach-Arm

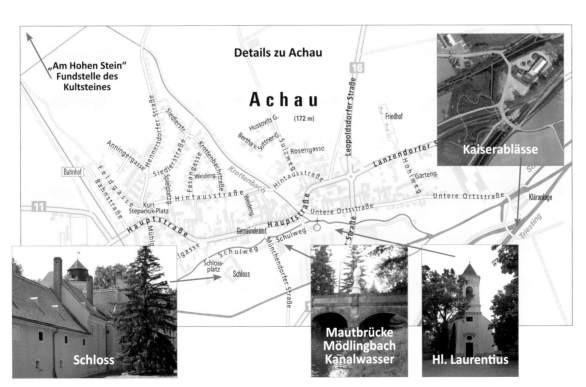

Details zu Achau

„Am Hohen Stein" Fundstelle des Kultsteines

Kaiserablässe

Schloss

Mautbrücke Mödlingbach Kanalwasser

Hl. Laurentius

Details zu Biedermannsdorf

*Badesee am Ende des
ehemaligen Stichkanals*

Trasse des ehemaligen Stichkanals

Ehemaliger Stichkanal

*Ruine Krottenbach-
Aquädukt*

*Ruine neben dem ehem.
Aquädukt*

*Ehemalige Kanaltrasse neben
der Laxenburger Straße*

*Kanalmündung beim Bach-
weg-Steg*

Bachweg-Steg

Kanalmündung mit B11-Brücke über den Mödlingbach

Bahnhof Aspangbahn

Geschichtliches über Achau

Achau:

Die Gegend um Achau war schon in der Zeit vor den Römern besiedelt. Darauf weist ein hier ausgegrabener, mutmaßlicher „Menhir", ein keltischer Kultstein, hin, der Mitte des 20. Jh. in den Grundfesten eines Achauer Hauses verschwand. Die ältesten schriftlichen Erwähnungen zu Achau betreffen den Riedenhof um 1140 und Urkunden ab 1170, wo Aichovve (Eichen-Au) als Gegend und die Herren Elbewin de Aichawe und Wolfker von Aichowe angeführt werden. Von den Herrschaftsbesitzern sind die Familien Haiden – sie stellten in Wien Ratsherren – die Moser und Suttner zu nennen. Letztere sind heute noch Besitzer des Schlosses. Der bekannteste aus der Familie ist Arthur Gundaccar von Suttner (1850–1902). Er heiratete 1876 Gräfin Bertha Kinsky, die 1905 als erste Frau den Friedensnobelpreis erhielt.

Gutsgebäude und der Schlossturm

Riedenhof:

Die Wehranlage steht an der östlichen Peripherie von Achau und soll rund 1000 Jahre alt sein. Der Wehrturm ist seit 2008 denkmalgeschützt. In der Nähe befindet sich eine ehemalige Filzfabrik, ein Zeugnis aus der Glanzzeit des Industrieviertels.

Wehrturm (oben), Filzfabrik (unten)

Kaiserablässe:

Zitat aus der Webseite des Sportclubs Maria Lanzendorf: „Die sogenannten Kaiserablässe in Achau, am Zusammenfluss von Schwechat, Triesting und Mödlingbach gelegen, stammen aus der Zeit von Kaiser Karl VI. und Kaiserin Maria Theresia. Die Wehranlage wurde in der Zeit von 1998–2002 für den Hochwasserschutz umgebaut. Bauherr war die Republik Österreich. Der Verlauf der vielen Flüsse und Bäche in diesem ‚wasserreichen' Teil des Wiener Beckens ist ziemlich kompliziert: Oberhalb liegt der Laxenburger Schlosspark, der von einer Abzweigung aus der Triesting in Münchendorf, dem Laxenburger Kanal, und vom im Raum Baden aus der Schwechat ausgeleiteten Haidbach – auch Badner Mühlbach genannt – durchflossen wird. Der Laxenburger Kanal unterdükert die Schwechat südöstlich vom Schlosspark. In Achau vereinigen sich zuerst der Krottenbach, der Mödlingbach und der Abfluss aus dem Teich im Schlosspark Laxenburg, der Lobenbach. Unmittelbar danach folgen die Schwechat – hier auch „Aubach" genannt – und die Triesting. Die Schwechat – so der neue Name für alle einmündenden Gewässer – wiederum hat zwei Flussläufe, den Mitterbach – die Bezeichnung für die Schwechat unterhalb der Kaiserablässe bis Schwechat – und die ursprüngliche Schwechat, also den Schwechat-Werksbach. Erst in Schwechat selbst, bei der Einmündung des Liesingbaches, vereinigen sich diese Gewässer wieder zur Schwechat."

Die Mautbrücke im Jahr 1942, hier noch mit beiden originalen Brückenheiligen, dem Hl. Nepomuk und dem Hl. Leonhard. Ein ukrainischer Kriegsgefangener führt das Ochsengespann. Diese Brücke soll älter als die aus 1803 stammenden Kanalbrücken sein.

Örtliche „Archäologen" beim Bergen des Achauer Hinkelsteins im Jahr 1933, der bedauerlicherweise später in einem Hausfundament, ohne vorher die Herkunft zu klären, verbaut wurde.

Geschichtliches über Biedermannsdorf

Biedermannsdorf:

Die erste urkundliche Erwähnung stammt aus dem 12. Jahrhundert. Ein Pidermansdorf wird erstmals 1275 erwähnt. Die Grafen Perlas machten sich 1722 ansässig.

Das ehemalige Palais Perlas, ein kleines barockes Landschloss, stand südöstlich der Pfarrkirche Johannes der Täufer. Die Kirche hat einen mittelalterlichen Kern, der Barockbau stammt aus den Jahren 1727–1728. Karl VI. und Maria Theresia ließen die nahezu schnurgerade Schönbrunner Allee zwischen Schönbrunn und Laxenburg anlegen.

Pfarrkirche Johannes der Täufer

Biedermannsdorf lag in römischer Zeit an der bedeutsamen Verkehrsader von Vindobona nach Scarbantia (Sopron). Wie die Reste einer ausgegrabenen römischen Straßenstation im Bereich der Rheinboldtstraße belegen, lag die Straße unweit der Trasse des Wiener Neustädter Kanals.

Während der Industrialisierung entstanden längs des Kanals, dort wo Lehm abgebaut werden konnte, zahlreiche Ziegeleien, so auch in Biedermannsdorf. Hier wurden auch der längste Stichkanal des Wiener Neustädter Kanals und ein Hafen errichtet.

Dieser ehemalige Stichkanal ist der einzige, von dem noch nennenswert mit Altwasser gefüllte Strecken zu sehen sind. Im ehemaligen Ziegelareal befindet sich heute ein Freizeitgelände mit einem Gemeindeteich.

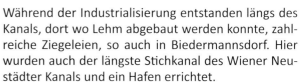

Ein Gedenkstein befindet sich auf der Brücke der Schönbrunner Allee über den Krottenbach. Übersetzung der lateinischen Inschrift: „Augusta Maria Theresia von Gottes Gnaden, Königin von Ungarn und Böhmen, Erzherzogin von Österreich, Enkelin Leopold des Großen, Tochter Karls, ließ diesen Weg hier bauen. 1743."

Rekonstruktion der aus dem 4. Jahrhundert n. Chr. stammenden Anlage

Das Kanalende wechselte einige Male seine Mündung:
Krottenbach zwischen 1930–1945 und 1952–1963
Laxenburg, Notauslass 1945–1952 und 1963–1973
Mödlingbach seit 1973

Im Mauerwerk der Krottenbach-Schleuse befand sich im 2. Weltkrieg ein Bunker. Die Ruine ist noch zu sehen. Ebenfalls zu sehen sind Mauerreste der „Papiermühle".

Karl Rheinboldt vor seiner „Papiermühle" am Wiener Neustädter Kanal

Historische Kanalzeichnungen im Abschnitt Achau und Biedermannsdorf

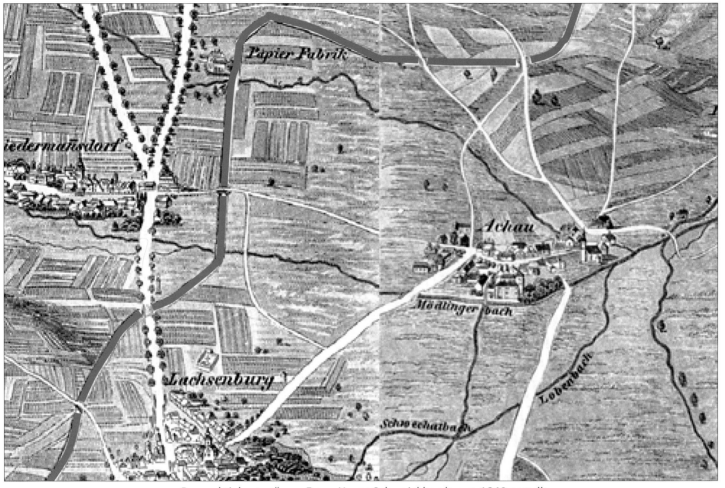

„Perspektivkarten" von Franz Xaver Schweickhardt, um 1840 erstellt
Gut zu sehen sind die sich in Biedermannsdorf zur heutigen Laxenburger Straße vereinigende „Favoritenlinie-Allee", die heutige
Wiener Straße (rechts), und die „Lachsenburger Allee", die heutige Schönbrunner Allee (links).

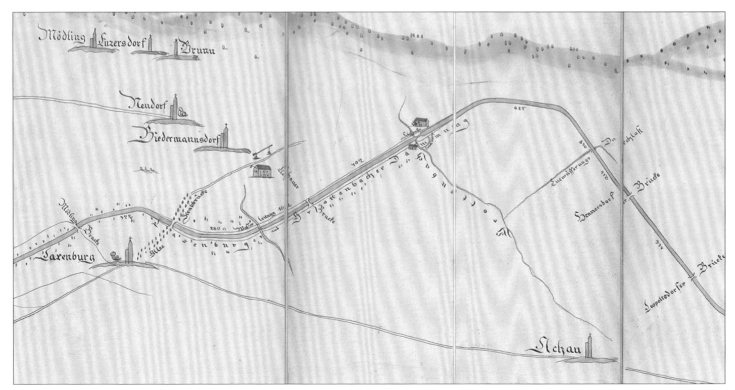

Kanal-„Leporello" für Zwecke der jährlichen Kanalinspektion, um 1850 erstellt

Heutige ehemalige Kanalstrecke Achau und Biedermannsdorf
sowie die aktuelle Fließstrecke in Biedermannsdorf

Ehemalige Brücken, Schleusen	Historische Bezeichnungen gemäß Kanal-Leporello von 1850, heutige Gemeindegrenzen	Spezifizierungen
1. 2. 3. 4. 5. 6. 7.	Die Objekte auf der strichlierten ▪ ▪ ▪ ▪ ▪ Strecke existieren bis auf wenige Reste <u>nicht</u> mehr. Gemeindegrenze zwischen Leopoldsdorf/Achau 1. Ehemalige „Leopoldsdorfer Brücke" 2. Ehemalige „Hennersdorfer Brücke" Gemeindegrenze zwischen Achau/Biedermannsdorf 3. Ehemalige Schleuse, ehemaliger Aquädukt und die „Krottenbacher Dämmung" längs des Kanals Im Zweiten Weltkrieg goss man über die Schleuse eine Betonplatte und errichtete so einen behelfsmäßigen Bunker. (Siehe „Charakteristische Bilder zu Achau und Biedermannsdorf" eingangs dieser Kanalabschnittsbeschreibung, drittes Foto.) **„Papiermühle" Karl Rheinboldt:** Bereits zu Baubeginn des Wiener Neustädter Kanals 1797 erwarb an dieser Örtlichkeit der aus dem Großherzogtum Baden zugezogene Karl Rheinboldt die Wasserrechte für Antriebszwecke. Im Jahre 1812 ging seine „Papiermühle" in Betrieb. Nach 1856 machte sich Rheinboldt durch Hartpappeprodukte für Artilleriegeschoße und Koffer einen Namen. Als das Kanalbett 1930 vor dem Krottenbach abgemauert wurde, beließ man den linksseitigen Zufluss über den Bach, indem man eine neue Zuleitung herstellte, um mit dem Kanalwasser weiterhin ein Aggregat antreiben zu können. (Siehe rechtes Foto und den Lageplan.) Die drei Ausnehmungen in der Mauer dürften von den Trägern der Zuleitung stammen. Die Papier- und Pappeproduktion wurde 1938 eingestellt. Der neue Eigentümer baute das Gebäude völlig um und errichtete eine Weberei, welche die Deutsche Wehrmacht belieferte, wobei Zwangsarbeiterinnen aus Polen und Russland eingesetzt wurden. Die Fabrik wurde 1944 durch Bomben zerstört. Das schlecht zugängliche und durch Strauch- und Baumwerk verwachsene Ruinengelände gehört seit 1972 der Gemeinde Biedermannsdorf. 4. Ehemaliger Aquädukt über den Mödlingbach. Die heutige Kanaleinmündung in den Mödlingbach besteht seit 1973. 5. Die Bahnstation Laxenburg/Biedermannsdorf der Aspangbahn liegt unmittelbar am Wiener Neustädter Kanal. Ca. 100 m südwestlich verläuft die Gemeindegrenze zu Laxenburg. Ab der Gemeindegrenze verläuft der Kanal ca. 1,7 km auf Laxenburger Ortsgebiet, bis er vor und nach der Südautobahn auf einer Länge von ca. 150 m wieder Biedermannsdorf durchfließt bzw. dort die Gemeindegrenze bildet. 6. Die ehemalige „Allee Straßbrücke" befand sich in Laxenburg. Heute führt hier die Brücke im Straßenzug der Leopold-Figl-Straße/Wiener Straße über den Kanal. Siehe auch die Beschreibung des Streckenabschnittes Laxenburg. 7. Autobahnbrücke Die Länge der heutigen Fließstrecke des Kanals in Biedermannsdorf beträgt ca. 0,5 km.	Zu 1: Hier kreuzte der heutige Sulzweg in Achau den Kanal Zu 2: An der Kreuzung der Hennersdorfer Straße mit der ehemaligen Kanaltrasse steht noch die Anlage der ehemaligen Teerfabrik (Achau).  Zu 3: Hier befinden sich heute Reste des ehemaligen Kanal-Aquäduktes, der Schleuse und der „Papiermühle".  *Ruine des „Turbinenhauses" der „Papiermühle" mit dem Krottenbach im Vordergrund.* 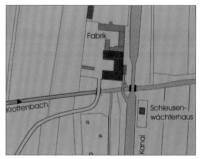 *Lageplan rund um die „Papiermühle"*

Kanalabschnitt Laxenburg

Der Kanalabschnitt Laxenburg liegt zwischen Biedermannsdorf und Guntramsdorf. Er beginnt, von Wien aus gesehen, rund 100 Meter südwestlich des Bahnhofes Laxenburg-Biedermannsdorf der Aspangbahn und endet beim Rohrfeldteich rund 200 Meter östlich der in Guntramsdorf gelegenen Kanalbrücke über die Neudorferstraße.

In der Voreisenbahnzeit (1804 – ca. 1838) wurde der Kanal auch für die Personenschifffahrt zwischen Wien und dem Ausflugsziel Laxenburg benützt. Die Fahrzeit lag bei 3½ bis 4 Stunden. 1845 wurde, um die Fahrzeit zu verkürzen, eine sogenannte Flügelbahn zwischen Mödling und Laxenburg eröffnet, die wesentlich schneller beförderte und bis 1932 bestand. Heute erinnert nur mehr der Endbahnhof, der sog. Kaiserbahnhof in Laxenburg, in dem sich ein Restaurant befindet, an diese Bahn.

1945-1952 und 1963-1973 war jeweils Kanalende bei der Haidbachsperre, der auch Laxenburger Notauslass genannt wird. Die Gründe waren die Kriegsereignisse und später die Errichtung der Betriebsansiedlungen. Beim Haidbachablass kann das Kanalwasser in den Badener Mühlbach, welcher hier Haidbach genannt wird, abgeleitet werden.
Die Südautobahn übersetzt in Laxenburg den Kanal in so geringer Höhe, dass ein Passieren längs des Kanals selbst für Fußgänger unmöglich ist. Das bedingt die längste Ausweichstrecke der gesamten heutigen Kanalstrecke von ca. 2 ½ km und zwar ab der Brücke Leopold-Holzgruber-Gasse/Neudorfer Straße, längs des Bahndammes der Aspangbahn über die IZ NÖ Süd Straße 16 oder am Thermenradweg zurück zum Kanal. Der Vorteil dabei ist, dass man Rolling Hills, den Ökopark Laxenburg, auch liebevoll Naturprojekt „Gstettnmanagement" genannt, kennenlernt.

Zusammen mit der Franzensburg samt Schlosspark und der riesigen Industriezone gehört Laxenburg zu den kontrastreichsten Streckenabschnitten des Kanals.

Charakteristische Bilder zu Laxenburg: Haidbachsperre (Titelbild)

Kanallandschaft   *Kanalsteg in der Industriezone*   *Schlossteich mit Franzensbrücke*

Kanallandschaft in Laxenburg

Brücke Leopold-Figl-Straße

Kanalabschnitt südlich der ehemaligen Alleebrücke

Biber am Kanal

Brücke L.-Holzgruber-Gasse

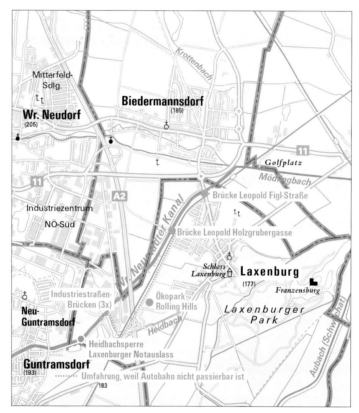

Die Autobahnbrücke über den Kanal erlaubt keinen Durchgang,
daher ist der strichliert eingezeichnete Weg zu nehmen.

Aspangbahn

Südautobahn

IZ NÖ Süd Straße16, längs der
Umgehung

Kanalsteg südlich der
Autobahn

Bunker aus dem Zweiten
Weltkrieg, Kanalbrücke im
Bereich am Kanal

Kanalbrücke im Bereich der
Industriezone

Haidbachsperre mit dem
Laxenburger Notauslass

Geschichtliches über Laxenburg

Laxenburg:
Die Herren von Lachsendorf samt Burg werden im 13. Jahrhundert erstmals erwähnt.

Leopold I., Karl VI. und Maria Theresia bauten das Schloss zu einer Sommerresidenz aus. In der theresianischen Zeit wurde ein Teil des Wildparks nach französischem Vorbild in einen barocken Garten mit geometrischen Hecken, sternförmig angelegten Alleen, Theatern und Pavillons verwandelt.

Unter Joseph II. wurde der Barockgarten in einen von den Vorstellungen der Aufklärung und Romantik geprägten Englischen Garten mit Grotten, verschlungenen Wegen und Ruinen umgestaltet.

Sein heutiges Aussehen erhielt der Schlosspark ab 1793 unter Kaiser Franz II./I., der sich ein von der Ritterromantik geprägtes Refugium schuf. Im Schlossteich entstand auf einer künstlichen Insel die historistische Franzensburg.

Den Ziegelbedarf deckte der Kaiser durch den Erwerb der Ziegeleien in Vösendorf samt Schloss.

Sebastian von Maillard baute hier, einige Jahre vor dem Wiener Neustädter Kanal, den ca. 3 km langen Forstmeisterkanal, der nicht von der naheliegenden Schwechat, sondern mit Triestingwasser gespeist wird.

Forstmeisterkanal

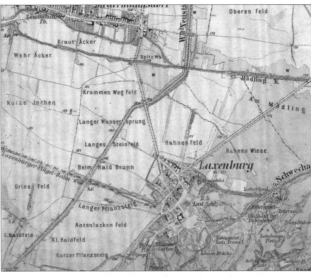

„Gradkartenblatt" 4757/5 aus dem Jahre 1873

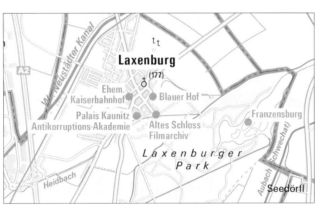

Zentrum von Laxenburg mit Schlosspark

Franzensburg

„Große Kaskade" oder" „Wasserfallbrücke"

Kaiserbahnhof:

Endbahnhof der 1845 erbauten rund 5 km langen Flügelbahn von Mödling nach Laxenburg, die für den Personenverkehr bis 1932 in Betrieb war und den Personenverkehr am Wiener Neustädter Kanal ersetzte. Im Biedermeierstil-Gebäude, dem ältesten erhaltenen Bahnhof Österreichs, befindet sich heute ein Restaurant.

Altes Schloss:

Filmarchiv Austria seit 1970

Blauer Hof:

Errichtet 1544, von Friedrich Karl von Schönborn, 1710/1720 umgebaut.

Palais Kaunitz:

Errichtet um 1700. Das Palais beherbergt die Internationale Antikorruptionsakademie.

Historische Kanalzeichnungen, Abschnitt Laxenburg

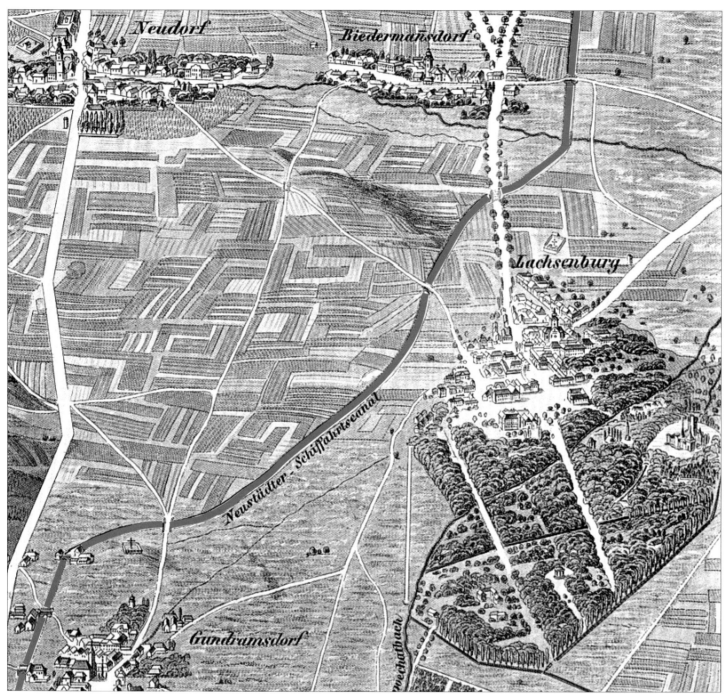

„Perspektivkarten" von Franz Xaver Schweickhardt, um 1840 erstellt

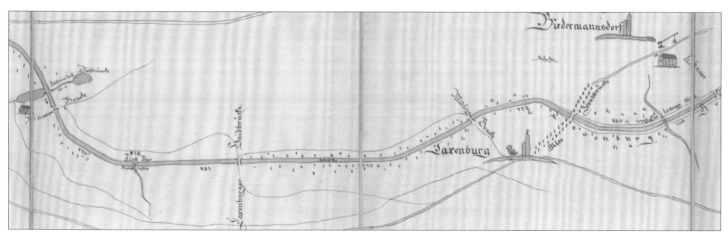

Kanal-„Leporello" für Zwecke der jährlichen Kanalinspektion, um 1850 erstellt

Heutige Kanalstrecke in Laxenburg mit Liste der Objekte
und Bezug zu den historischen Objekten

Brücken	Bezeichnungen	Historisches und sonstige Beschreibungen
1.	1. Ortsgrenze Biedermannsdorf, ca. 200 m bis 2.	2. Historische Laxenburger Alleebrücke 3. Historische Mödlinger-Brücke, 150 m weiter kreuzte einst die historische Flügelbahn Mödling/Laxenburg. Vor der Eisenbahnzeit fand der Ausflugsverkehr von Wien nach Laxenburg auch am Kanal statt. Fahrzeit ca. 3 ½ Stunden.
2.	2. Brücke Leopold-Figl-Straße – Wiener Straße, L154, ca. 800 m bis 3.	
3.	3. Brücke Straßenzug: Radweg/Leopold-Holzgruber-Gasse – Neudorfer Straße	
4. A2 🚆	4. Weil die Stelle, an welcher der Kanal die A2 „kreuzt", auch für Fußgänger nicht passierbar ist, führt der Weg über eine Umfahrung: Rohrfeldgasse, längs der Aspangbahn, Thermenradweg, Rolling-Hills-Ökopark Laxenburg, Industriestraße. Der Kanal verläuft parallel zum „Am Kanal", ca. 700 m, durchquert auf ca. 150 m nochmals Biedermannsdorfer Ortsgebiet und fließt dann wieder auf Laxenburger Boden (ca. 500 m bis 5). Nach der Umfahrung müsste man, will man den gesamten Kanal besichtigen, wieder einige hundert Meter zurück Richtung NO zur A2.	4. Auf der Umfahrung der Kanalkreuzung mit der Autobahn passiert man seit 2004 die „Rolling Hills" von Laxenburg. 
5. ◉	5. Brücken mit Kreisverkehr: IZ NÖ Süd Straße 14 und L2030, Ende der Umfahrung, Thermenradweg ca. 100m bis 6.	
6.	6. Brücke IZ NÖ Süd Straße 15/Radweg, Thermenradweg ca. 400m bis 7.	**„Die Gstettn bzw. der Ökopark** Rolling Hills ist ein einzigartiger ökologischer Freiraum in der Nähe des Ortszentrums von Laxenburg. Auf einer ehemaligen Ackerfläche wurde mit dem Aushubmaterial einer neuen Autobahnabfahrt diese Hügellandschaft mit Wegesystem modelliert. Die Bepflanzung beschränkt sich bewusst auf eine minimale Grundbepflanzung mit heimischen Solitärpflanzen, um möglichst viel Spontanvegetation zuzulassen. 28 Birken, 81 Zitterpappeln und je 50 Brombeer-, Himbeer- und Hundsrosensträucher wurden damals gesetzt, den Rest hat der Wind übernommen. So entstand an diesem naturbelassenen Ort mitten in Laxenburg ein Lebensraum voller Überraschungen, besiedelt von selten gewordenen heimischen Tier- und Pflanzenarten." (Zitat: naturimgarten.at)
7. 🏭 **8.**	7. Haidbachsperre mit Laxenburger Notauslass, Fußgängersteg 8. Thermenradweg längs der Rohrfeldgasse, ca. 300 m bis zur Ortsgrenze. Der südlich gelegene Rohrfeldteich befindet sich auf der Strecke bereits auf Guntramsdorfer Gebiet. Die Kanallänge in Laxenburg beträgt ca. 3 km.	7. Kanalende in den Jahren 1945–1952 und 1963–1973

Kanalabschnitt Guntramsdorf

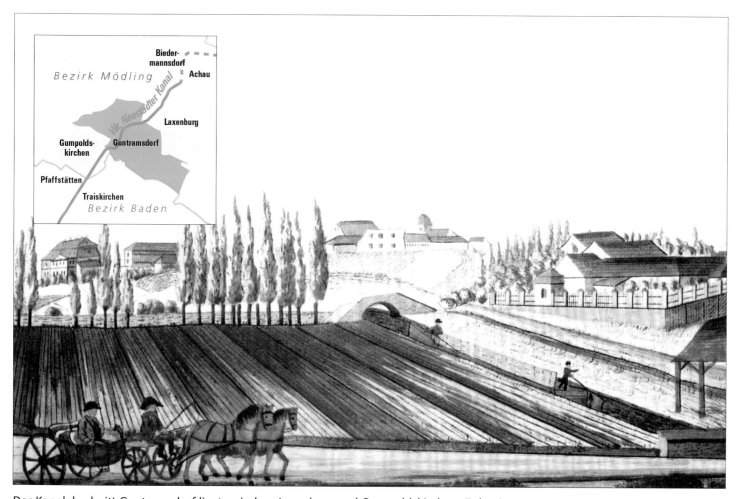

Der Kanalabschnitt Guntramsdorf liegt zwischen Laxenburg und Gumpoldskirchen. Er beginnt, von Wien aus gesehen, an der Rohrfeldgasse beim Rohrfeldteich, rund 200 m östlich der Kanalbrücke Neudorfer-Straße und endet rund 300 m westlich der Triester-Straße, wo der Kanal eine Biegung Richtung Südwesten macht.

Der Bau des Kanals begann im Jahre 1797 in Guntramsdorf und wurde in zwei Baulosen Richtung Norden nach Wien und Richtung Süden nach Wiener Neustadt vorangetrieben.

Im Ortsgebiet von Guntramsdorf befinden sich 2 Schleusen (erhalten sind die Schleusenkammern):

Die Teichschleuse auf Höhe der W.-A.-Mozart-Gasse sowie die einzige Dreifachschleuse des Kanals, welche unmittelbar südlich der parallel verlaufenden Kanalbrücken der Badner Bahn und der Mödlinger Straße durchflossen wird.

Charakteristische Kanalbilder zu Guntramsdorf: Gemälde mit Kanalschiff (Titelbild)

Kanal auf Höhe Rohrfeldteich

Teichschleuse

Dreifachschleuse

Dreifachschleuse

Kanallandschaft in Guntramsdorf und andere Sehenswürdigkeiten

Brücke Neudorfer Straße

Kanalblick Neudorfer Straße

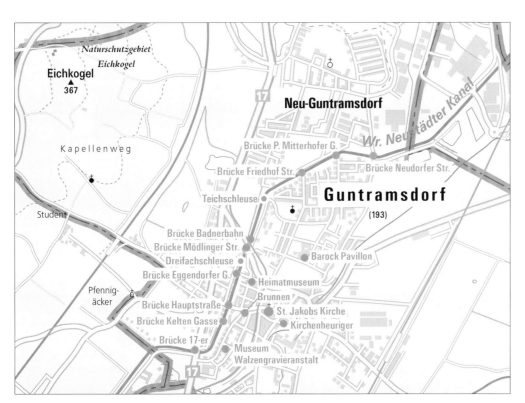

Brücke Peter-Mitterhofer-Gasse

Teichschleuse

Dreifachschleuse

Kanal vor der Dreifachschleuse

Brücke Eggendorfer Gasse

Brücke Hauptstraße

Brücke 17-er

Kanalblick am Ortsende

Heimatmuseum, Schulgasse 2a

Museum Walzengravier-Anstalt

St.-Jacobus-Kirche

„Heurigen-Anzeiger" Hauptstraße

Historische Kanalbilder und Geschichtliches über Guntramsdorf

Guntramsdorf:
Erste (vor)geschichtliche Funde finden sich aus der Jungsteinzeit und der keltischen La-Tène-Zeit. Die Keltengasse beim Kanal erinnert daran. Die erste Urkunde stammt aus dem Jahre 859, in welcher vermerkt ist, dass ein (ungarischer) Graf Kozel dem Kloster Regensburg Güter schenkte. Als Zeuge wird u. a. ein Graf Guntram erwähnt, der als Gründer von Guntramsdorf gilt.

Zur Zeit des Babenbergers Leopold III. befand sich Guntramsdorf im Besitze des Ritters Heinrich II. von Kuenring, der sich Heinric de Gundrammisdorf nannte.

1711 ließ Fürst Hartmann von Liechtenstein in Guntramsdorf ein Schloss erbauen. Es gelangte 1770 in den Besitz des Fürsten Lobkowitz. Das Schloss wurde wegen starker Kriegsschäden 1951, bis auf einen Gartenpavillon abgerissen.

1941 wurden in Neu-Guntramsdorf die Flugmotorenwerke Ostmark gebaut, die nach der verlorenen Luftschlacht um England im Jahre 1940 die deutsche Luftrüstung intensivieren sollten. Bis zu 20.000 Kriegsgefangene und Zwangsarbeiter erzeugten schwere Motoren in fünf Werkshallen à 25.000 m². Ein Mahnmal beim Kreisverkehr Franz-Novy-Gasse/ Neudorfer Straße erinnert heute an die damaligen Kriegsverbrechen.

Ehemalige Kanalbrücke Mödlinger Straße

Historische Schottergrubenbrücke

Freibadeanstalt in der Haltung der Dreifachschleuse

Badefreuden in der Nähe der Brücke Keltengasse

„Gradkartenblatt" aus 1873. Der Stichkanal zu den Ziegelwerken, das „Ladungsgebiet" ist zu sehen.

Dreifachschleuse 1935

Ehemaliges Liechtenstein´sches Schloss

Erhaltener Barockpavillon

Historische Kanalzeichnungen im Abschnitt Guntramsdorf

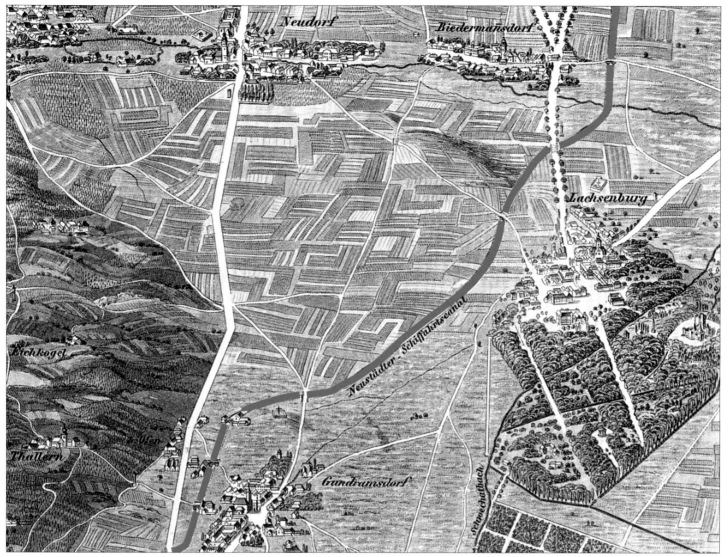

„Perspektivkarten" von Franz Xaver Schweickhardt, um 1840 erstellt

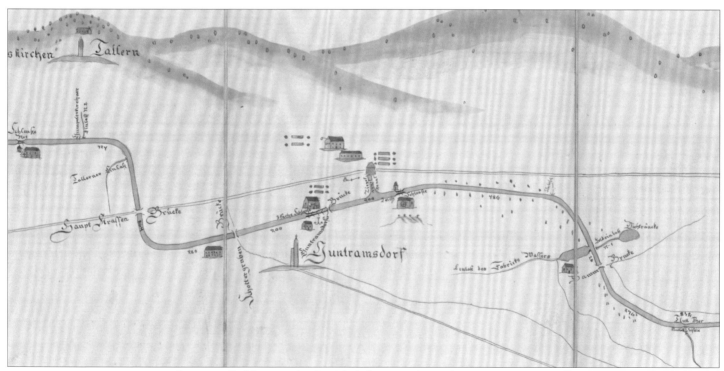

Kanal-„Leporello" für Zwecke der jährlichen Kanalinspektion, um 1850 erstellt

Heutige Kanalstrecke mit Liste der Objekte in Guntramsdorf

Brücken, Schleusen	Bezeichnungen Historische Objekte sind rot gekennzeichnet	Details mit Informationen zu den folgenden Punkten:
1.	1. Ortsgrenze Laxenburg am westlichen Ende des Rohrteiches, ca. 200 m bis 2.	2. Hier befand sich die Damm-Mühle 5. Hier stand einst die Frischauf-Mühle
2.	2. Brücke Neudorfer Straße, ca. 250 m bis 3.	9. Für die Dreifachschleuse nahm sich MAILLARD die Grindley Brook Staircase Lock am Ellesmere Canal
3.	3. Fußgängerbrücke Eichkogelstr./Peter Mitterhofer Gasse, ca. 350 m bis 4.	zum Vorbild. Das Bild unten zeigt sie bergauf „in Betrieb".
4.	4. Fußgängerbrücke Eichkogelstr./Friedhofstraße	
5.	5. a. Umfahrung Friedhofstraße, Bertolt-Brecht-Gasse, Am Kanal, ca. 500 m b. Umfahrung Eichkogelstr., W.-A.-Mozart-Gasse, Am Kanal	
6.	6. **Teichschleuse,** Steg zwischen W.-A.-Mozart-Gasse/Am Kanal, ca. 400 m bis 7. Am Ende der W.-A.-Mozart-Gasse am linken Kanalufer befand sich einst der Stichkanal zur Verladestelle der Ziegelwerke. Heute sind hier eine Entwässerung und ein Düker zu sehen.	
7.	7. Brücke Badner Bahn	
8.	8. Brücke Mödlinger Straße	
9.	9. **Dreifachschleuse** Auf der linken Kanalseite befindet sich eine Fabrik für Auto- und Industrielacke (Fa. Axalta Coating Systems Austria GmbH), auf deren Areal auch der Umlaufkanal verläuft.	
10.	10. Umfahrung Medizinalrat-Dr.-Ignaz-Weber-Gasse, Eggendorfer Gasse ca. 300 m bis 11.	
11.	11. Fußgängerbrücke Eggendorfer Gasse/Neugasse	
12.	12. Thermenradweg ca. 300 m bis 13.	
13.	13. Brücke Hauptstraße, Thermenradweg ca. 170 m bis 14.	
14.	14. Fußgängerbrücke Thermenradweg/Keltengasse	
15.	15. Umfahrung Keltengasse, Trister Straße B17, ca. 400 m bis 16.	
16.	16. Brücke Trister Straße Thermenradweg ca. 350 m bis Ortsgrenze zu Gumpoldskirchen Die Kanallänge in Guntramsdorf beträgt ca. 2,8 km	

Hier ein Bild der Guntramsdorfer Dreifachschleuse als die Schleusentore noch eingebaut waren.

Rechts der Schleuse befand sich die Eggendorfer Mühle. Links der Schleuse produzierte ab 1811 die Papierfabrik Matthias Weyher; danach ab 1900 die Gipsmühle Masur. Ab 1916 erzeugte Leopold Kimpink in seinem Kronprinzwerk Grammophone und Petroleumöfen. Im Jahr 1956 übernahm die Lackfabrik Stolllack (jetzt Axalta) das Areal.

13. Hier befand sich bis 1988 die Schottergrubenbrücke.

Sie war die höchste Brücke des historischen Kanals.

16. Historische Haupt-Straßen-Brücke

Kanalabschnitt Gumpoldskirchen

Der Kanalabschnitt Gumpoldskirchen liegt zwischen Guntramsdorf und Traiskirchen. Er beginnt von Wien aus gesehen in der Kanalbiegung von Guntramsdorf und endet, nach annähernd geradem Verlauf, kurz nach der Brücke Houskaweg.

Dieser Abschnitt zählt zu den kontrastreichsten des Kanalverlaufes, einerseits wegen der Industriezone am Kanal im Osten und andererseits wegen der Weinbauidylle im Westen von Gumpoldskirchen.

Die Zählung der Schleusen beginnt in Gumpoldskirchen mit der Nr. 1 in Richtung Süden bis zur letzten nach Sollenau, welche die Nr. 36 hat. Die Schleusen Richtung Wien, beginnend mit Guntramsdorf, haben Eigennamen. Diese etwas eigenwillig anmutende Nomenklatur ergab sich durch den Baubeginn des Kanals im Jahr 1797 in Guntramsdorf, der parallel nach beiden Richtungen stattfand und es somit zwei Baulose mit unterschiedlichen Bauleitern gab.

Im Ortsgebiet von Gumpoldskirchen befinden sich 4 Schleusen (S1–S4). Bei Schleuse 4 konnte man 2014 noch eine Windensäule sehen, mit doppelter Zahnstange, Sperrklinke und Ritzel mit Vierkant. Die Schiffsmannschaft hatte eine entsprechende Kurbel, mit der die Schützen zur Schleusenbefüllung betätigt wurden.

Charakteristische Bilder zu Gumpoldskirchen: „Brücke am Wiener Neustädter Kanal", Franz Bilko (Titelbild)

Ehemalige Bleiwarenfabrik   *Biberspuren*   *Winde Schleuse 4*   *Deutschordensschloss – Kanalblick*

Kanallandschaft in Gumpoldskirchen

Ehemalige Bleiwarenfabrik

Schleuse 1, Firma Klinger

Fischaufstiegshilfe, S2

Wiener-Straße-Brücke

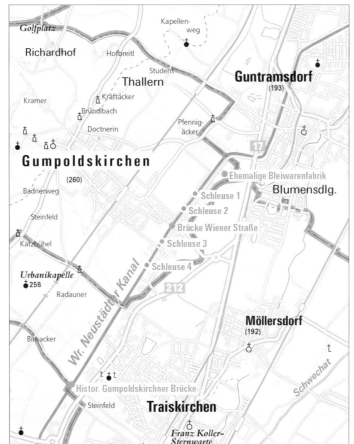

Novomatic am Kanal

Technik in Schleuse 2

Brücke Rosalienweg, S3

Kanallandschaft mit Wildenten

Brücke am Houskaweg

Industriegelände am Kanal

Schleuse 4

Historische Kanalbilder und Geschichtliches über Gumpoldskirchen

Gumpoldskirchen:

Der Ort wird 1140 erstmals im Testament des Dompropstes Gumpold von Pornheim erwähnt. In dieser Urkunde wird Gumpoldskirchen in Form von „GONPOLDOSKHIRCHEN" gemeinsam mit dem Weinbau genannt.

Der Staufer Friedrich II. schenkte 1241 dem Deutschen Orden eine hier befindliche Wehranlage. Heute präsentiert sich das Schloss als barocker Vierflügelbau.

Der Weinbau wurde auf Grund des Klimas der Thermenregion schon in der Jungsteinzeit gepflogen und von den Römern intensiviert. Bemerkenswert für den Ort ist, dass die Industrialisierung Ende des 18. Jahrhunderts das Gebiet voll erfasste, wobei der Wiener Neustädter Kanal das seinige dazu beitrug.

Für den so wichtigen Weinbau war das Jahr 1884 dramatisch, da die Reblaus sämtliche Weinkulturen zerstörte.

„Der Glykolwein-Skandal 1985 tangierte den Weinort nur am Rande, bot aber den Weinbaubetrieben, durch das neue Weingesetz, neue effizientere Marketingchancen." Zitat: Horst Biegler, Gemeindearchiv Gumpoldskirchen.

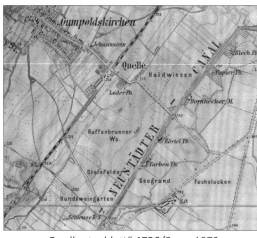

„Gradkartenblatt" 4756/8 aus 1873

Wasserumlauf Schleuse 4

Kanal mit Gumpoldskirchen und Anninger im Hintergrund

Winde Schleuse 4

Gasthaus am Kanal

Rathaus (1559), Pranger (1563)
Schrannenplatz

Der Kalkofen im NW des heutigen Ortsgebietes wurde knapp nach Inbetriebnahme des Kanals 1806 errichtet und ging 1857 in den Besitz von Alois Miesbach, dem damaligen Kanalpächter, über. Heinrich Drasche übernahm den Ofen und baute ihn 1869 zu einem Zweischachtofen um. Stillgelegt wurde der Ofen 1934.

Ankündigung des Magistrates Gumpoldskirchen bezüglich Versteigerung eines Kanal-Gebäudes des Mühlenbesitzers André Lemaire von 1830

Fabriksgelände am Kanal der Fa. Richard Klinger im Jahre 1925

Der in Gumpoldskirchen geborene Maler Franz Bilko (1894–1968) bildete den Kalkofen der Ziegelbarone und Kanalpächter Miesbach und Drasche mit pittoreskem Blick auf Gumpoldskirchen und den Wiener Neustädter Kanal ab. Der Bau liegt in einem engen Tal am Osthang des Anningers am Ende der J.-Schöffel-Straße, befindet sich auf Privatgrund und ist nicht zugänglich.

Historische Kanalzeichnungen im Abschnitt Gumpoldskirchen

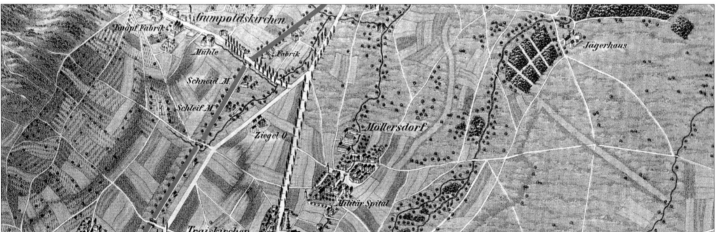

„Perspektivkarten" von Franz Xaver Schweickhardt, um 1840 erstellt

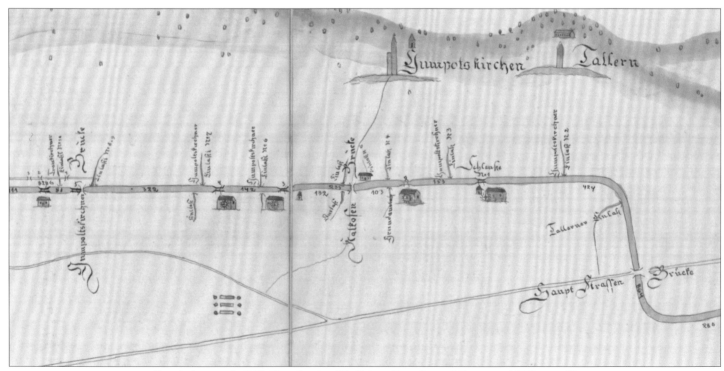

Kanal-„Leporello" für Zwecke der jährlichen Kanalinspektion, um 1850 erstellt

Heutige Kanalstrecke mit Liste der Objekte in Gumpoldskirchen

Brücken Schleusen	Bezeichnungen Historische Objekte sind rot gekennzeichnet	Hier befanden sich folgende historische Objekte: (sonstige Spezifikationen)
	Gemeindegrenze zu Guntramsdorf ca. 500 m bis 2.	1. Die Bleiwarenfabrik Gumpoldskirchen AG war zwischen 1851 und 1935 in Betrieb, deren Nachfolger bis 1970. Ab 1950 wurden auch Kunststoffe erzeugt. Siehe Foto auf der 1. Seite der Kanal-Abschnittsbeschreibung.
1.	1. Aufgelassenes Fabriksareal, Am Kanal 14, Gasthof Keller, Am Kanal 12	2. An einer Kammerwand der Schleuse 1 ist noch ein Lager des Schleusentores zu sehen.
2.	2. **Schleuse 1** mit Steg Rich. Klinger Dichtungstechnik GmbH & CO KG, Am Kanal 8–10; ab 1893, Erweiterung 1929 Grundstück bei Schleuse 2 ca. 310 m bis 3.	
3.	3. **Schleuse 2** mit Steg und Kleinkraftwerk NOVOMATIC AG, Wiener Straße 158; ca. 210 m bis 4.	André Lemaire & Co errichtete 1817 bei der Schleuse 1 eine Ölfabrik. Heute befindet sich die Fa. Klinger auf dem Areal der Schleusen 1 und 2.
4.	4. Brücke Wiener Straße, sie ersetzt die historische Gumpoldskirchner Kalkofenbrücke Rudolf Weigl Hof ca. 240 m bis 5	
5.	5. **Schleuse 3**, ca. 60 m bis 6.	
6.	6. Brücke Rosalienweg Fa. Messer Medical, Helium Gabriel Chemie, ca. 220 m bis 7.	
7.	7. **Schleuse 4** ca. 600 m bis 8.	3. Kleinkraftwerk „Heidi" bei Schleuse 2: Leistung: 9,6 kW, deckt den Stromverbrauch von 20 Haushalten, CO_2-Emissions-Ersparnis von 42 t, das entspricht einem CO_2 - Ausstoß eines PKW bei einer Fahrleistung von 150.000 km. Zur Überwindung der Turbinen-Barriere wurde in den Kanal eine Fischaufstiegshilfe eingebaut.
8.	8. Brücke Houskaweg, man erkennt noch die Bausubstanz der **Gumpoldskirchner Brücke** aus 1803, ca. 30 m bis 9.	
9.	9. Die Gemeindegrenze zu Traiskirchen liegt bei der **Schleuse 5**. Sie wird der Kanalstrecke Traiskirchen/Möllersdorf zugerechnet.	Die Philipp-Reichberger-Mühle, erbaut 1815, lag bei Schleuse 2. 5. Das Johann-Schrank-Fournierholz-Schneidewerk, Mühle seit 1815, befand sich bei Schleuse 3.
	Gesamtlänge der Kanalstrecke ca. 2,2 km	7. Die Feilenerzeugung Georg Deutschmann & Co, Josef Klein stand bei der Schleuse 4.

Kanalabschnitt Traiskirchen

Möllersdorf

Der Kanalabschnitt Traiskirchen schließt von Wien aus gesehen an Gumpoldskirchen an. Er wird nach der Schleuse 8 durch den Abschnitt Pfaffstätten mit den Schleusen 9–13 unterbrochen und findet seine Fortsetzung mit der Schleuse 14 in Tribuswinkel, das seit 1972 Traiskirchen eingegliedert ist. Auf diesem Kanalabschnitt befinden sich 4 Schleusenkammern, die der ehemaligen Schleusen 5 bis 8. Dem Kanalabschnitt Tribuswinkel/Leesdorf ist eine eigene Beschreibung gewidmet. Optisches Highlight am Kanal ist die noch auf Traiskirchner Ortsgebiet befindliche historische Pfaffstättner Feldbrücke im Straßenzug der Dr.-Josef-Folk-Gasse.

Bemerkenswert ist das weitläufige Industriemuseum im Ortsteil Möllersdorf, das in der ehemaligen Kammgarnfabrik untergebracht ist. Die Besucherinnen und Besucher werden von fachkundigem und freundlichem Personal von Halle zu Halle „weitergereicht". Im Museum wird auf das Industriedenkmal Kanal detailliert eingegangen.

Charakteristische Bilder zu Traiskirchen/Möllersdorf: Historische Pfaffstättner Feldbrücke (Titelbild)

Seitengang der Schleuse 6   *200 Jahre alte Brücke*   *Kanalmodelle im Stadtmuseum in Möllersdorf*

Blick Richtung Süden auf Schleuse 5

Schleuse 6

Baumriese bei Schleuse 6

Schleuse 7

Schleuse 8

Winden-Säule, Schleuse 8

Pfaffstättner Feldbrücke, Dr.-J.-Folk-G.

Kanalblick Richtung Pfaffstätten

Geschichtliches über Traiskirchen / Möllersdorf

Geschichte:
Das Ortsgebiet lag an einer Römerstraße. Traiskirchen wurde nach dem „festen Haus" Drazichchirchen einer adeligen Familie benannt. Die Stadtpfarrkirche St. Margareta, ursprünglich eine Wehrkirche mit Wassergraben, erbaute man im 11. Jahrhundert.

Die k. u. k. Artilleriekadettenschule wurde 1903 errichtet. Die Anlage bestand aus 20 Objekten, dem Hauptgebäude, Offizierswohnungen, Stallungen, einer Reithalle, einem Lazarett, Lagerhallen und Depots. Heutzutage sind hier ein Flüchtlingslager und ein Ausbildungszentrum der Polizei untergebracht. Weinbau hat in Traiskirchen Tradition. Weinrieden liegen unmittelbar in Kanalnähe.

Überregional bekannt war das **Semperit-Werk** in Traiskirchen.

Heute wird das Areal als Gewerbepark genützt.

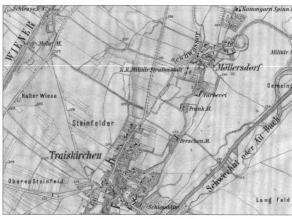

„Gradkartenblatt" aus 1873 mit Kanal links oben

Das **Stadtmuseum von Traiskirchen** ist in der ehemaligen Vöslauer Kammgarnfabrik im Ortsteil Möllersdorf, Wolfstraße 18, untergebracht.

Die Vorgängerfabrik wurde in der Kanalzeit im Jahr 1824 gegründet.

In Hallen der ehemaligen Fabrik werden u. a. Modelldarstellungen zum Wiener Neustädter Kanal und rund 70 Matadormodelle gezeigt.

Das Holzbaukasten-Spiel ließ sich Johann Korbuly 1903 patentieren, der seine Fabrik am Kanal in Pfaffstätten betrieb.

Schleusenmodell mit Kanal-Wärterhaus

Zugpferd in „Festtracht" am Kanal

Mühlbach: Im Gemeindegebiet von Traiskirchen gab es fünf Mühl- und Wasserräder.

Für das funktionsfähige Mühlrad im Museum wurde die wasserrechtliche Genehmigung 1999 wieder erworben. Die Wassermenge beträgt 600 l/sek.

Der Mühlbach hat eine Länge von ca. 13 km. Er wurde vor rund 1000 Jahren am Beginn des Helenentals von der Schwechat abgezweigt und durchfließt Baden, Tribuswinkel / Wienersdorf / Traiskirchen / Möllersdorf / Guntramsdorf und mündet im Laxenburger Park wieder in die Schwechat.

Eine Sehenswürdigkeit ist die „Schiefe Kapelle" in der Münchendorfer Str. 7 a, die ihre Lage dem Mühlbach „verdankt".

Die „Elf Grenzsteine" sind im Stadtpark, Walther-v.-d.-Vogelweide-Straße 4, zu besichtigen.

Historische Kanalzeichnungen im Abschnitt Traiskirchen / Möllersdorf

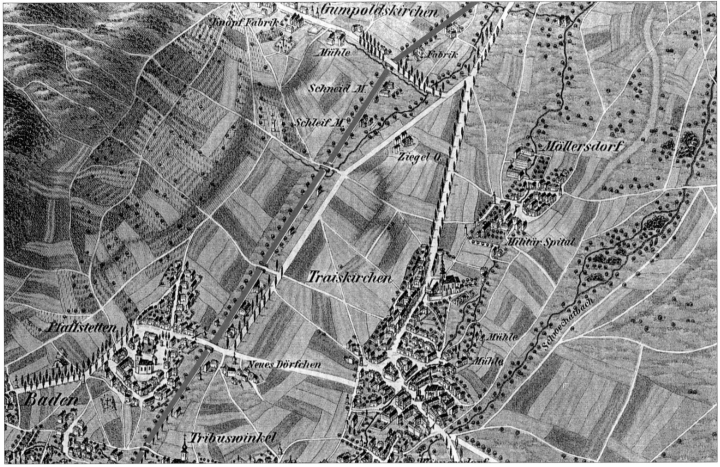

„Perspektivkarten" von Franz Xaver Schweickhardt, um 1840 erstellt

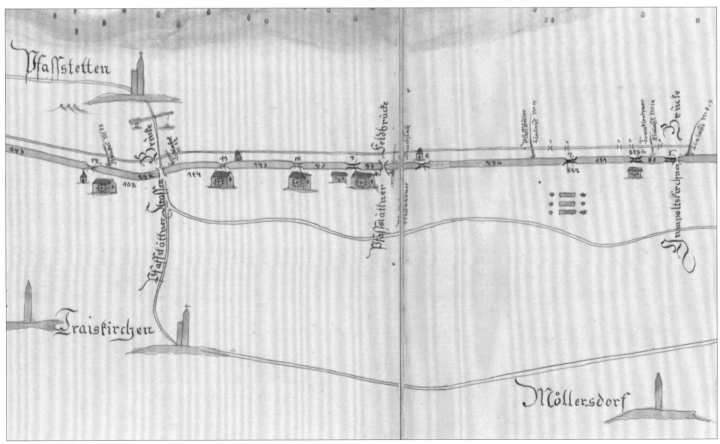

Kanal-„Leporello" für Zwecke der jährlichen Kanalinspektion, um 1850 erstellt

Heutige Kanalstrecke mit Liste der Objekte in Traiskirchen / Möllersdorf

Brücken, Schleusen	Bezeichnungen Historische Objekte sind rot gekennzeichnet	Hier befanden sich folgende historische Objekte (sonstige Spezifikationen)
1.	1. **Schleuse 5**, liegt direkt an der Ortsgrenze zu Gumpoldskirchen (Brücke Houskaweg), ca. 150 m bis 2.	1. Nach wie vor gibt es Gewerbebetriebe in Kanalnähe; hier eine Schlosserei mit „Gewerbezeichen" in der Römerstraße, einer der Verbindungswege zum Stadtmuseum in Möllersdorf. 
2.	2. **Schleuse 6**, ca. 200 m bis 3., AHSK - Allgemeiner Hundesportklub, linke Kanalseite	
3.	3. **Schleuse 7** mit Steg, Eugen-Dahm-Straße, ca. 570 m bis 4. Verbindung Stadtmuseum Traiskirchen in Möllersdorf, Goessler Kuverts, rechte Kanalseite	3. Wegweiser zum Stadtmuseum bei der Schleuse 7, Eugen-Dahm-Straße. 
4.	4. **Schleuse 8**, ca. 110 m bis 5. *Statt dem oberen Tor wurde ein mit einer Windesäule zu betätigendes Wehr eingebaut. Schleuse 8 hatte mit Schleuse 9 einen gemeinsamen Umlaufgraben für ein Mühlrad mit einem doppelten Gefälle.*	Noch gibt es Originalbeschläge der Winden aus der Kanal-Betriebszeit, die zur Betätigung der Schleuseneinrichtungen dienten. 5. Pfaffstättner Feldbrücke  Um die Zugseile zwischen Schiff und Pferd bei den Brücken zu schützen, wurden an den Brückenpfeilern Holzbalken montiert.
5.	5. **Historische Pfaffstättner Feldbrücke**, im Zuge der Dr.-Josef-Folk-Straße, ca. 20 m bis Ortsgrenze Pfaffstätten (Schleuse 9) Gesamtlänge des Streckenabschnittes ca. 1,1 km Der nach Pfaffstätten ebenfalls in Traiskirchen befindliche Kanalverlauf wird im Kanalabschnitt Tribuswinkel beschrieben.	

Kanalabschnitt Pfaffstätten

Pfaffstätten „übernimmt" den Wiener Neustädter Kanal von Traiskirchen und leitet ihn nach 5 Schleusenstufen wieder an Traiskirchen weiter, zumal sich die beiden Gemeindegebiete verzahnen. Die erhaltene historische, über 200 Jahre alte Pfaffstättner Feldbrücke liegt nahe der Gemeindegrenze in Traiskirchen.

Das attraktivste Bauwerk in diesem Kanalabschnitt ist wohl die Schleuse 13 mit dem Fuchs´n-Steg. Wenn auch die Schleusentore fehlen, so gibt es sonst alles, was eine Schleuse ausmacht, nämlich einen Schleusenumlauf mit Wehr, eine Winde und ein Fabriksgebäude aus der Zeit der späten Industrialisierung.

Eine bemerkenswerte Produktionsststätte am Pfaffstättner Kanalabschnitt gibt es seit 1987 nicht mehr. Die Matadorfabrik der Firma Korbuly erzeugte hier jahrzehntelang Spiele-Holzbau-Kasten, die mittlerweile Kultstatus haben.

Mit 5 Schleusen, auf ca. 1,8 km Kanalstrecke im Ortsgebiet, hatten im 19. Jahrhundert die Schiffsleute in Pfaffstätten eine sehr hohe Schleusenfrequenz.

Pfaffstätten ist charakteristisch für eine jener Kanalgemeinden, die sich kontrastreich in einen Industrieteil, ein Weinbaugebiet und einen Wienerwaldbereich gliedern.

Charakteristische Bilder zu Pfaffstätten: Wasserlilien am Kanalufer (Titelbild)

Lilienfelderhof   *Fuchs´n-Steg, Schleuse 13*   *Radfahrergruppe vor der Fa. ELEKTRON*

Kanallandschaft in Pfaffstätten

Schaufelradturbine bei der S9

Generatorhaus Schleuse 9

Schleuse 10

Schleuse 11

Brückenunterführung
Badener Straße

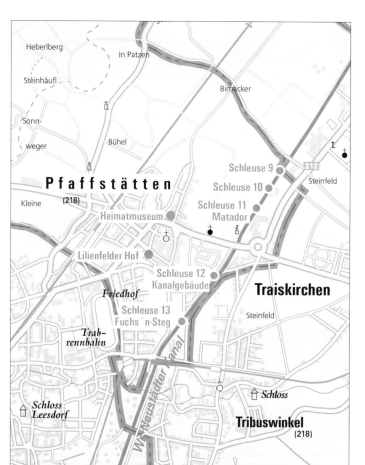

Schleuse 12

Kanalgebäude bei Schleuse 12

Schleuse 13, Fuchs´n-Steg

Schleuse 13 mit Winde

Eingang Schleuse 13

Umlaufkanal, Schleuse 13

Billrothgasse, Badner Bahn

Geschichtliches über Pfaffstätten und Sehenswürdigkeiten

Geschichte:

In der Ortschronik ist zu lesen: „1120 gab ein Ministeriale des Markgrafen, namens Pobpo, dem Stift Kosterneuburg für sein und seiner Eltern Seelenheil u. a. einen Weingarten in Pfaffstätten - „vineam unam Phafenstetin sitam".

Lilienfelderhof, Stift-/Schulgasse

Ein Wirtschaftshof des Zisterzienser-Klosters Lilienfeld soll schon um 1216 erbaut worden sein. Die Hauskapelle ist im gotischen Stil errichtet. Das Hauptgebäude stammt aus der Zeit des 16. und 17. Jahrhunderts. Weinbau wurde hier seit Anbeginn betrieben. Heute kann man hier die „längste Schank der Welt" in der Thermenregion Wienerwald entlang des Wasserleitungswanderweges zw. Mödling und Bad Vöslau erleben.

Postkarte, Kanal mit Weinriede

Betriebe am Kanal:
Mühle bei der Schleuse 10:

Die erste Mühle wurde bereits 1804 errichtet. Ab 1911 betrieben die Brüder Buchta hier eine Pulverisierungsmühle, die 1945 abbrannte. Die Mühlsteine stehen heute vor dem Heimatmuseum in der Dr.-Josef-Dolp-Straße 1.

Matador, bei der Schleuse 11:
Johann Korbuly erfand 1899 das Holzbaukastensystem Matador, das er 1901 patentieren ließ. Im Jahr 1915 übersiedelte er seine Produktion nach Pfaffstätten, auf Höhe der Kanal-Schleuse 11, wo seit 1817 eine Mühle stand. In der Zwischenkriegszeit erreichte Matador Kultstatus, vergleichbar mit Lego in der heutigen Zeit.

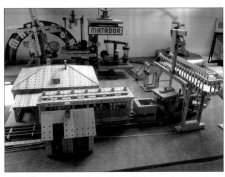

Die Frostschutzhütchen (li.) wurden in der Matadorfabrik produziert.

Casinos Austria, Zentrallager, bei der Schleuse 12:

Aquarell Stadtmuseum in Möllersdorf

Seit 1820 standen an der Stelle eine Mühle, Baumwollfabrik, Watteerzeugung, Gummi- und Asbestfabrik. Zwischen 1931 und 1994 betrieb die Firma Röder hier eine Bettfedernfabrik. Nach der Fa. Allbau erwarben die Casinos Austria das Areal.

Badefreuden auf Höhe der Schleuse 12

„Elektron", Bruno Seeliger´s Söhne, bei der Schleuse 13 am Fuchs´n-Steg.

Der Rittmeister Bruno Seeliger erwarb 1893 das alte Kanalhaus und errichtete eine Pressfutter-Konservenfabrik. Er begann dann Zinn aus Militärkonservendosen zu recyclen und produzierte unter dem Namen ELEKTRON Wasch- und Lötmittel.

Historische Kanalzeichnungen zum Kanal-Abschnitt Pfaffstätten

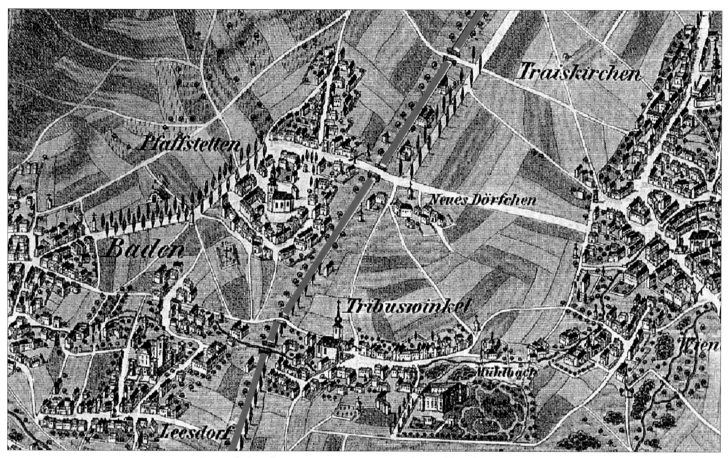

„Perspektiven"-Karte von Franz Xaver Schweickhardt aus 1840

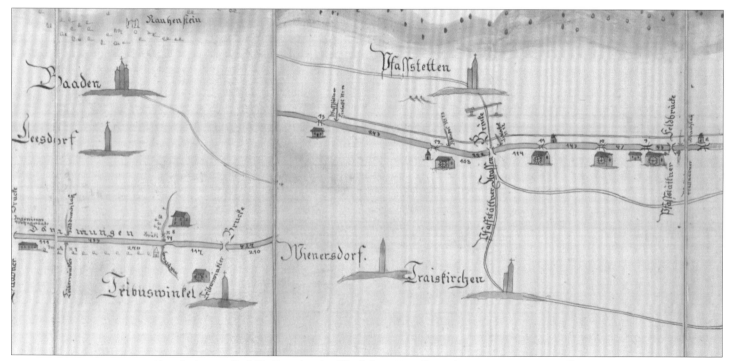

Kanal-„Leporello" für Zwecke der jährlichen Kanalinspektion, um 1850 erstellt

Heutige Kanalstrecke in Pfaffstätten mit Bezug zu den historischen Objekten

Brücken, Schleusen	Bezeichnungen Historische Objekte sind rot gekennzeichnet	Historisches
1.	Historische Pfaffstättner Feldbrücke, im Zuge der Dr.-Josef-Folk-Straße, ca. 50 m bis Ortsgrenze Pfaffstätten/Traiskirchen, ca. 20 m bis 1. 1. **Schleuse 9**, Kraftwerk, 2006, Prototyp einer absenkbaren Staudruckturbine, die Schleusen 9 und 8 besitzen einen gemeinsamen Umlaufgraben, ca. 170 m bis 2.	1. Hier stand die 1804 erbaute Jonas-Mühle des Müllermeisters Ignaz Gaugusch aus Gumpoldskirchen. 2. Hier stand die 1817 erbaute Wilfert-Mühle von Joseph Molidor aus Pottendorf. Ab 1911 betrieben die Brüder Buchta eine Pulverisierungsmühle, die 1945 abbrannte.
2.	2. **Schleuse 10**, ca. 290 m bis 3.	
3.	3. **Schleuse 11**, ca. 230 m bis 4.	
4.	4. Pfaffstättner Badener-Straßen-Brücke, ca. 200 m bis 5.	
5.	5. **Schleuse 12**, im Kanalgebäude befindet sich seit 1995 ein Zentrallager der Casinos Austria AG, vom Kanal wird über einen Mühlgang eine 30-kWh-Turbine betrieben. Ca. 460 m bis 6.	Konstruktionszeichnung der Leobersdorfer Maschinenfabrik einer „Vertikalen Francisturbine" für die Firma Buchta.
6.	6. **Schleuse 13**, Fuchs'n-Steg seit 1997, ca. 400 m bis 7.	3. Hier stand die 1817 erbaute Preiss-Mühle/Josef Schiffle. 1915-1920 baute J. Korbuly die Holzspielwarenfabrik Matador, ab 1978 Kurt Falk bis 1987.
7. **8.**	7. Billrothgassenbrücke 8. Brücke Badner Bahn	4. Hier befand sich die historische Pfaffstättner Brücke.
	Ortsgrenze Tribuswinkel/Traiskirchen, Brücke Badener Straße	5. Hier stand die 1820 erbaute Schlick-Mühle. 6. Hier siedelte sich 1893 die chemische Fabrik Elektron, Bruno Eberhard Seeligers Söhne, an. 1930 wurde in der ehemaligen Radstube eine Turbine installiert.
	Die Gesamtlänge des Streckenabschnittes beträgt ca. 1,8 km.	7. Hier befand sich die historische Tribuswinkler Brücke.

Die Ortschronik weiß zu berichten:
„Der Bau des Wiener Neustädter Kanals (1797–1803) wurde in Pfaffstätten nicht gerade mit Begeisterung aufgenommen. Neben unzähligen und mühevollen Verhandlungen über Gebietsabtretungen mit der Canal Bau Gesellschaft mussten neben Maurern und sonstigen Bauarbeitern auch 150 Mann Militär einquartiert werden.
Das Gemeindeprotokoll vermerkt: ‚ ... *die Zukunft wird uns erst noch belehren und überzeugen, was dies Unternehmen für Folgen nach sich ziehen wird*'".

Kanalabschnitt Tribuswinkel / Traiskirchen

einschließlich des Abschnitts Leesdorf/Baden

Das bemerkenswerteste Bauwerk auf diesem Streckenabschnitt ist der Aquädukt über die Schwechat, der längste des Kanals. Die heutige tragende Eisenkonstruktion wurde ursprünglich für die Überquerung der Leitha gebaut und nach der Auflassung des Pöttschinger Astes des Kanals zur Erneuerung des alten, auf Steinsockeln ruhenden Aquäduktes über die Schwechat verwendet.

Reizvoll ist die leicht morbide Kanalstimmung am rechten Kanalufer, auch „Kanal 39" genannt, südlich der Brücke über die Badener Straße, der ehemaligen historischen Tribuswinkler Brücke.

Charakteristische Bilder zu Tribuswinkel: Schwechat-Aquädukt (Titelbild)

Schleuse 14   *Aquädukt-Eingang*   *Historische Weingartenbrücke*   *Blick auf den „Zubringer"*

Kanallandschaft in Tribuswinkel

Szene „Kanal 39"

Schleuse 14

Mühlbachtrog auf Kanalniveau

Mühlbachtrog

Kanallandschaft

Alte Pappel als Zaunsteher

Schleuse 15

Oberwaltersdorfer Straße

Historische Weingartenbrücke

Schwechat-Aquädukt Wehr am Einlauf

Aquädukt Blick Richtung Baden

Schwechat-Trog

Geschichtliches über Tribuswinkel und Leesdorf

Tribuswinkel:

Der Ortsname hat wahrscheinlich slawischen Ursprung und geht auf einen Trewan oder Trewin mit diu Winkelle (Weinkeller) zurück. Älteste Nennungen stammen aus der Babenbergerzeit um 1130.

Mühlen am Badener Mühlbach gab es hier seit dem 13. Jahrhundert, im 16. Jahrhundert befand sich in Tribuswinkel ein protestantisches Zentrum. Aus jener Zeit wird auch der Schafflerhof an der Hörm mit seiner Schafzucht erwähnt.

Die Industrialisierung erfasste Tribuswinkel erst um 1900.

„Die Firma Scheuble und Hofstätter erbaute 1909 am Wiener Neustädter Kanal eine chemisch-pharmazeutische Fabrik, die während des Ersten Weltkriegs als Marmeladefabrik genutzt wurde. Nach Ende des Krieges entstand auf dem Fabriksgelände eine Reihe von Textilbetrieben. Zwei frühere Mühlgebäude wurden zu einer Fackel und einer Schokoladefabrik umgebaut." (traiskirchenonline.at)

Das Schloss Tribuswinkel hatte schon viele Besitzer, u. a. die Starhemberger, den Grafen Isolani aus Schillers Wallenstein, den Badener Baron Doblhoff und den Industriellen Urban. Heute gehört das Schloss der Stadt Traiskirchen, der Tribuswinkel 1972 eingemeindet wurde.

Schloss Tribuswinkel

Schloss Leesdorf

Das auffälligste Kanalbauwerk im Abschnitt Tribuswinkel ist wohl der Aquädukt über die Schwechat.

Als der Kanal 1803 in Betrieb ging, wurde das Brennholz aus dem Wienerwald noch bis Möllersdorf geschwemmt und dort auf Pferdefuhrwerke Richtung Wien verladen. Wegen der Gefährdung durch die Holzschwemme ruhte der ursprüngliche Holztrog, unter dem der Kanal floss, auf Steinpfeilern. Die Holzverladestelle wurde später flussaufwärts nach Leesdorf und der Holzrechen auf die Höhe der Burg Rauhenstein in St. Helena/Baden verlegt. Als die Aquädukt-Renovierung fällig wurde, ersetzte man 1909 die Steinkonstruktion durch die nicht mehr benötigte Eisenkonstruktion des Aquäduktes über die Leitha des aufgelassenen Pöttschinger Astes. Auch der neue Aquädukt hatte noch einen Holztrog, der erst viel später durch eine Metallwanne ersetzt wurde.

Am südlichen Ende des Aquäduktes befindet sich ein Notauslass (links im Bild), mit dem das Wasser kanalabwärts in die Schwechat abgelassen werden kann.

Leesdorf:

Die Herkunft des Namens ist nicht gesichert. Er könnte auf das Geschlecht der Lewis- bzw. Leusdorfer zurückgehen oder auch auf den Badner Leshof, der sich im Besitz des Stiftes Melk befand.

Mit dem Wiener Neustädter Kanal, der hier das Schwemmholz aus dem Wienerwald aufnahm, und später mit der Südbahn fand die Industrialisierung statt. „Im Bereich der heutigen Fabriksgasse befanden sich die Leesdorfer Maschinenfabrik, eine Autofabrik und ein jüdischer Großbetrieb." (meinbezirk.at/baden/chronik/)

Mit der Erschließung der Melkergründe entstand zuletzt ein neuer Stadtteil Badens.

Der Vorläufer des heutigen Schlosses war im 12. Jahrhundert eine Wasserburg.

Die Besitzer nahmen seit damals viele bauliche Veränderungen vor. Unter den Hausherren befanden sich u. a. die von Kielmannsegg, das Stift Melk, der Freiherr von Bach und die Baltazzi. Prominente Besucherinnen waren Maria Theresia, Maria Pia von Portugal und Kaiserin Elisabeth.

Heute befindet sich die HTL Baden, Malerschule Leesdorf, im Schloss. (malerschule- baden.ac.at)

Bei der Schleuse 14 zweigte ein 40 m langer Stichkanal ab, an dessen Ende sich ein Schiffsdock befand.

Historische Kanalzeichnungen zum Kanal-Abschnitt Tribuswinkel

„Perspektiven"-Karte von Franz Xaver Schweickhardt, um 1840 erstellt

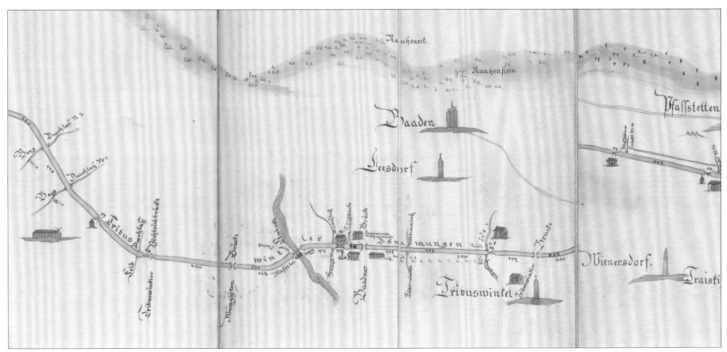

Kanal-„Leporello" für Zwecke der jährlichen Kanalinspektion, um 1850 erstellt

Heutige Kanalstrecke in Tribuswinkel/Leesdorf mit Bezug zu den historischen Objekten

Brücken Schleusen	Bezeichnungen Historische Objekte sind rot gekennzeichnet	Bemerkungen
1. 2. 3. 4. 5. 6. 7.	**Tribuswinkel/Leesdorf** (Schleusen 14 und 15) 1. Brücke Badener Straße, Ortsgrenze zu Pfaffstätten „Kanal 39", ca. 250 m bis 2. 2. **Schleuse 14**, Mühlbachtrog Ca. 350 m lange Kanalstrecke, Kanalgasse, Neubaugasse, bis Leesdorf Kanalstrecke **Leesdorf** zwischen Höhe Neubaugasse und Brücke Waltersdorfer Straße, ca. 400 m bis 3. 3. Brücke Waltersdorfer Straße Ca. 100 m bis 4. 4. **Schleuse 15**, ca. 180 m bis 5. 5. **Schwechat Aquädukt**, südseitig befindet sich ein Notauslass, Thermenradweg Ca. 300 m bis 6. 6. **Weingartenbrücke**, ca. 60 m bis 7. 7. Brücke Zubringerstraße B210 zur A2 Thermenradweg ca. 400 m zur Brücke Haidhofstraße, Ortsgrenze zu Baden, ehemalige Oetkerfabrik Gesamtlänge der Kanalstrecke ca. 2 km, davon 1,6 km in Tribuswinkel und 0,4 km in Leesdorf Siehe auch die Ausführungen zum Leesdorfer Stichkanal und zum Holzumladeplatz der Schwechattrift in der Kanalabschnittsbeschreibung Baden.	1. Hier befand sich die historische Tribuswinkler Brücke 2. Früher produzierte hier die Chemisch-Pharmazeutische Fabrik Dr. R. Scheuble & Dr. A. Hochstetter 3. Hier befand sich die historische Badener Brücke (siehe Beschreibung Baden) 4. Ehemals befanden sich hier ein Stichkanal zur Badener Werft, heute Bauhof Baden, und zwischen 1817–1892 die Mühle von K. Gaaß (siehe Beschreibung Baden). 5. Die Eisenkonstruktion war für den ehemaligen Leithaaquädukt vorgesehen, sie ersetzte 1909 den alten Holztrog über die Schwechat. 6. Erhaltene historische Weingartenbrücke, restauriert 1989    *Der Treppelweg längs des Wiener Neustädter Kanals war für Pferde „performanter" als der Velo 9 für Radfahrer oder Eltern mit Kinderwagen heutzutage.*

Kanalabschnitt Stadt Baden

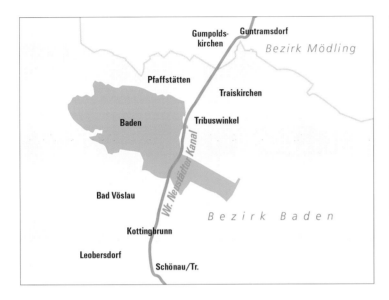

Im Raum Baden trafen sich einst zwei Wasserlogistikrouten, nämlich der Wiener Neustädter Kanal und die Holztrift auf der Schwechat aus dem Gebiet von Klausenleopoldsdorf. Ein riesiger Holzrechen, querliegend zur Schwechat, unterhalb der Burg Rauenstein bei St. Helena, stoppte das Schwemmholz. Hier wurde es auf Pferdefuhrwerke verladen und nach Leesdorf verfrachtet, wo der Kanaltransport nach Wien weiterging. Vor der „Kanalzeit" wurde das Holz bis Möllersdorf geschwemmt.

Auf dem Kanalabschnitt von Baden befinden sich drei Schleusenkammern, die der ehemaligen Schleusen 16 bis 18. Erfreulich am Weg entlang des Kanals sind die Informationstafeln mit ausführlichen Beschreibungen zum Hörmbachverlauf, der eine besondere Fauna und Flora besitzt, und Informationen zum Wiener Neustädter Kanal. Die Querung des Hörmbaches unter dem Wiener Neustädter Kanal wird wegen der geringen Wasserführung des Baches statt Aquädukt bzw. Trog auch Düker genannt, ein Wort aus dem Niederdeutschen, das Taucher bedeutet. Ein besonderer Bezug der Stadt Baden zum einst schiffbaren Kanal besteht durch Kaiser Franz II./I., der die meisten seiner Sommeraufenthalte während seiner 43-jährigen Regentschaft in Baden verbrachte und der noch im 18. Jahrhundert, nämlich 1795/96, die konkrete Kanalplanung beauftragte und den Bau bis zur Eröffnung 1803 durchgezogen hat. Da die veranschlagten Baukosten bei Weitem überschritten wurden, stellte Franz II./I. die Fertigstellung dadurch sicher, indem er den Kanal unter staatliche Verwaltung, den sogenannten Hofärar, stellte.

Der kurze Kanalabschnitt in Leesdorf (Baden), der sich mit Tribuswinkel (Traiskirchen) auf der Höhe des Aquäduktes über die Schwechat und der historischen Weingartenbrücke geografisch verzahnt, wird auch in der Kanalabschnittsbeschreibung Tribuswinkel behandelt. Baden wird darüber hinaus in den Kapiteln IX. „Schwemmkanäle und Holztriften" (Holzlagerplatz, Holzrechenanlage) und Kapitel VIII. „Flüsse, die den Kanal kreuzen" (Badener Mühlbach) beschrieben.

Charakteristische Bilder zu Baden: „Am Wr. Neustädter Kanal" von F. G. Barbarini, Rollettmuseum Baden (Titelbild)

Ehemalige Oetkerfabrik, Thermenradweg

Rote Brücke oder Haidbrücke

Eine der letzten Pappelalleen

Kanallandschaft in Baden

Oetkerfabrik, Haidhofstraße

Schleuse 16

Schleuse 17 Ausgang

Schleuse 17 Eingang

Information am Kanal

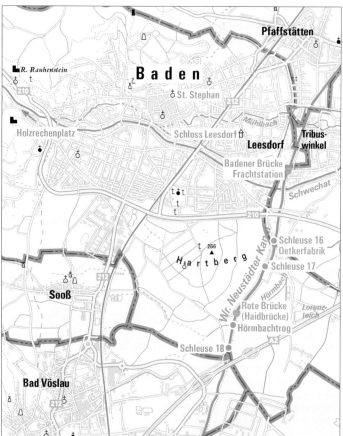
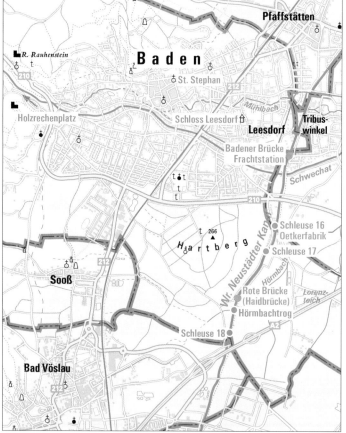

Pappelallee Oetkerweg

Haid- bzw. Hartbergbrücke

Weingarten am Kanal

Hörmbach-Trog

Schleuse 18

Umgebautes Kanalhaus, S18

Geschichtliches über Baden und den Kanalabschnitt Baden

Geschichte:

Wegen der warmen Schwefelquellen erhielt der Ort in der Römerzeit den Namen Aquae. Die heutige Namensgebung „Padun" stammt aus 869.

Einschneidend war das Jahr 1812 mit einem Großbrand. Mit dem Wiederaufbau durch den Architekten Joseph Kornhäusel bekam die Stadt ihren heutigen Biedermeiercharakter.

Unter Kaiser Franz II./I., dem Schirmherrn des Wiener Neustädter Kanals, wurde Baden für Jahrzehnte Sommerresidenz.

1916/17 wurde das k. u. k. Armeeoberkommando von Teschen in die Weilburg nach Baden verlegt. Baden konnte seinen Ruf als Kur-, Kasino- und Kulturstadt erhalten.

Kaiserhaus, Hauptplatz 17

Das Haus wurde in seiner heutigen Form 1807–1812 für Nikolaus II. Esterházy gestaltet. Franz II./I. kaufte es 1813. Von 1917/18 residierte hier Karl I. als Oberkommandierender der k. u. k. Armee.

Kuppelbau des ehemaligen Josefsbades mit Mühlbach

Der Kanalabschnitt in Baden:

Zur Zeit der Inbetriebnahme des Wiener Neustädter Kanals, anfangs des 19. Jahrhunderts, lag dieser Streckenabschnitt im eigenständigen Ort Leesdorf, das 1850 Baden eingemeindet wurde und ca. 2,5 km vom Ortszentrum Baden entfernt ist.

Ehemalige Ba(a)dener Brücke

Ehemaliges Kommunalbad am Kanal

„1885 pachtete die Stadtgemeinde Baden zwischen den Schleusen 15 und 16 ‚hinter der elektrischen Centralstation' ein Stück des Kanals, richtete ein Kommunalbad ein und verpachtete dieses an den Inhaber des Gasthauses, Herrn Rechtberger. In der Saison verkehrte von Baden täglich ein Stellwagen zum Bad. Die Einrichtung des ‚Badener Gänsehäufels' am Mühlbach, 1923, bedeutete das Ende des Kommunalbades am Kanal." (Zitat: Kanalausstellung in der Oetkerfabrik, 2015, Hradecky)

Mühlbach in der Nähe des ehemaligen „Gänsehäufels"

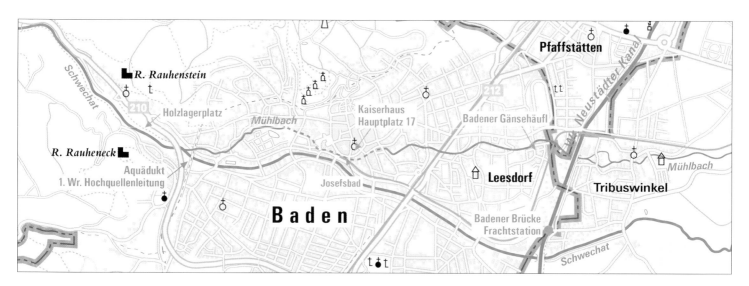

Endstation der Schwechat-Holztrift in Baden /St. Helena:

Bis in die 1930er- Jahre wurde vom Raum Klausen-Leopoldsdorf Holz Richtung Baden geschwemmt und auf den davor liegenden Schwechatinseln im damaligen Ort St. Helena gelagert.
Der Weitertransport per Pferdefuhrwerk erfolgte zur Frachtsta-
tion Leesdorf am Kanal. Die Rechenanlage stand bis 1951.

Holzlagerplatz, Villa Eugen, Ruine Rauheneck

Der 32 m breite Hauptrechen hatte 8 Tore à 4 m. Er befand
sich ca. 100 m westlich der heutigen Brücke der B210 über die
Schwechat. Das Gebiet wird als Naherholungsraum genützt.

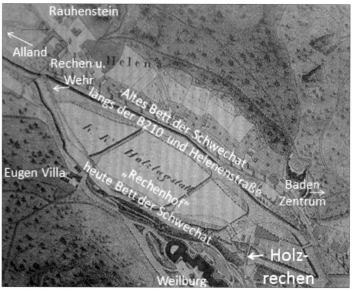

Plan der Holzrechen und des Holzlagerplatzes

Die **Erste Wiener Hochquellenwasserleitung**, ein rund 95 km
langes Bauwerk, wurde 1873 nach einer Bauzeit von nur drei
Jahren eröffnet und liefert heute 62 Mio. m³ Trinkwasser pro
Jahr, also rund 50% des Wasserbedarfs von Wien. Die Quellen
befinden sich im Rax- und Schneeberggebiet.
So wie beim Wiener Neustädter Kanal musste man beim Bau
auf Pioniere und Sappeure der kaiserlichen Armee zurückgrei-
fen, weil Bauarbeiter aus der privaten Infrastruktur nicht
verfügbar waren.

Ehemalige Eingangs-Wehr mit Holzrechen südlich der Rauhenstein

Aquädukt und Schwechatwehr des Mühlbaches

Historische Kanalzeichnungen im Abschnitt Baden

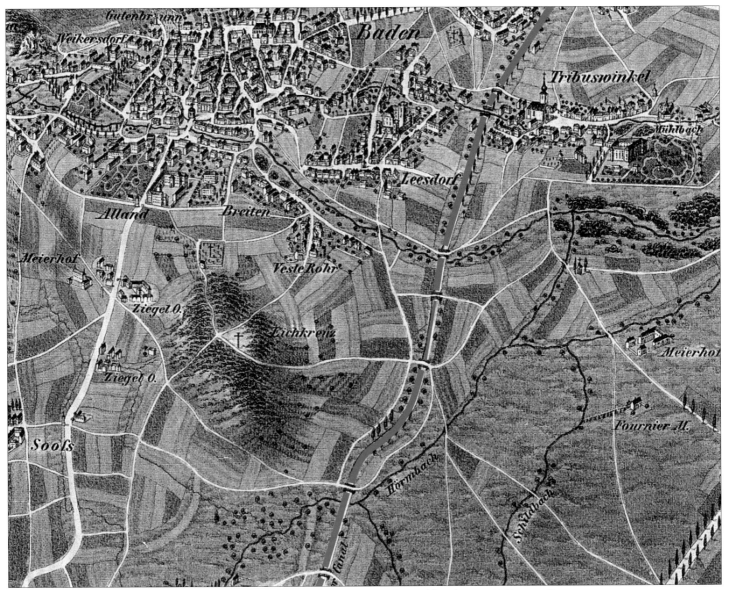

„Perspektiven"-Karte von Franz Xaver Schweickhardt, um 1840 erstellt

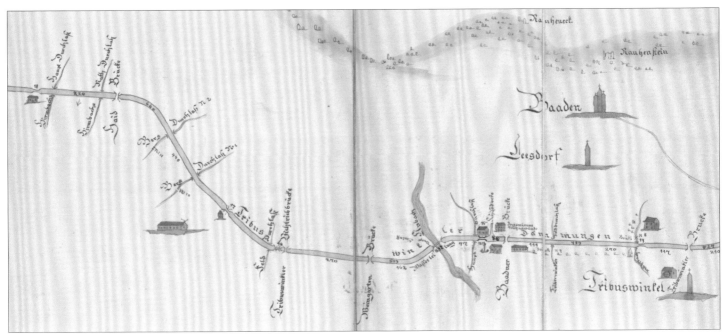

Kanal-„Leporello" für Zwecke der jährlichen Kanalinspektion, um 1850 erstellt

Heutige Kanalstrecke in Baden mit Bezug zu den historischen Objekten

Brücken, Schleusen	Bezeichnungen Historische Objekte sind rot gekennzeichnet	Historische Bezüge
1. Siehe Verlauf Tribuswinkel	Traiskirchen **Leesdorf/Baden** Der Kanal befindet sich zwischen der Höhe Neubaugasse (Tribuswinkel) und dem Straßen-verlauf Waltersdorfer Straße/Oberwaltersdor-fer Straße ca. 400 m im Ortsgebiet von Baden. Nach dieser Laufstrecke verläuft der Kanal bereits wieder auf Traiskirchner/Tribuswinkler Ortsgebiet. Auf letzterer Strecke befinden sich die Schleuse 15, die historische Weingartenbrücke und der Aquädukt über den Schwechatbach. Die Ortsgrenze verläuft am westseitigen Kanal-ufer, wobei sich die ehemalige Frachtstation samt Stichkanal in Leesdorf/Baden befand. (Siehe rechts, historische Pläne zur Fracht-station Leesdorf.) **Baden** (Schleusen 16–18), Ortsgrenze ca. 20 m bis 2.	1. Ehemalige historische Badener Brücke 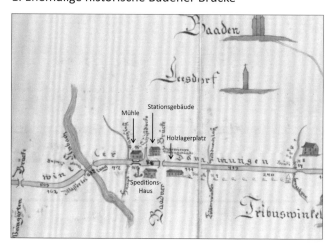 Unmittelbar südlich der Badener Brücke befand sich die Frachtstation Leesdorf mit Stichkanal, Trockendock, Speditionshaus und Stallungen. Sie war eine der bedeu-tendsten zwischen Wiener Neustadt und Wien und stand nördlich einer Mühle, die über den Umlaufgraben des Kanals betrieben wurde. Westlich des Kanals, hier rechts der Waltersdorfer Straße, befand sich der Holzlagerplatz für das getriftete Holz.
2.	2. Brücke Haidhofstraße, ca. 20 m bis 3.	2. Ehemalige historische Viehtriebbrücke. Die Schellmühle wurde hier am rechten Kanalufer 1881 erbaut. 1908 bezogen die Dr.-A.-Oetker-Nährmittelwerke das Gebäude und nutzten es bis 1960.
3.	3. **Schleuse 16**, unmittelbar bei der Brücke im ehemaligen Oetker-Gebäude befindet sich heute u. a. eine Außenstelle der HTL Baden, Malerschule Leesdorf, ca. 270 m bis 4.	4. Schleuse 17: Hier wurde zuerst eine Eisengießerei er-richtet, in deren Gebäude später die Landwirtschaftliche Spiritusbrennerei-Genossenschaft Baden gewerkt hat. Längs des Kanals befanden sich einige „Eishäuser". Sie
4.	4. **Schleuse 17**, ca. 930 m bis 5., auf der linken Kanalseite verläuft der Oetkerweg, auf der rechten der Thermenradweg.	besaßen mit Sägespäne befüllte Wände, hatten keine Fenster, wurden während des Winters mit Schrägaufzü-gen von oben mit am Kanal gehacktem Eis befüllt und versorgten die umliegenden Gasthäuser in der warmen Jahreszeit mit Eis.
5.	5. Hartbergbrücke, erhaltene historische **Haidbrücke**, auch **Rote Brücke** genannt. Ca. 150 m bis 6.	
6.	6. Trog über den Hörmbach, fallweise auch Hörm-Düker genannt. Ca. 240 m bis 7.	
7.	7. **Schleuse 18** mit Wärterhaus, Kraftwerk seit 1936, ca. 160 m bis Gemeindegrenze Bad Vöslau. Die Gesamtlänge des Kanalabschnittes ein-schließlich dem in Leesdorf beträgt: ca. 1800 m + ca. 400 m= ca. 2,2 km	5. Rote Brücke, Haidbrücke

Kanalabschnitt Bad Vöslau

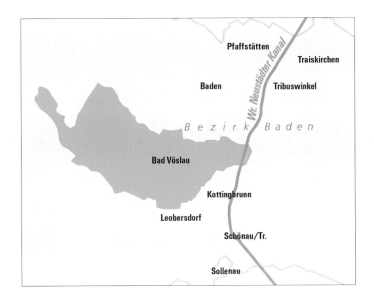

Der Kanal verläuft in Bad Vöslau im Osten an der Peripherie der Stadt; er hat aber auch hier, wie man an der Idylle mit Reiher sieht, seine Reize.

Es gab auf diesem Abschnitt 5 Schleusen (Nr. 19 bis Nr. 23), von denen heute noch die Schleusenkammern zu erkennen sind. Im Jahre 1936 wurden an allen vier Gefällestufen Kleinkraftwerke erbaut, von denen zwei noch in Betrieb sind. Es gab, vermutlich bei der Schleuse 23, einen Thermalwasserzufluss, der den Kanalbetrieb bei nicht allzu tiefen Minustemperaturen Richtung Wien eisfrei hielt.

Im 19. Jahrhundert waren hintereinander zwei Kanalpächter, Moritz I. Reichsgraf von Fries und Georg Simon von Sina, Besitzer von Schloss Vöslau.

Vöslau blickt auf eine lange Geschichte zurück. „Im Jahr 2006 fand der Hobbypaläontologe Gerhard Wanzenböck auf dem Vöslauer Lindenberg das vollständig erhaltene Skelett einer weiblichen Seekuh, die man kurzerhand ‚Linda' taufte. Diese lebte vor mehr als 15 Millionen Jahren in der Gainfarner Bucht. Somit könnte man Linda als ersten dokumentierten Kurgast Bad Vöslaus bezeichnen. Das Skelett der Seekuh ist im Stadtmuseum Bad Vöslau ausgestellt. Zudem hat man ‚Linda' ein lebensgroßes Denkmal, nahe dem Thermalbad, gesetzt. Eine weitere Figur findet sich im Schlosspark." (Zitat: J. Kußnow/Tourismusabteilung Bad Vöslau) Menschen siedelten im Raum Vöslau schon seit der Jungsteinzeit. Auch die Römer zog es in diese Gegend mit Thermalwasser. An die Slawenbesiedlung im 7. Jahrhundert erinnert der Ortsname, der auf die Herren von Veselove zurückgeht.

Charakteristische Bilder zu Bad Vöslau: Kanalidylle (Titelbild)

Unterführung Südautobahn

Kanal bei Schleuse 23

„Denkmal" der Ur-Seekuh

Kanallandschaft in Bad Vöslau

Schleuse 19

Brücke Fasangasse

Radler-„Treppel-Weg"

Schleuse 20

„Kanal-Schaf"

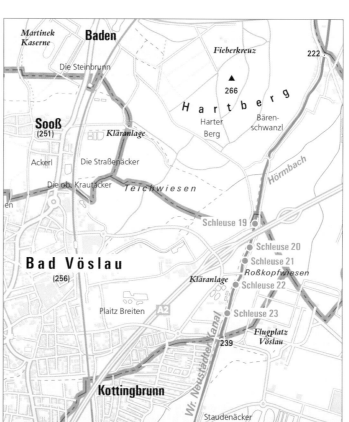
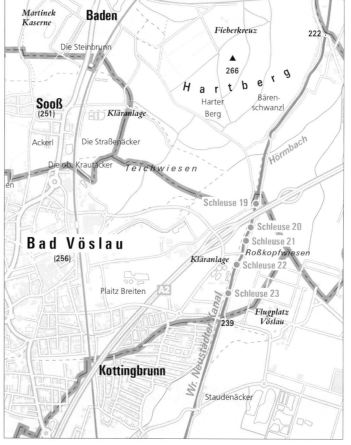

Schleuse 21

Brücke Wiener Straße

Schleuse 22

Kläranlage am Kanal

Mauerrest eines Kanalhauses

Schleuse 23

Brücke Flugfeldstraße

Geschichtliches über Bad Vöslau und Sehenswürdigkeiten

Geschichte:
Die Herren von Veselove erbauten im 12. Jahrhundert
eine Wasserburg. Von den
wechselnden Besitzern sind
zu nennen: Die Sinzendor-
fer; Graf Johann von Fries,
der die Blaue Portugieser
Rebe nach Vöslau brachte
und das Privileg für die Prägung des Maria-There-
sien-Talers besaß; Moritz I.
Reichsgraf von Fries, Pächter
des Kanals 1822–1827;
Georg Simon Freiherr von
Sina, Kanalpächter von 1834
bis 1846, der an der Süd-
bahn und an der Neusiedler
Papierfabrik beteiligt war,
und Johann Heinrich von
Geymüller, der die Vöslauer
Kammgarnfabrik gründete.
Das Thermalwasservor-
kommen führte 1822 zum
Bau der ersten Badeanlage
mit den später errichteten
charakteristischen Kabinen-
bauten, den sogenannten
Kabanen.

Überregional bekannt ist
auch das Vöslauer Mineral-
wasser, das aus einer Tiefe
von 660 Metern entnom-
men wird.

Hörmbach: Der Hansy- oder
auch Hörmbach genannt,
durchfließt Vöslau. Er beherbergt bei einigermaßen
konstanten 24° C Wasser-
schneckenarten, welche das
Tertiär überdauert haben
sollen und somit eine Rari-
tät darstellen, weshalb der
Hansybach 1979 zum Natur-
denkmal erklärt wurde.

Das „Schneckenreservat"
befindet sich an der Ecke
Badner Straße/Bahngasse.

Im weiteren Verlauf un-
terquert der Hörmbach im
Ortsgebiet von Baden den
Wiener Neustädter Kanal
und fließt in Tribuswinkel in
die Schwechat.

Ehemalige Wasserburg

Schloss Vöslau beherbergt heute das Rathaus

Informations-Pavillon „Schneckenreservat"

„Bis in die 1960er-Jahre herrschte an dieser Stelle
vom frühen Morgen bis zur Abenddämmerung
reges Leben. Einmal im Monat war bei jeder Familie
Waschtag. Generationen von Vöslauerinnen brach-
ten nach dem häuslichen Waschtag die gereinigte
Wäsche auf Schubkarren und Handwagen, Körben
oder Holzschaffeln hierher zum Abfluss des Ther-
malbades, zum ‚Hansybach', um sie auszuschwem-
men. Die Frauen knieten dabei auf einem einfachen
Holzboden und mit dem Rücken zur ehemaligen
Schlossmauer." (Textauszug: Informationstafel)

Schlossherr und Kanalpächter Moritz I.
Reichsgraf von Fries – am Bild mit Gattin Maria Theresia Josepha – einst einer
der Reichsten in der Monarchie, ging
schon bald, nachdem er 1922 Kanalpächter wurde, bankrott. Er soll Vorbild
für Ferdinand Raimunds Verschwender
gewesen sein. Sein Nachfahre, Moritz
II., heiratet 1836 Flora Pereira, Erbin
des Bankhauses Pereira & Eskeles, und
erwirbt neuerlich die Herrschaft Vöslau.
Beide nehmen sich des Ausbaues des
Bades – die Pläne werden Theophil
Hansen zugeschrieben – und des Ortes
ganz besonders an. 1870 stifteten sie
die Pfarrkirche von Bad Vöslau. Vöslau
entwickelt sich zu einem beliebten Kur-
und Sommerfrischeort.

Bilder vom Kanal aus dem Stadtmuseum

Historische Kanalzeichnungen im Abschnitt Bad Vöslau

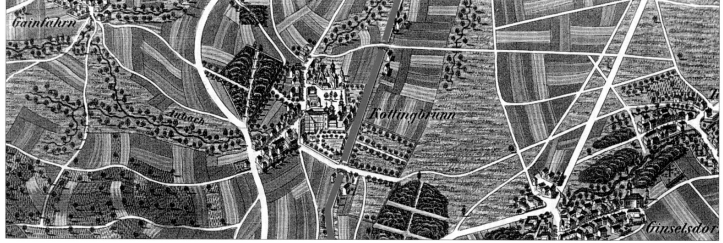

„Perspektiven"-Karte von Franz Xaver Schweickhardt aus 1840

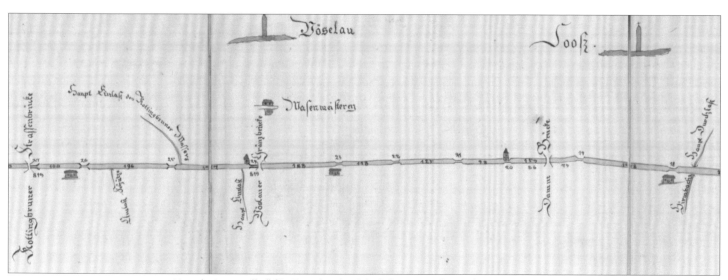

Kanal-„Leporello" für Zwecke der jährlichen Kanalinspektion, ca. 1850

Heutige Kanalstrecke Bad Vöslau mit Liste der Objekte und deren historischer Zuordnung

Brücken Schleusen	Bezeichnungen Historische Objekte sind rot gekennzeichnet	Historisches
	Bad Vöslau (Schleusen 19–23)	Detail aus der „Schweickhardt-Perspective":
	Der Kanal passiert die Gemeindegrenze Baden/ Bad Vöslau 30 m nördlich der Schleuse 19.	
1.	1. **Schleuse 19**, ca. 150 m bis 2.	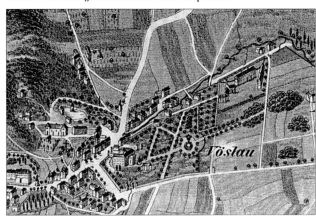
2.	2. Brücke verlängerte Fasangasse Ca. 20 m bis 3.	
3.	3. Südautobahn, ca. 220 m bis 4.	
		2. Historische Vöslauer Dammbrücke
		5. Beschreibung einer der seit 1936 am Kanal in Betrieb befindlichen Wasserkraftanlagen:
4.	4. **Schleuse 20**, ca. 155 m bis 5.	
	Schaf-Haltung am Kanal	
5.	5. **Schleuse 21**, ca. 90 m bis 6.	
6.	6. Brücke Richtung Wiener Straße, ca. 110 m bis 7.	
7.	7. **Schleuse 22**, ca. 190 m bis 8.	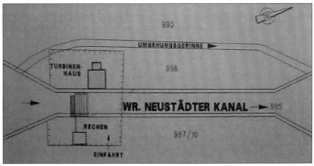
	Am linken Kanalufer befindet sich das Areal der Kläranlage des Gemeindeverbands Abwasserbeseitigung Raum Bad Vöslau (AVA).	
8.	8. **Schleuse 23**, ca. 290 m bis Gemeindegrenze mit Kottingbrunn	
	Die Gesamtlänge des Kanalabschnitts Bad Vöslau beträgt ca. 1,3 km.	Die Schleusenkammer Nr. 21 (23,5 x 2,55 m) bildet die Stauanlage des vollautomatischen Elektrizitätswerkes, für das folgende technische Daten ausgewiesen werden: Francis-Hebeturbine, max. 1,5 m³ pro Sekunde, Nutzgefälle 2,03 m bei einer Fallhöhe von 1,9 m. Der Drehstrom-Asynchron-Generator gibt bei 1050 Touren eine Leistung von 19 kW mit einer Spannung von 400 Volt bei einer Frequenz von 50 Hertz ab. Die letzte wasserrechtliche Bewilligung erfolgte 2002 und wurde befristet bis 2062 vergeben.
	Gemeindegrenze Bad Vöslau/Kottingbrunn Brücke Flugfeldstraße, Schleuse 24	6. Historische Vöslauer Gränzbrücke

Kanalabschnitt Kottingbrunn

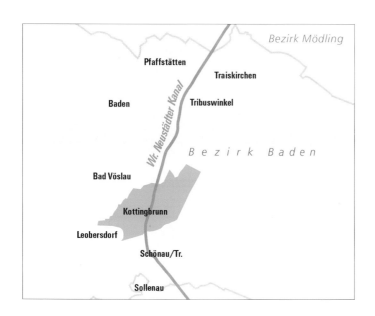

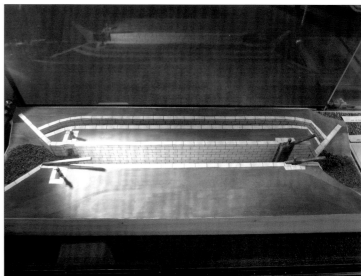

Kottingbrunn hat mit 11 Schleusen (24–34) anteilig die meisten der auf 15 Gemeinden bzw. Städte aufgeteilten 38 Schleusen (40 Schleusenstufen) der heute noch wasserführenden Strecke des Wiener Neustädter Kanals. Oder anders ausgedrückt: Längs der 36 Kanalkilometer hat man auf dem ca. 3,1 km langen Kottingbrunner Abschnitt mit ca. 22 m Höhenunterschied, überwunden mit 11 Schleusen, das meiste Spektakel.

Im Schlossmuseum werden diese Schleusen des schiffbaren Industriekanals des 19. Jahrhunderts durch Modelle gewürdigt (siehe Bild oben). In Kottingbrunn konnte man bis 2013 bei der Schleuse S34 das letzte Schleusentor des Kanals bestaunen, bevor es wegen Alterung ausgebaut werden musste.

Im Zusammenhang mit den Schleusen ist zu erwähnen, dass das Wiener Becken nicht so eben ist, wie es den Anschein hat. Die Peischinger Wehr in Neunkirchen, wo der den Kanal speisende Kehrbach abgeleitet wird, liegt auf einer Meereshöhe von 354 m. Wien-Landstraße, wo der Endhafen lag, liegt auf einer Höhe von 163 m. Die Höhendifferenz beträgt somit auf der rund 70 km langen (Luftlinien-)Strecke stattliche 191 m. Im Vergleich dazu sind für die 163 m Höhenunterschied von Wien nach Konstanza am Schwarzen Meer, auf einer Luftlinie gemessen, rund 1000 km zurückzulegen.

Das Besondere in Kottingbrunn ist das Wasserschloss und die östlich davon gelegene weitläufige Parklandschaft, durch die der Kanal hindurchfließt. Wüsste man es nicht anders, könnte man glauben, die wasserfallähnlichen Schleusen wären zur Verschönerung der Parkanlage errichtet worden.

Charakteristische Bilder zu Kottingbrunn: Modell einer Schleuse im Schlossmuseum (Titelbild)

Historische Kottingbrunner Straßenbrücke

Schleuse 28 mit Wasserrad

Schleuse 31 mit Schlossallee-Brücke

Wasserschloss

Kanallandschaft in Kottingbrunn

Schleuse 24

Pappelallee zwischen S24/25

Defektes Kraftwerk bei S25

Baumstudie bei S25/26

Mühlenhaus, Schleuse 26

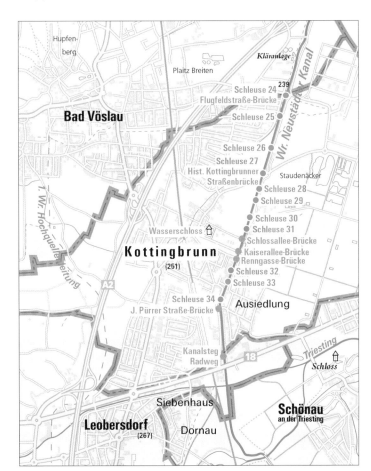

S27, hist. Kottingbrunner Straßenbrücke

Wasserrad, Schleuse 28

Schleuse 31

Brücke Schlossallee

Brücke Park-(Kaiser-) Allee

Schleuse 32

Brücke Triestingtal-Radweg

Geschichtliches über Kottingbrunn

Kottingbrunn liegt wie alle anderen Orte, die sich an der Trasse des Wiener Neustädter Kanals befinden, in einem ehemaligen Siedlungsgebiet der Kelten und Römer.

In der Babenbergerzeit entstand hier, an der Stelle des heutigen Schlosses, eine Wasserburg, zumal der Sockel des Lindberges das Grundwasser in Form von Quellen an die Oberfläche drückt. Ein Ableiten des die Burg schützenden Wassers durch Belagerer war daher nicht möglich.

Leopold Josef Graf von Lamberg ließ das Schloss, so wie es sich heute präsentiert, um ca. 1700 umbauen.

Heutzutage sind hier das Gemeindeamt, das Ortsmuseum sowie ein Restaurant untergebracht.

An die Brandschatzungen der Türken erinnert das Wappenbild der Gemeinde.

1894 erwarb der Jockey-Club Schloss und Gut und errichtete eine Pferderenn-bahn rechts des Kanals auf Höhe des Schlosses. 1915 fiel das Prunkstück der Anla-ge, die im Holzbau errichte-te Kaisertribüne, einem Brand zum Opfer.

In Kottingbrunn befindet sich ein Flughafen, von dem aus im Jahr 1955 die österreichische Delegation mit Raab, Schärf, Figl und Kreisky nach Moskau flog und mit dem fertiggestellten Entwurf des Staatsvertrages dorthin zurückkehrte.

Wasserschloss mit Uhrturm und Wirtschaftshof

Modell eines Kanalkahns im Schlossmuseum

Pferderennbahn mit Kaisertribüne

Die Schleuse Nr. 34 besaß als letzte bis 2013 Schleusentore (Relikt siehe Bild rechts)

Überdachter Innenhof des Schlosses

Historische Renngassenbrücke, 1896, die um 1965 abgetragen wurde

Das mittlerweile seltene Bild einer Ziegelwand, zu sehen in der Schleusenkammer Nr. 26

Relikt Tor 34, Abt. Wasserbau Achau

Historische Kanalzeichnungen im Abschnitt Kottingbrunn

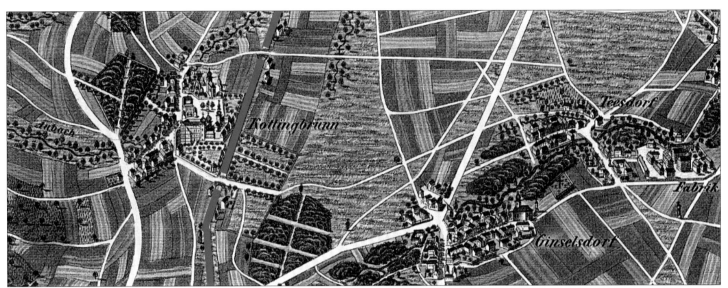

„Perspektiven"-Karte von Franz Xaver Schweickhardt, ca. 1840

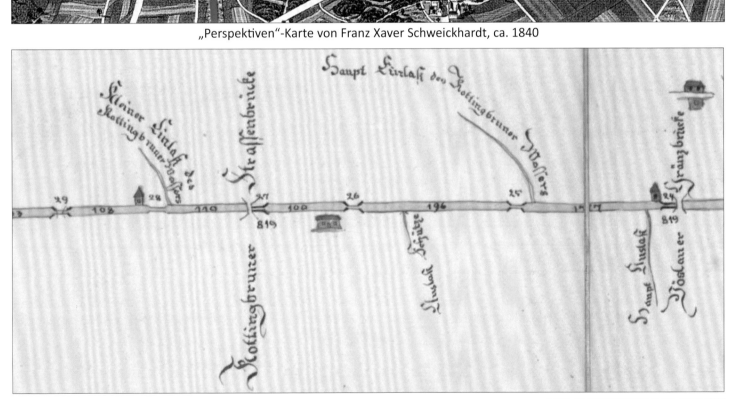

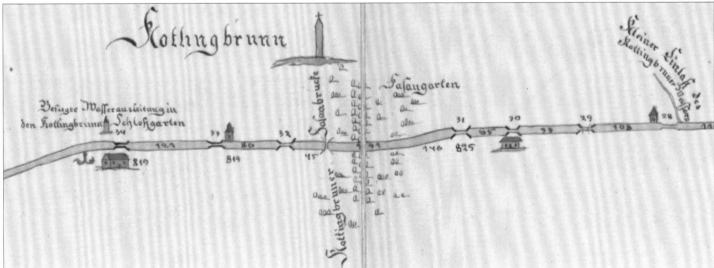

Kanal-„Leporello" für Zwecke der jährlichen Kanalinspektion, ca. 1850

Heutige Kanalstrecke Kottingbrunn mit Liste der Objekte und deren historischer Zuordnung

Brücken Schleusen	Bezeichnungen Historische Objekte sind rot gekennzeichnet	Historisches
1.	Der Kanal passiert die Gemeindegrenze Bad Vöslau/Kottingbrunn ca.20 m nördlich von 1. bzw. 2. **Kottingbrunn** (11 Schleusen Nr. 24–34, ca. 3.1 km Kanallänge) 1. Brücke (Vöslauer) Flugfeldstraße	1. Hier stand die historische Vöslauer Gränzbrücke 3. Kleinkraftwerk Nr. 6, 1936–1945 4. Die Gebäude der ehemaligen Mühle Clement Beranek, später Getreidemühle Karl Hruschka, stehen noch. 5. Kottingbrunner Straßenbrücke, 1800, rechts das Haus der Kanalverwaltung, Kleinkraftwerk Nr. 5, seit 1936 in Betrieb. 7. Kanal-Wärterhaus, heute noch bewohnt 8. und 9. Von den zwei ehemaligen Ziegelschleusen sind jeweils eine Kammermauer eingestürzt und entfernt worden. 11. Die Kaiseralleebrücke wurde 1896 zur besseren Verbindung zwischen Bahn und der Pferderennbahn erbaut. Sie konnte durch vier Winden, wegen der Kanalschifffahrt, obwohl diese schon eingestellt war, um 70 cm gehoben werden. 12. Die Renngassebrücke diente ab 1896 der Zufahrt für die Rennpferde, sie steht lt. Kanal-Leporello an der Stelle der historischen Fasanbrücke. 14. Das Kleinkraftwerk (Nr. 1) bei Schleuse 33, aus 1936, wurde 1945 zerstört. 15. Die Schleuse 34 besaß bis 2013 das zweiflügelige untere Schleusentor. Es hatte seit 1936 die Funktion, die damals erbauten nachgelagerten Kleinkraftwerke vor Treibgut zu bewahren. Die Reste der Tore lagern in Achau bei einer Außenstelle der Abteilung Wasserbau der Nö Landesregierung. Bei der Schleuse befand sich ein Stationsgebäude und die Mühle Blasius Mayer, später die Messapparatefirma August Denné. 16. Auf Höhe der heutigen Josef-Pürrer-Straßenbrücke befand sich eine von drei wichtigen Kanalladestationen; die anderen waren Guntramsdorf und Leesdorf.
2.	2. **Schleuse 24**, Kleinkraftwerk Nr. 7, ca. 360 m bis 3.	
3.	3. **Schleuse 25**, ca. 380 m bis 4.	
4.	4. **Schleuse 26**, ca. 190 m bis 5.	
5.	5. **Schleuse 27**, Brücke (Kottingbrunner) Flugfeldstraße, historischer Bau. In der Maria-Theresien-Straße 50 befindet sich am Kanal das Weingut Rathbauer. Ca. 190 m bis 6.	
6.	6. **Schleuse 28**, Kleinkraftwerk Nr. 4, seit 2012 wieder in Betrieb, ca. 210 m bis 7.	
7.	7. **Schleuse 29**, ca. 170 m bis 8. Der „Euro Velo 9" verlässt hier bis zur Renngassenbrücke (12.) den Kanal; der Treppelweg ist begehbar.	
8.	8. **Schleuse 30**, ca. 130 m bis 9.	
9.	9. **Schleuse 31**, ca.70 m bis 10.	
10.	10. **Brücke Schlossallee**, ca. 140 m bis 11.	
11.	11. **Brücke Kaiserallee**, ca. 80 m bis 12.	
12.	12. Brücke Renngasse, ca. 70 m bis 13.	
13.	13. **Schleuse 32**, Kleinkraftwerk Nr. 2, ca. 170 m bis 14.	
14.	14. **Schleuse 33**, ca. 230 m bis 15.	
15.	15. **Schleuse 34**, ca. 140 m bis 16.	
16.	16. Brücke Josef-Pürrer-Straße, ca. 530 m bis 17.	
17.	17. Brücke Triestingtal-Radweg, überdachter Steg Gemeindegrenze Kottingbrunn/Leobersdorf	

Das Ugartekreuz bei der Schulgasse 19 steht heute noch. Josef Graf Ugarte (1804-1862), Diplomat und Spross eines spanischen Adelsgeschlechtes, das über die habsburgischen Niederlande nach Österreich kam, Besitzer der Güter Schönau und Sollenau, verstarb in Kottingbrunn bei einem Reitunfall.

Kanalabschnitt Leobersdorf, Schönau an der Triesting

Die Triesting und ein Schloss bestimmen diesen Kanalabschnitt. Die beiden Gemeinden sind in einem Kanalabschnitt zusammengefasst, weil sie geografisch stark verzahnt sind. Die Triesting hat im Kanalgebiet zwei Flussbette, wobei das nördliche heute als Hochwasserkanal geführt wird, in den (vor dem Kanalaquädukt) der Schleiferbach einmündet. Beide werden vom Kanal durch Aquädukte gequert, mit parallel dazu geführten markanten Fußgängerbrücken, die auf Seiltragwerken hängen.

Anders als in Kottingbrunn mit 11 Schleusen ist das Gelände hier eben, daher brauchte der Kanal hier nur mehr eine Schleuse (Nr. 35) , um schiffbar zu sein. Bei der Brücke Sollenauer Straße steht noch ein ehemaliges Kanalwärterhaus – siehe Titelbild – eines der letzten auf der heutigen Fließstrecke.

Mehr als die Triesting bestimmte anno dazumal der Baron Peter von Braun den Verlauf des Kanals. Er erzwang mit seiner „Beziehung" zum Hof einen Westschwenk des Wasserweges, weil bei einer geraden Linienführung die Schifferln durch seinen damals viel bestaunten Schlosspark gefahren wären. Auch heute noch bestimmen die Gartenanlagen des Barons die Ortsentwicklung zwischen Leobersdorf und Schönau. So sind die Schönauer Ortsteile Siebenhaus und Dornau mit der Nachbargemeinde Leobersdorf zusammengewachsen, weil zwischen Siebenhaus und Dornau einerseits und Schönau andererseits das großräumige Gartenareal des Schlosses liegt.

Charakteristische Bilder zu Leobersdorf und Schönau an der Triesting: Kanalhaus in Schönau (Titelbild)

Traben am Kanal in Leobersdorf

Triesting-Trog, Schönau

Schlosspark Dornau, Schönau

Kanallandschaft in Leobersdorf [L] und Schönau an der Triesting [S]

Blick auf Günselsdorfer Str.

Traben beim Kanal [L]

Schleiferbach-Trog [L]

Kanallandschaft [L]

Triesting-Trog [S]

Weingarten am Kanal [S]

Kreuzung Thermen- und Triestingauradweg [S]

Kanallandschaft [S]

Der Schneeberg am Kanal [S]

Ehemaliges Kanalhaus [S] Schleuse 35, Sollenauer Str.

Geschichtliches über Leobersdorf und Schönau an der Triesting

Leobersdorf:
Die Babenberger holten Franken und Bayern in diese Gegend, um die Ungarn nach Osten abzudrängen.

Friedrich III. der Schöne, der im benachbarten Gutenstein verstarb, verlieh 1313 Leobersdorf das Marktrecht.

Die Leobersdorfer Maschinenfabrik (LMF) geht auf eine Gründung von Josef Berger 1850 zurück, der in Siebenhaus eine Gießerei und Maschinenfabrik errichtete. Die LMF war um 1890 die erste in Österreich, die Francis- und Peltonturbinen produzierte, von denen heute noch welche am Wiener Neustädter Kanal in Betrieb sind. Technikgrößen wie Rudolf Diesel und Viktor Kaplan waren hier tätig. Für das k. u. k. Kriegsministerium wurden Panzerkuppeln hergestellt. Das Unternehmen erzeugt heute u. a. Hochdruckkompressoren.

Schönau an der Triesting:
Der Ort wurde 1179 erstmalig als Schonowe urkundlich erwähnt und war für das von Baron Peter Braun 1796 errichtete Schloss und dessen Park samt unterirdischem Grottensystem und dem „Tempel der Nacht" bekannt. Braun war kein Förderer des Kanals, seinetwegen musste die Trasse nach Westen geschwenkt werden.

Temporäre Berühmtheit erlangte Schloss Schönau, das ab 1965 als Emigranten-Zwischenstation für sowjetische Juden diente, als 1973 die „Adler der palästinensischen Revolution" die Schließung des Lagers der Regierung Kreisky abgepresst haben.

Luftaufnahme der am Kanal gelegenen Leobersdorfer Maschinenfabrik

Betrachtet man dieses Bild, so versteht man, warum Baron von Braun alles unternahm, damit der Kanal einen Bogen um seinen Schlosspark macht.

Schlossruine Dornau

Mühlbachabfluss aus der Kunstmühle

Ehemaliger Tempel der Nacht, Schloss Schönau an der Triesting

Schlossruine Dornau: Die heutige Schlossruine war einst eine 1349 erstmals erwähnte stattliche Wehrburg gegen die Ungarn. 1812 kaufte Maria Ludovica, die Gattin des Kanalerbauers Franz I./II., die zum Schloss umgebaute Burg, deren durch die Kriegswirren verbliebenen Reste sich heute im Trautmannsdorfschen Gutsbesitz befinden.

Polsterer-/Kunstmühle: Die von einem Mühlbach der Triesting nahe dem Kanal betriebene, 1635 erstmals erwähnte Mühle in Dornau, seit 1870 Polsterermühle genannt, fungiert heute als Lokal, Atelier und Veranstaltungsort. Die Elektrifizierung erfolgte 1898.

Triestingwehr, Ableitung des Mühlbaches zur Kunstmühle

Historische Kanalzeichnungen im Abschnitt Leobersdorf, Schönau an der Triesting

Die Schweickhardtkarte „Perspektivkarten" von 1840 zeigt sehr schön den Westschwenk, den der Kanal nach Kottingbrunn um Schönau macht, um den Schlosspark nicht zu durchschneiden. Außerdem sieht man hier die Lage der Ortschaften Siebenhaus und Dornau und deren Abgrenzung zu Leobersdorf und Schönau deutlicher als auf den heutigen Landkarten.

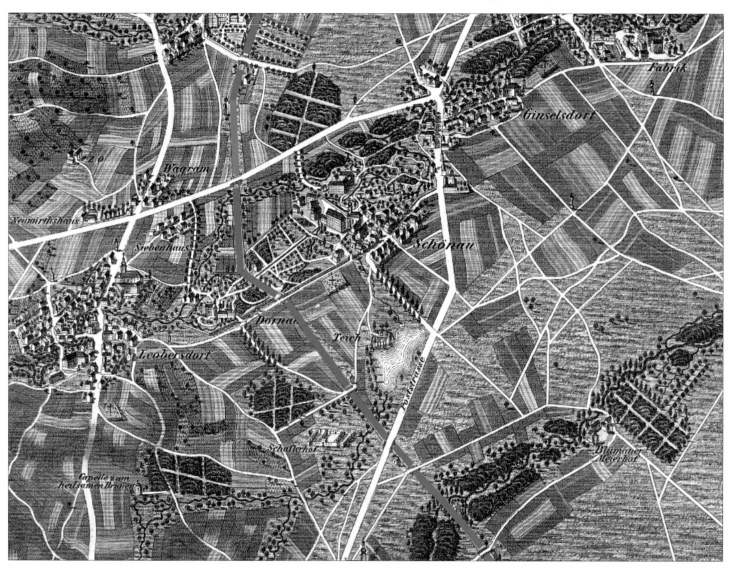

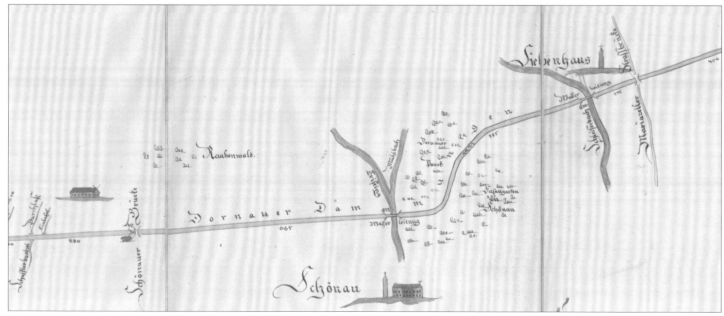

Kanal-„Leporello" für Zwecke der jährlichen Kanalinspektion, ca. 1850

Heutige Kanalstrecke Leobersdorf und Schönau an der Triesting

mit Liste der Objekte und deren historischer Zuordnung

Brücken, Schleusen	Bezeichnungen Historische Objekte sind rot gekennzeichnet	Historisches
	Der Kanal passiert die Gemeindegrenze Kottingbrunn/ Leobersdorf am überdachten Kanalsteg, der zum Leobersdorfer Bahnhof führt. Die Gesamtkanallänge Leobersdorf/Schönau an der Triesting beträgt ca. 3,6 km, wobei ca. 1,3 km auf Leobersdorf und ca. 2,3 km auf Schönau fallen.	2. Ehemalige Mariazeller Straßenbrücke 3. Ehemaliger Schleiferbach-Trog 5. Rechtes Ufer: Fasangarten des Baron von Braun Linkes Ufer: Hier stehen die Polsterermühle, heute Kunstmühle genannt, und das nicht zugängliche Schloss Dornau beziehungsweise das, was nach 1945 vom Schloss übrig blieb.
1.	1. Überdachter Steg, ca. 130 m bis 2.	
2.	2. Brücke Günselsdorfer Straße, ca. 220 m bis 3. *Leobersdorf*	
3.	3. Aquädukt über den Triesting-Hochwasserkanal, Schleiferbach-Trog, ca. 360 m bis 4.	
4.	4. Gemeindegrenze Leobersdorf/Schönau a. d. Tr. Ca. 750 m bis 5. *Schönau an der Triesting*	
5.	5. Aquädukt über die Triesting (Triesting-Trog), ca. 460 m bis 6.	
6.	6. Gemeindegrenze Schönau a. d. Tr./ Leobersdorf, ca. 560 m bis 7. *Leobersdorf*	8. Ehemaliges Kanalwärterhaus (es war zur Zeit der Bucherstellung unbewohnt) bei der Schleuse 35
7.	7. Gemeindegrenze Leobersdorf/ Schönau a. d. Tr. ca. 240 m bis 8.	
8.	8. **Schleuse 35** und Brücke Sollenauer Straße **Ehemaliges Kanalwärterhaus** Ca. 770 m bis 9. *Schönau an der Triesting*	
9.	9. Brücke Industriestraße Nord, Wiener Straße, ca. 50 m bis 10.	
10.	10. Gemeindegrenze Schönau a. d. Tr./Sollenau	

Kanalabschnitt Sollenau, Ebenfurth und Eggendorf

Der Kanalabschnitt Sollenau, Ebenfurth und Eggendorf führt durch eine Gegend, die, wie auf einer Informationstafel am Thermenradweg zu lesen ist, Trockenlandschaft genannt wird.

Sie vermittelt eine pannonische Stimmung, die durch die drei prächtigen historischen Bogenbrücken über den Kanal, welche um 1800 erbaut wurden, verstärkt wird.

Es ist auch der Abschnitt, wo großräumiger Kiesabbau direkt beim Kanal stattfindet. In diesem Kanalbereich erbaute man zu Zeiten der Monarchie Militäranlagen mit riesigen Munitionsdepots und Versorgungsbahnen. Auch heute erstreckt sich hier noch ein militärisches Sperrgebiet. Der Weg längs des Kanals ist aber für Fußgänger und Radfahrer meistens offen.

In Sollenau befindet sich die letzte Schleuse (Nr. 36) des Kanals. Erwähnenswert ist, dass die Erstfüllung des im Bau befindlichen Kanals 1801, fast 4 Jahre nach Baubeginn, mit Wasser der Piesting in der Nähe der Blumauer Straßenbrücke erfolgte. Das Wasser gelangte nach Norden bis an den heutigen Wiener Stadtrand, in Richtung Wiener Neustadt versickerte es jedoch. Man besann sich der englischen Podel-Methode, bei der die Kanalsohle aufgeackert und ein Gemisch aus Kiesel und Erde eingebracht und dann durch Pferderitt verdichtet wurde.

Charakteristische Bilder zum Kanalabschnitt: historische Untereggendorfer Brücke (Titelbild)

Hauersteigbrücke in Sollenau *Kanallandschaft bei der Tritolfabrik* *Kanallandschaft in Eggendorf*

Kanallandschaft in Sollenau, Ebenfurth und Eggendorf

Brücke Aspangbahn

Historische Hauersteigbrücke

Brücke Bundesstraße 17

Schleuse 36

Piesting-Trog

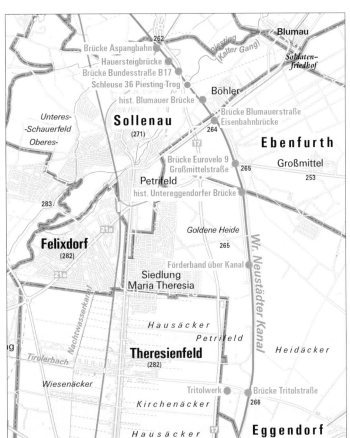

Historische Blumauer Brücke

Eisenbahnbrücke

Einstige k. k. Heeresfeldbahn

Untereggendorfer Brücke

Kieswerk, Förderband über den Kanal

Kanal bei der Tritolfabrik

Geschichtliches über Sollenau, Ebenfurth und Eggendorf

Sollenau:

Der Ort wurde 1166 erstmals urkundlich erwähnt. Der Name wird von Salenau abgeleitet, nach den Sal- und Trauerweiden entlang der Piesting.

Die Nutzung der Wasserkraft spielte hier seit jeher eine Rolle u. a. für eine Säbelklingenfabrik, einen Kupferhammer und die von Peter von Braun gegründete Baumwollspinnerei.

Seit der Monarchie spielen Heereseinrichtungen eine wichtige wirtschaftliche Rolle.

„Schleusnerhaus" bei der Schleuse 36, Bild aus 1930

Bild einer leeren Schleusenkammer aus 1944

Historischer Piestingtrog in seiner ursprünglichen Holzkonstruktion, Bild aus 1937

Hauersteigbrücke, 1940

Untere Stemmtore der Schleuse 36, 1970

Bei Holztrögen gab es statische Probleme durch Ausbauchung, 1950

Malerischer Piesting-Trog im Winter 1931

Ebenfurth:

Die Gemeinde liegt an der Leitha gegenüber von Neufeld an der Leitha/Bgld. Hier verlief bis 1920 die ungarische Grenze.

Ebenfurth ist eine der Gegenden, wo 1246 die Schlacht an der Leitha gegen die Ungarn stattgefunden haben könnte, bei der Herzog Friedrich II. der Streitbare fiel, das Geschlecht der Babenberger ausstarb und das Interregnum begann, welches bis zur Übernahme der Herrschaft durch Rudolf von Habsburg im Jahre 1278 dauerte.

Eggendorf:

Der Ort besteht aus den Teilen Ober- und Unter-Eggendorf. Im Westen entstand der Ortsteil „Siedlung Maria Theresia" zu Ehren der Monarchin, die das Steinfeld besiedeln und mit den charakteristischen Schwarzföhren aufforsten ließ.

Wenn man nach etwas Außergewöhnlichem in Eggendorf sucht, dann ist es wohl die „Insel". Ein kilometerlanges malerisches Gebilde zwischen der Warmen Fischa und der Leitha, mit der Besonderheit, dass die Leitha hier selten Wasser führt, also einen Wadi-ähnlichen Charakter hat. Für dieses von Menschenhand geschaffene Naturschauspiel ist seit Jahrhunderten „Wasserraub" verantwortlich. Die ersten waren die Babenberger, die 1195 ihre Nova Civitas samt Burggraben durch den künstlich angelegten Kehrbach mit Wasser versorgten.

Dann brauchte man ab 1803 Wasser für den Wiener Neustädter Kanal und ab 1873 wurden rund 2m³/Sekunde Hochquellwasser aus dem Schneeberg-Rax-Gebiet für Wien abgezweigt, das über die Schwarza sonst in die Leitha gelangt wäre.

Historische Kanalzeichnungen im Abschnitt Sollenau, Ebenfurth und Eggendorf

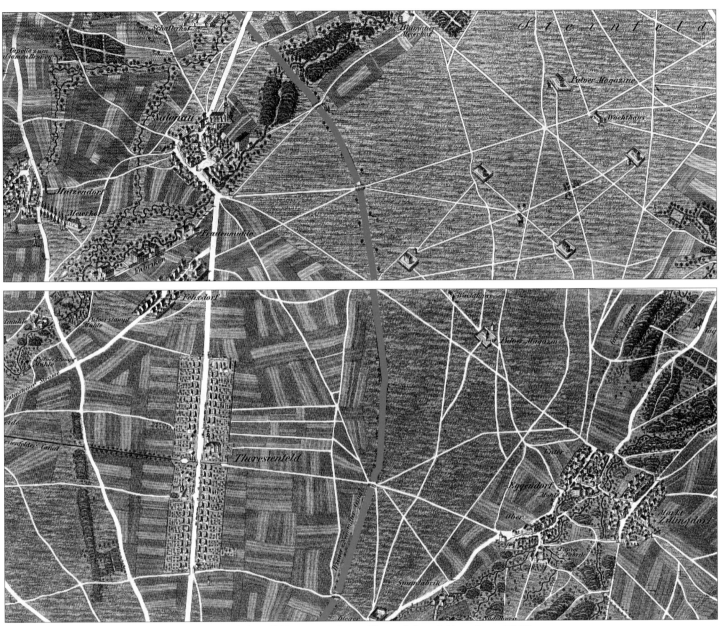

„Perspektiven"-Karte von Franz Xaver Schweickhardt ca. 1840

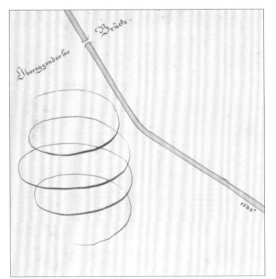

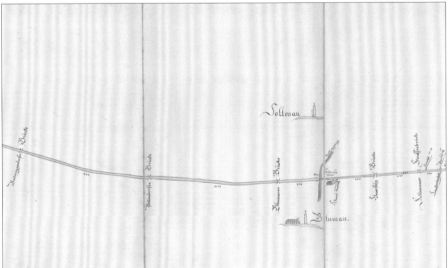

Kanal-„Leporello" für Zwecke der jährlichen Kanalinspektion, ca. 1850

Heutige Kanalstrecke Sollenau, Ebenfurth und Eggendorf

mit Liste der Objekte und deren historischer Zuordnung

Brücken, Schleusen	Bezeichnungen Historische Objekte sind rot gekennzeichnet	Historisches
1. 2. 3. 4. 5. 6. 7. 8. 9. 10. 11. 12. 13. 14. 15. 16. 17. 18.	Der Kanal passiert die Gemeindegrenze Schönau a. d. Triesting/Sollenau ca. 90 m Meter vor der Brücke der Aspangbahn. Auf dem Abschnitt befindet sich nur eine Schleuse, es ist die letzte (Nr. 36) bzw. die erste von Wiener Neustadt aus gesehen. 1. Brücke Aspangbahn, ca. 330 m bis 2. 2. **Hauersteigbrücke**, ca. 300 m bis 3. 3. Brücke Bundesstraße 17, ca. 200 m bis 4. 4. **Schleuse 36**, Piesting-Trog (Kalter Gang), „Öffentliches Verschnauf-Platzl", ca. 400 m bis 5. 5. **Blumauerbrücke**, Sollenauer Brücke (Neu-Wiesmud-Brücke), ca. 410 m bis 6. 6. Brücke Blumauer Straße, L158, ca. 30 m bis 7. 7. Gemeindegrenze Sollenau/Ebenfurth, ca. 10 m bis 8. 8. Eisenbahnbrücke, Militärschleppbahn Felixdorf–Blumau–Tattendorf, ca. 210 m bis 9. 9. Brückenkopf einer ehemaligen Militärschleppbahn, ca. 270 m bis 10. 10. Brücke, ca. 420 m bis 11. 11. Brücke Euro Velo 9, ca. 30 m bis 12. 12. Brücke Großmittel Straße, L159, Felixdorfer Brücke, ca. 520 m bis 13. 13. Gemeindegrenze Ebenfurth/Eggendorf ca. 790 m bis 14. 14. **Untereggendorfer Brücke** Brücke Waldgasse, ca. 710 m bis 15. 15. Förderband über den Kanal, ca. 40 m bis 16. 16. Brücke, ca. 2150 m bis 17. 17. Brücke Tritolstraße, ca. 820 m bis 18. 18. Gemeindegrenze Eggendorf/Wiener Neustadt Die Gesamtkanallänge Sollenau, Ebenfurth, Eggendorf beträgt ca. 7,7 km, wobei ca. 1,7 km auf Sollenau, ca. 1,5 km auf Ebenfurth und ca. 4,5 km auf Eggendorf entfallen.	2. Erhaltene historische Brücke am Hauersteig, erbaut um 1800. 4. Unter dem Aquädukt befinden sich Reste des ursprünglichen Holzaquäduktes (Hradecky). Neben der Schleuse 36, sie ist die letzte bis Wiener Neustadt, steht rechts noch ein Kanalwärterhaus. Zwischen 4. und 5. befand sich zu Beginn des Kanalbetriebes eine provisorische Wassereinspeisung. 5. Großteils erhaltene historische Blumauer Brücke , ca. 1800 11. Betonbogenbrücke der ehem. k. k. Heeresfeldbahn 12. Auf dieser Höhe befand sich die historische Pottendorfer Brücke 14. Erhaltene historische Untereggendorfer Brücke, ca. 1800 Zwischen 16. und 17. befand sich die Eisenbahnbrücke der Strecke Wittmannsdorf–Ebenfurth. 17. Ehemalige Obereggendorfer Brücke **Tritolwerk:**  Links des Kanals befindet sich das ehemalige Tritolwerk. Es wurde im Ersten Weltkrieg zur Erzeugung des Sprengstoffes Trinitrotoluol errichtet. Der markante 42 m hohe Wasserturm fasste 500m³. Heute befindet sich hier eine der modernsten ABC-Katastrophenhilfe-Übungsanlagen Europas. Auf 13 sog. Schadenstellen können Szenarien wie nach Erdbeben, Explosionen, Gebäude-Überflutungen, Bränden oder Verseuchungen ohne Umweltgefährdung geübt werden.

Sollenau

Ebenfurth

Eggendorf

Kanalabschnitt Wiener Neustadt

Wiener Neustadt gibt heutzutage dem Kanal den Namen. Das war nicht immer so. Um 1802, also ein Jahr vor der Inbetriebnahme, sprach man von einem Commercial Canal oder auch nur von einem schiffbaren Canale, wohl um ihn von den Holztrift-Kanälen zu unterscheiden. Auch Wiener Canal, K. k. Franzens Canal beziehungsweise K. k. nieder-österreichischer Schiffahrtscanal wurde der Wasserweg genannt. Als sich dann nach 1816 herausstellte, dass der Kanal nicht weiter als zur ungarischen – heute burgenländischen – Grenze gebaut werden kann, nannte man ihn schließlich Wiener Neustädter Kanal. Dass der Kanal „zu Recht" heute Wiener Neustädter Kanal heißt, liegt auch in der historischen Tatsache begründet, dass die Wienerisch Neustädter Steinkohlengewerkschaft 1791 den Anstoß zum Kanalbau gab. In Wiener Neustadt befand sich am Corvinusring ein Hafen für das Umschlagen der Waren und im Norden der Stadt eine Schiffswerft. An beides erinnern heute nur mehr Gedenktafeln. Am spektakulärsten ist der Kanal-Trog über die Warme Fischa, der sechs Bögen hat, auch wenn drei davon heutzutage zugunsten der Hochwasserdämme links und rechts der Warmen Fischa zugeschüttet sind. 1916 ließ man den Kanalast nach Lichtenwörth/Pöttsching samt der aus dieser Richtung kommenden Wassereinspeisung auf und dotiert seit damals den Kanal nur mehr mit dem Wasser aus dem Kehrbach, der aber über den Mühlbach mit Leithawasser „verstärkt" wird.

Im Industrieviertelmuseum, in der Anna-Rieger-Gasse in Wiener Neustadt, kann man ein sehr schönes Kanalmodell besichtigen. Am Triangel beim Schneeweiss-Steg, dort wo der Kanal nach Norden schwenkt und wo einst der Kanal in Richtung Pöttsching und der Kohlereviere seine Fortsetzung fand, befindet sich die einzige heute noch nautische Nutzung des Wasserweges, ein Paddelbootverleih. Die Befahrung des Kanals ist bis zur historischen Schafflerbrücke nahe der Stadtgrenze im Norden Wiener Neustadts gestattet. Fahrzeit ca. 1 Stunde in einer Richtung. Zwar ist die Gegenströmung eher moderat, sie ist aber bei der Retourfahrt insbesondere bei Gegenwind zu berücksichtigen. Theoretisch möglich wäre die Fahrt bis zur ersten Schleusenstufe, sie liegt in Sollenau. Da die Schleusen von Gumpoldskirchen aus nummeriert werden, hat die Schleuse in Sollenau die Nr. 36.

Charakteristische Bilder zu Wiener Neustadt: Boote am Kanalaquädukt über die Warme Fischa (Titelbild)

Historische Schafflerbrücke

Aquädukt über den Kehrbach

Schifferlfahren am Kanal

Kanallandschaft in Wiener Neustadt

Brücke B21b

Historische Schafflerbrücke

Siedlung Daimlergasse

Pioniersteg, Werftgasse

Ehemaliges Werftgebiet

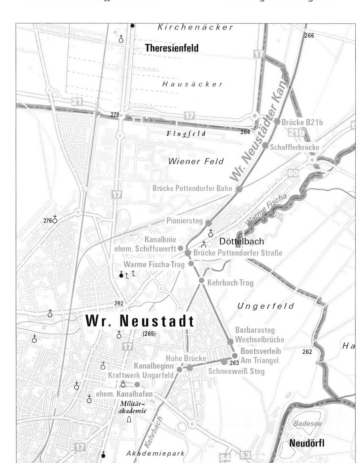

Warme-Fischa-Aquädukt

Barbarasteg, Fritz-Radel-G.

Kehrbach-Aquädukt

Fritz-Schneeweiss Steg

Wandmalerei An der Hohen Brücke 2

Rechte Kanalzeile

Kanalbeginn KW-Ungarfeld

Historische Kanalbilder von Wiener Neustadt

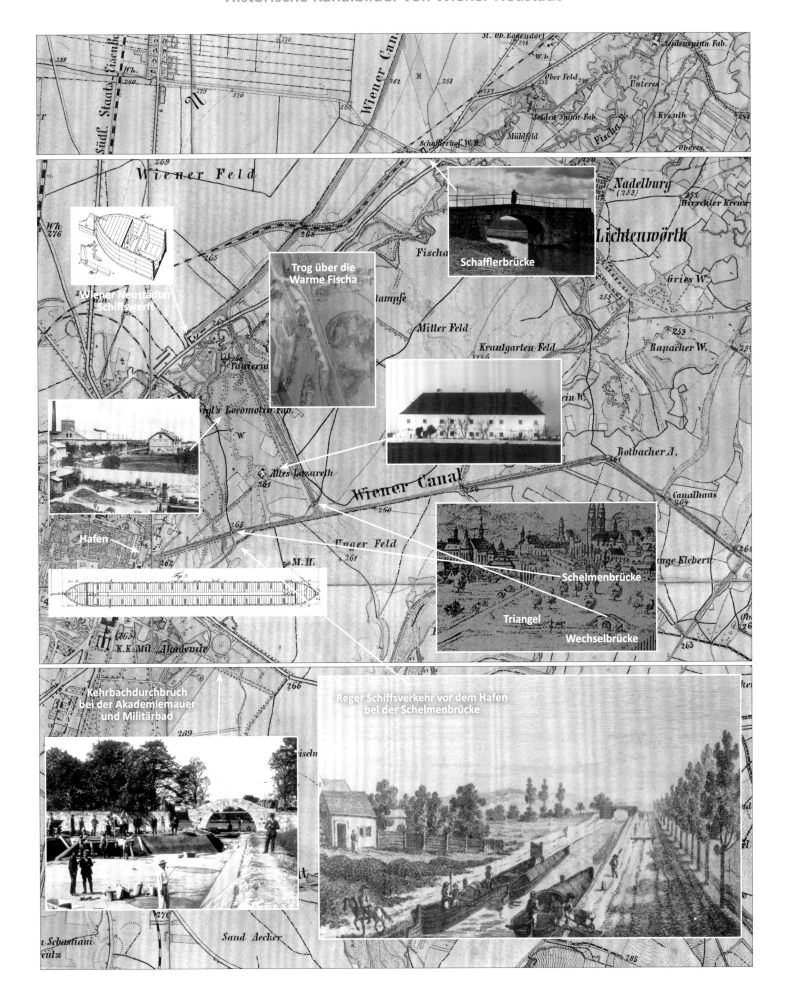

Schafflerbrücke

Trog über die Warme Fischa

Wiener Neustädter Schiffswerft

Hafen

Schelmenbrücke

Triangel

Wechselbrücke

Kehrbachdurchbruch bei der Akademiemauer und Militärbad

Reger Schiffsverkehr vor dem Hafen bei der Schelmenbrücke

Kanalhafen in Wiener Neustadt, 1803 bis 1926

Am linken Ufer befinden sich Lagerplätze. Vor dem Neukloster ist die Corvinusring-Brücke und das Hafenmagazin zu sehen.

Hafen mit Frachtschiff und Verbindungskanälen zu einem Kehrbacharm

Hafen vom Westen, mit Zufahrt durch das Magazingebäude

Hafen-Magazingebäude von innen, 1926

Hafenein - bzw. Hafenausfahrt, im Vordergrund die Schelmenbrücke. Im Hintergrund die Corvinusring-Brücke mit dem Magazin

„Österreichische Daimler-Motoren-Gesellschaft" am Kanal

Die österreichische Daimler-Produktion – samt ihren ähnlich lautenden Firmenkonstruktionen – dauerte gerade einmal von 1899 bis 1935. In dieser relativ kurzen Zeit wurde eine unglaublich breite Produktpalette mit einer Vielzahl von Typen hergestellt. Nahezu visionär muten heute noch Elektrofahrzeuge, Hybridantriebe und Karosserieformen an. Internationale Autorennen wurden gewonnen und Namen wie Ferdinand Porsche, der Rennfahrer Hans Stuck, der Filmpionier „Sascha" Graf Kolowrat, um nur einige zu nennen, werden mit Austro-Daimler in Verbindung gebracht. In ihrer Zeit mit der höchsten Produktion, während des Ersten Weltkriegs, wurden über 5000 Beschäftigte gezählt. Letztlich scheiterte Austro-Daimler an einer falschen strategischen Produktausrichtung, nämlich bei der Marktaufteilung mit der Steyr AG auf Luxuswagen zu setzen und den Steyr-Werken das „untere" Segment zu überlassen. Die Austro-Daimler „Geschichte" spielte sich längs des Wiener Neustädter Kanals, zwischen dem Kehrbach-Trog und dem Trog über die Warme Fischa, ab.

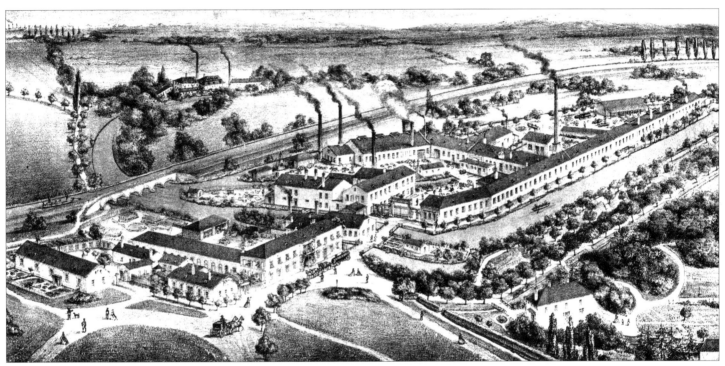

Bevor sich Austro-Daimler am Kanal ansiedelte, befand sich auf diesem Areal schon die Maschinenfabrik Fischer. Am Bild links oben ist der Trog mit seinen sechs Bögen über die Warme Fischa und ein am Kanal in Richtung des Hafens nach Wiener Neustadt fahrendes Schiff erkennbar. Die Blickrichtung entspricht ungefähr Norden.

Austro-Daimler am Kanal: Im Vordergrund ist der Wiener Neustädter Kanal mit dem Kehrbach-Aquädukt zu sehen. Blickrichtung Südwesten.

Im Jahre 1899 wurde die „Österreichische Daimler Motoren Commanditgesellschaft Bierenz Fischer u. Co" unter Benutzung der Patente sowie der Beteiligung der Cannstädter (Stuttgart) „Daimler Motoren Gesellschaft" gegründet.

Firmengründer waren Josef Eduard Bierenz – er stellte die Beziehung zu Gottlieb Daimler her, die heutige Josef Bierenz-Gasse erinnert an ihn – und Eduard Fischer, Vorbesitzer der **Maschinenfabrik Eisen- u. Metallgießerei Gebrüder Fischer**, die hier am **Kanal** ansässig war.

Um 1900 wurde das erste Automobil auf Wiener Neustädter Boden gebaut. Die Produktion umfasste darüber hinaus Lastwagen, Omnibusse, Schiffsmotoren und Schienenfahrzeuge.

Gottlieb Daimlers (Gründer-)Sohn Paul trat 1902 als Gesellschafter in das Unternehmen ein und übernahm die technische Leitung; Bierenz schied als Teilhaber des Unternehmens aus.

Österr. Daimler, 4 PS, 2 Zylinder, 4-Sitzer   *Österr. Daimler-Panzerwagen, 1905*

Um 1905 wurde der weltweit erste Panzerwagen, ein Fahrzeug mit Allradantrieb, entwickelt, dessen Bedeutung man beim Militär aber nicht erkannte.

Auf Paul Daimler folgt Ferdinand Porsche. Der Firmenname wird 1906 auf „Oesterreichische Daimler-Motoren-Gesellschaft" geändert, die damals ca. 430 Beschäftigte zählte.

Ab 1907 produzierte man zusätzlich Rennautos und beschäftigte bereits 780 Personen, die neben Autos auch Flugmotoren erzeugten.

Elektrodaimler mit Radnabenmotor, 1909   *A. D. 60 PS für Franz Joseph I., 1912*

Im Jahr 1910 trennten sich das österreichische von dem deutschen Daimler-Werk und nannte sich fortan bis 1928 „Oesterreichische Daimler-Motoren-Aktiengesellschaft". Der Telegrammname Austro-Daimler wird gebräuchlich.

1913 fusionierte Austro-Daimler mit den in Pilsen ansässigen Škoda-Werken.

1914, mit Weltkriegsbeginn, wurde die Produktion auf militärische Fertigung ausgerichtet, die Belegschaftszahl lag bei 900 Personen, um am Höhepunkt der industriellen Kriegsgerätefertigung im Jahre 1917 auf 5500 anzusteigen.

A.D. Feldbahn 2 Zyl., 3,5PS, 1916   *Austro-Daimler-Elektrobus, 1920*

Im Jahre 1919, mit Kriegsende, stellte Austro-Daimler wieder auf zivile Kraftwagen um; Flugzeugmotore durften gemäß Friedensvertrag von Saint-Germain nicht mehr hergestellt werden.

1923 ging man eine Interessengemeinschaft mit den Puch-Werken in Graz ein. Ferdinand Porsche verließ Austro-Daimler, um bei der Daimler-Motoren-Gesellschaft in Stuttgart

A.D. SASCHA Rennwagen ADSR, 1922   *„Sascha" Graf Kolowrat*

Vorstandsmitglied und Leiter des Kon-
struktionsbüros zu werden. In diesem
Jahr schrumpft die Belegschaft um
2000.

1927 kreierte Austro-Daimler die
heute noch bekannte Kühlerfigur,
eine von einem Ring umschlossene
Armbrust mit Pfeil.

1928 entstand aus der Fusion der
Oeffag und den Puch-Werken die
„Austro-Daimler-Puchwerke AG", die
von da an mit der Steyr AG kooperier-
te.

1934 erfolgte der Zusammenschluss
mit der Steyr-Daimler-Puch AG und
die Autoproduktion in Wiener Neustadt wurde eingestellt.

Austro-Daimler ADO, 1927

Logo und Kühlerfigur, 1927

Austro-Daimler Geländewagen ADG, 1931

Schnelltriebw. BBÖ VT63, 2 x 80 PS, 1933

Die Auto-Teststrecke am Wiener Neustädter Kanal, der junge Josip Broz (Tito) Testfahrer bei Daimler:

Josip Broz, der spätere jugoslawische Staatspräsident Tito, kam 1892 in Kumrovec/Kroatien, das damals zu Österreich-Ungarn gehörte, zur Welt. Er absolvierte eine Schlosserlehre und begann seine Berufslaufbahn als Metallarbeiter in der Autofabrik Laurin &
Klement nördlich von Prag, wechselte 1911 zu Benz nach Mannheim, um bald danach zu Daimler nach Wiener Neustadt zu kommen, wo er bis zu seiner Einberufung zum Militär 1913 als Einfahrer Automotoren testete.

Die Flugaufnahme zeigt die längs des Kanals gelegene ca. 1,6 km lange Teststrecke, die jeweils am Ende – im Süden Am Triangel,
im Norden Nähe der Pottendorfer Straße – Umkehren hatte. Die Blickrichtung entspricht ungefähr Südwesten.
Der Teststreckenverlauf folgt bis zum Kehrbach der heutigen Fritz-Radel-Gasse.

Geschichte und historische Bauten von Wiener Neustadt

Sgraffiti am Weißen Rössel, Hauptplatz 3, mit Leopold V. und dem Grundriss von Wr. Neustadt

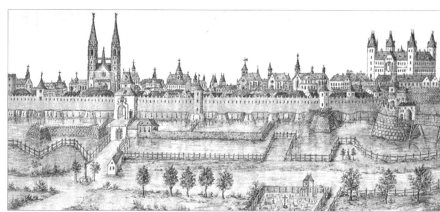

Die Stadtmauern wurden durch einen Graben umgeben, der durch den Kehrbach gespeist wurde.

Der Babenberger Herzog Leopold V. (1157–1194) errichtete in den 1190er-Jahren, auf dem Gebiet der steirischen Grafschaft Pitten, die Nova Civitas – Newenstat, als Grenzfestung gegen Ungarn. Finanziert wurde das Unternehmen u. a. mit Lösegeld, das man durch die Gefangennahme von Richard Löwenherz erpresste, als dieser auf seinem Rückweg vom 3. Kreuzzug unter fragwürdigen Umständen gefangen genommen wurde. Was die Türken in späteren Jahrhunderten nicht schafften, gelang dem ungarischen König Matthias Corvinus. Nach zweijähriger Belagerung zog er 1487 ein, zeigte Stil und schenkte, nach Berichten zufolge, der Stadt den „Corvinusbecher".

Im 15. Jahrhundert erlebte Wiener Neustadt eine Blütezeit, da Kaiser Friedrich III. sie neben Linz und Graz als Residenz nutzte.

Auch sein Sohn Maximilian I. hielt Hof in Wiener Neustadt, wo er auch in der St.-Georgs-Kathedrale seine letzte Ruhe fand.

Friedrich III.	*M. Corvinus*	*Maximilian I.*
1415–1493	*1443–1490*	*1459–1519*

Ab 1851 wurden die Befestigungsanlagen nach und nach abgetragen, jedoch sind noch einige Abschnitte wie der Reckturm, die Stadtbefestigungen bei St. Peter an der Sperr, im Bereich Beethovengasse, Stadtpark, Lederergasse, Grünangergasse, Spitalsgelände usw., erhalten.

1909 entstand im Norden der Stadt ein Flugfeld. Flugpioniere wie Igo Etrich machten hier ihre Flugversuche. Es war das erste öffentliche Flugfeld der Monarchie. Im Ersten und Zweiten Weltkrieg war Wiener Neustadt Zentrum der Rüstungsindustrie.

Will man dem Wesen der Stadt in historischer Zeit noch näher kommen, bieten die Sieben Wunder von Wiener Neustadt allegorische Einblicke.

Der schwankende Erdboden. Die Stelle, an der die Stadt erbaut wurde, war strategisch von so großer Bedeutung, dass die Stadtväter sogar den sumpfigen Untergrund in Kauf nahmen.

Der Salat, der auf den Bäumen wächst. Um dem schwankenden Boden mehr Stabilität zu verleihen, wurden Holzstämme in den Boden getrieben. Als die Siedler später in ihren Gärten Gemüse anbauten, wuchs quasi der Salat auf den Bäumen.

Das Haus ohne Nagel. Beim nördlichen Stadttor, dem sogenannten Wiener Tor, befand sich einst das Haus ohne Nagel. Es wurde angeblich ohne einen einzigen Nagel errichtet.

Das Grab zwischen Himmel und Erde. Maximilian I. verfügte, dass er in Wiener Neustadt beerdigt werden wollte. Da die Kirche in der Burg nun einmal im ersten Stock ist, befindet sich sein Grab zwischen Himmel und Erde.

Die Kirche, unter der ein Heuwagen durchfahren kann. Siehe Wunder Nr. 4.

Die Kirche unter der Brücke. Zwischen den beiden Domtürmen gab es einst eine Hängebrücke als Verbindung, die 1834, als ein Großbrand in der Stadt wütete, zerstört wurde.

Zwei Bäche, die übereinanderfließen. Im Stadtgebiet Wiener Neustadts kreuzen sich tatsächlich zwei Bäche, nämlich die Warme Fischa und der Wiener Neustädter Kanal.

Reckturm, *nordwestlicher Eckturm der ehemaligen Stadtmauer*

St. Peter an der Sperr, *Dominikanerinnenkloster, unter Josef II. aufgelassen, dient heute als Ausstellungsraum des Stadtmuseums.*

Kanalmodell im Industrieviertelmuseum, das in einer ehemaligen Hammerschmiede in der Anna-Rieger-Gasse 4 untergebracht ist.

*Hauptplatz mit **Mariensäule**, 1679 Der Grundriss (ca. 650 x 650 m) der Stadt entsprach der Form eines römischen Lagers, mit einem Marktplatz von ca. 180 x 80 m.*

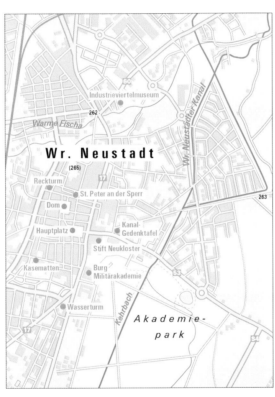

***Dom von Wiener Neustadt**, Liebfrauendom, mit romanischem Kern 1207–1279, gotischem Chor und barockem Altar. 1886–1899 wurde der Westteil abgetragen und nach den alten Plänen aufgebaut.*

*Renaissanceportal aus 1557. Eingang zu den **Kasematten**, einer unterirdischen Lageranlage in der Stadtbefestigung.*

*Der Hl. Nepomuk blickt auf das von Friedrich III. 1444 gegründete **Zisterzienserstift Neukloster***

Nepomuk-Statue, Ungargasse 21. Hier befand sich das Hafenbassin.

Die erste Burg entstand um 1194. Sie wurde noch zu Beginn des 13. Jahrhunderts von Leopold VI., dem Glorreichen, neu gebaut. Unter Friedrich II., dem Streitbaren, wurde sie mit einem Wassergraben, Außenmauern und Ecktürmen umgeben. Im Jahr 1752 richtete Maria Theresia die nach ihr benannte Militärakademie in der Burg ein. Der im Mittelalter künstlich anglegte Kehrbach flutete den Stadtgraben. Heute speist er den Wiener Neustädter Kanal.

Das Bild der Burg mit Stadtgraben stammt von einer Postkarte der Internetplattform „TOWN – das digitale Archiv von Wiener Neustadt", das sich der Geschichte von Wiener Neustadt angenommen hat.

Straßenseitige Ansicht der Militärakademie, Portal der ehemaligen Burg

Kehrbachausfluss aus dem Akademiegarten. Ca. 250 m nordöstlich beginnt der Wiener Neustädter Kanal.

Innenhof der Burg: Die Fassade schmücken 107 Wappenreliefs und die Statue Friedrichs III. 14 der Wappen repräsentieren die österreichischen Länder, die übrigen dienten zur Förderung des Images des Kaisers. Im ersten Stock befindet sich die dreischiffige gotische Burgkapelle bzw. St.-Georgs-Kathedrale mit der Grabstätte Maximilians I.

Die Landgewinnung im Sumpf, um die Stadt gründen zu können, war nicht immer vom Glück verfolgt. Wie kaum in einer anderen Stadt kam es zu Heimsuchungen im Laufe der Jahrhunderte. 1348 und 1768 erlitt Wiener Neustadt schwere Schäden aufgrund von Erdbeben, 1834 wurde die Stadt durch einen Großbrand heimgesucht, 1912 explodierte zwischen der Südbahn und der Kaiser-Franz-Josephs-Kaserne ein Pulvermagazin eines k. u. k. Militärlagers. 1916 zerstörte ein Tornado mit geschätzten 300 km/h den Norden Wiener Neustadts. Wegen der Kriegsindustrie wurde die Stadt im Zweiten Weltkrieg nahezu vollständig mit rund 50.000 Bomben in Schutt und Asche gelegt.

Historische Kanalzeichnungen im Abschnitt Wiener Neustadt

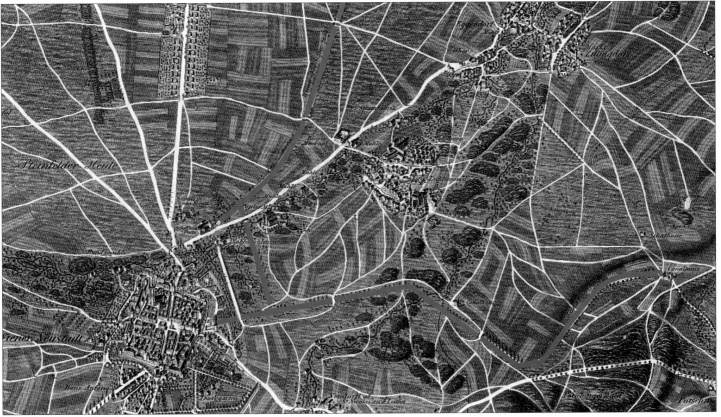

„Perspektiven"-Karte von Franz Xaver Schweickhardt, ca. 1840

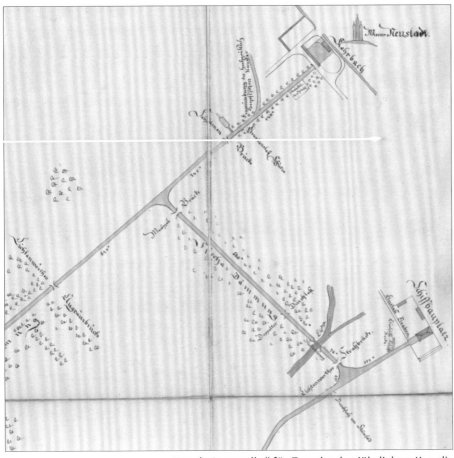

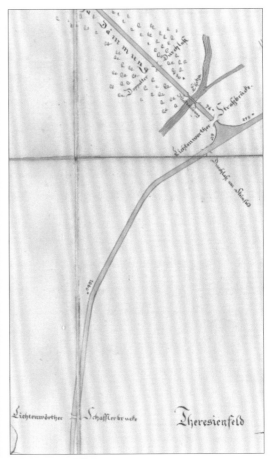

Kanal-„Leporello" für Zwecke der jährlichen Kanalinspektion, ca. 1850

Heutige Kanalstrecke Wiener Neustadt
mit Liste der Objekte und deren historischer Zuordnung

Brücken, Schleusen	Bezeichnungen Historische Objekte sind rot gekennzeichnet	Historisches
	Der Kanal passiert die Gemeindegrenze Eggendorf/ Wiener Neustadt rund 550 m nördlich der B21b. Die Gesamtkanallänge in Wiener Neustadt beträgt ca. 5,2 km. Dieser Kanalabschnitt weist nur ein geringes Gefälle auf, sodass für die Schifffahrt keine Schleuse benötigt wurde. Kleinräumige Niveauunterschiede wurden u. a. durch einen ca. 1,6 km langen Damm längs der Fritz-Radel-/Josef-Bierenz-Gasse ausgeglichen.	3. Erhaltene historische Lichtenwörther Schaffler Brücke aus 1800, renoviert 1990. 6. Ehemalige Schiffswerft
1.	1. Brücke B21b, Gutensteiner Straße, ca. 330 m bis 2.	
2.	2. Neue Schaffler Brücke, Straßenzug Viktor-Lang-Straße, Am Schafflerhof, ca. 10 m bis 3.	
3.	3. (Alte) **Schaffler(hof)brücke**, ca. 730 m bis 4.	
4.	4. Brücke Pottendorfer Linie (ÖBB), ca. 580 m bis 5.	
		Text der Informationstafel: *„Von dem 1803 in Betrieb genommenen Wiener Neustädter Schifffahrtskanal zweigte eine Schiffswerft ab, wo Lastenkähne für Transporte schwerer Güter (Kohle, Ziegel, Holz, Gestein) erzeugt wurden. Sie waren 23 m lang, 2 m breit, konnten eine Last bis zu 39 t transportieren und wurden von nur einem Pferd gezogen. Die Werft wurde später abgetragen. Ein Teil des Zuleitungskanales besteht noch an dieser Stelle."*
5.	5. Pioniersteg, Werftgasse/Daimlergasse ca. 480 m bis 6.	
6.	6. Kanalknie, Abzweig zur ehem. Schiffswerft, Gedenkstein auf Höhe Werftgasse 17, ca. 100 m bis 7.	
7.	7. Brücke Pottendorfer Straße, ca. 140 m bis 8.	7. Ehemalige Lichtenwörther Straßenbrücke
8.	8. **Aquädukt über die Warme Fischa**, ca. 45 m lang, ca. 300 m bis 9.	8. Historischer Trog über die Warme Fischa. Er besaß zwischen 1800–1916 sechs Bögen. Einziger erhaltener Aquädukt des Kanals.
9.	9. **Aquädukt über den Kehrbach**, ca. 35 m lang, ca. 650 m bis 10.	9. „Doppelter Lazarett-Durchlass" bis 1916; im Zuge der Umleitung des Kehrbaches und Auflassung der Kanal-Einspeisung über die Neudörfler Rigole wurde hier der Kehrbach-Trog, die erste Betonbrücke Österreichs, errichtet.

Brücken, Schleusen	Bezeichnungen Historische Objekte sind rot gekennzeichnet	Historisches
10. 11. 12. 13. 14. 15	10. Barbarasteg, Fritz-Radel-Gasse, ca. 420 m bis 11. 11. **Steinquader der Wechselbrücke**, li. Ufer, ca. 80 m bis 12. *Der Hafenzugang lag nördlich des Kanals, deswegen mussten die Zugpferde ab dem Triangel auf den am rechten Ufer gelegenen Treppel-Weg „wechseln". Steinquader der Wechselbrücke, im Hintergrund rechts ist das Haus des Bootsverleihers zu sehen.* 12. Kanalknie, Triangel, Bootsverleih, ca. 30 m bis 13. 13. Fritz-Schneeweiss Steg, Am Triangel, ca. 640 m bis 14. 14. Hohe Brücke, ca. 160 m bis 15. 15. Kehrbach-Einspeisung, Kraftwerk Ungarfeld, Meereshöhe Kehrbach ca. 265 m Von hier beträgt die Entfernung • zur Peischinger Wehr, wo die Ableitung der Schwarza erfolgt, ca. 17 km, und • zur Katzelsdorfer Rauwehr, wo die Leitha-Ableitung stattfindet, ca. 6,1 km. *Kehrbach im Akademiegarten in Richtung Kraftwerk Ungarfeld, wo der Kanal gespeist wird*	8. bis 12. Ehemalige Versuchsstrecke von Austro-Daimler, längs der heutigen ca. 1 km langen Fritz-Radel-Gasse und deren Verlängerung über den Weg bis zum Warme-Fischa-Aquädukt. (Siehe Bild unten.) 11. Historische Wechselbrücke *Historische Darstellung des Kanals östlich von Wiener Neustadt* 14. Ehemalige Schelmenbrücke (Schelmerbrücke), benannt nach dem Weg zur Richtstätte. Sie wurde 1964 abgetragen. 15. Auf der Rechten Kanalzeile befand sich auf Höhe 15. das Ende des Holzschwemmkanals des Grafen Hoyos, samt Holzlagerplatz; gegenüber auf der Linken Kanalzeile gab es einen Kohlenlagerplatz. *Ehemalige ca. 650 m lange Kanalstrecke zwischen dem heutigen Kanalbeginn und dem Corvinusring, wo sich der Hafen und die Magazine befanden.*

Ehemaliger Kanalabschnitt Lichtenwörth

einschließlich der Kanalspeisung über die Neudörfler Rigole

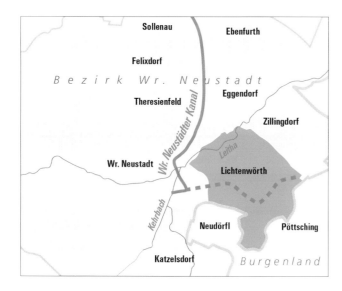

Auch wenn der Kanalabschnitt östlich von Wiener Neustadt Pöttschinger Ast hieß, er lag auf Wiener Neustädter und Lichtenwörther Gebiet.

Pöttsching hieß bis 1920 Pecsenyed und gehörte zu Ungarn. Der Kanal sollte geplantermaßen weiter nach Ödenburg und Raab führen, ein Unternehmen, das an den ungarischen Großgrundbesitzern scheiterte. Der Kanal verlief östlich des Wiener Neustädter Triangels, entlang der Rechten Kanalzeile in das Ungarfeld und passierte an der Gemeindegrenze zwischen Wiener Neustadt und Lichtenwörth die ehemalige Kriegsfleckbrücke. Ein Gedenkstein, der heutzutage einige Meter nördlich dieser Stelle aufgestellt ist, erinnert an die Schlacht an der Leitha im Jahre 1246 gegen den Ungarnkönig Bela IV., bei der der Babenberger Herzog Friedrich der Streitbare fiel, der keinen Nachkommen hatte, weshalb aus historischer Sicht das österreichische Interregnum begann.

Der Kanal verlief gerade weiter in den heute Hauslüsse benannten Wald, machte ca. 1,5 km südlich der Pfarrkirche von Lichtenwörth einen Knick nach Südosten, überquerte am längsten Aquädukt des Kanals die Leitha und passierte ein Kanalhaus, das heute noch mit der Anschrift Einschicht 35 verortbar ist. Rund 150 m weiter befand sich die Lichtenwörther Dammbrücke und knapp danach speiste von 1803 bis 1916 die Neudörfler Rigole den Kanal mit Leithawasser, das nördlich von Katzelsdorf abgezweigt wurde. 1811 wurde der Kanal geradeaus verlängert, vor der Straße nach Pöttsching machte er einen rechtwinkeligen Knick nach Nordosten, passierte die ehemalige Lichtenwörther Schotterbrücke und endete knapp vor der damaligen ungarischen Grenze beim heutigen Fondsgut. In der Nähe befanden sich Kohlevorkommen.

Charakteristische Bilder zu Lichtenwörth: Ehemaliger Leitha-Aquädukt (Titelbild)

Vereister Leitha-Aquädukt um 1900

Gedenkstein Kriegsfleckbrücke

Leitha bei Hochwasser

Die Landschaft in Lichtenwörth, durch die der Kanal einst verlief

Rechte Kanalzeile

Gedenkstein: Kriegsfleckbrücke

Blick auf Lichtenwörth

Kanaltrasse vor der Leitha

Stelle des ehem. Kanalhauses

*Hochwasserführende Leitha
auf Höhe des ehemaligen
Aquäduktes*

Reste des Leithaaquäduktes

Felder, wo einst der Kanal verlief

Fondsgut, einst Kanalende

Nadelburg, Eisernes Tor

Nadelburg: Fabrik-Fassade

Theresienkirche

Nadelburg, Adlertor

Geschichtliches über „Pöttschinger Ast" des Kanals, Fondsgut, Lichtenwörth, Neudörfl

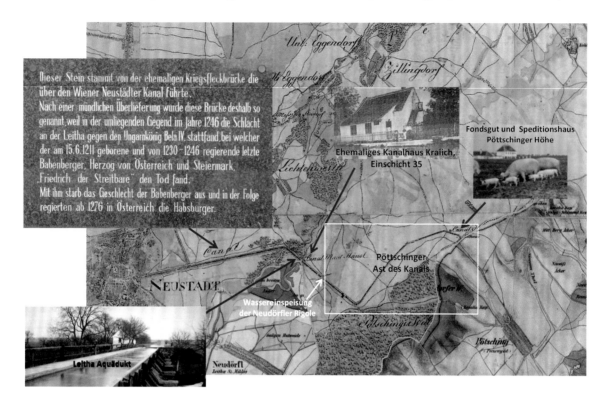

Dieser Stein stammt von der ehemaligen Kriegsfleckbrücke die über den Wiener Neustädter Kanal führte.
Nach einer mündlichen Überlieferung wurde diese Brücke deshalb so genannt, weil in der umliegenden Gegend im Jahre 1246 die Schlacht an der Leitha gegen den Ungarnkönig Bela IV. stattfand, bei welcher der am 15.6.1211 geborene und von 1230–1246 regierende letzte Babenberger, Herzog von Österreich und Steiermark, „Friedrich der Streitbare" den Tod fand.
Mit ihm starb das Geschlecht der Babenberger aus und in der Folge regierten ab 1276 in Österreich die Habsburger.

Ehemaliges Kanalhaus Kraiich, Einschicht 35

Fondsgut und Speditionshaus Pöttschinger Höhe

Pöttschinger Ast des Kanals

Wassereinspeisung der Neudörfler Rigole

Leitha Aquädukt

Neudörfl

Pöttschinger Ast

Der eigentliche Pöttschinger Ast war das ca. 4 km lange Kanalteilstück zwischen der südlich von Neudörfl von der Leitha abgezweigten Einspeisung der Neudörfler Rigole und dem Fondsgut. Beide befanden bzw. befinden sich im Gemeindegebiet von Lichtenwörth. Auch wenn 1811 als Eröffnungsjahr des Pöttschinger Astes gilt, konnte ein geregelter Frachtbetrieb erst ab 1816 sichergestellt werden, der jedoch dann bis ca. 1879 aufrecht war. Mit der Umlegung der Kanaleinspeisung nach Wiener Neustadt, nach dem Jahre 1916: Einerseits durch Kehrbachwasser von der Schwarza, andererseits durch bei der Katzelsdorfer Rauwehr abgeleitetes Leithawasser, das über einen Mühlbach in Wiener Neustadt in den Kehrbach zugeführt wird, war der Abschnitt Triangel bis zur Pöttschinger Höhe weitgehend trockengelegt. Die Einebnung des Kanalteilstückes und der Dämme fand erst ab 1964 statt. Das Speditionshaus, also das Kanalhaus am Ende des Kanals beim Fondsgut, wurde 1965 abgerissen.

Kaiser Franz I. auf Kanalinspektion

Im Jahre 1810 war Kaiser Franz I. von Österreich mit großer Begleitung, unter anderem mit seinem Bruder Erzherzog Johann, auf die Pöttschinger Höhe in der Nähe des heutigen Fondsgutes in Lichtenwörth gekommen und ließ sich zeigen, wohin der Wiener Neustädter Kanal führen sollte. Der Kanal zwischen Wien und Wiener Neustadt war seit 1803 fertig, das Stück bis zum Fondsgut fast fertig und nun sollte, so meinte man damals noch, Richtung Ödenburg weitergebaut werden.

Fondsgut

Der Name leitet sich vom ehemaligen Besitzer, dem Nö. Religionsfonds, ab. Er war unter der Herrschaft Josephs II. nach 1782 aus dem säkularisierten Kirchengut geschaffen worden. Das Geld diente zur Finanzierung des Schulwesens und der Seelsorge. Erste Gebäude auf der Pöttschinger Höhe in Lichtenwörth entstanden nach 1795. Der später wohl bekannteste Pächter war der Herzog von Parma Robert I. (1848–1907). Er war von der piemontesischen Armee vertrieben und ins Exil geschickt worden. Er lebte danach mit seiner zweiten Frau Maria Antonia von Braganza in Schwarzau am Steinfeld in NÖ. Die spätere Kaiserin Zita war eines seiner 24 Kinder. Er errichtete das heutige Fondsgut und züchtete dort Truthähne.

Das Fondsgut heute

Das Fondsgut zur Zeit, als das ehemalige Kanal-Speditionshaus (im Bild rechts) noch stand

Ehemaliges Kanal-Speditionshaus

Geschichte von Lichtenwörth:

Der Salzburger Erzbischof Adalbert III. erteilte dem Kloster Vorau im Jahre 1174 Pfarr- und Zehentrechte in „Lutunwerde", was so viel wie Siedlung auf einer Insel inmitten eines Sumpfes bedeutet. Im 12. Jahrhundert wurde bei der „Warmen Fischa" eine Wasserburg, die Feste Lichtenwörth, errichtet, die um 1490 zerstört wurde. Auf der Insel, wo sich die Burg befand, legte man einen bischöflichen Hofgarten an, der heute zugänglich ist.

1747 wurde unter Maria Theresia die Nadelburg, eine Metallwaren- und Nadelfabrik, gegründet, die vor allem wegen ihrer Messingprodukte europaweit bekannt wurde. Im Zeitraum bis 1756 wurde eine von Mauern umfasste Arbeitersiedlung mit Schule und Gasthof errichtet. Mit dieser Anlage, die als älteste noch erhaltene dieser Art in Europa gilt, begann das Industriezeitalter in der Monarchie.

Das Nadelburgmuseum findet sich in der Walzergasse 8.

Die Arbeitersiedlung um 1920

Geschichte von Neudörfl:

Das Ortsgebiet war, wie Funde belegen, schon in der Jungsteinzeit sowie in der Kelten- und Römerzeit besiedelt. Ab 1123 begannen die Ungarn mit dem Turkvolk der Petschenegen ihr Grenzwächtersystem zu errichten; so auch hier im Raum Neudörfl, damals Röjtökor (Warth) genannt. Die eigentliche Dorfgründung von Neudörfl (Szent Miklos oder St. Nicola) fällt in das Jahr 1644 durch den Forchtensteiner Hofrichter des Grafen Nikolaus Esterházy. Die Leithamühle wurde 1651 errichtet, später um 1714 ein Brauhaus und eine Badeanstalt. Ab 1719 bildete sich eine selbstständige Herrschaft Pöttsching–Neudörfl–Leithamühl. In der ersten Hälfte des 19. Jahrhunderts erfolgten die ersten industriellen Betriebsgründungen, wie die Zündhütchenfabrik.

Josip Broz Tito (1892–1980), ab 1953 Präsident Jugoslawiens, wohnte von 1912 bis 1913 in Neudörfl. Er war bei Austro-Daimler in Wiener Neustadt als Einfahrer für Automotoren beschäftigt. Die Teststrecke befand sich längs des Wiener Neustädter Kanals.

1874 fand ein Parteitag der österreichischen Sozialdemokratie in Neudörfl statt, der zur Gründung der Partei führte.

K. k. Nadelburger Messing- u. Metallwarenfabrik, M. Hainisch, 1895

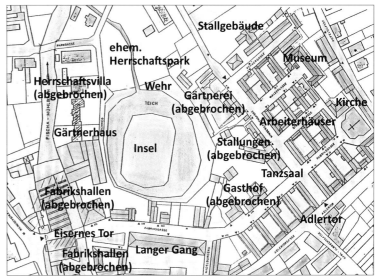

Lageplan der Nadelburg und Arbeitersiedlung

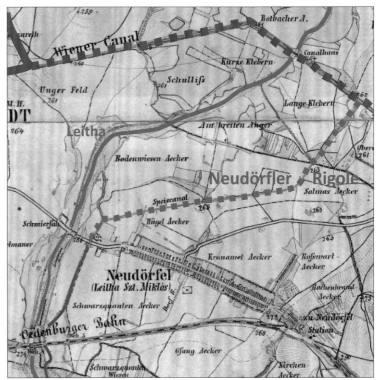

Die Kanalspeisung über die Neudörfler Rigole

Der Speisekanal, auch Rigole genannt, verlief in der Nähe der heutigen Seestraße von Neudörfl. Schon bei der Ortsgründung 1644 zweigte ein Mühlbach im Bereich des späteren Katzelsdorfer Bahnhofes ab und betrieb die Leithamühle.

Historische Kanalzeichnungen im Abschnitt Lichtenwörth, Neudörfl

Schweickhardt-„Perspektiven", um 1840

Kanal-„Leporello", er wurde um 1850 für Zwecke der jährlichen Kanalinspektion erstellt.
Der Kanalplan wurde, abweichend vom Original, nach Norden ausgerichtet.

Ehemalige Kanalstrecke in Lichtenwörth und die Neudörfler Rigole

mit Liste der Objekte und deren historischer Zuordnung

Brücken Schleusen	Die originalen historischen Bezeichnungen gemäß Kanal-Leporello von 1850 sind rot gekennzeichnet	Heutige Bezeichnungen bzw. Bemerkungen
	Längenangaben ca.: Hafen Wiener Neustadt – Pöttschinger Anhöhe 9 km Hafen – Triangel 1,5 km Hafen - Einmündung der Neudörfler Rigole 4,6 km Triangel - Grenze Lichtenwörth 1,1 km; Triangel – Leitha 2,6 km Triangel – Rigole 3,1 km; Rigole – Pöttschinger Anhöhe 4,4 km	1. Die Lichtenwörther Augränzbrücke wird auch Kriegsfleckbrücke genannt. Hier befindet sich heute ein Gedenkstein, der an die denkwürdige Schacht an der Leitha im Jahre 1246 zwischen dem (letzten) Babenberger Friedrich II. und dem ungarischen König Béla IV. erinnert. Mit dem Tod Friedrichs begann das sogenannte Interregnum, eine Zeit ohne offiziellen Herrscher, das erst 1256 durch die Wahl Ottokar Přemysls bzw. 1278 durch die Machtergreifung Rudolfs von Habsburg beendet wurde. Wo die Schlacht an der Leitha tatsächlich stattfand, ist nicht erwiesen, es kommen u. a. auch Ebenfurth und Neudörfl infrage.
	Gemeindegrenze Wiener Neustadt/Lichtenwörth	
1.	1. **Lichtenwörther Augränzbrücke** Der Kanal verlief hier bis 3. auf einem flachen Damm, der sog. **Leutha Dämmung.**	
2.	2. **Lichtenwörther Durchfahrtsbrücke** Der Kanal verlief hier bis 6. auf einem flachen Damm, der sog. **Heuthaler Dämmung.**	
3.	3. **Leutha-Wasserleitung**	3. Ehemaliger Leitha-Aquädukt
4.	4. **Lichtenwörther Dammbrücke**	
5.	5. Kanaleinspeisung der Neudörfler Rigole, am Leporello nicht näher bezeichnet	
6.	6. **Wasserleitung**, auf anderen Plänen nicht vermerkt, vermutlich ein Kanalaquädukt für Leitha-Hochwasser	11. Fondsgut
7.	7. **Durchlass Nr. 1**, Düker	
8.	8. **Lichtenwörther Schottergrabenbrücke**	
9.	9. **Durchlass Nr. 2**, Düker	
10.	10. **Lichtenwörther Feldwegbrücke** (Nr. 1)	Kartenausschnitt der Einspeisung der Neudörfler Rigole in den Wiener Neustädter Kanal (Süd-/Nord-Richtung)
11.	11. **Pöttschinger Anhöhe**, ehemaliges Kanalhaus	
	Österreichische und Hungarische Gränze	
	Neudörfler Rigole, ca. 3,4 km Länge	
1.	1. **Leutha Mühlbach**	
2.	2. **Neudörfler Viehtriebbrücke**	
3.	3. **Neudörfler Feldwegbrücke**	
	Zwischen 3. und 4.: Gemeindegrenze Neudörfl/Lichtenwörth	
4.	4. **Lichtenwörther Viehtriebbrücke**	
5.	5. **Lichtenwörther Feldwegbrücke** (Nr. 2)	
6.	6. **K. k. noe. Neustädter Schiffahrt-Canal**	*Unmittelbar vor der Einspeisung befand sich ein „Schlamm-Sammelbecken".*

„Auf einen Blick":

Liste der historischen Brücken (erhaltene Brücken in **ROT**), Kilometerübersicht der Kanalabschnitte

Landstraße:
- Stubenthorbrücke
- Rabengassenbrücke
- Grasgassenbrücke
- Rennwegbrücke

Simmering, Kaiserebersdorf:
- Kirchhofbrücke
- Stadelbrücke
- Weingartenbrücke
- Schlesingerbrücke
- Unterebersdorfer Brücke
- Oberebersdorfer Brücke

Unterlaa, Kledering, Rannersdorf:
- Laaerbrücke
- Krentzbrücke
- Rannersdorfer Brücke

Unter-, Ober-, Maria Lanzendorf:
- Unterlanzendorfer Brücke
- Oberlanzendorfer Brücke
- Himberger Brücke

Leopoldsdorf:
- Ödenburger Poststraße Durchfahrt

Achau:
- Leopoldsdorfer Brücke
- Hennersdorfer Brücke

Biedermannsdorf:
- Achauer Brücke
- Allee-Straßbrücke

Laxenburg:
- Mödling-Brücke
- Laxenburger Haidbrücke

Guntramsdorf:
- Dammbrücke
- Guntramsdorfer Brücke
- Schottergrubenbrücke
- Haupt-Straßenbrücke

Gumpoldskirchen:
- Kalkofenbrücke
- **Gumpoldskirchnerbrücke**

Möllersdorf, Traiskirchen:
- **Pfaffstättner Feldbrücke**

Pfaffstätten:
- Pfaffstättner Straßenbrücke

Tribuswinkel:
- Tribuswinkler Brücke
- Baadner Brücke
- **Weingartenbrücke**
- Tribuswinkler Viehtriebbrücke

Baden, Sooß:
- **Haidbrücke**
- Dammbrücke

Vöslau:
- Vöslauer Gränzbrücke

Kottingbrunn:
- **Kottinbrunner Straßenbrücke**
- Kottingbrunner Fasanbrücke

Siebenhaus, Schönau, Dornau:
- Mariazeller Straßbrücke
- Schönauer Brücke

Sollenau, Blumau, Eggendorf:
- Sollenauer Strassenbrücke
- **Hauersteigbrücke**
- **Blumauer Brücke**
- Pottendorferbrücke
- Untereggendorferbrücke
- **Obereggendorfer Brücke**

Wiener Neustadt:
- **Lichtenwörther Schafflerbrücke**
- Lichtenwörther Straßbrücke
- Wechselbrücke
- Schelmenbrücke
- Corvinusring

Brücken zwischen Triangel und Kanalanspeisung:
- Lichtenwörther Augränzbrücke
- Lichtenwörther Durchfahrtsbrücke
- Lichtenwörther Dammbrücke

Brücken am „Pöttschinger-Ast" zw. Kanalanspeisung und Pöttschinger Anhöhe:
- Lichtenwörther Schottergrubenbrücke
- Lichtenwörther Feldwegbrücke

Brücken über die Neudörfler Rigole von der Leitha bis zur Kanalanspeisung:
- Neudörfler Viehtriebbrücke
- Neudörfler Feldwegbrücke
- Lichtenwörther Viehtriebbrücke
- Lichtenwörther Feldwegbrücke

Die Ödenburger Poststraße- und Lichtenwörther Durchfahrtsbrücke waren Kanalaquädukte, unter denen die Straße verlief. Der Aquädukt über den Liesingbach wurde erst nach 1803 als Durchfahrtsbrücke für eine Straße benützt.

Kanalabschnitte Kapitel VI. mit Kilometerangaben:	Fließstrecke	trocken
1. Landstraße/Wien 3 (Hafen bis Linienwall)		2,7
2. Simmering/Wien 11, Unterlaa/Wien 10		6,8
3. Rannersdorf, Lanzendorf, Maria Lanzendorf, Leopoldsdorf		7,6
4. Achau, Biedermannsdorf	0,5	3,8
5. Laxenburg	3,0	20,9
6. Guntramsdorf	2,8	
7. Gumpoldskirchen	2,2	
8. Traiskirchen/Möllersdorf	1,1	
9. Pfaffstätten	1,8	
10. Traiskirchen/Tribuswinkel	1,6	
11. Baden plus Leesdorf	2,2	
12. Bad Vöslau	1,3	
13. Kottingbrunn	3,1	
14. Leobersdorf, Schönau an der Triesting 1,3 + 2,3 km	3,6	
15. Sollenau, Ebenfurth, Eggendorf 1,7 +1,5 + 4,5 km	7,7	
16. Wiener Neustadt	5,2	0,7
17. Lichtenwörth		7,6
Summe 36,1 + 20,9 = 57 km + 8,3 = 65,3 km	36,1	29,2

Kapitel VII.

Die speisenden Flüsse des Wiener Neustädter Kanals
und ein Streifzug zu Anrainergemeinden mit Bezug zum Wiener Neustädter Kanal

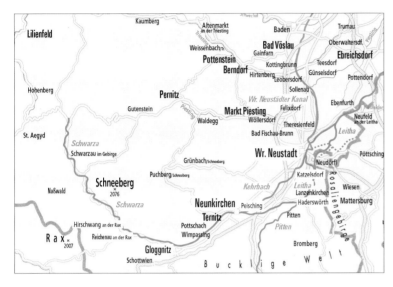

Zwei Flüsse speisen den Wiener Neustädter Kanal, die Schwarza und die Leitha.

1. Von der Schwarza wird bei Peisching der Kehrbach abgeleitet und der versorgt in Wiener Neustadt den Wiener Neustädter Kanal mit ca. 1,4 m³ Wasser pro Sekunde.
2. Von der Leitha wird bei Katzelsdorf über einen Mühlbach Wasser in den Kehrbach eingeleitet, und zwar kurz vor dem heutigen Kanalbeginn beim Ungarkraftwerk, im Akademiepark der Militärakademie.

Die Leitha wiederum entsteht bei Haderswörth durch Zusammenfluss der Schwarza und der Pitten. Die Wasserversorgung des Kanals in der oben beschriebenen Form erfolgt seit der um 1916 durchgeführten „Kehrbachumleitung", bei der der Kehrbach an der damaligen Peripherie der Stadt, mehr oder weniger geradlinig, von der Kanaleinspeisung weg zum Kehrbach-Aquädukt geführt wurde und der Kehrbach und der Kanal seit damals ein Triangel bilden.

Vorher, also in der Zeit seit der Eröffnung des Kanals 1803 bis zum Ersten Weltkrieg, wurde der Kanal über die sogenannte Neudörfler Rigole mit bei der Neudörfler Wehr abgeleitetem Leithawasser versorgt. Im obigen Plan ist diese Wasserführung strichliert eingezeichnet.

Die folgende Beschreibung erfolgt (anders als beim Wiener Neustädter Kanal) in Flussrichtung, also von Süden nach Norden.

Charakteristische Bilder zu den speisenden Flüssen: Peischinger Wehr in Neunkirchen, Kehrbachableitung (Titelbild)

Zusammenfluss Schwarza und Pitten   *Katzelsdorfer Rauwehr*   *Schwemmgut aus Zuflüssen und Kanal*

Lage, Landschaft und Gemeinden im Zuflussgebiet des Wiener Neustädter Kanals

Türnitz
Türnitzer Höger
Hegerberg
Hohenberg
Ochsattel
Traisenberg
Gscheid
St. Aegyd am Neuwalde
Tiefental
Kalte Kuchl
Haselrast
Rohr im Gebirge
Rohrer Sattel
Gutenstein
Muggendorf
Pernitz
H. Mandling
Hernstein
Oed
Markt Piesting
Waldegg
Wöllersdorf
Steinabrückl
Piesting
Waidmannsfeld
Miesenbach
Dreistetten
Muthmannsdf.
Hohe Wand
Bad Fischau-Brunn
Stollhof
Maiersdorf
Zweiersdorf
Winzendf.
Wr. Neustadt
Enzesfeld
Hölles
Matzendorf
Sollenau
Felixdorf
Theresienfeld
Wr. Neustädter Kanal
Siegersdorf
Ebenfurth
Landegg
Eggendorf
Leitha
Zillingdorf
Nadelburg
Ehem. Kanal
Lichtenwörth
Steinbrunn
Zillingtal
Pöttsching
Neudörfl
Neudörfler Rigole
Krensdorf
Sigleß
Bad Sauerbrunn
Pöttelsdorf
Katzelsdorf
Eichbüchl
Lanzenkirchen
Wiesen
Mattersburg
Rohrbach bei Mattersburg
Forchtenstein
Rosaliengebirge
Schwarza
Obersberg
Schwarzau im Gebirge
Klostertal
Klostertaler Gscheid
Dürre Wand
Ascher
Sierning
Neusiedl/W.
Höflein
Willendorf
Weikersdorf/Stfd.
Saubersdorf
Unterhöflein
St. Egyden/Stfd.
Gerasdorf/Stfd.
Kernhof
Gippel
Göller
Lahnsattel
Preintal
Losenheim
Grünbach/Schneeberg
Puchberg/Schneeberg
Schrattenbach
Strengberg
Würflach
Schneeberg
Klosterwappen
Schneebergdörfl
Naßwald
Höllental
Kehrbach
Raglitz
Föhrenau
Breitenau
Sieding
Neunkirchen
Peisching
Schwarzau/Stfd.
Bad Erlach
Brunn/P.
Walpersbach
Loipersbach
Frein an der Mürz
Hinternaßwald
Kaiserbrunn
Gahns
St. Johann/Stfd.
Bürg
Ternitz
Pottschach
Natschbach
Pitten
Hirschwang/Rax
Prigglitz
Buchbach
Wartmann-stetten
Seebenstein
Klingfurth
Schneealpe
Reichenau/Rax
Payerbach
Schlöglmühl
Wimpassing
St. Valentin
Gleißenfeld
Edlach an der Rax
Küb
Stuppach
Grafenbach
Bromberg
Hoch-wolkersdorf
Sieggraben
Krampen
Altenberg an der Rax
Rax
Preiner Gscheid
Breitenstein
Gloggnitz
Enzenreith
Penk
Kirchau
Scheiblingkchn.
Thernberg
Prein a. d. Rax
Schottwien
Altendf.
Warth
Petersbaumgarten
Schwarzenbach
Haßbach
Schlag
Oberau
Kalksgruben
Wr. Neustädter Kanal
Zubringerflüsse
Weltkulturerbe Semmeringbahn
Semmering
Ma. Schutz
Rams
Raach am Hochgebirge
Ödenkirchen
Buckligee Welt
Grimmenstein
Sonnwendstein
Otterthal
Hochegg
Kaltenberg
Wiesmath
Oberpetersdorf
Tschurndf.

Schwarza

Sie entsteht durch den Zusammenfluss der Dürren und der Grünen Schwarza sowie des Zellenbaches in den Gemeindegebieten Rohr und Schwarzau im Gebirge. Danach fließen u. a. der Voisbach vom Klostertaler Gscheid, der Preinbach vom Gippel und der Naßbach vom Naßkamm und Sonnleitstein zu (siehe auch Kapitel IX: Rax-Holzschwemme).

Die Schwarza passiert dann das zwischen Schneeberg und Rax gelegene Höllental und damit in der Folge Kaiserbrunn, Hirschwang und Reichenau.

Höllental, Hochstegbrücke

Die nächsten Ortschaften sind Payerbach, Gloggnitz, Prigglitz, Schlöglmühl, Enzenreith, Buchbach, Grafenbach, Ternitz mit dem Zufluss der Sierning, Wimpassing, Neunkirchen (siehe Kehrbachableitung), Natschbach-Loipersbach, Breitenau, Schwarzau am Steinfeld, Bad Erlach, Lanzenkirchen/Haderswörth, wo sich die Schwarza mit der Pitten zur Leitha vereinigt. Ab Natschbach-Loipersbach passiert die Schwarza das Steinfeld, wo sie in Hitzesommern im kiesigen Untergrund versickern kann.

Kaiserbrunn
Von hier bezieht die I. Wiener Hochquellenwasserleitung seit 1873 Wasser. Im historischen Aufseherhaus befindet sich das „Wasserleitungsmuseum".

Hirschwang (Hirschwiese) wurde 1194 erstmals erwähnt. Das zutage tretende Erz wurde schon frühzeitig abgebaut.

Es entstanden Schmelzen, Hammerwerke und Kohlenmeiler, die mit bis zu B = 20 m x H = 5 m großen Windschutzmauern geschützt wurden (die „Windbrücke" erinnert daran). Zwischen 1916 und 1963 bestand zwischen Payerbach und Hirschwang eine schmalspurige Lokalbahn.

Reichenau an der Rax
Bereits um 1000 v. Chr. wurde hier Erz abgebaut. Es gibt noch Reste mehrerer kleiner Bergwerke, in denen vom 16. bis 19. Jahrhundert Eisenerz, Kupfer und andere Erze gefördert wurden. Im Ortsteil Edlach wurde um 1716 ein Floßofen zur Erzverarbeitung erbaut. Der Bau wurde 1868 für Wohnzwecke umgestaltet und ist heute noch erhalten.

Gloggnitz (slaw. Klokotnica, glucksender Bach)
1094 wurde das Kloster Gloggnitz erstmals erwähnt, das 1803, im Jahr der Eröffnung des Wiener Neustädter Kanals, säkularisiert und zu einem Schloss umgebaut wurde. Ab 1819 entstehen in Gloggnitz Fabriken für die Textil- und die holzverarbeitende Industrie. Die Semmeringbahn, erste normalspurige Gebirgsbahn Europas, von Carl von Ghega geplant, 1854 eröffnet, beginnt in Gloggnitz.

Enzenreith: Hier wurden u. a. Eisen und Magnesit abgebaut. In der Kranichbergstraße 39 befindet sich ein Bergbaumuseum.

Ternitz: Der Name wird 1352 das erste Mal als Flurbezeichnung urkundlich erwähnt. Im Jahre 1846 errichtete Franz Müller ein Hammerwerk, den Vorläufer des Schoeller-Bleckmann-Stahlwerkes. Als 1847 die Südbahn Ternitz erreichte, erlebte der Ort seinen Aufschwung zu einem Industriezentrum.

Ein für einen Industriestandort typisches Kesselhaus samt Schornstein mit Wasserbehälter steht in der Werkstraße 2.

Stixenstein (ca. 7 km nordwestlich von Ternitz):

Die Burg entstand im 12. Jahrhundert und hat ihren Namen von den steirischen Stuchsensteins. 1547 gelangte die Burg in den Besitz der **Grafen Hoyos**, die die Burg im Renaissancestil zu einem Schloss ausbauten (siehe auch Kapitel IX). Seit 1937 befindet sich die Burg im Eigentum der Gemeinde Wien.

Talsperre und Schloss Stixenstein

Wimpassing verbindet man mit Semperit. 1828 erhielt Johann Nepomuk Reithoffer das Patent für das maschinelle Weben von Kautschukfäden und begann nach 1831 in Wimpassing mit der Produktion, einem Vorgängerunternehmen der Semperit AG.

Neunkirchen ist seit der La-Tène-Zeit (150–15 v. Chr.) besiedelt. Vor der Gründung von Wiener Neustadt war Neunkirchen Mittelpunkt der Region mit Markt- und Münzrecht.

Dreifaltigkeitssäule am Hauptplatz, Mariä-Himmelfahrt-Kirche

Graf Hans Balthasar Hoyos gründete 1631 das Minoritenkloster Neunkirchen. Dieses war in den folgenden Jahrzehnten das Zentrum der Verteidigung bei Türkeneinfällen.

Im 19. Jahrhundert hielt die Industrialisierung auch in Neunkirchen Einzug. Zu den bekanntesten Betrieben zählte die 1823 gegründete k. k. priv. Schrauben- und Metallwarenfabrik, Brevillier & Co (ab 1900 Brevillier & Urban). Sie erzeugte unter anderem Schrauben und ab 1863 Bleistifte; den Markennamen Jolly, Farb- und Buntstifte gibt es heute noch. Brevillier & Urban galt als einer der größten Konzerne der Monarchie mit einer Beschäftigtenanzahl von 5.000 Mitarbeitern Ende des Ersten Weltkrieges.

Kehrbach

In Neunkirchen wird bei der Peischinger Wehr der Kehrbach in Richtung Wiener Neustadt abgeleitet. Der Kehrbach ist genau genommen kein Bach, sondern ein künstlich angelegter Kanal, der seit dem 12. Jahrhundert in Peisching, im Ortsgebiet von Neunkirchen, der Schwarza über eine Wehr Wasser entnimmt und nach Wiener Neustadt leitet. Heutzutage handelt es sich dabei um ein Volumen von bis zu 7.000 Liter pro Sekunde. Er diente ursprünglich zur Befüllung des Grabens der Wiener Neustädter Burg, bis er Anfang des 19. Jahrhunderts zwei neue Aufgaben bekam. So war der Kehrbach einer der beiden Zubringer des Wiener Neustädter Kanals, der 1803 in Betrieb ging, und er diente dem Grafen Hoyos als Schwemmkanal, auf dem Scheiterholz aus dem Gebiet der Rax und des Schneeberges nach Wiener Neustadt getriftet und dort auf Kanalschiffen Richtung Wien verladen wurde. Der Kehrbach ist rund 16 km lang, überwindet auf seiner kurzen Strecke 90 Höhenmeter und wird zum Betrieb der Kraftwerke Föhrenwald, Brunnenfeld, Akademie und Ungarfeld genutzt. Beim Kraftwerk Ungarfeld werden zwischen 1.000 bis 1.400 Liter pro Sekunde in den Wiener Neustädter Kanal geleitet. Das übrige Wasser des Kehrbaches wird im Norden von Wiener Neustadt, nachdem es unter dem Kehrbach-Trog den Wiener Neustädter Kanal gekreuzt hat, in die Warme Fischa geleitet.

Kehrbachableitung in Peisching bei Neunkirchen

Die Beschreibung des sog. östlichen Kehrbaches erfolgt nach dem Katzelsdorfer Mühlbach auf der übernächsten Seite.

Leitha-Ursprung bei Haderswörth

In Haderswörth vereinigen sich die Schwarza und die Pitten zur Leitha.
Eine Schautafel am Zusammenfluss informiert über die Sage der „Leitha-Hexen".

Haderswörth entstand aus Hadurich und -wert, die Au des Hadurich. Dieser zog, aus der Familie der Burggrafen von Regensburg stammend, um 1100 mit einem Kreuzzug ins Heilige Land.

Pitten (slaw. „Buda", Schilfgras) ist seit der Bronzezeit besiedelt. Im 18. Jahrhundert begann man Eisenerz abzubauen und zu verhütten. Vinzenz Sterz baute 1819 die erste Papiermaschine der Monarchie. 1853 erzeugte Wilhelm Hamburger erstmals Holzstoffpapier und leitete damit die industrielle Papiererzeugung aus Holz in Österreich ein.

Katzelsdorfer Mühlbach

Das von der Leitha in Katzelsdorf abgeleitete Gerinne trägt einige Namen: Einfach nur Mühlbach oder auch Werksbach, Katzelsdorfer Kanal, Zuleitungskanal und im Akademiegarten fallweise auch östlicher Kehrbacharm.

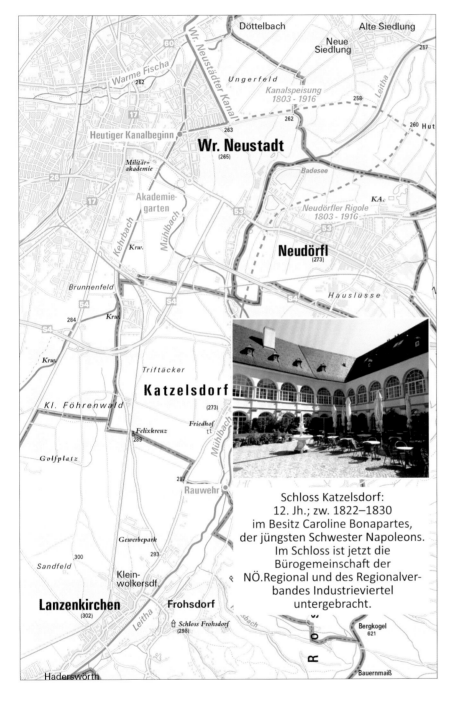

Rauwehr: Mühlbachableitung an der Gemeindegrenze Lanzenkirchen/Katzelsdorf

Schloss Katzelsdorf:
12. Jh.; zw. 1822–1830
im Besitz Caroline Bonapartes,
der jüngsten Schwester Napoleons.
Im Schloss ist jetzt die
Bürogemeinschaft der
NÖ.Regional und des Regionalverbandes Industrieviertel
untergebracht.

Eine der Wehranlagen am Mühlbach

Die Bilder sind – in Flussrichtung – von Süden nach Norden gereiht.

Die „Rauwehr" ist nichts anderes als ein mächtiger brettartiger Holzbalken, der quer zum Gerinne gelegt ist. Die Leitha wird an der Stelle über einen unmerklichen Damm geführt, der Wasser zum linksseitig gelegenen Mühlbach verlagert. Die Rauwehr entspricht einer groben Regelung der Wasserzuführung in den Mühlbach. Die Wehr ist nicht über Spindeln regelbar, sondern kann nur durch schwere Hebewerkzeuge verstellt werden. Die „Feinregelung" erfolgt über nachgelagerte kleinere Wehranlagen.

Rund um die Rauwehr bis zum verbauten Gebiet von Katzelsdorf erstreckt sich ein Naturlehrpfad im „Europaschutzgebiet Leithaau".

Tischlereibetrieb mit Mühlbach-Kraftwerk

Mühlbach-Verzweigung: Links im Bild fließt der Mühlbach weiter Richtung Akademiegarten und vereinigt sich dort mit dem Kehrbach. Rechts (einst die Neudörfler Wehr) zweigt ein Gerinne Richtung Neudörfl ab, das einst bei der Leitha „unterdükert" wurde und das damals als Neudörfler Mühlbach weiter nördlich bei der heutigen B53 (in Kanalzeiten bei der Neudörfler Mühle) die Neudörfler Rigole bzw. den Wiener Neustädter Kanal speiste (siehe auch Karte rechts unten).

Mühlbach-Verzweigung auf der Höhe Am Kanal 17

Kehrbach-Kraftwerk „Akademie": Eines der vier Kraftwerke am Kanal; wasserabhängig, max.400 kW bei 6 m³/sek.

Beim verträumten Bahnhof der ehemaligen Ödenburger Eisenbahn macht der Mühlbach einen Knick nach Westen

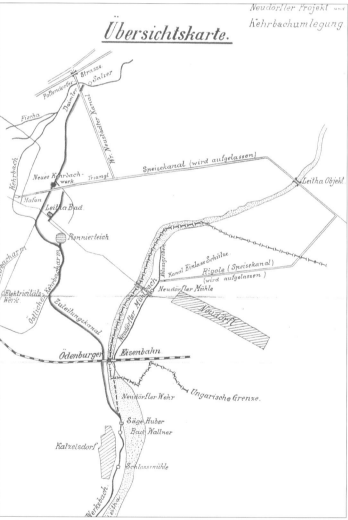

Mühlbachdurchlass bei der „Zeiselmauer" des Akademieparks in Wiener Neustadt

*In dieser historischen Karte ist die Kehrbach-„Umlegung", die um 1916 erfolgte, **fett** eingezeichnet, ebenfalls der hier als Zuleitungskanal bezeichnete Mühlbach.Die Bezeichnung Umlegung betrifft die „diagonale" Verlegung längs der heutigen Lorenzgasse.*

Die „Kanalobjekte" des Kehrbaches werden im Wiener-Neustadt-Kanalabschnitt des Kapitels VI. gezeigt.

Kapitel VIII.

Flüsse, die den Kanal kreuzen

Kanalkreuzung mit dem Kehrbach: Blickrichtung des Fotos nach SW

Der Wiener Neustädter Kanal verbindet Wiener Neustadt mit Wien und verläuft abgesehen von dem Schwenk, den er wegen des Wienerberges macht, in Süd-Nord-Richtung. Die Flüsse und Bäche, die den Wienerwald und die Gutensteiner Alpen entwässern, fließen bis zum Kanal in der West-Ost-Richtung. Die Kreuzung des Kanals mit dem jeweiligen Fluss findet in zwei Ebenen statt, wobei der Kanal mittels eines Aquäduktes das Gewässer in Hochlage überfließt.

Derartige Wasserkreuzungen gibt es in Österreich, sieht man von unterirdischen Wasserkreuzungen und einigen wenigen Mühlbächen ab, nur beim Wiener Neustädter Kanal.

Über sieben große und spektakuläre Tröge, so wurden die Kanalaquädukte genannt, verfügt der Kanal und ist damit in Österreich einzigartig. Das oben gezeigte Beispiel des Kehrbachtroges in Wiener Neustadt verdeutlicht schematisch und am Beispiel des ursprünglichen Kanalzweckes – dem Bootsbetrieb – das Kreuzungsprinzip.

Ganz zu Beginn der Planung des Wiener Neustädter Kanals gab es eine Variante, die Wasserkreuzungen auf gleicher Ebene auszuführen. Angesichts der Hochwassergefahr und dem Geröllgeschiebe der Flüsse verwarf man jedoch bald diesen Plan.

Der Wiener Neustädter Kanal und die kreuzenden Flüsse strukturieren das Industrieviertel analog einer Matrix. Diese bietet eine Möglichkeit, dem ganzen Viertel eine reizvolle neue Identität einer wasserdurchflossenen Kulturpark-Landschaft zu geben. Darauf wird im Kapitel XI. „Die Zukunft des Wiener Neustädter Kanals als Industriedenkmal und Tourismusattraktion" näher eingegangen.

Gesamtsicht aller den Wiener Neustädter Kanal kreuzenden Flüsse

Die Geografie westlich des Wiener Neustädter Kanals

Wienerwald:

Er ist ein 20–30 km breites Mittelgebirge und der östlichste Ausläufer der Nordalpen.

Die Grenzen im Norden sind das Tullnerfeld und die Donau, im Westen die Traisen, im Süden die Triesting und im Osten die Thermenlinie.

Gutensteiner Alpen:

Sie bilden den nordöstlichsten Teil der Nördlichen Kalkalpen. Bekannte Berge sind die Reisalpe mit 1399 m und die Hohe Wand mit 1132 m. Hauptentwässerung zur Thermenlinie ist die Piesting.

Die Fischauer Vorberge, in denen die Warme Fischa entspringt, bilden den Übergang in das Wiener Becken.

Die Geografie des Kanalbereichs und östlich davon

Südliches Wiener Becken:

Es bildet mit rund 50 km Breite die Trennung zwischen den Alpen, den Ausläufern der Westkarpaten und der Pannonischen Tiefebene und ist der westlichste Teil des Eurasischen Steppengürtels. Das südliche Wiener Becken wird in die Feuchte Ebene im Norden und die Trockene Ebene (Steinfeld) im Süden unterteilt.

Die Umrandungen sind im Westen die Thermenlinie, im Norden die Donau, im Osten die Hundsheimer Berge, die Ungarische Pforte, das Leitha- und Rosaliengebirge und im Süden die Bucklige Welt und der Semmering.

An der Thermenlinie befinden sich Thermal- und Mineralquellen; hier kommt es auch öfter zu kleineren Erdbeben.

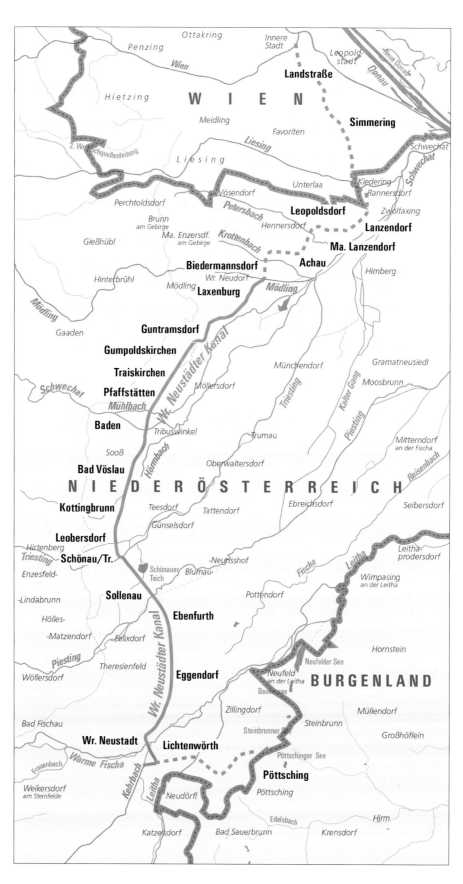

Durch die Faltung der Ausläufer der Alpen fließen die Flüsse von Westen nach Osten, während der Wiener Neustädter Kanal in Süd-Nord-Richtung verläuft. Somit kreuzen die Flüsse den Kanal in einem annähernd rechten Winkel. Einige Kilometer nach der Kanalkreuzung schwenken diese Flüsse auf einen nordöstlichen Verlauf ein.

Liesingbach

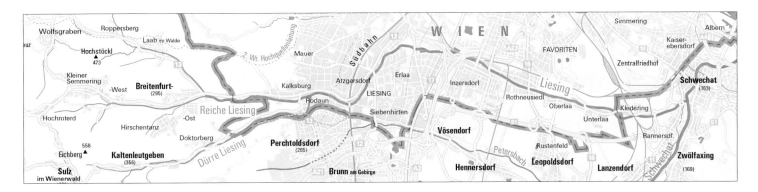

Quellen:

Der Liesingbach, auch nur die Liesing genannt, hat zwei Quellen.

Dürre Liesing:

Sie entspringt bei Kaltenleutgeben und durchfließt das Kalkgebiet des Wienerwaldes.

Reiche Liesing:

Sie entspringt in Breitenfurt und durchfließt die Flyschzone des Wienerwaldes.

Als Flysch bezeichnet man schieferartige Sedimente, die sich in einer Wechselfolge von Ton und Sandstein gebildet haben.

Bei Rodaun vereinigen sich die beiden Quellflüsse und der Liesingbach beginnt das Wiener Becken zu durchfließen.

Kreuzung des Kanals mit dem Liesingbach:
Der Wiener Neustädter Kanal überquerte die Liesing zwischen 1803 bis 1930 mit einem gemauerten Aquädukt, das auf drei Bögen den Bach überspannte.

Im Jahre 1879 wurde der Schifffahrtsbetrieb offiziell eingestellt. Kanaltransporte fanden jedoch bei Bedarf noch bis zum Ersten Weltkrieg statt. Ab 1881 überquerte auch die Aspangbahn den Aquädukt, und zwar parallel zum Kanaltrog.

Ab 1930 wurde diese Kanalstrecke trockengelegt und das Kanalbett verfüllt.

Im April 1945 sprengte die Deutsche Wehrmacht beim Rückzug zwei der drei Brückenbögen. Danach überspannte ein Stahlträgerprovisorium den Liesingbach und die Klederinger Straße.

Im Zuge der Errichtung des Zentralverschiebebahnhofs Wien-Kledering wurde die Aspangbahn in die Ostbahn eingebunden. Der Abbruch des denkmalgeschützten Aquäduktes und der Bahndämme erfolgte 1979 bis 1982.

Diese Brücke im Zuge der Klederinger Straße ist im Bild der Aquäduktruine (Mittelspalte unten) im Hintergrund zu sehen.

Mündung:
Die Liesing mündet bei Rannersdorf, heutzutage ein Ortsteil der Stadt Schwechat, in die Schwechat.

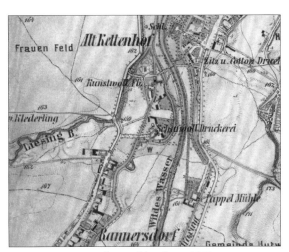

„Gradkartenblatt" aus 1873

Petersbach

Quellbereich:

Der Petersbach hat seinen Ursprung in den Bergen westlich von Perchtolds- dorf. Der Bach fließt dann unterirdisch durch die Gemeinde und tritt östlich der Bahn bei der Anton-Wildgans-Gasse/W.- Stephan-Straße wieder an die Oberfläche, fließt bei Siebenhirten kurz durch Wien, wurde hier renatu- riert und gilt als südlichstes Fließgewässer Wiens.

Ehemaliger Aquädukt über die Ödenburger Straße

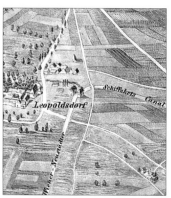 

„Schweickhardt-Perspective" zeigt die beiden Kanalhäuser, jedoch sollte die Straße unter ihnen hindurchführen, wie auf dem Foto rechts zu sehen ist.

Mündung:

Der Petersbach mündet bei Maria Lanzendorf in die Schwechat.

Eingekeilt zwischen dem Wiener Neustädter Kanal, dem Petersbach und der Schwechat war Maria- Lanzendorf seit der Füllung des Kanals, die bezeichnen- derweise auch Spannung genannt wurde, permanent von Überflutungen gefährdet.

In Leopoldsdorf gab es zwei Tröge (Aquädukte):

• die Unterführung der Ödenburger Straße und
• die Querung des Petersbaches.

Auf dieser Strecke floss der Kanal auf einem ca. 5 m hohen Damm.

Reste des Dammes dienen heutzutage als Rodelhügel im Winter.

Kinder und eine Schiffsplätte im trockengelegten Kanal.

Ehemalige Kreuzung des Kanals mit dem Petersbach

Reste des ehemaligen Petersbachtroges

„Gradkartenblatt" aus 1873

So gibt es einige Dokumente, die Schadenersatzforderun- gen der Wallfahrtskirche belegen, weil der Kanaldamm öfters nicht dicht zu bekom- men war, und „die Särge im Klosterkeller schwammen".

Krot(t)enbach

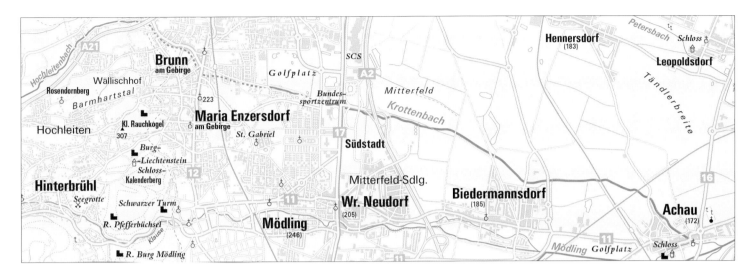

Quellbereich:

Der Krottenbach, des öfteren auch Krotenbach geschrieben, hat seinen Ursprung in Gießhübl und wird hier noch Hochleitenbach genannt.

Das Gewässer bewegt sich nordöstlich, verläuft dann zumeist unterirdisch verrohrt durch Brunn am Gebirge, schwenkt nach Süden und fließt den Weg: Goldtruhenweg, Golfplatz, Krotenbachgasse. Nach der Unterführung beim Südstadion fließt der Krottenbach ab der Triester Straße endgültig an der Oberfläche südostwärts und quert in Biedermannsdorf die Schönbrunner Allee. Rund 350 m östlich der Wiener Straße unterfloss der Krottenbach den Wiener Neustädter Kanal.

Ehemalige Kreuzung des Kanals mit dem Krottenbach:

Der mittlerweile stillgelegte und zugeschüttete Kanal überfloss den Krottenbach ca. 1 km nördlich der heutigen Einmündung des Kanals in den Mödlingbach. Knapp nach dem Trog ca. 350 m nördlich zweigte westlich der Stichkanal zu einem Ziegelwerk ab. Der Kanal selbst schwenkte nach Osten und floss Richtung Achau und Leopoldsdorf.

Der Wiener Neustädter Kanal endete 1930–1945 und 1952–1963 beim Krottenbach und floss, nachdem man ihn verbreitert hatte, in diesen hinein.

Der Krottenbach-Aquädukt war mit einer Schleuse kombiniert, die letzte auf dem Weg vor Wien.

Um 1812 wurde hier eine Papier- und Pappendeckelfabrik errichtet, die über zwei Mühlräder mit Energie versorgt wurde.

Ruinenhafte Reste der „Papiermühle" sind heute noch zu sehen.

Mündung:

Der Krottenbach mündet in Achau in den nördlichen Nebenarm der Mödling. Siehe die Beschreibung des Kanalabschnittes Achau, Kapitel VI.

Mödling(bach)

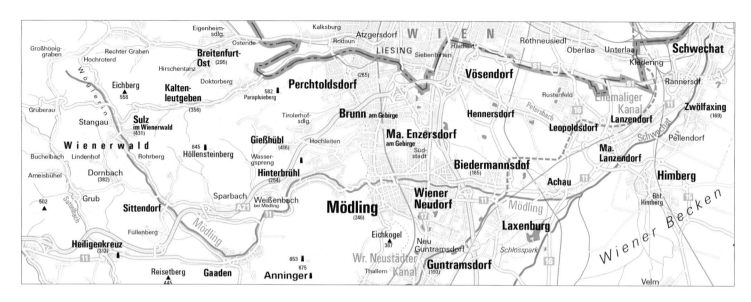

Quellen:

Das Quellgebiet des Mödling-
baches, der auch nur die Mödling genannt wird, liegt im Gebiet der Gemeinde Wienerwald,
die aus den auseinanderliegen-
den Ortschaften:

• *Dornbach*
• *Grub*
• *Stangau*
• *Sulz*
• *Sittendorf*

besteht.

Der Mödlingbach entspringt am
Winkelberg bei der Wöglerin.
Größere Zubringer sind recht-
seitig

• *der Marbach, der zwischen
Sittendorf und Gaaden einmündet, linksseitig der*

• *Sparbach, der zwischen
Gaaden und Hinterbrühl
zufließt, und der*

• *Weissenbach aus dem Gebiet
Wasserspreng, der bei Hinterbrühl einmündet.*

Die Gewässer betrieben früher
Mühlen für Getreide, Sägewerke
und Brechanlagen zur Gipsge-
winnung.

Die Seegrotte in der Hinterbrühl
mit ihrem 6.200 m² großen
unterirdischen See ist so ein
ehemaliges Gipsbergwerk.

Der Mödlingbach durchfließt die Stadt
Mödling und Wiener Neudorf.

Hier ein Bild von einer Wehr am Radweg
in Wiener Neudorf auf Höhe der Schloss-
mühle.

Ehemalige Kreuzung des Kanals
mit dem Mödlingbach:

Der Mödlingbach, damals auch Krennbach
genannt, wurde vom Kanal mit einem
Holztrog übersetzt.

Ende des Wiener Neustädter Kanals:

Seit 1973 endet der Wiener Neustädter
Kanal beim Mödlingbach.

Rund 1,4 m³ Wasser pro Sekunde ergießen
sich in den Bach aus dem Wienerwald.

Mündung:

Der Mödlingbach vereinigt sich in Achau
mit dem Krottenbach und dem Lobenbach
und mündet am Ortsende von Achau in die
Schwechat.

Siehe die Beschreibung des Kanalabschnittes Achau, Kapitel VI.

Schwechat und Badener Mühlbach

Um es vorwegzunehmen: Von allen kreuzenden Flüssen nimmt stimmungsmäßig die Kulturlandschaft längs der Schwechat bei den „Motivsammlern" eine besondere Stellung ein. Siehe dazu auch die Bilder auf den Folgeseiten und die Kapitel VI. – Abschnitte Baden und Tribuswinkel – bzw. Kapitel IX. „Holztriften".

Quellen:

Das Quellgebiet befindet sich am Schöpfl, dem mit 893 m höchsten Berg im Wienerwald.

Größere Quellbäche sind der:

• *Großkrottenbach*
• *Riesenbach*
• *Lammeraubach*
• *Kleinkrottenbach*
• *Agsbach*
• *Hainbach,*

die bei Klausen-Leopoldsdorf zusammenfließen und die Schwechat bilden. Diese fließt dann durch Alland und dessen durch die Tragödie um Kronprinz Rudolf und Mary Vetsera bekannten Ortsteil Mayerling; dann weiter durch das seit dem Biedermeier bekannte romantische Helenental nach Baden.

Die Nutzung der Schwechat für den Holztransport wird im Kapitel IX. „Schwemmkanäle und Holztriften" ausführlich beschrieben.

Kreuzung des Kanals mit der Schwechat in Tribuswinkel:

Ursprünglich überquerte der Kanal die Schwechat auf einem Holztrog. Da die Holzschwemme bis 1808 über Baden hinaus nach Möllersdorf ging, hatte der Trog, abweichend von den anderen Kanalquerungen, Steinpfeiler. Ein Holztragwerk hätte die Belastung durch die Kollisionen mit den Holzscheitern nicht ausgehalten.

Der heutige Aquädukt war ursprünglich für die Überquerung der Leitha vorgesehen, als Ersatz für den dortigen lecken Holztrog. Während der Fertigung der Eisenkonstruktion wurde jedoch der Kanalabschnitt zur Leitha Richtung Pöttsching aufgelassen. Daraufhin wurde die Konstruktion von 65 m auf 49 m gekürzt und bei der Schwechatquerung verwendet, wo sie bis heute im Einsatz ist.

Aquädukt über die Schwechat in Tribuswinkel

Die Flussabschnitte von Baden bis zur Mündung:

Nach Tribuswinkel schwenkt die Schwechat Richtung NNO rund 2 km parallel zum Wiener Neustädter Kanal ein, fließt östlich von Laxenburg und nimmt bei Achau den Mödlingbach auf, vereinigt sich mit dem Liesingbach und der Triesting, erreicht die Stadt Schwechat, macht hier einen Knick nach Osten und mündet östlich von Mannswörth über einen alten Donauarm in die Donau.

Der Mühlbach geht je nach Karte bis Guntramsdorf oder bis Laxenburg, je nachdem welchem Gewässer man nach der Vereinigung mit dem Heidbach das letzte Stück zuzählt. Die Mündung erfolgt im Laxenburger Schlosspark in den Triestingkanal.
Die Länge der Schwechat beträgt ca. 62 km.

Der Mühlbach misst von Baden bis Guntramsdorf rund 11,3 km, von Baden bis Laxenburg um die 13,3 km. Die letzten 2 km werden meist dem Heidbach zugerechnet.

Die Schwechat mit der Weilburg beim Ausgang des Helenentals, flankiert von der Rauhenstein und Rauheneck

Rauhenstein

zu St. Helena
339

Mühlbach
Abzweig

Holzlagerplatz

Weilburg
←Wehr

1 Wiener
Hochquell
Wasserleitung

Rauheneck

Blick vom Aquädukt der I. Wiener Hochquellenwasserleitung auf den zwischen den Armen der Schwechat gelegenen Holzlagerplatz und die Wehr des Mühlbachabzweiges um 1910. Rechts das „Gradkartenblatt" von 1873.

Auch heutzutage können an der gleichen Stelle Stimmungsbilder eingefangen werden

Badener Mühlbach:

Der Mühlbach wurde bereits im Mittelalter am Ende des Helenentales, zwischen der heutigen B210 und dem Aquädukt der 1. Wiener Hochquellenwasserleitung, von der Schwechat abgezweigt. Er diente als Hochwasserschutz und für den Antrieb von einst über 30 Mühlen.

Mühlbachaquädukt in Tribuswinkel

Der Mühlbach taucht im Stadtzentrum einige Male auf, wie am Josefsplatz oder hier bei der Wassergasse/Neustiftgasse. Der Hl. Nepomuk stand vorher vermutlich vor der ehemaligen Hansy-Mühle in Leesdorf.

Mühlbach vor Schloss Tribuswinkel

Das Freiluftbad Badener Gänsehäufl wurde 1924 eröffnet. Es stand an der Stelle der Schelmühle Mühlgasse/J.-Kollmann-Straße.

Der Mühlbach „legte" in Möllersdorf, Münchendorfer Straße 7, eine Kapelle schief.

Funktionsfähiges vom Badener Mühlbach betriebenes Mühlrad im Stadtmuseum Traiskirchen in Möllersdorf. Technische Daten: 4,6 m Durchmesser, 85 cm Breite, 600 l/sek, 8-10 U/min. Die vom Vorbesitzer zurückgelegte Wassergenehmigung wurde 1999 wieder erworben und erstreckt sich bis zum Jahre 2098.

Triesting

Quellen und Zuflüsse:

Die Triesting entsteht durch den Zusammenfluss mehrerer Bäche, die am Südwestabhang des Schöpfl-Massivs zwischen Kaumberg im Bezirk Lilienfeld und St. Corona am Schöpfl, Gemeinde Altenmarkt an der Triesting, im Bezirk Baden, entspringen. Dort wo die Triesting auf die Hainfelder Straße trifft, fließt von rechts der Kaumbergbach zu. Die Triesting bildet ab hier die Grenze zwischen dem Wienerwald und den Gutensteiner Alpen. Bis Altenmarkt nimmt die Triesting unter anderen noch den Steinbach, Höfnerbach und den Klosterbach auf.

Die Triesting fließt weiter nach Weissenbach an der Triesting, wo der Further Bach von rechts und der Nöstachbach von links einmünden. In Fahrafeld nimmt die Triesting den Haselbach auf und fließt weiter durch Pottenstein nach Berndorf, wo der Veitsauerbach vom Hohen Mandling kommend mündet. Von der Berndorf AG wird über einen Werkskanal Wasser zur Stromerzeugung entnommen. Danach mündet der Buchbach ein, wonach die Triesting am Ortsende von Hirtenberg die Voralpen verlässt und ins Wiener Becken fließt.

Vor dieser Kulisse fand 1532 eine Schlacht gegen ein 8.000 Mann starkes Türkenheer statt, das hier von den streitbaren Bewohnern, unter Ausnützung der bergigen Gegebenheiten, aufgerieben wurde.

Kreuzungen mit dem Kanal:

Der **Hochwasserkanal** wird zwischen Hirtenberg und Enzesfeld von der Triesting über eine Wehranlage zum Schutz von Leobersdorf abgezweigt. Knapp vor dem Aquädukt vereinigt er sich mit dem Schleiferbach.

Die **Triesting** verläuft südlich um den ARED-Park ebenfalls durch Leobersdorf und fließt weiter nach Schönau zur Dornauer Mühle und den dort befindlichen Fischteichen, wo sie vom Wiener Neustädter Kanal überquert wird.

Beide Aquädukte (siehe Bild) über den Kanal sind von der gleichen Bauart, mit der charakteristischen Hängekonstruktion für den Fußgeherweg. Sie ersetzten die historischen Holztröge.

Im ehemaligen Schlosspark Schönau des Baron von Braun mündet der Hochwasserkanal wieder in die Triesting und der Bach vom Heilsamen Brunnen fließt zu. Die Triesting versorgt die Teiche des Schlossparks von Schönau mit Wasser.

Dornau: Hier befand sich eine Ladestation des Wiener Neustädter Kanals.

Abfluss eines Triesting-Mühlbaches aus der erhaltenen „Kunstmühle", heutzutage ein Fischlokal in Dornau.

Abschnitt nach Schönau, Mündung:

Die Triesting fließt im Wiener Becken durch Günselsdorf, Teesdorf, Tattendorf, Oberwaltersdorf, Trumau und Münchendorf, wo ein Kanal für die Wasseranlagen des Laxenburger Schlossparks abzweigt.

Nach Münchendorf fließt die Triesting einerseits nördlich nach Achau und mündet hier im sogenannten Drei-Bäche-Eck mit dem Mödlingbach und dem Krottenbach in die Schwechat. Andererseits zweigt Triestingwasser nach Münchendorf in den Neubach ab, der bei Maria Lanzendorf in den Mitterbach fließt, welcher wiederum in Schwechat in die Schwechat mündet.

Die Triesting hat eine Länge von ca. 60 km, auf der sie einen Höhenunterschied zwischen 620 m und 160 m überwindet.

Bei Hirtenberg weist die Triesting eine mittlere Durchflussmenge von 2,5 m³ pro Sekunde auf.

Piesting

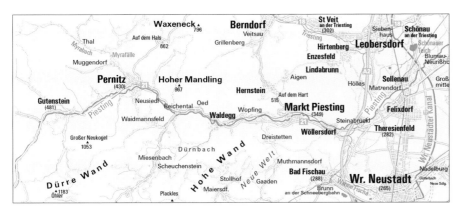

Quellgebiet:

Quellbäche der Piesting sind:

- Piesting – Kalter Gang, Zellenbach
- Längapiesting, die nördlich des Schneebergs entspringt und die vom Westen kommende
- Steinapiesting.
  Diese Bäche vereinigen sich in Gutenstein.

In Pernitz mündet der

- Myrabach in die Piesting, der vorher bei Muggendorf die spektakulären Myrafälle produziert.

Nach Pernitz bei Quarb fließt die Piesting durch eine Talenge zwischen dem Hohen Mandling im Norden und dem Großen Kitzberg im Süden. Bei Reichental mündet

- der Miesenbach in die Piesting, die weiter nach Wopfing und Markt Piesting verläuft und nach Wöllersdorf das Wiener Becken erreicht.

Bei Wöllersdorf wird über den Tirolerbach, der Richtung Theresienfeld läuft, Piestingwasser zur künstlichen Bewässerung entnommen.

Die mittlere Wasserführung liegt vor Wöllersdorf bei 3 m³ pro Sekunde, wobei bei extremem Hochwasser die Kubatur auf 80 m³ ansteigen kann.

Im Biedermeier war das Piestingtal die Landschaft, die Maler wie Jakob Gauermann und Dichter wie Ferdinand Raimund anzog.

Kreuzung mit dem Kanal:

Bis 1954 wurde der Wiener Neustädter Kanal durch einen Holztrog – im Bild malerisch vereist – im Ortsgebiet von Sollenau über die Piesting geführt.

Da der Treppelweg am Piestingtrog für Radfahrer zu schmal war, wurde 2001 eine eigene Brücke für Radler gebaut, und zwar in der gleichen Bauart wie die in Leobersdorf und Schönau an der Triesting.

Auf einen Blick: Die (letzte) Kanalschleuse 36, der Piesting-Aquädukt – links verläuft der Fußgängersteg – und die erhaltene historische Blumauer Brücke am Horizont.

Abschnitt nach Sollenau bis zur Mündung:

Nach Sollenau fließt die Piesting durch Blumau, Ebreichsdorf und Moosbrunn, um bei Gramatneusiedl in die Fischa zu münden.

Karte des Mündungsgebietes

„Früher vermutete man, dass bei Ebreichsdorf ein Teil des Piestingwassers unterirdisch in den Kalten Gang fließt, welcher in die Schwechat mündet.

Neueren Untersuchungen zufolge ist der Kalte Gang aber ein eigenständiger Grundwasserfluss, der nicht von der Piesting gespeist wird. Trotzdem wird die Piesting oft noch fälschlicherweise als Kalter Gang bezeichnet."

Zitat: Wikipedia/Piesting

Warme Fischa und Kehrbach

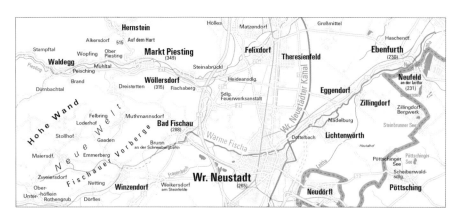

Quellgebiet:

Die Warme Fischa entsteht durch
Zuflüsse aus den Fischauer Vorber-
gen im Gemeindegebiet von Bad
Fischau.

Die Vorberge beginnen im Norden
bei Markt Piesting und erstrecken
sich westlich von Bad Fischau –
Brunn bis nach Winzendorf und
weiter im Süden nach Willendorf.

Aus touristischer Sicht ist die Hohe
Wand am bekanntesten.

Nach dem Zehenergürtel im Westen
Wiener Neustadts, in der sogenannten Schmuckerau, teilt sich die
Fischa, deren nördlicher Arm Ham-
merbach genannt wird. Die beiden
Arme vereinigen sich im Osten vor
der Stadionstraße wieder.

Wasserkreuzungen mit dem Kanal:

Warme Fischa:
Der Trog über die Warme Fischa ist der einzige, wo
noch Reste des ursprünglichen Aussehens sichtbar
sind. Von den ursprünglich fünf Bögen und einem
viereckigen Durchlass sind noch ein Pfeiler und, vom
Osten gesehen, vier Bögen ansatzweise sichtbar.

Der Rest des Bauwerkes ist aus Gründen des Hoch-
wasserschutzes zugeschüttet.

*Hier die heute weniger spektakuläre Ansicht von Westen
nach Osten, also die gleiche Sicht wie die historische
Perspektive im Bild unten.*

*Ausschnitt aus einem Bild von der Anlage der Maschinen-
fabrik Fischer. Links im Bild ist ein Kanalschiff zu sehen.*

**Abschnitt von Wiener
Neustadt bis zur Mündung:**

Nach Wiener Neustadt fließt
die Fischa durch die drei Kanalgemeinden Lichtenwörth,
Eggendorf und Ebenfurth und
mündet im Süden Potten-
dorfs in die Leitha.

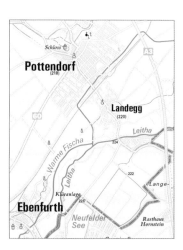

Pottendorf ist heute eher
wegen der Pottendorfer Linie
bekannt, einer Bahnverbin-
dung von Wien, Ebreichsdorf,
Pottendorf, Ebenfurth nach
Wiener Neustadt.

Die Gemeinde ist aber auch
wegen ihrer (Industrie-)Ge-
schichte interessant. So gab
es hier im 17. Jahrhundert
eine bekannte Druckerei. Ab
1800 entwickelte sich hier
eine Textil- und Maschinenin-
dustrie.

Geschichte des Kehrbaches:

Bevor Wiener Neustadt gegründet wurde, zweigte am linken Ufer der Schwarza ein Seitenarm – die Speck genannt – ab, der zur Bewässerung für das bei Neunkirchen zwischen Peisching und Breitenau gelegene Steinfeld genutzt wurde. Der eigentliche Kehrbach wurde im Zuge der Erbauung von Wiener Neustadt 1195 künstlich angelegt, um den Stadtgraben der Befestigungsanlage mit Wasser zu versorgen.

Der Name Kehrbach geht vermutlich auf eine Urkunde Friedrichs III. des Schönen zurück, der das „Abkehren" – gemeint war das Ableiten des Wassers – außer für Befugte untersagte. Nachdem wegen der Hochwässer der Kehrbach regelmäßig zu „kehren" und diese Maßnahme sehr kostenaufwendig war, leitete man später den Namen des Kanals davon ab.

Kaiser Friedrich III. (1424–1493) erhob Wiener Neustadt zu seiner Residenz. Er ließ im Osten der Burg einen Garten anlegen, der mit der sogenannten Zeiselmauer umgeben wurde. Für den Tiergarten wurde ab 1453 Kehrbachwasser eingeleitet.

1752 wurde das „Adelige Kadettenhaus" gegründet, die spätere Theresianische Militärakademie, die für Ausbildungszwecke Kehrbachwasser nützte. So wurden Teiche angelegt, wo man das Schifffahren und das Schwimmen zu Pferde von den Kadetten übte.

1779 wurde nach englischem Vorbild für Übungszwecke eine Schleuse errichtet, 24 Jahre (!) bevor am Wiener Neustädter Kanal die ersten Schleusen für den Frachtverkehr genutzt wurden.

1802 zog man Kehrbachwasser zur probeweisen Befüllung des Wiener Neustädter Kanals heran.

Die Holz-Schwemmverbindung von der Rax über den Kehrbach zum Kanal wurde 1805 vertraglich mit dem Waldbesitzer Graf Hoyos und dem Schwemmmeister Georg Hubmer geregelt. Die Hubmersche Schwemmkompanie transportierte bis 1855 Holz über die Schwarza, den Kehrbach und den Wiener Neustädter Kanal.

Kehrbachumlegung:

Sie erfolgte 1916, bei welcher der Kehrbach alleiniger Wasserlieferant des Wiener Neustädter Kanals wurde. Im Zuge der Umleitung wurde bei Katzelsdorf ein Mühlbach von der Leitha abgeleitet, der im Akademiepark in den Kehrbach mündet. Die Einspeisung über die Neudörfler Rigole wurde aufgelassen.

Kehrbach:

Kehrbachableitung bei der Peischinger Landwehr in Neunkirchen

Auf der Höhe des Straßenzuges Ungargasse/Neudörfler Straße, Ecke Schelmergasse, fließt der Kehrbach aus dem Akademiepark

Beim Kraftwerk Ungarfeld zweigt der Kanal vom Kehrbach ab.

Am Kehrbach nützen die Kraftwerke Föhrenwald, Brunnenfeld, Akademie und Ungarfeld die insgesamt 90 m Höhendifferenz.

Bei der Peischinger Landwehr werden bis zu 7 m³/sek und in Katzelsdorf bis zu 3 m³ abgeleitet. Dem Wiener Neustädter Kanal werden ca. 1,4 m³ Wasser zugeführt.

Der Kehrbach ist rund 16 km lang.

Kehrbachaquädukt:

Er wurde 1916 im Zuge des Kraftwerkbaus Ungarfeld in einer Betonkonstruktion errichtet. Der ursprüngliche Aquädukt war von einer Bauart ähnlich jener über die Warme Fischa. Er besaß jedoch nur zwei Bögen.

Kanalverlauf am Aquädukt. Siehe auch Titelbild des Kapitels VIII.

Schematische Darstellung der Gewässerverläufe:

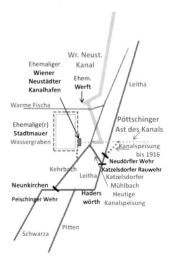

Siehe auch: „Kanalspeisungen" auf der nächsten Seite und Kapitel VII. „Die speisenden Flüsse des Wiener Neustädter Kanals".

Leitha

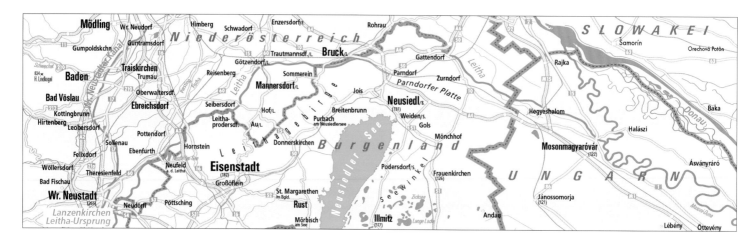

Quellgebiet:

Die Leitha entsteht durch den Zusammenfluss von Schwarza und Pitten bei Haderswörth.

Schwarza:

Sie kommt aus dem Raum Rohr bzw. Schwarzau im Gebirge und fließt nach Süden durch das Höllental, längs des Raxmassivs. Ab Neunkirchen bei Loipersbach weist die Schwarza eine Versickerungsstrecke auf, wo der Großteil des Wassers im kiesigen Untergrund des Steinfeldes verschwindet.

Pitten:

Sie entspringt im Wechselgebiet. Den Namen Pitten erhält der Fluss ab dem Zusammenfluss des Großen Pestingbaches mit dem Feistritzbach, ungefähr auf der halben Strecke zwischen Aspang-Markt und Grimmenstein in der Buckligen Welt. Die Pitten durchfließt Seebenstein, Pitten, Bad Erlach und vereinigt sich bei Haderswörth mit der Schwarza zur Leitha. Die mittlere Durchflussmenge liegt bei 3 m³ pro Sekunde, kann aber bei Hochwasser auf über 100 m³ ansteigen.

Leitha:

Sie ist das Gewässer ab Haderswörth, das im Wesentlichen von der Pitten gespeist wird, weil die Schwarza im Quellgebiet gleich einmal 2,5 m³ pro Sekunde an die I. Wiener Hochquellenwasserleitung abliefert und bei Peisching das meiste Wasser an den Kehrbach weiterleitet, wenn nicht gerade Hochwasserzeit ist. Aber auch das Pitten-Wasser bleibt der Leitha nicht lange: Bei Katzelsdorf zweigt der Mühlbach ab, der nach Wiener Neustadt führt und dort im Akademiepark in den Kehrbach mündet. Bis auf die 1,4 m³/sek, die der Kehrbach an den Wiener Neustädter Kanal abgibt, wird das abgeleitete Wasser der Schwarza und Pitten über die Warme Fischa, in die der Kehrbach mündet, wieder an die Leitha abgeliefert.

Ehemalige Wasserkreuzung mit dem Kanal:

Der Leitha-Aquädukt aus Holz war – mit 65 m Länge, 3,16 m Breite, 1,65 m Tiefe und 6,4 m über dem Leithaniveau – der mit Abstand längste des Kanals.

Abschnitt nach dem ehemaligen Trog:
Bis in den Raum Zillingdorf – Eggendorf – Ebenfurth ist das Bett der Leitha, wenn nicht gerade Hochwasserzeit ist, so lange wasserarm, bis sich die Leitha durch zuführende Gerinne wieder füllt. Ab Eggendorf vollführen die Warme Fischa und das Leithabett einen Parallellauf, bis vor Wampersdorf die Warme Fischa ins Leithabett fließt und die Leitha wieder zu einem richtigen Fluss wird. Ab der Höhe Kaisersteinbruch wird die Leitha erneut – bei Neudörfl war sie es schon – zum Grenzfluss, (heute) zwischen Niederösterreich und Burgenland. Früher war sie der Grenzfluss zu Ungarn. Die größte Siedlung ist in diesem Raum Bruck an der Leitha.

Mündung:
Bei Nickelsdorf verlässt die Leitha Österreich und wird zur Lajta, die bei Mosonmagyaróvár westlich der Insel Szigetköz (Kleine Schütt) in die Kleine Donau (Mosoni-Duna) mündet.

Kanalspeisungen:
Der Grundgedanke der ursprünglichen Einspeisung – mittig am Pöttschinger Ast über die Neudörfler Rigole – war wohl die Nutzung des Wassers der Pitten und die Absicht, den Kanal weiter nach Ödenburg und Raab zu bauen. Der Grund für die Wasserumlegung 1916 über den Katzelsdorfer Mühlbach durch eine „Rauwehr" war die „politische" Unsicherheit des damals auf dem ungarischen Burgenland gelegenen Ableitungspunktes in Neudörfl (Szt. Miklós). Die Rigole wurde zugeschüttet. Eine schematische Darstellung der Gewässerverläufe wird auf der vorhergehenden Seite gezeigt.

Kapitel IX.

Schwemmkanäle und Holztriften im Einzugsbereich des Kanals
Die „Erben" der Schwemm-Compagnie

Holztriftanlagen gab es im Viertel unter dem Wienerwald schon lange vor dem Wiener Neustädter Kanal. Die Holztrift am Schwechatbach wurde bereits 1667 in Betrieb genommen, dagegen erfolgte die Kanaleröffnung erst 1803. Während der Frachtbetrieb am Kanal 1879 eingestellt wurde, gab es auf der Schwechat noch bis in die 1930er-Jahre eine Holztrift. Im Rax-Schneeberg-Gebiet wird schon im 14. Jahrhundert von Holzaufbringungstechniken berichtet, nämlich das Rutschen auf Holzriesen. Die Holzschwemmanlage aus dem Raxgebiet wurde bereits mit Hinblick auf den Wiener Neustädter Kanal errichtet, wo die Holzübernahme auf Schiffe ab 1808 erfolgte und bis 1855 betrieben wurde. Das Besondere an den Triften waren die Klausen, die das für die Trift notwendige Wasser speicherten. Die Hauptklause in Klausen-Leopoldsdorf mit rund 82.000 m³ wird als die größte ihrer Art in Europa angeführt. Das Besondere an der Rax-Holzschwemme waren zwei Tunnels durch einen Bergrücken, zwei Holz-Schrägaufzüge und auf dem letzten Abschnitt der Schwemmstrecke bis zur Schiffsverladung die Benützung eines künstlichen Kanals, des schon im Mittelalter für die Flutung des Wehrgrabens von Wiener Neustadt errichteten Kehrbaches. Holzriesen sind Transportstrecken auf Holzrutschen, in denen zumeist kein Wasser fließt, sie werden vereist.

Die Kaiserliche Hoheit Maria Theresia kümmerte sich auch in der Forstwirtschaft um Zucht und Ordnung. Sie befahl die ausschließliche Verwendung der Zugsäge, um die großen Holzverluste beim Umhacken der Bäume zu vermeiden.

„ … nicht nach der alten verderblichen Gewohnheit mit der Hacken, sondern mit der Sag an der Wurzel solle gefällt werden."
(Schautafeltext im Triftmuseum Klausen-Leopoldsdorf)

Wegen der im Vergleich zur Hacke fünfmal so hohen Kosten für eine Zugsäge und der wesentlich aufwendigeren Pflege setzte sich die Säge nur langsam durch. Es wurden immer wieder Ausnahmegenehmigungen eingeholt, die Bäume weiter mit der Hacke zu fällen.

Zur Einstimmung folgt auf der nächsten Seite ein kleiner Sprachkurs, um Schwemmknechte und Triftarbeiter besser verstehen zu können, mit Bildern des Zisterzienserpaters C(h)rysostomus Sandweger, der 1828 – 1838 in Josefsberg als Pfarrer wirkte. Er stattete einen Raum im Pfarrhof mit Seccomalereien aus, die das Leben der Holzknechte in der ganzen Vielfalt detailliert und eindrucksvoll zeigen.

Sandweger wurde 1778 in Niederbayern geboren, sein Taufname war Anton. Bevor er Pfarrer in Josefsberg wurde, war er als Waldmeister und Straßenbaudirektor des Stiftes Lilienfeld tätig. Er hatte somit die Verantwortung für den gesamten rund 50.000 ha großen Waldbesitz des Stiftes.

Das Vokabular der Holzknechte an den Triften und Holzschwemmen

Begriff	Übersetzung
Anlanden	Ungewolltes Austreten des Holzes längs der Schwemmstrecke
Ausländen	Holzstämme aus dem Wasser ziehen
Aufzainung	Stapeln von Holz
Blochkette	Holzstämme längs der Ufer zur Lenkung des Triftholzes
Durchgangsklause	Flussabwärts der Klausen gelegenes Becken zur Lieferung des Vorwassers
Flößergabel	Werkzeug an Stange mit Gabelende
Flößerhaken	Werkzeug an Stange mit Haken
Einwässern	Einbringen des Holzes in den Fluss
Griesbeil	Werkzeug mit zwei versetzten Dornen, der waagrechte zum Heranziehen, der senkrechte zum Aufzainen
Hebtor	Tor im Damm, das Klause verschließt
Holzerkobel	Unterkunft für Holzarbeiter
Klause	Künstliche Wassersperre
Klause gespannt	Aufgestaute Klause
Klause schlagen	Das Klausentor schlagartig öffnen
Klaushütte	Wärterhäuschen neben den Klausen
Klausen	Triften
Legestätte	Holzlagerplatz
Lände	Lagerplatz für Triftholz
Nachwasser	Wasserschub bei Triftverspätungen
Ploch (Bloch)	Auf 8 bis 12 Schuh Länge verkürzter Stamm (2,52 – 3,8 m)
Pass	Gruppe von 6 bis 12 Holzknechten
Passknecht	Leiter der Holzknechtgruppe
Rechen	Aufgestellte Baumstämme als Barriere zum Ausländen
Rechenhof	Parallel zum Fluss angelegtes Bett, mit Rechen am unteren Ende
Reifmesser	Werkzeug zum Entrinden
Riese	Rinne, aus der Länge nach verlegten Holzstämmen zum Holzrutschen
Rollzain	Holzstapel mit Kreuzstoß, der zum Einwässern des Holzes geöffnet wird
Sappel	„Spitz-Hacke" zum Ziehen und Arretieren des Holzes
Schlichter	Holzarbeiter, die im Akkord ausländen
Schwarten	Abfall beim Entrinden oder Säumen
Senklinge	Abgesunkene Holzstämme
Steinkastenklause	Klause mit 2 Holzblockwänden, die mit Steinen und Lehm gefüllt werden
Verklausung	Hängenbleiben der Stämme
Vorwasser	Vor der Trift abgeleitetes Wasser zur Sicherung der Schwemme
Wercher	Flussuferverbauung
Windenwerkhäuschen	Hütte am Kanaldamm, zum Schutz der Hebemechanik

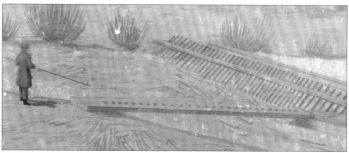

Mann mit einem Flößerhaken

Schwemmknechte mit Flößerhaken beim Ausländen

Holzriesen, links und rechts eines Tales

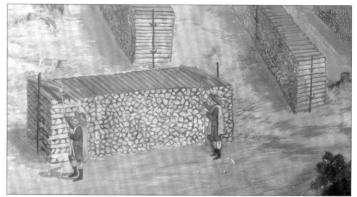

Aufzainen mit der Flößergabel und Griesbeil

Sappel; Griesbeil; Reifmesser/Flößergabel/Flößerhaken

Holztriften und Klausen in Klausen-Leopoldsdorf und Alland, Schwemmanlage längs des Schwechatbaches nach Baden und Möllersdorf

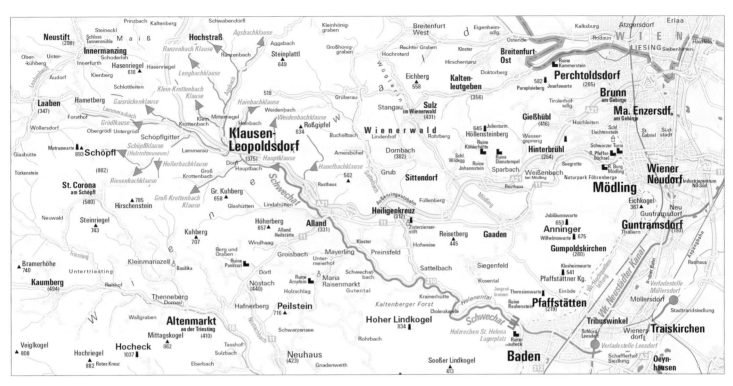

Ansicht des gesamten Trift- und Schwemmbereiches vom Schöpfl (890 m) im Westen bis Möllersdorf (188 m) im Osten. Die Länge aller ehemaligen Triftbäche in Klausen-Leopoldsdorf beträgt ca. 84 km, insgesamt sind es ca. 104 km. Das Wassereinzugsgebiet umfasst ca. 70 km², das Gesamtfassungsvermögen aller Klausen betrug ca. 250.000 m³. Die ehemalige Schwemmstrecke Klausen-Leopoldsdorf bis Baden/St. Helena-Holzlagerplatz beträgt 23 km, von Klausen-Leopoldsdorf bis Möllersdorf 32 km.

Triftmuseum am Heuboden eines Jagdhauses, neben der Klause gelegen

Werkzeuge zum Schlägern und Verfrachten des Holzes

*Erhaltene bzw. revitalisierte **Schöpflklause** im Salygraben. Stauvolumen 8.000 m³. Die Triftdauer zwischen Schöpflklause und Hauptklause betrug ca. 1½ Stunden, bis nach Baden/St. Helena ca. 5 Stunden.*

Wien etablierte sich im 16. Jahrhundert unter Kaiser Ferdinand I. (1503–1564) endgültig als Residenzstadt und die Bevölkerung wuchs rasant von rund 25.000 Einwohnern auf etwa 80.000 in den 1670er-Jahren an. Dadurch stieg auch der Holzbedarf der Stadt und bewog Kaiser Leopold I. (1640–1705) im Jahre 1667, im heutigen Gebiet von Klausen-Leopoldsdorf eine Holztriftanlage zu errichten.

„Am 4. April 1667 begannen die Bauarbeiten zur Errichtung der Hauptklause. Sie wurde von Zimmerleuten aus dem Salzkammergut aus Holz und (zunächst) mit nur einem Tor gebaut. Gleichzeitig erfolgte die Zuweisung von Pachtgründen an die ersten Holz- und Schwemmknechte, welche aus Oberösterreich, Salzburg, Bayern und Schwaben zur Nutzung der Wälder angesiedelt wurden. Die Ansiedlung wird nach dem Gründer Kaiser Leopold I. genannt. Die erste Trift fand am 15. Oktober 1667 statt."
(Zitat: Website der Gemeinde Klausen-Leopoldsdorf, Horst Schmid)

Im Endausbau verfügte das Einzugsgebiet über 14 Klausen.

In der Zeit Maria Theresias, 1756, wurde die Hauptklause in Steinbauweise hergestellt. Im Spitzenjahr 1720 wurden an die 100.000, in der gesamten Betriebsperiode von 1667 bis 1939 geschätzte 8,5 Millionen Raummeter getriftetes Holz geschwemmt.

1870 plante man zur Holzbeförderung eine Eisenbahnlinie von Baden nach Klausen-Leopoldsdorf, die sogenannte „Wienerwaldbahn", die jedoch nicht realisiert wurde.

Namen der Klausen; **fett** gedruckt sind die erhaltenen Klausen:

1. Agsbachklause
2. Gaisrückenklause
3. Grödlklause
4. Groß-Krottenbachklause
5. Hainbachklause
6. Hanefbachklause (im Gemeindegebiet von Alland)
7. **Hauptklause** (erhalten; siehe Bilder auf der nächsten Seite)
8. Hollerbachklause
9. Klein-Krottenbachklause
10. **Lengbachklause** (teilweise erhalten)
11. Ranzenbachklause
12. **Riesenbachklause** (erhalten; siehe Bilder unten): Erbaut 1742 und bis 1939 im Holztriftbetrieb. Sie diente als Staubecken für 22.000 m³ Wasser, mit dessen Kraft in mehreren Triftgängen in einem Jahr bis zu 18.000 Raumfestmeter Brennholzscheiter nach Baden geschwemmt wurden. Zeitdauer der Entleerung 1 ½ h, Wiederbefüllung 60 h.
    Die 2006 revitalisierte Klause wurde zum Hochwasserrückhaltebecken ausgebaut.
13. **Schöpflklause**, auch Salygrabenklause (erhalten; siehe Bild auf der vorhergehenden Seite): Hier befindet sich das Holztrift- und Forstmuseum. Das Häuschen zur Betätigung des Hebtores (Wehr) auf der Dammkrone wurde wieder hergestellt.
14. Weidenbachklause

In durchschnittlichen Jahren wurden 20.000 bis 30.000 m³ Raummeter geschwemmt. Es gab 4–6 Triften pro Jahr, aber auch „trockene" Jahre, wo wegen Wassermangels wenig bis kein Holz geschwemmt werden konnte.

Riesenbachklause:

Die erhaltene bzw. revitalisierte Klause liegt unmittelbar an der L127, 3,5 km südwestlich von Schöpfelgitter.

Blick auf den Staubereich und den Damm der Riesenbachklause   *Westlicher Auslauf der Riesenbachklause*

Hauptklause: Sie lieferte das Vorwasser zum Einschwemmen der ca. 23 km langen Schwemmstrecke nach Baden.

Hauptklause in Klausenleopoldsdorf nach dem Auslass Richtung Baden

Erinnerungstafel an den Umbau unter Franz I. und Maria Theresia, 1756

Becken der Hauptklause, ca. 82.000 m³, 80 m x 210 m x 4,9 m

Historischer Nagel in der Uferverbauung

Beschreibung des Triftvorganges:

Für den Schwemmvorgang bedurfte es, so würde man heute sagen, eines eigenen Managements:

- Die Hebtore der Klausen sind geschlossen, die Klausen sind gespannt. In St. Helena wird die Schwechat durch eine Wehr in den Rechenhof umgeleitet, an dessen Ende sich der Hauptrechen befindet.
- Es erfolgt das Einwässern der Schwemmstrecke mit ausreichendem Vorwasser. Die unterhalb der Hauptklause gelegenen Klausen und die Hauptklause werden als erste geöffnet.
- Die Schwemmknechte stoßen mit ihren Griesbeilen den Kreuzstoß am Rollzain an der triftbachseitigen vorderen Ecke in den Triftbach. Der Rollzain verliert dadurch seine Stabilität, das Holz wird vom Wasser mitgenommen.
- Die Schwemmknechte überwachen das Einwässern und stoßen mit den Griesbeilen hängen gebliebenes Schwemmholz in den Triftbach.
- Im Rechenhof schwemmt die Flut das Holz bis zu 5 m hoch am Rechen an. Durch Seitenkanäle im Rechenhof und durch das Sandgitter unterhalb des Rechens wird das Holz trockengelegt und die Schwechat wieder in ihr Bett zurückgeleitet.
- Das Ausländen erfolgte durch Schlichter im Akkord.
- Nach einer Lagerzeit von ½ Jahr war das Holz trocken und bereit zur Abfuhr zum Wiener Neustädter Kanal nach Leesdorf.
- Man begann die Trift mit der Hauptklause um ca. 6 Uhr, das Holz aus der letzten Klause war dann um ca. 14 Uhr in St. Helena.

Der Holzlagerplatz in Baden/St. Helena und der Verladeplatz am Wiener Neustädter Kanal in Baden/Leesdorf

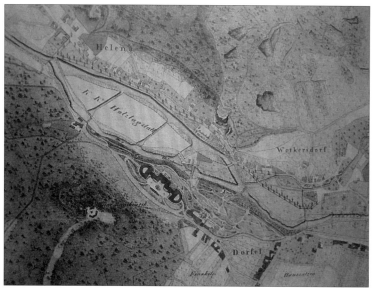

Holzlager- und Rechenanlage bei St.Helena, zw. dem Urtelstein und Weikersdorf/ Baden gelegen, unterhalb der Ruine Rauhenstein und nördlich der Weilburg. Im ca. 400 m langen Rechenhof konnte bis zu 15.000 m³ Schwemmholz ausgeländet werden.

Holzrechen beim Sacher, vor der Wehr, welche die Schwechat in den Rechenhof umleitete. Die Spindeln des Holzrechen wurden zu Triftzeiten eingesteckt.

Der Holzrechenplatz dient heute als Erholungsgebiet (Fotomontage)

Großer Holzrechen mit Blick auf den Aquädukt der I. Wiener Hochquellenwasserleitung

Modell der großen Holzrechenanlage am Ende des Rechenhofes (Triftmuseum Schöpflklause)

Ab 1808 wurde das geschwemmte und in St. Helena ausgeländete Holz mittels Pferdefuhrwerken nach Leesdorf/Baden verfrachtet, umgeladen und auf dem Wiener Neustädter Kanal nach Wien befördert. Vorher triftete das Holz auf der Schwechat bis Möllersdorf und wurde dort auf Pferdefuhrwerke verfrachtet und über die Reichsstraße nach Wien transportiert.

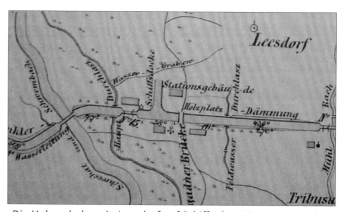

Die Holzverladung in Leesdorf auf Schiffe des Wiener Neustädter Kanals erfolgte bei der Schleuse 15. Heute verläuft hier die Waltersdorfer Straße über die seinerzeitige Badner Brücke.

Holztriftanlagen im Naßwald, Schwemmanlage längs der Schwarza und des Kehrbachs nach Wiener Neustadt Die Schwemm-Compagnie des Georg Hubmer

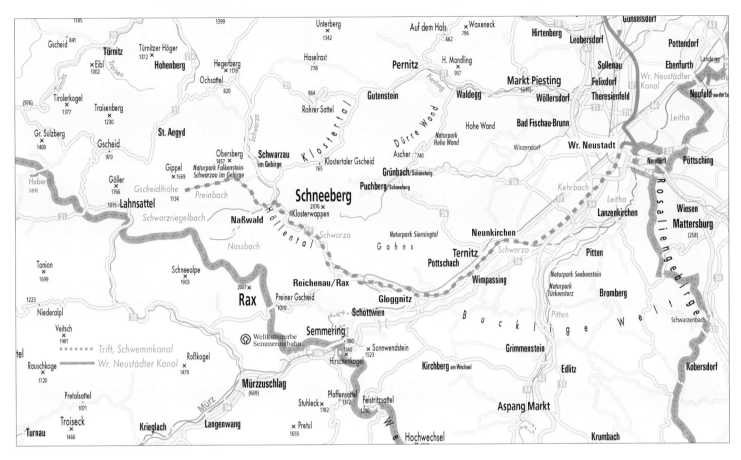

Die Übersichtskarte zeigt die gesamte rund 65 km lange Schwemmstrecke längs der Schwarza und des Kehrbaches und die Teilstrecke Wiener Neustadt bis Sollenau des Wiener Neustädter Kanals, ab der das Holz bis Wien auf Schiffen verfrachtet wurde. Zunächst zur Vorgeschichte:

Einige Jahrzehnte nachdem 1667 Kaiser Leopold I. die Holztrift zwischen Klausen-Leopoldsdorf und Baden längs der Schwechat anlegen ließ, beschloss man für die Holzversorgung der stark wachsenden Residenzstadt Wien weitere groß angelegte Holzschwemmen zu errichten: Ab 1745 begann Franz Josef Gnigl Holztriften südlich der Donau aus dem Raum Ötscher, Dürrenstein und Mariazell auf der Erlauf zu planen und zu schwemmen. Das Volumen war für rund 20.000 Raummeter pro Jahr konzipiert. Hier entstanden erste Holzaufzüge und sogenannte Berglucken, also Wasserdurchbrüche, zur Überwindung von Höhenunterschieden bis zur Schwemmstelle. Gnigl verkaufte an Joseph Tobenz, nach dem der Wasserweg dann Tobenz´sche Holzschwemme benannt wurde.

Ab 1772 stieg Joseph Weber, Edler von Fürnberg, in das Schwemmgeschäft ein, welches das Holz aus dem im Waldviertel gelegenen Weinsberger Forst auf dem Weitenbach nach Luberegg an der Donau bringen sollte. Da dieser Bach über einige Kilometer zu wenig Wasser für eine natürliche Schwemme führte, wurde er an diesen Stellen in eine mit Holz ausgekleidete Wasserriese verwandelt. Der spektakulärste Bau war aber ein rund 200 Meter langer Schwemmtunnel, der die große Ysperschwemme mit dem Weitenbach verband. Der Fürnberger verpflichtete sich 100.000 Raummeter pro Jahr aufzubringen, ein zu hohes Volumen, um es dann auch wirklich erfüllen zu können, sodass diese Schwemmkompanie 1811 wieder aufgelöst wurde.

An der Erbauung beider Triften südlich und nördlich der Donau waren Holzarbeiter, Spezialisten aus dem Gebiet rund um den Dachstein maßgeblich beteiligt. Mit dabei waren die Brüder Johann und Georg Hubmer, oft auch Huebmer geschrieben. Im Jahr 1784 bewarben sie sich um die Holzkohlebringung aus den Wäldern der Grafen Hoyos um Rax und Schneeberg durch das Höllental zur Brennstoffversorgung des Eisenwerks in Hirschwang, das im Besitz der Innerberger Hauptgewerkschaft war. Die Innerberger Hauptgewerkschaft bestand von 1625 bis 1881. Sie war ein Vorgängerunternehmen der „Österreichisch-Alpine Montangesellschaft" und damit auch der heute bestehenden „voestalpine AG". Die Hubmer-Brüder bekamen den Zuschlag und siedelten sich mit ihren Holzarbeitern samt Familien im Gebiet des jetzigen Hinternaßwald rund 20 km nordwestlich von Reichenau an. Sie errichteten an der Schwarza und deren Zuflüssen die für die Holzbringung notwendigen Riesen, Klausen und Holzrechen.

Als 1797 mit dem Bau des Wiener Neustädter Kanals begonnen wurde, erkannten die Brüder Hubmer die Chance, Brennholz aus ihrem Arbeitsgebiet des Raxmassivs auf der Schwarza und über den Kehrbach nach Wiener Neustadt in das rund 125 km entfernte Wien bringen zu können.

Im Jahre 1808, nach langwierigen Verhandlungen mit dem Grafen Hoyos, war es dann so weit: Die Brüder Hubmer und ihre Holzarbeiter schwemmten Brennholzscheite etwas mehr als die Hälfte der Strecke, also rund 65 km, über den Preinbach, Naßbach, die Schwarza und den Kehrbach nach Wiener Neustadt und verfrachteten sie dann mit 30 eigenen Schiffen am Wiener Neustädter Kanal nach Wien.

Für die damalige Zeit eine herausragende logistische Leistung. Die technischen Leistungen im Gebiet der eigentlichen Holzaufbringung sind ebenso beeindruckend.

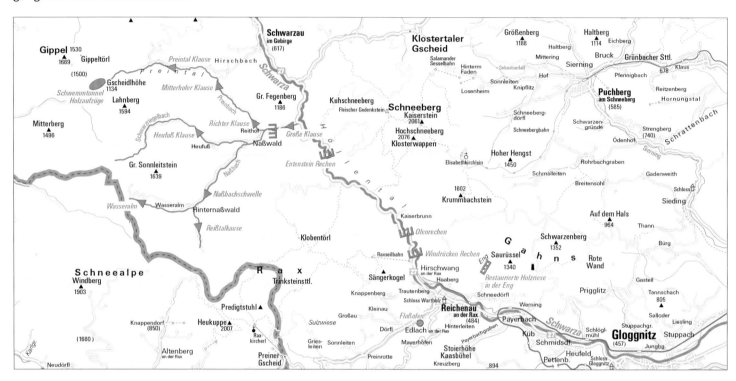

Das bekannteste Bild von Hubmer, der als Raxkönig in die Geschichte einging

Hubmers Grabmal in Naßwald

Georg Hubmer (auch Huebmer geschrieben, * 1755 in Gosau; † 1833 in Naßwald, Gemeinde Schwarzau im Gebirge)

Hubmers Eltern waren Protestanten; mit 17 Jahren verließ er mit seinem älteren Bruder Johann Gosau und arbeitete als Holzknecht im Waldviertel, später im Gebiet rund um den Ötscher. Bemerkenswert ist, dass die beiden Brüder keinen Schulabschluss besaßen. So wird berichtet, dass sie später für ihre umfangreichen Geschäfte und das Abfassen der Verträge Schreiber beschäftigten. Über Hubmers Schaffen im Naßwald, bei der Holzverfrachtung über die Schwarza, den Kehrbach und den Wiener Neustädter Kanal nach Wien wurde schon eine Übersicht geboten.

Als die Holzbestände im Laufe der Jahre im Naßwald durch die Schlägerungen immer weniger wurden, sah sich Hubmer um Reviere im Einzugsbereich der Stillen Mürz, jenseits der Wasserscheide, östlich der 1.134 Meter hohen Gscheidlhöhe um. Die Verbindung zur Schwarza stellte er durch einen 430 Meter langen Schwemmtunnel, den er mit seinem eigenen Personal zwischen 1822 und 1827 herstellen ließ, und durch Holzaufzüge her. Das Tunnelniveau lag auf ca. 1.090 Meter Höhe.

Sein Enkel, ebenfalls ein Georg Hubmer, baute 1848–1853 einen tiefer gelegenen 760 Meter langen Tunnel, der an beiden Enden einen Schiffskanal besaß, wo drei Schiffe verkehrten. Nachdem der bald 50 Jahre alte Vertrag mit dem Grafen Hoyos die Kosten nicht mehr deckte und kein neuer zustande kam, wurde das Geschäftsverhältnis 1854/55 beendet.

Ehemaliger Reithof aus dem 17. Jh., den Hubmer zum Wohn- und Bauernhaus ausbaute

Evangelische Pfarrkirche Naßwald. Sie wurde 1826 von Georg Hubmer als Volksschule und Bethaus erbaut. 1840 wurde das Gebäude aufgestockt und 1910 ein Turm aufgesetzt.

Die Grafen Hoyos

Die Hubmers besaßen zwischen 1784 und 1854 das Recht der Holzaufbringung und des Transportes aus den Gütern der Grafen Hoyos. Dieses Adelsgeschlecht stammte aus Burgos in Altkastilien. Anton und Hans von Hoyos kamen im Gefolge von Kaiser Ferdinand I. um 1525 von Spanien nach Österreich, erwarben hier viele Güter und wählten 1547 Burg Stixenstein bei Ternitz als Hauptsitz.
Die gemeinsame Geschichte der Hubmers und Hoyos begann mit

• Johann Ernst dem Älteren Graf Hoyos
(1718–1781), der sich schwer verschuldete und dem späteren Vertragspartner Hubmers,

• Johann Philipp,
(1747–1803), einen riesigen Schuldenberg hinterließ. Die wirtschaftliche Basis Johann Philipps bestand in der Nutzung der Wälder. Die ererbte Schuldenlast zwang Hoyos zu streng wirtschaftlichem Handeln, was Hubmer zu spüren bekam. 1797, mit Baubeginn des Wr. Neustädter Kanals, legte Hubmer ein Angebot an Hoyos, in dem er sich zur Errichtung aller notwendiger Bauten einschließlich der Arbeiterwohnungen und zur Übernahme der Hochwasserrisken verpflichtete. Nachdem 1802 Schloss Stixenstein abbrannte, verstarb 1803 Johann Philipp Hoyos. Unter seinem Sohn

• Johannes Ernst
(* 1779 Horn; † 1849 Horn) kam endlich 1805 ein Vertrag zustande.

Größtes Hindernis waren die Einsprüche der Eisenhüttenbesitzer, die durch die Brennholzlieferungen nach Wien ihre Kohleholzversorgung gefährdet sahen. Nun begann der Ausbau der Schwemmstrecke und Holzlagerplätze in Wiener Neustadt und Wien. 1808 landeten dann die ersten Hubmer'schen Holzlieferungen in Wien.

Johannes Ernst Graf Hoyos von Sprinzenstein – letzteren Beinamen erhielt er, als 1822 nach dem Tod von Anton Lamberg-Sprinzenstein, dessen Herrschaft Drosendorf-Pyhra und Thumeritz an die Hoyos fiel – wird zwar als eiserner, unnachgiebiger adeliger Forstbesitzer in der Literatur beschrieben, jedoch hatte auch er eine soziale Ader; so hatte er die lebenslängliche Versorgung von 20 Kriegsinvaliden übernommen.

Johannes Ernst unterhielt auf eigene Kosten ein Bataillon in den Napoleonkriegen und war 1848 Kommandant der Wiener Nationalgarde. Er verstarb 1849 infolge eines Reitunfalls.

• **Heinrich Graf Hoyos-Sprinzenstein** (1804-1854), sein Sohn, hatte es schwer, die Nachfolge seines prominenten Vaters anzutreten. Er verstarb relativ jung. Kurz danach musste Hubmer die Schwemm-Compagnie auflösen.

Hubmers Tunnelbauten im Hochgebirge und die Holzaufzüge erregten auch internationales Aufsehen und begründeten seinen Ruf bis heute.

Das Bild des Chrysostomus Sandweger zeigt Hubmers Bauten am Gscheidl:
Oben der Tunnelausgang, danebenstehend Georg Hubmer, in der Bildmitte der Schwemmkanal,
unten der Schiffskanal mit Pferden als Zugtiere.

Zwei Schiffskanäle und zwei Holzaufzüge befanden sich auf der Seite der Stillen Mürz,
östlich der Gscheidlhöhe.

Das soziale Wirken des Georg Hubmer:

In Österreich ist Hubmer aber vor allem wegen seines sozialen Wirkens in bleibender Erinnerung. 1826 ließ er, inzwischen zu Wohlstand gekommen, für seine bis zu 400 Waldarbeiter ein evangelisches Schul- und Bethaus errichten.

Er begründete, rund 65 Jahre bevor es in Österreich ansatzweise ein Sozialversicherungssystem gab, für seine Arbeiter samt deren Familien eine beispielhafte Kranken- und Pensionsversorgung und kümmerte sich darüber hinaus um Rechtsangelegenheiten seiner Leute bei Streitigkeiten mit der gräflichen Verwaltung.

An die acht Klausen, Holzkonstruktionen mit Gestein gefüllt, wurden im Naßwald und Preintal errichtet

Als 1854/55 die Huebmer'sche Schwemm-Compagnie aufgelöst wurde, war es auch mit der Sozialversorgung aus und die Naßwalder mussten, so weit sie das konnten, abwandern. Die Verbleibenden gerieten in wirtschaftliche Not. Darauf gab es gesellschaftliche Reaktionen, wie dem Programmheft des Neujahrskonzertes 2017 zu entnehmen war:

„Die Nasswalderin", Mazurka op. 267 von Josef Strauss:
Diese liebliche Mazurka im gemächlichen Ländler-Stil ist den damals armen Bewohnern der Nasswald-Region im Rax-Gebirge gewidmet. Um die Armut des Holzfällervolkes zu lindern, gründete der Schriftsteller August Silberstein ein Hilfswerk. Nasswalder wurden regelmässig nach Wien eingeladen. So war am 27. Februar 1869 eine Gruppe Nasswalder zu Gast im Grossen Zeisig. Da erschien Josef Strauss mit einigen Musikern und führte diese Mazurka auf. Die Gäste von der Rax fühlten sich geehrt.

Die Holzriese „In der Eng":

Riesen-"Treff", Foto von 1910

Die Riese „In der Eng" ist deswegen hervorzuheben, weil sie auf einem Teilstück von der Betreiberin der Wiener Hochquellwasserleitung, der Stadt Wien, 1981 bzw. 2007 instand gesetzt wurde und auch verfallene Strecken der „Holzrutsche" heute noch zu sehen sind.
Erwähnt wird die Riese erstmals 1343 in einer Beschreibung der Herrschaft Reichenau, als „Feicht Rießen". Im „Herrschaftlichen Gaabenbuch der Herrschaft Reichenau" wird angeführt, dass zwischen 1722–1784 in den „Feuchta-Wäldern" an die 30 Holzknechte ständig tätig waren. Die Riese, von der heute, wie gesagt, noch Reste zu sehen sind, wurde 1784/85 von Johann und Georg Hubmer erbaut.
Zwei Riesen, eine vom Promiska-(Mitterberg-)Graben und eine vom Lackabodengraben, vereinigten sich beim Simonibild – siehe Foto von 1910 – und führte weiter durch die Eng zum Scheiterplatz. Die Gesamtlänge beider Riesstrecken betrug ca. 7 km. Der Betrieb wurde erst nach 1950 eingestellt.
Die folgende Beschreibung, die einen ausführlichen Einblick in die Transportart des Riesen (Rutschen) des Holzes gibt, ist der Schautafel vor Ort entnommen:

„Eine Holzriese konnte von den Holzknechten ohne Eisennägel mit ihrem einfachen Werkzeug (Zugsäge, Keile, Axt, Asthacke, Rindenschäler – Schöpser und Sapine – Sappel) gebaut werden. Nur bei scharfen Krümmungen (‚Reid') wurden an den seitlichen Stämmen aufgebogene Radreifen aufgenagelt, um eine schnelle Abnutzung zu verhindern.
Im Spätherbst wurden die in Form einer Bobbahn aus Stämmen gebauten Rinnen befeuchtet und das über Nacht gefrierende Wasser schuf ideale Eiskanäle, um im Winter das Holz zu Tal zu bringen.
In Abständen von ca. 180 m standen zeltförmige, aus 3 m langen Baumstämmen zusammengefügte Hütten, die den Holzknechten als Unterschlupf dienten. Sie waren mit einem Kessel ausgestattet, in dem Schnee geschmolzen wurde, um die Riese vereisen zu können. Der Abstand von Hütte zu Hütte durfte nicht zu groß sein, weil die für den Riesenbetrieb wichtigen Rufe von Holzknecht zu Holzknecht weitergegeben werden mussten."

Aus Sicherheitsgründen baute man beim Hengstgraben, im Rotwasser und beim Mariensteig Auswürfe ein. Man unterbrach damit den Lauf des Holzes in vier Abschnitte. Das bereitliegende Holz wurde von einem Auswurf zum anderen geriest, dann für den nächsten Abschnitt wieder neu eingegeben. So war es möglich, den jeweils benützten Riesenabschnitt in gutem und gleitfähigem Zustand zu halten und mit relativ wenig Personal jährlich zwischen 3.000 und 6.000 Festmeter Holz zu riesen. Dabei musste auch auf die Sicherheit der Holzknechte geachtet werden. Neben dem Kohl-, Schleif- und Brennholz wurde auch Blochholz geriest. Das Nadelholz (Fichte, Kiefer, Tanne, Lärche) längte man bei 4,6 Metern ab. Das schwere Buchenholz wurde bei 2,6 Metern abgeschnitten. Beim Sortieren am Scheiterplatz kappte man von den durch das Riesen beschädigten Blochenden 30 cm. Das aufgearbeitete Holz brachte man anschließend vom Scheiterplatz mit Pferdewagen, später mit Autos zu den Köhlereien, Papierfabriken, Brennstoffhändlern und Sägewerken. Zu ergänzen ist, dass die Riesgeschwindigkeit durch sog. Bremsberge reguliert wurde und immer nur ein Baumstamm losgelassen wurde.

Schautrift Mendlingtal:

Es ist überraschend, dass trotz der jahrhundertelangen Tradition des Holzschwemmens, die bis in die 1930er- und 1950er-Jahre dauerte, es kaum noch Schautriften gibt.

Die Anlage Mendlingtal befindet sich beim Hochkar und zeigt das Triften am Mendlingbach. Das Holz wird streckenweise in einer Klamm und in Holzriesen geschwemmt und zu einem historischen, in Betrieb befindlichen Sägewerk befördert.

Die wiedererrichtete Mendlingbachklause staut einen kleinen Triftsee auf, dessen Stauwasser die Holztrift ermöglicht.

Kleine Geschichte der Holztransporte:

Die einfachste Form des Transportes war das Treiben (Triften) von Holz am Wasser. Wird das Holz zusammengebunden, spricht man von Flößen bzw. Schwemmen. Eine technische Weiterentwicklung war das Riesen in rutschbahnartigen Holzrinnen. Häufig endete die Riese an einem Wasserlauf, auf dem dann das Holz frei triftete oder zusammengebunden geflößt wurde. Riesen wurden durch der Länge nach angeordnete Rundhölzer gezimmert, der Eingang wurde Riesmund, der Ausgang der Rieswurf genannt. Die Arbeiter auf der Riesstrecke wurden Rieshirten genannt. Man nimmt an, dass das Riesengebirge seinen Namen vom Holzriesen ableitet. Führten die Wasserläufe zu wenig Wasser, wurde durch Anlegen von Klausen Wasser gestaut und das Holz dann schwallartig, meist im Frühjahr, abtransportiert.

Erste Berichte über Riesen und Flöße gibt es aus der babylonischen Zeit um 700 v. Chr. und aus dem Alten Testament, wo über das Verfrachten des Zedernholzes aus dem Libanon berichtet wird. In Mitteleuropa begann das Holzschwemmen und Triften im 12. Jahrhundert, bedingt durch den Bauholz- und Brennholzbedarf. Holzintensive Gewerbe waren die Eisenverhüttung und die Salzgewinnung. Mit Beginn der Industrialisierung stieg der Holzbedarf erneut drastisch an; dies war auch die Zeit, in der Hubmer lebte und wirkte. Bemerkenswert ist, dass bis in die 1950er-Jahre Holz geschwemmt, getriftet und geriest wurde.

Die „Erben" der Schwemm-Compagnie

Liest man die Geschichte von Georg Hubmer und seiner Holz- und Schwemmknechte, die zwischen 1808 und 1855
• bis zu 800 Meter lange Tunnel in 1.000 Meter Höhe in den Berg trieben,
• Schiffskanäle und
• Holzaufzüge im Gebirge bauten und
• Wien mit Holz über eine Distanz von 125 Kilometer versorgten,
so fragt man sich, was über Logistik zu Wasser in Sachen Holz heute noch berichtenswert erscheint.

Raffaela Schaidreiter vom Radiosender ORF 1 ist der Frage nachgegangen und brachte am 28. 1. 2017 einen Beitrag über einen Holz-
exporteur, der am Wienfluss seinen Firmensitz hat, unweit jener Stelle, an welcher der Wiener Neustädter Kanal einst mündete.
Dieser Mann beliefert Levanteländer und Maghrebstaaten wie Algerien und Tunesien mit Holz und war mit den Spediteuren, die
sein Holz per Schiff über das Mittelmeer verschifften, unzufrieden. Sie waren unzuverlässig und verursachten Frachtschäden.
So entschloss er sich selber unter die Reeder zu gehen.

Für Meeresfahrzeuge fällt sein Frachtschiff mit 100 Metern Länge und 18 Metern Breite unter die Kategorie „Multipurpose-Cont-
ainer Vessel", sozusagen die „Narrow Boats" der Meere.
Eine Schiffsladung transportiert unglaubliche 5.000 Tonnen Holzbretter, was einer Leistung von ca. 200 Sattelschleppern entspricht.
Befördert wird vom „Heimathafen" Koper, zur Zeit der Monarchie auch Capodistria genannt, in die Zielländer. Koper liegt unweit
von Triest, wo der Kanal, von Wien – Wiener Neustadt - Ödenburg – Laibach kommend, hätte enden sollen.

Die Bilder oben zeigen, wie das Holz von Österreich nach Koper befördert und mit den „Slings",
das sind spezielle frachtschonende Kunststoffbänder, verladen wird.

Der Stolz der österreichischen Reederei, das firmeneigene 4.400 PS starke Frachtschiff.

Wie vor 150 Jahren, ganz im Geiste des legendären Raxkönigs Georg Hubmer, ein Zitat des Unternehmers der AV-Line mit Firmensitz
in Wien-Mariahilf: „Ich trage bei Verlusten die volle persönliche Haftung. Das traue ich mich, weil ich nicht vorhabe, rote Zahlen zu
schreiben." [HOLZKURIER vom 9. 9. 2010, www.timber-online.net]

Kapitel X.

Der „Commercial-Canale" in der zeitgenössischen Literatur
1800–1809

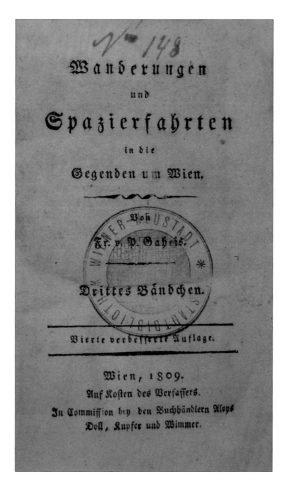

Bemerkenswert ist, dass der Bau des schiffbaren Kanals Ende des 18. Jahrhunderts so viel Aufmerksamkeit erregte, dass noch während der Bauzeit und gleich nach der Inbetriebnahme begleitende Berichte verfasst wurden.

Franz Anton de Paula Gaheis (* 1739 in Krems an der Donau; † 1809 in Wien) verfasste zwei Reisebeschreibungen:

- „Spazierfahrt von Wien bis Neustadt zur Besichtigung des neuen Kanals",
- „Wasserfahrt von Neustadt bis Wien auf dem Commercial-Canale",

die hier wiedergegeben werden, weil sie einen tiefen und spannenden Einblick in die damalige Zeit geben.

Stellen Sie sich bildlich und gefühlsmäßig vor: Sie befinden sich im **Jahr 1797**, es ist Ende Juni, und Sie lesen gerade, dass mit dem Bau eines schiffbaren Kanals begonnen wurde, der vor der Wiener Stadtmauer beginnen und in Triest enden soll. Sie sind Lehrer und bemühen sich, die Heimatkunde in Österreich in den Unterricht einzuführen, verfassen daneben Reisebeschreibungen für den Raum in und um Wien und Sie verfolgen genau die politischen und gesellschaftlichen Umbrüche. Als Lehrer fällt es Ihnen leicht, sich Jahreszahlen zu merken.

- Die Französische Revolution, begonnen 1789, ist noch nicht (ganz) vorbei,
- Königin Marie Antoinette, die Tochter der Kaiserin Maria Theresia, starb 1793, hingerichtet am Schafott,
- ein französischer General namens Napoleon Bonaparte hatte zuletzt am 2. Februar, wir sind wieder im Jahre 1797, Mantua eingenommen; der Weg über die Alpen Richtung Tirol und Bayern ist für die Franzosen frei. Die von Erzherzog Karl befehligte österreichische Armee ist geschlagen und seine Durchlaucht Kaiser Franz II. muss am 17. Oktober 1797 den Frieden von Campoformio akzeptieren, mit dem Verlust der Niederlande. Der erste Koalitionskrieg, der 1792 begann, ist zu Ende. Wie man sieht: Viel am Kanal bauen konnte man seit Juni in diesem Jahr 1797 nicht, hätte man doch dringend Militärpersonal für die Großbaustelle gebraucht.

Immerhin, etwas Erbauliches gibt es 1797 auch: Der Komponist Josef Haydn hatte im Auftrag seiner Majestät eine Hymne des Hauses Österreich geschaffen, und diese Melodie will Ihnen nicht aus dem Ohr gehen; etwas Ähnliches haben Sie doch schon bei kroatischen Freunden singen gehört. Endlich, denken Sie, gibt es eine monarchische Gegenhymne zu dieser republikanischen Marseillaise.

Übrigens, Sie sind eine interessante Persönlichkeit: Ihr Name ist **Franz Anton de Paula Gaheis**. Sie wurden 1739 in Krems an der Donau geboren, erlernten zuerst das Buchdruckerhandwerk. Später studierten Sie Philosophie, Theologie und traten in den Piaristenorden ein, den Sie 1788 wieder verließen. Wie schon erwähnt, Sie sind jetzt Lehrer und gerade dabei, sich mit dem „Handbuch einer praktischen Methodik für Schullehrer" als Erneuerer des Schulwesens einen Namen zu machen. Mit Ihren Reisebeschreibungen tragen Sie zum Trend der Romantik bei, die Landschaft als Tourismusraum, wie man heute sagen würde, zu erobern.

Seit dem ersten Spatenstich sind Sie ein glühender Befürworter des „Commercial-Canale". Sie reagieren aber auch auf die Auswüchse der aufkommenden Industrialisierung und versuchen die Bildungsverhältnisse der arbeitenden Bevölkerung zu verbessern. So richten Sie in Korneuburg, wo Sie als Direktor einer Hauptschule wirken, eine „Industrie-Anstalt für Mädchen" ein und publizieren Schulbücher für Weiterbildung und Aufklärung. Mit Ihrem Reformkonzept für ein Institut für blinde Kinder, erstellt im Jahr 1802, können Sie sich allerdings nicht durchsetzen.

Ihre Schriften geben einen tiefen Einblick in die Verhältnisse Ihrer Zeit und in die Schwierigkeiten, welche durch die Widerstände gegen den Bau des Kanals und durch die kriegerischen Ereignisse mit Napoleon – Sie schreiben übrigens auch einen Band mit dem Titel „Die Bürger Wiens im französischen Kriege 1805" – bedingt waren. Ihre erste Berichterstattung zum schiffbaren Kanal entsteht noch in der Bauzeit zwischen 1797 und 1803, während die zweite, die eigentliche Schiffsreise, nach der Inbetriebnahme des Kanals im Jahr 1803 geschrieben wird.

Die Auflagen der Schriften von Gaheis, bis zu seinem Ableben im Jahr 1809, tragen den Vermerk „Auf Kosten des Verfassers; in Commission bey den Buchhändlern Doll, Kupfer und Wimmer".

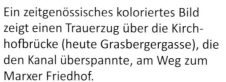
Franz Anton de Paula Gaheis wurde am pittoresken Biedermeierfriedhof in St. Marx, an dem der Wiener Neustädter Kanal vorbeifloss, beigesetzt.

Ein zeitgenössisches koloriertes Bild zeigt einen Trauerzug über die Kirchhofbrücke (heute Grasbergergasse), die den Kanal überspannte, am Weg zum Marxer Friedhof.

Die Orthografie der Originalfassungen, die in der sogenannten Bruchschrift gedruckt sind, wurde beibehalten, lediglich offensichtliche Schreibfehler sind bereinigt.

Die zahlreichen Reisebeschreibungen von Gaheis erschienen in Bänden und auch kompiliert.

Die Auflagen waren unterschiedlich und sind zum Teil mit Druckgrafiken bebildert, die hier in den transkribierten Texten übernommen wurden.

Die anderen in der „Wasserfahrt von Neustadt bis Wien auf dem Commercial-Canale" gezeigten Bilder bringen möglichst zeitnahe zur Eröffnung des Kanals geschaffene Darstellungen, aus Quellen, die sich auch im nachstehenden Kapitel der „Perlenkette" der Anrainergemeinden wiederfinden.

Um den Bezug zu den heutigen Anrainergemeinden zu vertiefen, enthalten die beiden Transkriptionen eine Spalte am rechten Seitenrand, mit Vermerken, in welchen hauptsächlich auf den Ortsbezug hingewiesen wird. Die Umrechnungen der altösterreichischen Maßangaben werden ebenfalls in der Randspalte angeführt.

„Spazierfahrt von Wien bis Neustadt zur Besichtigung des neuen Kanals"

Franz v. P. Gaheis, im September 1800[1]

Hinweise
Regionaler
Bezug
Umrechnungen

Unter die vielen Wohltaten, welche die merkwürdige Regierung Franz II., unsers geliebtesten Landes-
vaters, auszeichnen, gehört vorzüglich die Errichtung eines großen Kanals, dessen gemeinnützige Wirk-
samkeit auf die spätesten Zeiten fortdauern, und dessen Existenz von unseren Nachkommen eben so
bewundert werden wird, als wir jetzt den Bau der Stephanskirche, und ihrer Thürme bewundern.

Franz II./I.

Schon lange, vorzüglich unter Kaiser Carl VI. und Franz I. ging man damit um, den inländischen Handel
der beglückten österreichischen Erblande zu begünstigen und auf alle Weise zu unterstützen. Es wurden unendliche Summen darauf verwendet; aber unübersteigliche Schwierigkeiten und ungünstige
Zeitumstände verhinderten die Ausführung dieses wohlthätigen Planes. Dennoch waren selbst die
unvollendeten Versuche nicht ohne heilsame Wirkungen.
Kaiser Carl VI. erklärte 1719 Triest und Fiume zu Freyhäfen, und bauete den Hafen Porto-Re in Dalmatien. Er fing 1726 an, die berühmte, an 30 Stunden lange Landstrasse von Carlstadt in Croatien
nach Fiume machen zu lassen, zu deren Erbauung Berge gesprengt, Thäler ausgefüllt und Felsen durch
gemauerte Brücken verbunden wurden.
Maria Theresia fing 1752 an, zu Triest einen großen Molo oder Damm zu bauen, und das Meer einzu-
schränken. Diese Anstalten, über welche an damahls eben so, wie jetzt über den Bau des neuen Kanals die Achseln zuckte, und tausend Zweifel zu erheben wußte, hatten den wohlthätigen Erfolg, daß
die Stadt Triest, in welcher zu Anfang dieses Jahrhunderts nicht 6000 Einwohner waren, nun schon
über 14000 zählt. Freylich war der eigentliche große Zweck: den österreichischen und ungarischen
Producten über Triest einen allgemeinen Abzug zu geben – dadurch noch nicht erreicht. Denn die
lange Landfracht, selbst auf den vortrefflichsten Wegen, drückt die Waaren zu sehr, und ist auch in
Rücksicht der Zeit und der Sicherheit des Eintreffens derselben zu vielen Schwierigkeiten unterworfen
gewesen. Desto merkwürdiger muß es dem Freunde des Vaterlandes und der Geschichte seyn, daß
in unsern Tagen bey noch viel ungünstigern Umständen ein Werk, zu welchem so viele hundert Men-
schenhände, Kräfte, Rechtsschlichtungen und ein Aufwand von Millionen an barem Gelde erfordert
wurden, muthvoll unternommen, und mit der rastlosesten Anstrengung in einem so kurzen Zeitraume
seiner Ausführung angenähert worden ist.

Karl VI.

Triest, Fiume, Porto Re

Maria Theresia

---

[1] *Anmerkung: 1800 befand sich der Kanal im Bau, die Spazierfahrt erfolgte mit der Kutsche.*
In dieser Transkription sind fallweise Nachträge von Gaheis aus 1803 vermerkt. 1803 war das Jahr, in dem der Kanal in Betrieb ging.

Dieses ist der große Neustädter Kanal, der mit Recht die Aufmerksamkeit aller Menschen auf sich zieht.

Mit der Entstehung desselben hat es folgende Bewandtniß. Schon seit sehr vielen Jahren bestand eine Handlungs-Compagnie unter der Firma: Innerberger Hauptgewerkschaft der Stahl- und Eisenhandlung. Sie trieb ihre Geschäfte mit dem besten Erfolge. Aufgemuntert durch dieses Beyspiel, vorzüglich aber durch die höhere Betrachtung jener nützlichen Folgen, deren weiter unten Erwähnung geschehen wird, bildete sich unter dem unmittelbaren Schutz Sr. Majestät unsers jetzt regierenden Kaiser Franz II. eine ähnliche Gesellschaft unter dem Titel: K. K. privilegierte Kanal- und Bergbau Compagnie. Unterm 21. Julius 1796 ward ihr die allerhöchste Octroy ertheilt, und bereits den 1. Julius 1797 fertigte sie schon ihre Compagnie-Billete aus. Durch ein Hofdecret von 20. Julius 1798 wurde sie berechtigt, diese Billete mit dem 1. August desselben Jahres öffentlich in Umlauf zu setzen.

Zufolge dieser Berechtigung eröffnete die Gesellschaft zur Fortsetzung ihres Kanal- und Bergbaues ein Darlehen von 2 Millionen Gulden. W. W., welches in 16,666 2/3 an den Ueberbringer ausgestellte Billete zu 120 Gulden eingetheilt war.

Sie verband sich, durch die hundertjährige Dauer der Kanal-Octroy,

1) Den Ueberbringer des Billets dafür jährlich fünf von hundert an Interessen zu bezahlen, die Sr. Majestät der Kaiser mit Ihren Privatvermögen für Sich und allerhöchst Ihre Nachkommen und Erben durch eine am 1. Julius 1797 zweyfach eigenhändig ausgefertigte Urkunde garantirt und diese zur allgemeinen Einsicht und Sicherstellung des Darleihers, den N.Oe. Landrechten, und der Compagnie mitgetheilt haben:
2) den vierten Theil des reinen Gewinnes, der sich nach gezogener Bilanz, aus der Benutzung ihrer Kanäle, Berghütten- und Hammerwerke ergeben wird, nach den sämmtlichen 16,666 2/3 Billeten verhältnismäßig als Prämie zu vertheilen, und den Betrag zugleich mit den garantirten Interessen, zu sechs Gulden jährlich, im Monathe Julius zu berichtigen;
3) alle zehn Jahre das Billet gegen ein gleichlautendes auszuwechseln, bis dahin aber sie
4) in allen für Kanal-Frachten, und für Steinkohlen zu leistenden Zahlungen um 120 Gulden sammt den darauf haftenden Zinsen bey ihrer Hauptkasse in Wien, als bares Geld, anzunehmen, und sie
5) nach der, mit dem Ende Junius 1797 erloschenen Kanals-Octroy, mit ein hundert und zwanzig Gulden bar einzulösen.

Nach diesem geendigten Zeitraume hat der Staat sich das Recht vorbehalten, die Kanäle nach dem damahligen Werthe, von der Gesellschaft entweder einzulösen, oder ihre Octroy zu verlängern.

Der bereits im Monathe Julius 1798 eröffnete Bau des Kanals, welcher Wien und Neustadt, Oedenburg, und Raab in Verbindung setzen wird, und in der Folge von Oedenburg durch Ungarn und Inner-Österreich, bis in die Nähe des adriatischen Meeres fortgeführet werden kann, ward mit der möglichsten Thätigkeit betrieben.

Der Bergbau, den die Gesellschaft in Ungarn und Oesterreich bisher mit so glücklichem Erfolge auf Steinkohlen und Eisen betrieben hat, ist durch die freywillige Vereinigung der vorzüglichsten Interessenten, der seit 1625 bestehenden Innerberger Hauptgewerkschaft der Stahl- und Eisenhandlung in Oesterreich und Steyermark wesentlich erweitert worden. Für die Industrie der Gesellschaft hat sich dadurch ein neues großes Feld eröffnet, und sie ist in den Stand gesetzt worden, sowohl dem in Wien und in der benachbarten Gegend, als in dem Eisenbezirke in Oesterreich und Steyermark gleich fühlbaren Mangel an Holz und der Vertheuerung desselben, durch Einführung der Steinkohlenfeuerung und Verbesserung des dermahligen Hütten- und Hammer-Processes, binnen wenigen Jahren auf immer abzuhelfen, und zugleich die Erzeugung des Stahls und Eisens zu vermehren. Die dem Staate so wichtige, und aller Rücksicht würdige, zahlreiche Classe der Feuerarbeiter erhält dadurch nicht nur einen hinlänglichen und wohlfeilen Brennstoff an Holz und Steinkohlen, sondern einen Uiberfluß an Stahl und Eisen, an welchen beyden sie jetzt Mangel leidet.

Es erhellet hieraus, in welcher genauen Verbindung: die Berg- und Eisenwerke der k. k. Hauptgewerkschaft mit dem großen Kanale stehen. Um daher sowohl diese merkwürdige grosse Wasserstrasse zu besehen, als auch die damit verbundenen Eisen-Hammer- und Gußwerke, so wie die Steinkohlengruben im Inneren kennen zu lernen, veranstaltete zur nähern Besichtigung dieser Anstalt der Herausgeber eine Spazierfahrt längs dem ganzen Kanale auf den Hauptstrassen, die ihn zu beyden Seiten bald einschließen, bald durchkreuzen. Er machte die Fahrt in Gesellschaft Herrn Joseph May, Directors des k.k. Taubstummen-Institutes, welcher sich zur Erholung von seinen mühevollen Arbeiten mit seiner Familie auf seine Landwirtschaft nach Breitenau begab.

Innerberger
Hauptgewerkschaft

Kaiser Franz II.
K. K. privilegierte
Kanal- und Bergbau
Compagnie

Wien
Wr. Neustadt
Ödenburg
Raab

Innerberger
Hauptgewerkschaft

Den 14. Sept. 1800 fuhren wir bey heiterm Wetter von Wien ab. Außer der Favoriten Linie und nahe bey Inzersdorf sahen wir viele Menschen, welche zu Fuß und in Wägen, dem Kirchtage in der Briel zueilten. In Neudorf[2] zog die hübsche mit jonischen Säulen gezierte Kirche unsere Augen auf sich, welche Cardinal Migazzi im Jahre 1778 erbauen ließ. Der Anblick von Laxenburg, dem wir uns von der Seite immer mehr näherten, veranlaßte lebhafte Erzählungen von den im kaiserlichen Park enthaltenen Merkwürdigkeiten. Außer Gundermannsdorf erblickten wir einen Hügel, der allem Ansehen nach zum Behufe der ehemahls üblichen Reiherbeitze hier aufgeworfen wurde. Er wird nun beackert, und aus den sumpfigen Ebenen herum ist ein Weidenwäldchen geworden. Bey Gundermannsdorf stiegen wir aus, um die daselbst angebrachte dreyfache Schleuse des großen Kanals zu besehen. Der Kanal zieht sich von hier gegen Laxenburg, und von da weiter in die Gegenden von Lanzendorf, wo wir bey der Zurückfahrt seiner erwähnen werden. Er ist hier überall mit jungen Pappeln bepflanzt, und die Wände sind mit hölzernen Beschlächten besetzt. Da er sich hier weit gegen Baden hinüber wendet: so mußten wir über eine Brücke desselben fahren, die, wie alle übrigen Brücken dieses Werkes, durch ihre feste Bauart sich auszeichnet. Unter der Brücke hat der Kanal auf eine lange Strecke hin schon vieles Wasser.

Bald darauf gelangten wir an die Strasse nach Baden, die sich rechts gegen das Gebirge hinzieht. Ganze Reihen von Kutschen flogen diesem Sitze der Gesundheit und des geselligen Vergnügens zu. Wir trafen in kurzen in Traiskirchen ein, wo das Kreisamt seinen Sitz hat, dessen Vorsteher und Zierde der verdienstvolle Freyherr von Hager ist. Wir stiegen hier ab, und wohnten in der Kirche dem feyerlichen Hochamte bey, welches in Rücksicht der obwaltenden Kriegsgefahren veranstaltet wurde. Die Kirche ist mit einem mit Wasser erfüllten, der Gesundheit vielleicht nicht sehr zuträglichen Graben umgeben. Der Ort zählt schöne Häuser, und verräth überall Wohlhabenheit. Ueberaus angenehm ist die Gegend am Bache bey dem Saarischen Gebäude.[3]

Das nächste Dorf ist Uinhausen. Es soll den Nahmen von dem Erbauer, einem Engländer haben. Außer dem großen Wirthshause hat hier alles ein ärmliches Ansehen. Eine sonderbare Art die Vorüberfahrenden anzubetteln herrscht unter der hiesigen Jugend. Vor mehreren Häusern standen kleine Buben so lang unbeweglich auf dem Kopfe, bis der Wagen vorbey war; dann liefen sie bettelnd demselben nach. Da aber diese Art der Betteley so schändlich als schädlich ist; so wiesen selbst unsere gutherzigen Studenten die Jungen ab. – Gleich hinter dem Dorfe beginnen die öden Haiden, welche man als den Anfang des Steinfeldes betrachten kann. Außer Ginselsdorf, einem Kirchdorfe bey der Triesting, ist rechts eine wohlangelegte Strasse.

Auf dem Wegweiser steht: Dieser Weg geht nach Groß Maria Zell. Nahe an Ginselsdorf erblickt man zur Rechten Schönau; und das Schloß und den Garten des Freyherrn von Braun. Mitten aus dem Gebüsche ragt ein Theil des herrlichen Tempels der Nacht empor[4]. In einiger Entfernung von Schönau entdeckten wir einen Teich, der mit einer nie gesehenen Menge von Rohrhühnern im eigentlichsten Sinne bedeckt war.

Hinter diesem Teiche sahen wir von weiten den großen Kanal sich aus den Gegenden von Baden herüber ziehen. Außer Solenau durchschneidet er die Strasse, unter einer herrlichen Bogenbrücke, und wendet sich in vielfachen Krümmungen gegen die Felder von Neustadt hin. Wir stiegen hier aus, und bewunderten im Gefühl des Patriotismus diese kostspielige, große Anlage. Jemand von den Umstehenden wollte ihr aber nichts als Unglück prophezieren. Vom Steinfeld behauptete er mit einer Art von Zuversicht, daß alle Wässer des Gebirges nicht im Stande wären sich ohne zu versiegen in dem Kanalbeete zu erhalten. Allein von den bisher überwundenen Schwierigkeiten der einsichtsvollen Unternehmer dieses Werkes versprachen wir uns auch die Ueberwindung der gegenwärtigen. – In Solenau herrscht eine Volkssage von einer daselbst in vorigen Zeiten vorgefallenen Niederlage der Franzosen, wobey mehrere Prinzen umgekommen sind, welche hier begraben liegen. Die Kirche gleicht der alten Kirche zu Penzing, sie ist mit einer Ringmauer und einem doppelten Graben umgeben.[5] Die Piesting bildet hier in ihren Krümmungen angenehme Gegenden.

Nun beginnt eine langweilige Fahrt auf dem unfruchtbaren Steinfelde. Erquickened ist daher der Anblick von Theresienfeld – diesem unvergänglichen Denkmahle der Herzensgüte Marien Theresiens I. Sie ließ 1763 dieses Dorf auf ihre Kosten vom Grunde aus erbauen und mit Ackerleuten aus Tyrol besetzen, um den Versuch von der Urbarmachung des Steinfeldes zu unterstützen. Welche Wonne würde es der Verklärten verursachen, wenn sie jetzt den blühenden Zustand dieser Anlage erblickte!

---

[2] *Wir zahlten hier, da wir eigene Pferde hatten, 8 Kr. Mauth; für fremde Pferde ist 20 Kr.*
[3] *In Traiskirchen bezahlt man 4 Kr. Bankal-Mauth.*
[4] *Von dieser außerordentlichen Anlage wird in dem 29. und 30. Hefte dieser Spazierfahrten vollständige Nachricht ertheilt.*
[5] *Bey der hiesigen Landmauth hatten wir nur die Zetteln von Neudorf und Traiskirchen abzugeben.*

Reisebeginn
Favoriten
Inzersdorf
Wr. Neudorf
Migazzi
Laxenburg
Guntramsdorf

3x Schleuse
Laxenburg
Lanzendorf
Baden

Traiskirchen

Oeynhausen

Steinfeld
Günselsdorf
Mariazell
Schönau/Tr.
Baron v. Braun

Sollenau

Piesting

Theresienfeld

Fruchtbare Felder und Wiesen, schattenreiche Gärten, viele Bauerhütten zu adeligen Wohnsitzen umgeschaffen, vor welchen Obst- oder Küchen- oder Blumengärten prangen – verkündigen die Segnungen, die ihrem mütterlichen Herzen von den Nachkommen ausgesprochen werden. In der Mitte des Ortes steht die Pfarrkirche, zu welcher den 4. October 1767 der Grundstein gelegt wurde. Die Einweihung geschah im folgenden Jahre darauf in Gegenwart der Kaiserin, gemäß folgender über die Kirchentür angebrachten Aufschrift:

M. Theresia P. F. Aug. Patriae Parens
Ecclesiam hanc Christo Redemptori
Coloniam vero suo nomini immortali sacram fecit.
Dum desertum hunc campum
Munificentia Augusta
Ad Culturam promovit, Domos erexit,
Hancque diem
Sua cum Augustis prolibus praesentia
Ac templi consecratione
Nostra felicitatis posteritati
Testem else voluit XXII. Oct. MDCCLXVIII.

Die Bauart dieses Dorfes ist wegen der Regelmäßigkeit einzig in ihrer Art. Eben so außerordentlich ist die Characteristik seiner Bewohner, welche beynahe alle mehr oder weniger von einem gewissen romantischen Schwunge an sich haben, der wahrlich dazu gehört, um sich hier anzusiedeln oder seine Tage hier zuzubringen. – Wir hatten in gemäßigtem Trab ½ Stunde vom ersten bis zu letzten Gitterthore des Dorfes zu fahren. Wir zählten hier ungefähr 69 Häuser.

Kaum verläßt man Theresienfeld, so erblickt man schon die vielen finsteren Thürme von Neustadt. Zur Rechten hatten wir einen mahlerischen Anblick von ungeheuren Gebirgen, deren eines sich über das andere empor thürmt, links hatten wir die Bettung des Kanals in Angesichte. Er scheint Anfangs seine Richtung gerade nach Neustadt zu nehmen; allein ¼ Stunde außer der Stadt wendet er sich südöstlich nach der Gegend von Lichtenwerth. Hier hofften wir den eigentlichen Anfang oder das Ende desselben zu sehen; allein man war noch eben in der Fortführung desselben begriffen.

Wir durchstreiften Neustadt – dieses Wien in Miniatur! – ganz geschwind[6]. Nachdem wir das breite Stadtpflaster, die runden Laternen, die Polizeywache, und andere Einrichtungen, welche uns an Wien erinnerten, dann die Kirchen, die Schule, die Militär-Akademie, das Rathhaus, das Theater, den öffentlichen Sahl, die Heßische Kunst- und Buchhandlung u.s.w. besehen und einige Bekannte besucht hatten, trachteten wir noch vor dem Einbruch der Nacht durch den Föhrenwald nach Breitenau zu gelangen. Bey unserer Ankunft im Mayhofe wurden wir von Freunden und Verwandten bewillkommt, und mit einem frohen Abendmahle bewirthet. Es war hierbey über Krieg und Frieden, dann über den großen Kanal gesprochen. Auch hier, wie in Wien, sind die Meinungen über dieses große vaterländische Werk sehr getheilt. Am folgenden Tage, bey einer Zusammenkunft mehrerer Bekannten und Sachverständigen im großen Mühlhause des Hrn. Niedermayer ward dieser Gegenstand abermals der Stoff eines heftigen Streites. Da beyde Theile in Rücksicht der Kenntniß des ganzen Unternehmens manche Lücken wahrnehmen ließen: so las ihnen der Herausgeber folgende allgemeine Übersicht von der Beschaffenheit und dem Zwecke des Kanals[7] vor:

„Unter dem Schutze des erhabenen Monarchen und mit der Unterstützung eines aufgeklärten Ministers, begann und vollbringt der Muth und die Beharrlichkeit von einigen wenigen Privaten eine Unternehmung, welche in gleichem Maße die Aufmerksamkeit des Kaufmanns, Gelehrten und Staatsmannes verdient.

Vor 6 Jahren traten drey patriotisch gesinnte Einwohner dieser Hauptstadt, nähmlich Herr Graf von Appony, Sr.k.k. Apostolischen Majestät wirklicher Kämmerer, geheimer Rath und des Tolnenser Comitats (Grafschaft) in Hungarn Obergespann, der dermahlige Herr Regierungsrath Reitter und der Herr Großhändler v. Tschoffen, in der Absicht zusammen, den Steinkohlenbau im Grossen zu treiben, dadurch dem immer zunehmenden Holzmangel zu steuern und den Transport der Steinkohlen und anderer Handelsgegenstände durch die Herstellung eines schiffbaren Kanals zu erleichtern, dessen Fortsetzung eine ununterbrochene Wasserstrasse bis in die Nähe des Adriatischen Meeres bilden,

---

[6] *Dieser in der älteren und neueren Geschichte Oesterreichs merkwürdigen Stadt ist eine eigene Spazierfahrt vorbehalten.*
[7] *Dieses schätzbare Actenstück erhielt ich selbst von der Direction der k.k. Hauptgewerkschaft. Erläuterungen hierüber schöpfte ich theils aus Unterredungen mit Beamten bey dem Kanalbaue, theils aus eigener, oftmahliger Besichtigung des Werkes auf verschiedenen Puncten seines Laufes.*

Margin notes:

Inschrift Kirche Zum heiligen Kreuz Theresienfeld

Wr. Neustadt

Lichtenwörth

Wr. Neustadt

Breitenau

Plädoyer für den Kanal

Appony
Reitter
Tschoffen

und nicht nur den inneren Verkehr zwischen den k.k. Erbländern mit neuer Thätigkeit beleben, sondern auch dem südlichen Handel der Monarchie die überwiegenden Vortheile der Wasserfracht bis in die Donau verschaffen würde.

Die Gesellschaft erkaufte einige Steinkohlenwerke in der Gegend von Neustadt und hatte das Glück in Hungarn bey Oedenburg eines der mächtigsten unter den bisher bekannten Steinkohlen-Flötze zu erschürfen.

Durch eine Reise, von einem Mitgliede der Gesellschaft mit denjenigen, welche zur Ausführung ihrer Unternehmung bestimmt waren, nach England und Schottland unternommen, verschafften sich dieselben eine genaue Kenntniß der Art, wie in diesem so häufig mit Kanälen durchschnittenen Lande diese Wasserstrassen gebaut werden, sie machte sich mit dem Englischen Steinkohlenbau, vorzüglich aber auch mit der Englischen EisenManipulation vollkommen bekannt, und unterließ nichts, um sich in den Stand zu setzen, diese wichtigen Zweige der ausländischen Industrie auf vaterländischen Boden zu verpflanzen.

Sr. Majestät der Kaiser geruhte der Gesellschaft einen HofCommissar in der Person des FinanzMinisters Herrn Grafen v. Saurau zuzugeben, dessen warmer Theilnahme an ihrem Wohl und Gedeihen sie vorzüglich ihre bisherigen glücklichen Fortschritte verdankt. Der Monarch geruhte ferners aus eigener Bewegung der Gesellschaft als Mitglied mit seinem Privat-Vermögen beyzutreten; Er geruhete selbst von Seite des Staats dieselbe kräftig zu unterstützen und die Begünstigung, welche dieses gemeinnützige Unternehmen fand, wird immer ein rühmliches Denkmahl für das Zeitalter Franz des Zweyten seyn. Der Kanal ist dermahlen wirklich von hier bis Neustadt, auf einer Strecke von 7 Meilen im Bau, und dieser Bau bereits so weit vorgerückt, daß die vollkommene Vollendung dieses ganzen Theils in dem Laufe eines Jahres mit Grunde sich hoffen läßt.

Ein kleiner Fluß in der Gegend von Neustadt wird dessen Hauptnahrung ausmachen; indessen nimmt er auf seinem Wege hieher noch einige andere Hülfsquellen auf. Der Unterschied des Niveau's des höchsten Punktes des Kanals bey Neustadt gegen jenen des Wasserspiegels der Donau bey der Ausmündung des Kanals in Wien, beträgt 55 Klafter, ein Fall, welcher in 52 Schleusen eingetheilt ist. Schleusen und Brücken inner der Linie sind von Steinen gebaut; außer der Linie hat man sich zu diesem Bau auch gut gebrannter Ziegel bedient. Die Breite des Kanals beträgt außer der Linie am Wasserspiegel 28 Schuhe; inner der Linie rechnete man auf eine lebhaftere Bewegung und gab dem Kanale eine größere Breite. Nur mit eigenen Schiffen der Gesellschaft wird dieser Kanal befahren werden. Sie werden auf eine Breite von 6 ½ Schuh, 72 Schuh lang angetragen; eine Bauart, bey welcher Brücken, Schleußen und Wasserleitungen in dem nähmlichen Verhältnisse schmahl angelegt werden können, und welche daher die Unkosten des Werks unendlich vermindert. 600 Centner Fracht können durch ein Pferd ohne Beschwerde eine Strecke von 2500 Klafter in einer Stunde gezogen werden. Der Hafen ist in der Gegend des dermahligen Invalidenhauses, welches zum Mauthhause umgeschaffen werden soll, angetragen. Von da wird der Kanal seinen Ausfluß (durch die Wien[8]) in die Donau nehmen.

Durch die Fortsetzung desselben nach Oedenburg wird das dortige große Steinkohlenwerk der Gesellschaft erst zum wahren Vortheile der Hauptstadt benutzt werden können, so wie ihr von Neustadt schon Steinkohlen, Bau- und Brennholz, alle Gattungen Bau Materialien, alle Innerösterreichischen und Italienischen Producte auf dem Kanale zukommen werden.

Oedenburg ist der Theilungspunct, von welchem aus der Kanal den einen Arm nach Raab in Hungarn, den anderen durch das Eisenburger und Szalader Comitat, dann durch Innerösterreich nach Oberlaybach in Krain ausstrecken soll. Die Erzeugnisse der obern Comitate von Hungarn werden die Schiff-Fahrt auf dem ersteren, die Frachten von Italien der Levante und des südlichen Handels überhaupt jene auf dem letzteren beleben.

Schon ist die Ausführbarkeit des Unternehmens bis Raab und Oberlaybach nach hydrotechnischen Grundsätzen erwiesen, und mit ununterbrochener Thätigkeit soll daran fortgearbeitet werden. Der Bau wurde unter der Leitung des k. k. IngenieurObersten von Maillard angefangen; er wird dermahlen von dem Herrn Krainerischen Landesbau – Director Schemerl, welcher die zu so einem wichtigen Bau nötigen theoretischen und practischen Kenntnisse in sich vereiniget, fortgesetzt.

Die Gesellschaft, welche den Kanal- und Bergbau unternahm, erlangte zugleich einen wesentlichen Antheil an derjenigen Gesellschaft, welche seit mehr als anderthalb Jahrhunderten die beträchtlichste Eisen- und Stahlerzeugung in Österreich und Steyermark betreibt. Hiedurch eröffnete sich für die Industrie der ersteren ein neues, weites Feld, und sie erhält Gelegenheit, die über die EisenManipulation in England gesammelten Kenntnisse in der Folge, zum wahren Nutzen des Staats anzuwenden.

---

[8] *Anmerkung: Hinzufügung 1803*

Ödenburg

Saurau

53 km

Kehrbach

104 m

8,85 m

2,05 m x 22,76 m

33,6 t
4,7 km/h
Invalidenhaus

Donau

Ödenburg, Raab

Oberlaibach

Maillard
Schemerl

Merkwürdig ist es, daß die ungünstigen Zeitumstände die Gesellschaft bey Entwerfung ihres Planes nicht zurück schreckten, bey der Ausführung nicht hinderten; und mit Wohlgefallen muß der Patriot und Menschenfreund bey der Betrachtung verweilen, daß in stürmischen Zeit eines langwährenden Krieges eine Unternehmung aufkeimte und zur Reife gedieh, welche die Erhöhung des inneren Wohlstandes der österreichischen Staaten, die erleichterte Annäherung entfernter Nationen und die Beförderung des wechselseitigen Verkehrs unter den benachbarten Ländern und Provinzen zum Gegenstande hat."

Diese Schrift erfüllte alle Patriotischgesinnten mit der tröstlichen Hoffnung, daß dieses Unternehmen, ungeachtet es als ein Menschenwerk nicht ohne alle Gebrechen seyn wird, doch die Widersprüche und, ungünstigen Vorhersagungen sicher beschämen werde. Sie veranlaßte zugleich lebhafte Erörterungen und nähere Aufklärungen, deren Wesentliches auf Folgendes hinausläuft.

Der Kanal zieht sich seitwärts von Neustadt durch das Steinfeld, gegen Baden, bey Gundermannsdorf und Laxenburg vorbey, und geht hinter Lanzendorf, durch Kledering nach Simmering, und von da herein zur St. Marxer Linie über den Linienwall, und dann weiter über den Rennweg durch eine Reihe von eingerissenen Gärten bis auf das Glacis an der Vorstadt Landstrasse, wo er mit der Donau in Verbindung gesetzt wird.

Dieser Zug war unendlichen Schwierigkeiten unterworfen. Man hatte Hügel zu durchstechen und abzugraben, Thäler und Vertiefungen auszufüllen, über eine Menge querlaufender Bäche und Wässer kostspielige Brücken zu ziehen, ungeheure Vergütungen für Felder, Gärten, Häuser, Mühlen, Straßen u.dgl. zu machen, und so viele Streitigkeiten zu schlichten, daß diese allein das ganze Werk würden gehemmt haben, wenn nicht durch die weisen und landesväterlichen Maßregeln Sr. Majestät der Prozeßgang wäre abgekürzt, und durch die außerordentliche Großmuth der Compagnie selbst den übertriebenen Forderungen mancher Besitzer wäre Genüge geleistet worden.

Eine vorzügliche Schwierigkeit legte dem Bau des Kanals der Umstand in den Weg, daß er in die Nähe der Hauptstadt mußte geführt werden. Da ist kein Fleck Erdreich, welches unbenutzt bliebe, keine Quelle, worauf nicht die Speculation industriöser Menschen gerechte Ansprüche hätte. Wie schwer ist es da, mit so hoch angeschlagenen, mit so sorgfältig bewahrten Eigenthumsrechten in Collosion zu kommen? In Frankreich sehen wir die herrlichsten Kanäle. Allein im Lauf der Flüße dieses Landes, die unserem Kanale eine der kostspieligsten Hindernisse sind, begünstiget dort die Anlegung solcher Wasserstrassen, indem man die Bäche und Ströme selbst hineinleiten konnte, welche hier durchschnitten werden müßen.

Zudem hat das hiesige Clima Eigenheiten, welche hier mehr als anderwärts den Bau eines solchen Werkes erschweren. Die Personen, welche auf Kosten der Gesellschaft die vorzüglichsten Kanäle in Holland, England und Schottland als Sachverständige mit prüfenden Augen untersuchten und gewiß keinen jener Vortheile unbemerkt liessen, die hier angewendet werden könnten, haben sorgfältig jene Länder mit unserm Vaterlande verglichen. Auch dort wie hier, gehen Kanäle über grosse Schotter- und Steinfelder, welche unserer Neustädter Heide nichts nachgeben. Man unterließ nicht, die Mittel zu untersuchen, wie man dort dem Versiegen des Wassers steuert, und angestellte Proben haben bewiesen, daß die nähmlichen Mittel auch hier Landes anwendbar sind. Man darf nähmlich nur 1 Theil Erde, und 2 Theile Schotter, nach vorgegangener Läuterung bloß mit Wasser zu Mörtel machen, das Kanalbett einige Schuh dick damit belegen, so gibt dieß einen wasserhältigen Grund. Ganze Strecken unsers Kanals haben bereits die Probe ausgehalten.

Allein wer konnte ohne Erfahrung voraussehen, welche nachtheilige Einflüße unser von dem englischen abweichendes Clima auf den Bau eines solchen Werkes äußern würde? England, bekanntlich eine Insel, die um und um von einem großen Meere umgeben ist, hat fast beständig einerley gleiche, neblichte feuchte Witterung. Selbst ihr Winter ist viel gleichförmiger, als der unsere. Haben wir nicht Wintertage, die dem schönsten Frühlich gleichen, die aber auch plötzlich mit der strengsten Kälte oder mit anhaltendem Regen abwechseln? Leute, welche die Wirkungen der Natur beobachten, werden wissen, was diese plötzlichen Veränderungen auf Bauwerke für einen Einfluß haben. Da sie Mauern zu spalten, Ströme zu stocken und Felsen zu sprengen im Stande ist: sollte sie nicht auch Beschlächte zu erschüttern, Dämme zu reißen, und Gemäuer schadhaft zu machen vermögen? Und das ist es, was man ohne Erfahrung nicht vorsehen konnte, und was, außer dem Eigensinn und dem Mangel an Gemeingeist, dem Kanal auch eine empfindliche Verzögerung zugezogen hat. Allein der patriotische Muth jener Edlen, welche nicht so sehr auf ihr eigenes, als auf das Wohl des Ganzen Rücksicht nahmen, denen die Vortheile einer solchen Anlage für alle Theile der Staatsverwaltung vor Augen lagen, welche die Einwirkungen, die fremde Nationen durch solche Anstalten auf das Gesammtwohl erhalten, wohl berechneten, werden auch diesem Naturhinderniße, so viel nur immer möglich ist, Schranken zu setzen wissen.

Wr. Neustadt
Steinfeld
Baden
Guntramsdorf
Laxenburg
Kledering
Simmering
Landstraße

Frankreich

Klima

Holland
England
Schottland

Bodenverdichtung

Klima
England

Eines der wesentlichsten Hindernisse legte wohl auch der Krieg in den Weg. Ein Werk von solchem Umfange erfordert viele Kräfte und Hände, sie durften aber der Armee nicht entzogen werden. Man rechnete auf einen baldigen Frieden, und hoffte dann viele tausend Hände von der aus dem Felde zurückkehrenden Mannschaft zu gewinnen. Allein die Umstände machten die Fortsetzung des Krieges nothwendig. Woher sollte nun die löbl. Gewerkschaft die hinlängliche Anzahl Arbeiter hernehmen?

Um von keiner Seite etwas unversucht zu lassen, ein so gemeinnütziges Werk seiner baldigen Beendigung zuzuführen: so haben S. Majestät im Mai 1799 verordnet, daß minder bösartige Sträflinge, die wegen minder schwerer Verbrechen in der Strafe sind, dieselbe bereits durch längere Zeit ausgestanden, sich ruhig und still in selber betragen, und daher Besserung gezeigt haben, zum Wiener Kanalbau verwendet werden sollen. Sie wurden in verhältnißmäßiger Anzahl aus allen Festungen nach Wien geschickt, und in einem Theile des St. Marxer Gebäudes untergebracht. Ihre Verpflegung bestritt die k. k. Gewerkschaft auf eigene Kosten; außer daß der Wiener Stadt Magistrat die Wohnungen den Sträflingen unentgeldlich überließ. Die Ober-Direction über diese mit vieler Mühe und Obsorge verbundene Veranstaltung ist dem Herrn Magistratsrathe Sommer anvertraut worden. Einige von den Verbrechern wurden auch in Gundermannsdorf und in anderen am Zuge des Kanals liegenden Ortschaften verwendet, und überhaupt durch die hohe Landesregierung mittels der persönlichen Thätigkeit des Herrn Regierungsrathes Freyherrn von Kilmannsegge überall die zweckmäßigste Einleitung zur Vollbringung dieses gemeinnützigen Werkes getroffen.

So erreichte denn ein Unternehmen seiner baldigen Beendigung, welches, wenn es seinen Absichten entspricht, ein Füllhorn der Wohlfahrt für alle Stände seyn wird, im April 1803 seiner Vollendung.[9]

Um der österreichischen Alterthumskunde willen ist zu bedauern, daß nicht jemand, der Muße und Kenntniß gehabt hätte, alles das gesammelt und beschrieben hat, was man bey Grabung dieses Kanals entdeckete.

Bey St. Marx grub man Ziegel aus, und verkaufte sie wohl auch für geringes Geld an die Vorübergehenden, da sie sich doch allen Umständen und den darauf befindlichen Buchstaben nach aus den Zeiten der Römer herschrieben. Man stieß auf Gemäuer und Grundfesten, die ihre Existenz gewiß aus den ältesten Zeiten herleiten. Ja es sind Gewölbe mit Gängen und eisernen Gittern und Thüren, Aschenkrüge, Urnen, Münzen[10] Stücke von Statuen und Säulen, eine goldene Kette, wie sie die römischen Matronen trugen und mehrere dergleichen Stücke, welche das grauste Alterthum verrathen, gefunden worden.

Nach allen diesen Veranstaltungen war es möglich, daß dieser neue Kanal mit Schleusen und Brücken versehen, mit Wasser erfüllt und von den eigens dazu erbauten Schiffen bedeckt werden konnte; daß da, wo wir vor einigen Jahren noch die Hütten und Arbeitsplätze verschiedener Handwerkleute sahen, oder wo mehrere Magazine, der Schweinmarkt und der Ochsengries standen, nun die Ausläufe zum Ein- und Ausladen, und die Magazine zur Aufbewahrung der Ladungen und Waaren, vom thätigen Geiste der Handlung belebt, in schönen Formen der Baukunst, mit herrlichen Pappeln umgeben, erschienen.

Voll Frohgefühl über das Geleistete, voll Hoffnungen für die Zukunft giengen wir auseinander, mit der Verabredung, die nächsten Tage der Durchwanderung jener Gebirgskette zu widmen, wo aus dunklen Waldgründen die Bergschlösser Sebenstein und Pütten hervorglänzen, um das große zur k.k. Hauptgewerkschaft gehörige Eisenschmelzwerk bey Pütten zu sehen, und in die Steinkohlenschachten auf Schauerleuten einzufahren.

Wären diese Merkwürdigkeiten, welche mit dem Daseyn und dem Fortgange des Kanals in wesentlicher Verbindung stehen, aber auch für sich merkwürdige Anstalten der menschlichen Industrie sind, besehen, so lag es in dem Plane des Herausgebers, mit dem ihn begleitenden Freunde und seiner Familie von Neustadt aus an den Ufern der Leytha die Strasse von Oedenburg aufzusuchen, um auf dieser dem Laufe des Kanales zu begegnen.

Was wir von hier, bis auf die Kanal-Magazine nächst dem Stubenthor Neues und Berichtwürdiges von diesem großen Bauwerke noch angetroffen haben, das soll in der Fortsetzung dieser Blätter auf das getreueste mitgetheilt werden.

---

[9] Anmerkung: Hinzufügung 1803
[10] Eine von den Silbermünzen, welche mir zu Gesichte kam, hatte auf einer Seite einen ausdrucksvollen Kopf mit einer Habichtsnase. Von der Umschrift war nur leserlich: CAESVEMCOS: Auf der anderen Seite stand über einer sitzenden weiblichen Figur: CONCORDAVG.

Napoleon
Krieg

Sträflinge als Arbeiter am Kanalbau

St. Marx

Guntramsdorf

Kilmannsegge

Ausgrabungen

St. Marx

Römerzeit

Seebenstein
Pitten

Wr. Neustadt, Leitha
Ödenburg

Stubentor

Das war also die detaillierte Beschreibung der „Spazierfahrt von Wien bis Neustadt zur Besichtigung des neuen Kanales" von Franz v. P. Gaheis, die noch in der Bauzeit des Kanals vor 1803 verfasst wurde. Es folgt nun ein kurzes Streiflicht zu der Kostenfrage, die von Gaheis in seiner anschließenden Beschreibung öfters angeschnitten wird, und zur Frage, was wir uns unter der damaligen Gulden- und Kreuzer-Währung heutzutage vorstellen können.

Was kostet ein Kilometer schiffbarer Kanal?

Die Währung zur Zeit Gaheis' war der Gulden, der seine Abkürzung fl von der seit dem Mittelalter geprägten Goldmünze, deren eine Seite eine Florentiner Lilie ziert, ableitet. Ein Gulden hatte damals 60 Kreuzer.
Die Baukosten des Neustädter Kanals waren mit 3,7 Mio. fl veranschlagt, tatsächlich rechnete man 11 Mio. fl* ab, womit sich ca. 170.000 fl/km bei 65 km Wasserweg (Kanal plus Zuleitung) ergeben.
Mit dem von der Statistik Austria angegebenen Index 1805/2017 von 10,14 ergäben sich Gesamtbaukosten von € 112 Mio. HRADECKY gibt in seinem Buch € 143 Mio. an. Das wären somit € 1,7 Mio. bzw. 2,2 Mio./km, inklusive der anteiligen Kosten für 56 Brücken, 16 Aquädukte, zwei Hafenanlagen und eine Schiffswerft; ein Wert, der verglichen mit durchschnittlichen Kosten von € 5 Mio./Autobahn-km (allerdings ohne irgendwelchen begleitenden Bauwerken) nicht plausibel erscheint.
Wendet man die Kennzahl Mannjahreskosten pro Kilometer Kanal auf die o. a. 11 Mio. fl an, so erhält man in etwa den Wert, den heute durchschnittlich ein Autobahn-km kostet, nämlich € 5 Mio./km.
Der „Baukosten"-Umrechnungsfaktor fl : € wäre dann in der Größenordnung von 1 : 30. Siehe Anmerkungen im ANHANG.

* Unklar ist, wie viel an Grundstücksablösen bezahlt wurde und ob die Planungskosten usw. inkludiert sind. (siehe Anhang)

Um nun ein Gefühl für den Gebrauchswert eines Gulden = fl zu bekommen, werden hier einige Referenzwerte angeführt:

1 kg Brot	0,17 fl	Männlicher Arbeiter/Monat	9 fl	J. Haydn bei Fürst Esterházy/Monat	83 fl
1 kg Fleisch	0,33 fl	Beamter/Monat	17 fl	J. W. Goethe am Hof in Weimar/Monat	500 fl
1 kg Tabak	2 fl	Soldat/Monat, dies	4 fl	F. Schillers Professorengehalt/Monat	33 fl
1 Flasche Champagner	1 fl	entsprach der Armutsgrenze			
		≈ 24kg Brot/Monat			
1 Kuh	70 fl				

Treidler vor einem Schleusenmodell im Stadtmuseum Traiskirchen, Wolfstraße 18

Franz v. P. Gaheis vertraut sich nun einem Treidler an, besteigt ein in Passau hergestelltes rund 23 m langes und 2 m breites Schiff, auf dessen Ladefläche die typischen Frachtgüter Holz, Kohle, Ziegel, Wein und Obst geladen sind und unternimmt seine folgende von ihm beschriebene „Wasserfahrt von Neustadt bis Wien auf dem Commercial-Canale".

Gaheis war somit eine der wenigen Privatpersonen, die jemals das Glück hatten, von Wiener Neustadt nach Wien mit einem Schiff fahren zu können. Er erlebte dabei über fünfzig Schleusenvorgänge, drei davon auf der Dreifachschleuse in Guntramsdorf, wo sechs Jahre zuvor, im Jahre 1797, der Bau des schiffbaren Kanals begann.

„Wasserfahrt von Neustadt bis Wien auf dem Commercial-Canale"

Franz v. P. Gaheis, Aug. 1803, mit Bemerkungen v. J. 1800, 1805 und 1807

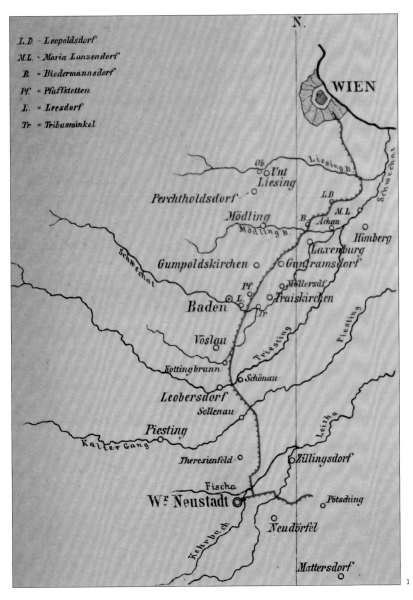

Hinweise
Regionaler
Bezug
Umrechnung
technischer
Daten

Unsere nächsten Ausflüge geschahen von Breitenau über Neunkirchen und Glocknitz in das romantische Thal, worin der Mühlhof liegt. Allein statt der Beschreibung derselben verfolgen wir, mit Übergehung dieser Episode, den Faden unseres Gegenstandes, und theilen unsern Lesern eine Übersicht der Entstehungsgeschichte dieser Wasserstraße[2] und eine Fahrt auf derselben mit.

Breitenau
Neunkirchen
Gloggnitz

Der seit mehreren Jahren schon fühlbare Mangel an Holz, und die Wahrscheinlichkeit, daß selbst bey der sorgfältigsten Pflege der Wälder, der man sich in den landesfürstlichen und Privat-Forsten befleißiget, der zu hoffende Nachwachs dem allgemeinen Bedarf nicht entsprechen werde, führte die Nothwendigkeit herbey, auf die vorzüglicheren Surrogate des Brennholzes, Torf und Steinkohlen, mehrere Aufmerksamkeit als bisher zu verwenden, und deren Gebrauch unter dem Publicum gegen die herrschenden Vorurtheile allgemeiner zu machen.

---

[1] Anmerkung des Verf.: Diese Karte stammt aus einem Beitrag von Dr. Friedrich Umlauft, „Der Wr. Neustädter Canal", 1894, Wien, A. Hartleben's Verlag, nach einem Entwurf des Kanalplaners und Bauleiters bis 1801, S. v. Maillard.
[2] S. patr. Tagebl. V. Octob. 1803 – Spazierf.IV.B.28. H.

Ödenburg

Bereits waren in dem Ödenburger-Comitate in Niederungarn, unweit Ödenburg an dem sogenann-ten Brennberge, mächtige Steinkohlenstockwerke[3] erschurft, und bey genauerer Untersuchung befunden, daß in der ganzen zusammenhängenden Reihe des Mittelgebirges auf Erstreckung von vielen Meilen die Flötze von diesem wichtigen Minerale durchstrichen werden.

Da die Entdeckung dieses reichen Steinkohlenlagers sehr vielen Einfluß auf die Errichtung unseres Kanales hat: so verdient die Geschichte derselben hier einen Platz. Im Anfange des sechsten Decen-niums des 18. Jahrhunderts entdeckte ein Schwabe, Nahmens Rieder, ein Nagelschmied, am Brenn-berge Steinkohlen. Mit Mühe entging der Entdecker einer Strafe, indem man glaubte, er brenne aus Holz Kohlen; und mit Mühe konnte er einige Privatleute überreden, auf diese Steinkohlen zu bau-en. 1765 wurde durch k. Befehl der Stadt aufgetragen, die Steinkohlenwerke zu belegen, und auf ihre Rechnung zu verwalten. Unwissenheit des Baues sowohl, als der Benützung, und böser Wille, brachte die Stadt bey diesem Baue in Schaden, und nöthigte sie, denselben aufzugeben. 1787 ward endlich dem Stadtrathe befohlen, zu verkünden, es könne ohne Pacht bauen, wer da wolle. Aber erst 1789 erbath sich ein Bergknappe, Wenzel Schneider, die Erlaubnis, das Werk durch drey Jahre bebauen zu dürfen. Der arme Mann verbaute sich, und fand endlich an den Herren Grafen Eugen v. Falkenheim, und Grafen v. Wrbna zu Wien, Unterstützer, und nun, nachdem alles hergestellt, auch

1 Ctnr = 56 kg
fl (Florentiner)
→ Gulden
kr → Kreuzer
1 fl = 60 kr

der dreyjährige Termin verflossen war, wurde eine Pachtversteigerung angeschlagen. Der Stadt-magistrat erhielt dadurch vierzig Gulden jährlich. Endlich trat 1793 die weiland k. k. Kanalbauge-sellschaft mit der Stadt in Unterhandlung, und pachtete das Steinkohlenwerk am Brennberge auf immerwährende Zeiten gegen einen Kreuzer Abfuhr für den Ctnr. gewonnener Steinkohlen an die Stadtkammer, und Abgabe des Ctnr. Steinkohlen für 12 Kr. an die Ödenburger Bürger, für 20 Kr. an Fremde. 1798 erhielt die Stadtkassa dadurch 350 bis 400 fl., und 1800 (bey 138, 114 Ctnr. Ausbeute) 2301 fl. 54 Kr. --- [4]

Wr. Neustadt

So gelangte man in den hinter Wiener – Neustadt gelegenen Gebirgen, die mit den benannten Ungarischen im Zusammenhange stehen, zu den äußerst ergiebigen Steinkohlengruben von Schau-erleiten und Klagenfurt, und in Vereinigung mit den Brennberger – Kohlengruben, zur Aussicht auf die Erlangung einer der Consumtion einer Hauptstadt, und einer von Gewerbsleuten angehäuften Landgegend, aushelfenden Brennstoffe, wo nicht für immer, doch für eine beträchtliche Anzahl von Jahren.

Schauerleiten
Klingenfurt

Noch aber war dieses Brenn-Materiale immer in großen Strecken auf der Achse zu verführen, und daher durch die Kosten des Transportes der Gemeinmachung dieses Brennstoffes ein wesentliches Hinderniß im Wege, als die Gesellschaft von den drey bereits erwähnten patriotischen Privaten, mit der Hinwirkung auf eine thätige Erschürfung der Steinkohlen, die Ausführung des Planes zu einem schiffbaren Canale verband,[5] nach genauer Untersuchung des Niveaus der Gegend, und der Zustan-debringung des auf diese Untersuchung gegründeten Entwurfes, höchsten Orts mit einem Privilegi-um unterstützt wurde, und endlich im Jahre 1793 den Bau der sämmtlichen Steinkohlengruben auf immer an sich brachte.

Die von dem Herrn General des Genie-Corps v. Maillard geleitete Nivellirung hatte die Überzeugung verschafft, daß der Bau eines Canales von Wien, bis an jene Gebirge, welche Triest auf der Landsei-te umfassen, allerdings Statt habe, und so wurde dem kleinern Vorschlage eines Steinkohlenliefe-rungs-Canals der größere einer ununterbrochenen Wasserstraße von Wien bis in die Nähe Triests, zur Erleichterung des inländischen Producten-Handels angereihet.[6]

Der dießfällige Entwurf erhielt nicht nur den Beyfall des höchsten Hofes, sondern auch diejenige Unterstützung, die eine so ruhmwürdige Unternehmung verdient, und die durch die Beharrlichkeit in der Ausführung bey den bedrängtesten Zeitumständen dem Geiste der Regierung zum unver-gänglichen Denkmahle gereicht.

England

Man sah es als eines der ersten Erforderniße an, ähnliche, in England für den inländischen Produc-ten-Verkehr bestehende Kanäle genau zu untersuchen, und sich dadurch in die Kenntniß derjenigen Erfahrungen zu setzen, die man daselbst bereits durch mehrere Jahre die Gelegenheit zu machen hatte, und die nothwendig der Ausführung des hierländig angetragenen Canalbaues einen mächti-gen Vorschub geben mußten.[7]

---

[3] Ebend. N. 39

[4] S. Topograph. Tschenb. für Ungarn, auf das Jahr 1802. Herausg. v. S. Bredezky, Präf. an der Bürgerschule zu Ödenb. S. 139 bis 151. --- Vergl. Annal. der österr. Liter Nr. 83, Nov. 1802. S. 660.661 ---

[5] Neu. Wien. Wegweiser, Wien 1802, S. 301

[6] Man sehe die General-Karte, woraus ersichtlich, wie die kön. priv. ungar. Schiffahrtsgesellsch. mitt. 4 Canälen und Schiff-barmachung der dazwischen liegenden Flüsse, die Ausfuhr a. d. Königreiche Ungarn zum adriat. Meere befördern will. Wien, 1798.

[7] S. F. Maire, Bemerkungen für den inneren Kreislauf d. Handels in den österr. Staaten, und Erläuterung d. hydrograph. Karten von diesem Lande, und Entwurf der Schiffahrtswasserstr. von allen Meeren Europens bis nach Wien. 1786.

Um die Sache mit dem erforderlichen Nachdrucke zu unterstützen, schloß sich der gnädigste Landesfürst mit seinem eigenen Privatvermögen an die Unternehmung an, und gab der Direction des Geschäftes zur Vertretung Seiner höchsten Person den k. k. Hofrath und geheimen Kammerzahlmeister v. Mayer bey.

Im Herbste des Jahres 1795 war (der später zum General erhobene) Hr. v. Maillard mit dem damahligen Hrn. Hauptmann (nun Major) der k. k. Neustädter-Militärakademie v. Swoboda, in Rücksicht der hydraulischen Gegenstände; für das manufacturistische, chemische und das Fach der Bergkunde der zu früh verstorbene Bergrath von Heidinger, in Rücksicht der übrigen practischen Leitung der Unternehmung der k. k. Hof. Secretar v. Dürfeld, und der Hauptinteressent Edler von Tschoffen, bestimmt, eine Reise nach England zu machen, und daselbst alle auf den Canal Bezug habenden Bemerkungen zu sammeln.

Es wurden alle in England und Schottland theils bestehende, theils im Bau befindliche Canäle bereiset,[8] alle Verhältniße des Locale und anderer Umstände auf das genaueste beobachtet, und in Rücksicht des Fabriks- und Manufacturwesens Erfahrungen und Aufschlüsse gesammelt, in deren Ausarbeitung zur Gemeinnützmachung für das Publikum der Tod den unersetzlichen Bergrath v. Heidinger überraschte. Die von demselben aufgezeichneten Tagebücher sind manufacturistische Aphorismen, zu denen der Commentar nur in dem Geiste des Verstorbenen, und unter der unnachläßlichen Bedingung, daß der Verfasser Augenzeuge und fachkundiger Beobachter wäre, geliefert werden kann.

Mit dem Jahre 1796 war diese Reise beendet, und im Jahre 1797 begann die Einleitung des Baues mit ungefähr 5 bis 600 Militarpersonen und Civilarbeitern.[9]

Es war zwar angetragen, das ganze Publicum, mittelst einer Actien-Anstalt, deren Verzinsung der höchste Hof mit den Revenüen sämmtlicher Domänen garantirte, Theil nehmen zu lassen. Da aber mit der Ausführung des Planes Weitläufigkeiten verbunden gewesen wären, durch welche man an der Zeit der Ausführung verloren hätte, die Sache selbst auch keinen schiefen Beurtheilungen, als ob deren Zustandebringung noch problematisch wäre, Preis gegeben werden wollte: so wurde von diesem Antrage abgewichen, und, außer der Einlage der Privat-Haupt-Interessenten, der Betrieb des Baues gänzlich aus den Revenüen der k. k. Familienherrschaften bestritten.

Am 15. Julius des letztgenannten Jahres geschah nun die erste Handanlegung bey diesem gemeinnützigen Werke, welches außerordentlich schnelle Fortschritte machte, da die Baumaterialien meistens in der für Wassergebäude erforderlichen Güte selbst erzeugt wurden, und für die Stabilität der Arbeiter dadurch gesorgt war, daß hierzu immer das nöthige Militär commandirt wurde.

Da mit Ende des Jahre 1799 eine beträchtliche Strecke von Dämmen, Schleußen und anderen Wassergebäuden gänzlich hergestellet war, gab die Erfahrung erst an die Hand, daß man in der Bauart des Canals in Österreich gänzlich von derjenigen abweichen müsse, die man in England mit dem entsprechensten Erfolge für das Clima und den Boden, daselbst angewendet gefunden hatte.

Außerdem, daß die ganze Strecke des Canals durch solche Arten des Bodens geht, welche entweder aus ungeheuren Sandbänken bestehen, die höchstens 7 bis 8 Zoll unter der Dammerde liegen, und deren Geschiebe lagenweise mit Kalkspath zusammen gesintert sind, oder ganze Lagen von Wellsand und margelartigem Thone, der sich im Wasser ganz auflöset, und hundertfältig abwechselnde Mischungen hat, darbiethen: fand es sich auch, daß bey den schnellen Abwechslungen der Kälte und des Thauwetters im Winter, die Bauart der Wassergebäude mit Ziegeln, dem hiesigen Clima nicht so anpassend sey, wie in England, wo wahrscheinlich die Athmosphäre durch die nahe See gemindert wird, die Witterung anhaltender bleibt, und die Fröste bekannter Maßen weniger stark sind. Als daher im Jahre 1799 der fernere Bau von dem k. k. krainerischen Landesbau-Director Hrn. Johann Schemerl übernommen ward, wurden die durch die bisherigen Erfahrungen angegebnen Verbesserungen angewendet.

Die bisher bloß aufgeschütteten Dämme, deren Consolidirung man hier, wie in England, von der Zeit vergeblich erwarten mußte, wurden nun kunstmäßig lagenweise dicht gemacht, und zu den Wassergebäuden, als Schleußen, Aquäducten u. s. w. behauene Werksteine verwendet.

Maillard
Swoboda

Tschoffen

England
Studienreise

Baubeginn 1797

Lob der
Bauführung

Klima

ca. 20 cm

Klima
England

Schemerl

---

[8] Wer sich hierüber nähere Aufklärungen verschaffen will, der lese J. L. Hogrewe Beschreib. der in England seit 1759 angelegten schiffbaren Canäle, nebst einer Geschichte der inlän. Schifffahrt. Hannov. 1780. ---
[9] S. Wienerzeitung von diesem Jahre

Diejenigen Gegenden des Kanals, wo dessen Bettung in einem Grunde eingeschnitten ist, der das Wasser durchseihen läßt, wurden nach den Kunsterfahrungen wasserdicht gemacht, wodurch dann die Zustandebringung und Vollendung der ersten Canalabtheilung, von Wien bis Neustadt einigen Aufschub leiden mußte.

Innerberger Hauptgewerkschaft

In eben diesem Jahre vereinigte sich die Innerberger-Hauptgewerkschaft (eine der merkwürdigsten manufacturischen Anstalten in Rücksicht auf Eisen- und Stahlfabricate) mit der Unternehmung des Canalbaues, wodurch sich für beyde Gegenstände die vortheilhaftesten Aussichten zur Erreichung der gegenseitigen Zwecke zeigten.

Die ausgebreiteten Schurfrechte, die mit dem Canal-Privilegio verbunden waren; die in der Folge zu hoffende Benutzung des Canales in Rücksicht der Fracht sowohl, als der kaufmännischen Operationen, und endlich die Verbindung des höchsten Hofes mit dem bisher isolirten Interesse der Hauptgewerkschaft waren die Vortheile, die sich hiedurch für diese zeigten; da hingegen die noch unausgeführte Unternehmung des Canals, durch die Anschließung an eine solide, fruchtbringende Realität, an kaufmännischem Credite gewann, und ein zweckmäßiges Locale für die Anwendung der in England gemachten Erfahrungen erhielt.

Obereggendorf Neudörfl

25,8 t

Die Arbeiten des Baues gingen nun mit aller Thätigkeit fort, so daß mit Ende des Jahres 1802, die ganze Strecke von der Donau bey Wien bis an die ungarische Gränze hinter Wr. Neustadt, zwischen Obereggendorf und dem ungarischen Dorfe Neudörfel, bis auf die letzte Handanlegung einiger hin und wieder nothwendigen Abänderungen und einzelner zugehörigen Gebäude bereits fertig, und im Jahre 1803 schon so weit gediehen war, daß man den Canal schon zum ersten Mahle beynahe ganz befahren konnte: Schon am 30. März brachte der die mittlere Abtheilung dirigirende Hr. Baron v. Feuchtersleben, das erste Schiff von 460 Cntr. Last, und den 3. April dasselbe mit noch 2000 Stück Ziegeln mehr beladen bis an die Linien Wiens. Diese Fahrt wurde zwar nur auf einer kleinen Strecke vorgenommen; allein, sie ist darum merkwürdig, weil sie die erste war.

Erste Kanalbefahrungen

Doch, am 19. April bestieg eine verordnete Hof-Commission ein Schiff, um darauf den ganzen Canal bis Wr. Neustadt zu befahren. Sie kam an diesem Tage bis Baden, wo sie übernachtete, und endigte ihre Reise bis Neustadt am anderen Tage.[10] Den 25. ging das erste beladene Schiff von Neustadt nach Wien: Es war dasselbe, welches die Hof-Commission dahin führte.

Den 24. Aprill desselben Jahres drang das Wasser zuerst von der vorletzten zur letzten Schleusse auf das Glacis, und den 25. bis zum Bassin vor, wo es sich den ganzen Vormittag hielt, Nachmittag aber wieder vertrocknete, bis es in der Folge durch häufigen Zufluß bleibend erhalten wurde.

104,3 m

1,97 m - 2 m

franz. = Kreuzung, Vermischung

Der höchste Punct dieser Canalstrecke beträgt gegen den Auslauf derselben in die Wien 55 Klafter,[11] und beginnt hinter Neustadt, von wo aus derselbe sich bis auf den niedrigsten Punct, auf dem Glacis vor Wien, durch 50 Schleußenfälle, deren 42 von 6 Schuh und 3 bis 4 Zoll Höhe sind, bis zu den Linien Wiens, 8 aber innerhalb derselben sich befinden, niedersenket; hier mündet er sich in einen großes Bassin ein, und kann, mittels eines angebrachten Batard d'eau in das Flußbett des nahen Wienflußes abgelassen werden.

Neudörfl Heuthal, Leitha

Der Lauf des Canals nimmt seinen Weg, wenn man ihn von seinem höchsten Punct in der Richtung seines Abfalles betrachtet, von der ungarischen Gränze an, zwischen den vorerwähnten Dörfern Obereggendorf und Neudörfel über das sogenannte Heuthal, an dessen Ende er mit einem auf Pfeilern von Werksteinen ruhenden hölzernen Sprungwerke über den Leythafluß geführt ist, nachdem er vorher, mittels einer kleinen Zuleitungs-Rigole das von der Fürstl. Esterhazyschen Mühle nächst Neudörfel abfließende Wasser zur Speisung aufgenommen hat.

Lichtenwörth Wr. Neustadt, Ungarfeld

Wenn der Canal nun die Leytha übersetzet hat, durchschneidet er die Lichtenwörtherau, und das zur landesfürstlichen Stadt Wr. Neustadt gehörige Ungarfeld, auf welchem ein Seitenarm des Canals bis zum Ungarthore der genannten Stadt geführt wurde, woselbst ein ansehnliches Bassin, mit Magazin und Waarenhäusern, sehr zweckmäßig angebracht ist. Hier wird zugleich das von der Wässerung der k. k. Militär-Akademie erübrigende abfließende Wasser in den Canal aufgenommen.

---

[10] *Die ausführliche Beschreibung dieser ersten Befahrung enthält die Wienerzeitung vom 23. April 1803.*
[11] *Wien. Wegweiser. 1802, S. 203. ---*

Von diesem Bassin aus, traten wir unsere Wasserfahrt an. Das kaiserliche Wimpel wurde aufgesteckt, und das Signal zur Abfahrt gegeben. Unser Schiff hatte, so wie alle Schiffe dieses Canals durchaus, die Länge von 12 Klaftern, und die Breite von 1 Klafter innerer Lichte. Sie vermögen von Gütern mittlerer Schwere wenigstens 600 Ctnr. Ladung zu nehmen, da sie 3 ½ Schuh tief tauchen, und überdieß noch unter den niedrigsten Passagen 7 Schuh hoch geladen werden können. So ladet ein solches Schiff sehr leicht 25 Klafter 3 Schuh langes Brennholz, welches im Durchschnitte auf 25 Ctnr. gerechnet, eine Ladung von 675 Ctnr. gibt, die mit einem Pferde aller Orten hin geführt werden kann, da das Wasser des Canals keine Strömung hat.

Die Breite des Canals ist, wie gesagt, am Wasserspiegel 28 Schuh, auf der Sohle 16 Schuh, in der senkrechten Tiefe 4 bis 6 Schuh; auf einer Seite des Canals läuft der Treppelweg für das Pferd zum Schiffszuge von 8 Schuh Breite, gegen über ein 4 Schuh breiter geebneter Weg. Innerhalb den Linien Wiens hat man den Canal erweitert, und gänzlich mit Sandstein-Quadern ausgemauert. Die Schleusen, welche innerhalb den Linien, so wie die Brücken, von Sandsteinen, außerhalb derselben aber von gut gebrannten Backsteinen erbauet wurden, betragen sammt Hinter- und Vorderkopf 24 Klafter 2 Schuh, wovon der Vorder- und Hinterkopf jeder 31 Schuh, die Schleuse selbst aber 12 Klafter lang und 7 Schuh breit ist. Die Mündung des Vorder- und Hinterkopfes beträgt 22 Schuh. Außer den Linien ist der Wasserspiegel und die Sohle durchaus schmäler als inner denselben.

Von dem Puncte, wo der obenerwähnte Seitenarm in den Haupt-Canal eingeleitet ist, wendeten wir uns von seiner westlichen Seite nordwärts, und übersetzen in einem ganz aus Quadern ausgeführten Aquäducte den Fluß Fischa.

Durch diese ansehnliche Strecke ist der Canal durchgehends in Dämmungen, die nach dem verschiedenen Steigen und Fallen des Grundes eine verschiedene Höhe von 8 bis 10 Schuh haben, geführt.

Von hier berührten wir das sogenannte Steinfeld, über welches der Canal auf einer Strecke von beynahe 5000 Klftr. Länge, mit guter Dammerde ausgefuttert, und, mit Anwendung einer besondern künstlichen Procedur wasserdicht gemacht ist. Hier ließen wir die auf dem Steinfelde angelegten Pulvermagazine rechts liegen, und gelangten an eine Rigole aus dem Piestingbache, die dazu bestimmt ist, in Fällen, wo dieser Bach Überfluß an Wasser hat, solches in den Canal einzulassen; setzten zwischen dem Markte Salenau und dem Mayerhofe Blumenau in einen auf Quaderpfeilern ruhenden hölzernen Sprengwerke über den benannten Bach, und berührten die erste Schleuse, welche von den Linien Wiens an gezählt, die letzte oder zwey und vierzigste ist.

Es fällt schwer, solchen, welche nie eine Schleuse sahen, durch Beschreibung einen deutlichen Begriff davon zu geben. Selbst die Abbildungen Nro. 26 u. 27 sind hierzu nicht hinreichend. Nämlich da, wo man den obern Theil des Wasserbettes mit dem untern vereinigen will, ist aus genau an einander gefügten gehauenen Steinen ein Wasserfang mit starken Thüren erbauet. Wie diese Thüren geschlossen werden, schwillt das in die Wasserstube herablaufende Gewässer an, und hebt zugleich das darin befindliche Schiff mit in die Höhe, und zwar so lange, bis die Wasserfläche des Canals mit jener der Schleuse gleich ist, Jetzt wird das von unten hinauf gehobene Schiff in den obern Canal gezogen. Will man das Schiff von oben herablassen, so geschieht das vorhergehende: nur bringt man das Fahrzeug auf die Wasserfläche der größten Tiefe. Öffnet man nun die kleinen Abläße und zuletzt die Thürflügel, so läuft das Wasser ab, das Schiff sinkt mit demselben, und gelangt so aus dem obern in den untern Canal. Da bey diesem Verfahren allezeit ziemlich viel Wasser verloren geht, und da von Neustadt aus 50 solche Schleusen sind, so läßt sich wohl begreifen, daß ein hinlänglicher Wasservorrath die Seele einer solchen Unternehmung sey.

Beginn der Wasserfahrt

22,8 m
1,9 m

33,6 t
1,1 m

2,2 m
85 Raummeter
0,95 m
25 x 25 = 625 = 35 t

8,9 m, 5,1 m
1,26 – 1,9 m
2,53 m, 1,26 m

46,2 m, 9,8 m
22,8 m, 2,21 m, 6,95 m

Fischa-Aquädukt

2,5 m – 3,2 m

9,5 km

Piesting

Sollenau

Beschreibung der Schleusenfunktion

Triester Straße

Günselsdorf
2,2 m – 2,5 m
Schönau
Triesting

Kottingbrunn

3,3 km

Holzschwemme
Schwechat

Baden
3,8 km, Pfaffstätten
115 m

Gumpoldskirchen
3,2 m – 3,8 m

5,7 m

22,8 m, 5,1 m

Biedermannsdorf,
Laxenburg
Mödlingbach
Krottenbach

Nun führte uns die Richtung unseres Wasserweges gegen die italienische Poststraße, die er quer durchschneidet, und die mittelst einer ansehnlichen Brücke über den Canal weg geführt ist. Hier, wie überall, wo der Grund steigt, und die Fahrstraßen mit hohen Brücken über ihn weggehen, liegen unter den Anfahrten dieser Brücken beträchtliche Magazine.

Auf der ober dem Ginselsdorferteiche befindlichen Anhöhe, woselbst der Canal das Speisewasser dieses Teiches durchläßt, wendeten wir uns in einer Dämmung von 7 bis 8 Schuh Höhe gegen den Fasangarten der Herrschaft Schönau, und wurden, nachdem wir vorher mehrere Schleusen zurück gelegt hatten, wieder in einem hölzernen Springwerke über den Triestingbach geleitet, von da sich der Canal S-förmig um den benannten Schönauer Fasangarten schlingt, und seinen Lauf in einer ferneren Dämmung, und mit einem abermahligen hölzernen Aquäduct über den Wildbach der Triesting bis an die Mariazellerstraße fortgesetzt. Diese Straße ist mit einer hohen Brücke über ihn weg geführt; der Canal aber richtet gegen Kottingbrunn seinen Lauf. Wir fuhren mitten durch diese in einer schönen Gegend liegenden, und nur eine halbe Stunde von Baden entfernten Herrschaft, und hatten durch eine ziemliche Strecke den herrschaftlichen Fasangarten zur Seite. Die Länge, welche unsere Wasserstraße auf dem Kottingbrunner Burgfrieden einnimmt, beträgt nach der Versicherung des Hrn. Verwalters Joh. Adolph,[12] 1757 Klafter und hat allein in dem Gebiete dieser Herrschaft 11 Schleusen, 4 Brücken und drey Aufseherhäuser, in welchen Mahlmühlen, wie solche bereits in Pfaffstätten besteht, angebracht werden sollen. Auf dieser angenehmen Fahrt ward vieles von dem biedern Character des Gutsherrn, von dem Umfange der trefflichen Wirtschaftsgebäude und dem Alter des Schloßes gesprochen, welches nach der Versicherung eines Begleiters bereits über 500 Jahre bestehen soll. In kaum merklichen Wendungen geht nun der Canal durch verschiedene Schleusen und unter häufigen Fahrbrücken, die wegen Offenhaltung der Communication über ihn geführt sind, bis an den Fuß des Weingebirges der Hard genannt, unter welchem er in einem hölzernen Aquäducte von beträchtlicher Länge über den von Baden kommenden Schwemmbach, der Schwechatbach genannt, geführet ist. Von diesem Aquäducte an, fuhren wir in einer Dämmung, die zugleich zur Einladung der Schwemmhölzer einen gemauerten Anlandungsbord hat, bis an den Badner Mühlbach, den der Canal mit einer kleineren Wasserleitung übersetzt, die Stadt Baden in einer Entfernung von beyläufig 2000 Klftr. links liegen läßt, und sich gegen das Dorf Pfaffstätten wendet. Hier in einer Entfernung von beyläufig 60 Klaftern von diesem Dorfe glitten wir unter der Badner-Chaussee durch, und senkten uns mit mehreren Schleusenfällen, deren von der bemeldten Schleuse an der Piesting hierher 31 sind, in die tieferen Wiesengründe unter Gumpoldskirchen nieder; sodann wendeten wir uns ostwärts, und liefen unter der italienischen Poststraße in einer Tiefe von 10 bis 12 Schuh hindurch.

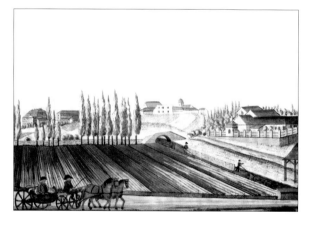

Nach Passierung der Poststraße befanden wir uns auf der vor dem Markte Gundermannsdorf (gewöhnlich Guntramsdorf) befindlichen Anhöhe, in einer Tiefe von 18 Schuh, wendeten uns in diesem tiefen Thale wieder nordostwärts, und fielen durch eine gekuppelte dreyfache Schleuse in die Tiefe des vormahligen Guntramsdorfer-Teiches hinab. Das fallen des Bodens ist hier so stark, daß in dem Teichgrunde selbst noch eine Schleuse angebracht ist.

Und doch wurde dieses außerordentliche Werk nur von 5 bis 600 Militär- und Civil-Arbeitern in einem Zeitraume von 3 Monathen beendiget, und damit eine beträchtliche, 12 Klafter breite und 16 Schuh tiefe Excavation bis auf den Ziehpfad verbunden, um von einem, an dieser Canalslinie zwischen Thalling und Pfaffstätten erbauten Ziegel- und englischen Steinkohlen Kalkofen das benöthigte Materiale zu gewinnen.

Nicht ohne Gefühl von Bewunderung und patriotischer Theilnahme verließen wir diese durchwühlte Gegend, wendeten uns wieder ostwärts, und durchschnitten bald darauf die Laxenburger Allee, zwischen Biedermannsdorf und Laxenburg, hinter welcher wir in einer Dämmung von beyläufig 600 Klaftern fortfuhren, übersetzten den Medlinger oder Krennbach in einer hölzernen Brücken-Wasserleitung, und näherten uns dem Grottenbache, über den der Canal mit einem gemauerten Aquäducte geleitet ist, und wieder in eine Schleuse abfällt.

---

[12] Gemäß einem mir mitgeteilten herrschaftl. Amtsberichte, vom 1. Jul. 1805.

Auf unserer bisherigen Fahrt machten wir die Bemerkung, daß längs dem ganzen Canale in angemessenen Entfernungen Häuser angebracht sind. --- Wir erkundigten uns um ihre Bestimmung, und erfuhren, daß sie sowohl zu Wohnungen für das Aufsichts-Personale, und die Vorspanns-Relais, als auch dazu bestimmt sind, wenn das Wasser der obern Haltungen nicht zur Schleusung der Schiffe verwendet wird, sondern die außer den Schleusen befindlichen Überfälle passirt, daselbst auf ein trockenes Gefäll von 6 Schuh und einige Zoll, ein für verschiedene Fabrications-Gegenstände eingerichtetes Wasserwerk mit Vortheil anzulegen.

Nachdem wir uns in der Dämmung außer der Laxenburger-Allee nordostwärts gewendet hatten, nahmen wir außer der letzten Schleuse unsere Richtung wieder mehr ostwärts, und liefen auf dem Hange desjenigen auslaufenden Bergrückens, der auf einer Seite das Thal des Grottenbachs, auf der anderen aber jenes des Petersbaches bildet, durchaus in dem eingeschnittenen Grunde fort. Hier bemerkt man zugleich mehrere abgeschnittene Wege, welche mittels Brücken über den Canal verbunden sind. Am Abhange dieses Bergrückens wendete sich unser Fahrzeug wieder nordostwärts. Hier übersetzten wir das Thal des Petersbaches, in einer ihrer Länge und Höhe wegen merkwürdigen Dämmung, unweit Leopoldsdorf, unter welcher der genannte Bach mittels eines schönen aus Quadern erbauten Bogens durchgelassen wird, und steuerten an dem Hange des entgegengesetzten Bergrückens wieder ostwärts. Die Ödenburger Poststraße über Achau geht hier unter der Dämmung durch, indem ein schöner Bogen von 12 Schuh, gleich einem erhabenen Thore über diese Straße geführt ist, an welche sich die Dämmungen anschließen, und über welche sowohl der Canal fortläuft, als auch hier Wohngebäude, Magazine und Stallungen für die Canal-Relais-Pferde angelegt sind.

Laxenburger Allee

Petersbach
Leopoldsdorf

Achau
3,8 m

Von hier aus läuft der Canal in östlicher Richtung über die Himberger Poststraße an jenem Bergrücken, der von einer Seite das Thal des Petersbaches, von der andern aber jenes des Liesingbaches bildet, fort, umschlingt denselben oberhalb des Dorfes Unterlanzendorf, und wendet sich dann nordwärts.

Himberger Poststraße

Unterlanzendorf

Hier nahm uns das Thal des Liesingbaches, welches vom letzteren Bergrücken, und dem Abhange des Wienerberges geformt wird, auf. Um dieses zu übersetzen, mußte durch, eine Dämmung von 18 Schuh Höhe, die wasserrechte Lage unserer flüßigen Straße erhalten werden. Um aber der Wuth des genannten Baches, welcher hier oft aufschwillt, und alles mit sich fortreißt, keine Gelegenheit zu verheerenden Ausbrüchen zu geben: so ist dessen andringendem Gewässer unter einer schönen doppelten Arkade von Quadern ein freier Durchzug eröffnet. Auf diese Art wird auch der Fahrweg unter der Dämmung durchgelassen, welches zusammen ein interessantes Schauspiel von Bogengängen und Menschenkraft darstellt.

Liesingbach

5,7 m

Nun gleiteten wir an dem östlichen Abhange des Wienerberges, nachdem wir die letzte Schleuse hinter dem Dorfe Simmering und vor dem Kirchhofe passirt hatten, bis unweit der Linie von St. Marks hin. Von dieser Linie an, dessen Wall der Canal nahe an dem Zollgebäude durchbricht, erhält er im obern Wasserspiegel durchaus eine Weite von 30 Schuh, und ist hier durchgehends mit behauenen Steinen revetirt.

Simmering

St. Marx

9,5 m

Wir fuhren über eine ziemliche Strecke Ackerfeld, welches wohl bald mit Häusern besetzt werden wird, parallel mit dem k. k. Ökonomie-Gebäude fortlaufend, nordostwärts gegen die Vorstadt Rennweg hin.

Römerausgrabungen

In dieser Gegend war es, wo man auf unterirdische Gemäuer gerieth, und die alten Ziegel, vielleicht aus den Zeiten der Römer ausgrub.

Von den bey Grabung dieses Canals gefundenen Silbermünzen kam mir eine zu Gesicht, auf welcher sich ein Brustbild mit der Unterschrift: HADRIANUS AUG.COS. III. P. P. befindet. Auf der Rückseite ist ein opfernder Priester abgebildet, unter welchem SALUS AUG. zu lesen ist. Eine andere Silbermünze führt über dem Kopfstücke die Aufschrift: ANTONINUS AUG. PIUS. Auf der Rückseite ist eine stehende Figur mit einem Ringe und einer Lanze abgebildet; von der Schrift war nur COS. III. leserlich. Noch eine andere Münze mit dem Brustbilde eines Kaisers wurde mir gezeigt. Es ist eine weibliche Figur in edler Stellung, mit etwas vorgesenktem Haupte, und der Unterschrift vorgestellt: PMTRB. – COS. II. Unten: PAX (eine Sylbe unleserlich) SAR. TRAIAN. Noch besitze ich eine hier gefundene Kupfermünze, in der Größe eines alten Kreuzers. Ein ziemlich conservirtes Kopfstück mit krausen Haaren, einem sehr spitzen Kinn, und eben solcher Nase, wird von einer höchst unleserlichen Schrift umgeben. Nur die Buchstaben T. (oder I.) VS. CAE.SAR.AV. sind auszunehmen. Auf der Rückseite befindet sich eine stehende weibliche Figur. Von der Umschrift ist zu ihrer Rechten nur TV links nur OS II, und im Felde ein einzelnes U bemerkbar.
Unter den hier ausgegrabenen Münzen kamen mir noch folgende zu Gesichte:
Eine von Kupfer, in der Größe eines jetzigen Kupfergroschens. Über dem sehr beschädigten Kopfstücke war noch leserlich S NERVA TRAIAN. Auf der Rückseite war nur mehr etwas weniges von einer fortschreitenden Figur, und der Buchstabe C zu erkennen.
Dann eine etwas größere von gelbem Metall, mit einem Brustbilde. Von der Umschrift ist noch leserlich: - - ELHADRAN. Auf der Rückseite ist eine sitzende weibliche Figur. Unter ihr sind die Obertheile einer Schrift zu sehen. Zur Rechten ist der Buchstabe S; von der Unterschrift ist nur ein C oder G bey dem Scheitel der Figur zu erkennen.
Endlich eine etwas große, wohl erhaltene Münze von gelbem Metall; um das Kopfstück läuft die Umschrift: TI CLAUDIVS CAISAR AUG. PMTRPIM PPP. Auf der Rückseite ist zwischen den Buchstaben S C eine Triumphpforte mit einem Reiter, und die Umschrift: NERO CLAUDIUS DRVSVS GERMANIAM I (oder P).[13]
Von dieser Anhöhe an den Feldern, wendeten wir uns, mit einem Blicke der Bewunderung auf Dr. Galls merkwürdige Gartenanstalt, abermahls nördlich, und senkten uns über die Gründe der

Ungargasse

erkauften Gärten und Häuser[14] hinter der Ungargasse, die der Canal rechts parallel laufend, neben sich liegen hat, immer abwärts.

Wir kamen an die Fahrwege aus den nächsten zwey Queergassen. Diese mußten abgegraben, Brücken über dieselben gespannt, und selbst große Häuser ab- oder durchgebrochen werden. Unterhalb eines jeden dieser Brückenbogen ist wieder eine Schleuse angebracht. Auf dem Platze unter der zweyten Brücke, wo die längere Canal-Strecke wieder beginnt, war ehemahls ein Weinkeller.

---

[13] Vergl. Annalen der österr. Liter. Intell. Nro. 2. Jan 1803. S. 12
[14] Da auf der durch die Vorstädte Wien geführten Strecke, ganze Gebäude, Gärten u. s. w. angekauft und durchbrochen worden sind: so befinden sich an beyden Ufern des Canals hinreichende Räume, um auf denselben die schönsten Gebäude aufzuführen, und diese Strecke des Canals auch hierdurch noch um Vieles anziehender zu machen, als sie es schon für sich ist.

Vater Bacchus mußte aber seinen reichgefüllten Tempel an Neptun und Merkur abtreten: Von hier geht der Canal wieder fort, und wird von einer Kastanien-Allee empfangen. Er durchschneidet den ehemaligen Fahrweg nach der Ungargasse, und wendet sich gegen die Haupt-Chaussee, welche von der Stadt auf die Landstraße führt, und unter welcher zwischen den Jahren 1800 und 1801 die weitläufigen Magazine gebaut worden sind. Unmittelbar vor denselben ist die letzte Schleuse und die Brücke zu sehen, welche zu beyden Seiten mit schlanken Pappeln eingefaßt ist.

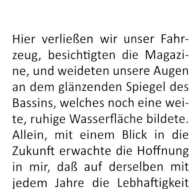

Hier verließen wir unser Fahrzeug, besichtigten die Magazine, und weideten unsere Augen an dem glänzenden Spiegel des Bassins, welches noch eine weite, ruhige Wasserfläche bildete. Allein, mit einem Blick in die Zukunft erwachte die Hoffnung in mir, daß auf derselben mit jedem Jahre die Lebhaftigkeit zunehmen werde.

Der starke Producten-Handel in der Nähe der Residenz-Stadt, die Zulieferung der Lebensmittel von Mühlen, Bräuhäusern, des Schlachtviehes, des Holzes, der Steinkohlen, auf welche der Wiener Stadt-Magistrat für das Magazin am Hungelbrunn nur für einen Jahresbedarf 100000 Ctr. bestellte:[15] die Menge der in der Nähe liegenden Fabriken, Manufacturen u.s.w., der Waarenzug des ganzen Handels aus der Lombardie, ganz Italien, dem Litorale, der Erzeugnisse von Steyermark, Kärnten, Krain und Tyrol u.s.w. sind nur ein Theil der unzählbaren Gegenstände, von denen dem Publicum unverkennbar die wichtigsten Vortheile zufließen müssen. Dazu ist bereits mit dem Sommer des J. 1803 der Anfang gemacht worden, nachdem bis dahin die meisten Beendigungs- und Abhülfsarbeiten, denen ein so großes und weit ausgedehntes Werk, durch die Einflüße der Jahreszeiten, und hundertfältiger, unzubestimmender Ereignisse von Zeit zu Zeit immer ausgesetzt ist, zu Stande gebracht wurden.

Die Anlassung mit dem erforderlichen Fahrwasser ist eine der delicatesten Operationen, da solche mit äußerster Behuthsamkeit geschehen muß, nachdem der frische Grund, wenn er gleich mit noch so viel Kunst verdichtet worden ist, erst sich mit derjenigen Quantität Wasser sättigen muß, die er in sich zu ziehen im Stande ist, und die Wasserdichtigkeit des Bodens oft mit offenbaren Widersprüchen gegen früher gemachte Erfahrungen, erst in dem Augenblicke erprobt wird, wenn das Wasser darauf kommt.

Da die ganze Unternehmung durch allerhöchst unmittelbare Unterstützung des Hofes, so weit gediehen ist, so wurde im Jahre 1802 dieselbe von dem höchsten Staats-Ärario übernommen, und den bisherigen Privat-Haupt-Interessenten eine dem Ruhme und der Gemeinnützigkeit der Sache, eben so aber auch der Beharrlichkeit in der Ausführung entsprechende Ablösung für die Abtretung ihrer Ansprüche auf das Privilegium des Canals bewilliget. Hiedurch ist die Innerberger-Haupt-Gewerkschaft wieder von der Unternehmung des Canalbaues getrennt, und wie vorhin für sich bestehend.[16] Da aber der allerhöchste Hof bey derselben beträchtliche Einlagen hat, so wurde deren Geschäftsleitung einer k. k. Hof-Commission, unter dem Präsidio des vormahligen montanistischen Hrn. Hofkammer-Präsidenten, Grafen Wrbna, Excellenz, nunmehr aber der besondern Leitung der k. k. Hof-Commission in Canal- und Bergbau-Sachen, unter dem Präsidio Sr. Excellenz des h. r. R. Grafen v. Rottenhann, untergeordnet[17].

Was ich bey Entstehung dieses großen Werkes, was ich bey Vollendung desselben vorherzusagen wagte, das wird nun allmählich zur Wirklichkeit gebracht.

Marginalien:
Landstraße

5600 t

Übernahme des Kanals in den Staatsärar

Wrbna

Rottenhan

---

[15] *Siehe Anhang zu Nr. 32 der Wienerzeitung v.J. 1803, Seite 1487, Spazierf.IV.B.28.H.*
[16] *Siehe patr. Tagebl. Nr. 15, vom J. 1804. Seite 204*
[17] *Hof- und Staats-Schematismus v.J. 1804*

Da, wo ehedem ein wüster Sammelplatz des Schuttes war, regt sich nun die speculative Thätigkeit in tausend Händen. Die ruhige Spiegelglätte des Wasserbehältnißes wird nun von hundert Rudern in Bewegung gesetzt, und von schön geschmückten Fahrzeugen durchfurchet.

60,1 km

In dem Laufe des Jahres 1804 sind auf der 8 Meilen langen Strecke, welche der Canal von Wien bis Neustadt einnimmt, 1715 Frachtschiffe gegangen. Davon wurden 502 von Neustadt nach Wien und Gundermannsdorf gesendet; 76 kamen von der Schleuse Nro. 34 nächst Siebenhaus nach Wien und Neustadt, 1007 sind in Gundermannsdorf geladen, und theils nach Wien, theils nach Neustadt, Rannersdorf und Tresdorf abgeschickt worden, und 130 nahmen Rück-Fracht in Wien für Gundermannsdorf, Tresdorf, Baaden und Neustadt. Auf diesen 1715 Schiffen sind 190,251 Ctr. Steinkohlen, 1,491,640 Stück Mauer- und 125,000 Stück Dachziegel, 5800 Klafter Brennholz, 7746 Ctr. 50 Pfund verschiedene zum Canalbau-Fond gehörige Materialien, und 36,590 Ctr. 50 Pf. andere Privat-Güter verführt, und an den gedachten Orten abgeladen worden. So bedeutend diese Fracht, die zusammen eine Ladung von 573,906 Ctr 50 Pf. beträgt, auch an sich ist: so würde sie doch noch viel ergiebiger gewesen seyn, wenn nicht Verhältniße eingetreten wären, die es nöthig machten, die Canalhaltung von Lanzendorf bis Wien durch mehr als 6 Wochen ohne Wasser zu lassen[18].

10700 t
19800 m³, 435 t
2050 t

32200 t
32200:26,5 t =
1210 Stk.
Container 40
12,2 m x 2,4 m x 2,6 m
1,1 t

33,6 t

Wenn man nun bedenkt, daß, wie ich aus zuverläßiger Quelle weiß, auf der Straße von Wien bis Triest täglich wenigstens 40,000 Pferde, deren ein Paar etwa 20 Ctr. führt, in Bewegung, und dazu bey 20,000 Menschen nöthig sind: so überlasse ich es den Staats-Ökonomen, den Vortheil zu berechnen, der aus einer Wasserstraße entspringt, auf welcher ein Pferd 600 Ctr. leicht fortbewegt.

Eislaufvergnügen

Doch nicht bloß der Reitz des Gewinnes, auch die Lockungen des Vergnügens haben diese ehemals verödeten Gründe zum Sammelplatze fröhlicher Menschen in den herben Tagen des Winters gemacht. Kraftvolle, schlanke Jünglinge mit stählernen Flügeln an den Füßen, durchwallen in schwebenden Reihen die bunten Scharen der Zuseher, itzt im schnellen Fluge, itzt in sanfteren Zügen der wohltätigen Wellenlinie. Oder sie entreißen sich, nach einem ferneren Ziele gerichtet, den gedrängten Scharen, und schweben bey Tage mit flatternden Fähnchen, Abends mit brennenden Fackeln, dem Zuge der blinkenden Bahn folgend, in wenigen Stunden zum Lustschlosse Laxenburg hin, und jubelnd und unermüdet wieder zurück.

Laxenburg

Selbst der ernste Mann, den die göttliche Hygiea die Genüße der freyen Bewegung in freyer Luft gelehret hat, findet es nicht unter seiner Würde, hier, entladen von der Sorge des Tages, der Himmlischen ein Ständchen zu opfern, und sich Gesundheit und Freuden zu holen.

„Die das Roß muthig im Lauf niemahls gab,
Welche der Reihn selber nicht hat"[19]

Und das sanftere Mädchen, welches den entnervenden Kerkern am Ofen entflieht, und hier von gefälligen Jünglingen auf geschmackvoll verzierten Schlitten, im pfeilschnellen Fluge dahin geführt wird, hohlt sich über der Ebene des Krystalls für die erblassende Wange das schönere Roth wieder, welches keine der künstlichen Schminken zu geben vermag. Dieses Regen und Ringen der Kräfte, mit Sitt' und Anstand bekleidet, erneuert die fröhlichen Scenen des bunten Carnevals, ohne das Heer seiner schädlichen Folgen mit sich zu führen, oder die Vorwürfe zu verdienen, welche die genialische Laune des Schöpfers der Eis-Redoute durch seine trefflichen Carricaturen veranlaßt hat.

---

[18] *Wr. Zeit. v. 2. März, 1805. S. 882. --- Patr. Tagebl. Nro. 26. v.J. 1805. S.104*
[19] *S. Klopstocks Oden I, B.S. 218. Leipz. Bey G.J. Göschen, 1798*

Kapitel XI.

Die Zukunft des Wiener Neustädter Kanals als Industriedenkmal und Tourismusattraktion

Die vorangegangenen Kapitel des Buches veranschaulichen ausführlich die Potenziale und Möglichkeiten des Wiener Neustädter Kanals. Erhebt man den Status des Kanals als Industriedenkmal, so lässt sich der so zusammenfassen: Der Wiener Neustädter Kanal ist als Schifffahrtskanal kaum mehr bekannt, obwohl er das älteste und größte der frühen Industriedenkmäler Österreichs ist. Dort wo er zugeschüttet wurde, sind in den vergangenen Jahrzehnten die letzten Spuren weitgehend verwischt worden. Wo der Kanal fließt, fehlen bereits die meisten der technischen Merkmale, die einen Industriekanal ausmachen, insbesondere die Schleusentore. Eine Revitalisierung der bald 220 Jahre alten industriegeschichtlichen Einmaligkeit ist

• zuerst einmal eine Frage der Bewusstmachung der Chancen, die das Potenzial des verfallenen Bauwerkes bietet,
• dann eine Frage der Planung und Organisation und
• nicht zuletzt eine Frage der Kosten.

Um einer Revitalisierung des Kanals eine Chance zu geben, wäre das Revitalisierungsprojekt in einen Gesamtzusammenhang mit einer Attraktivmachung des gesamten Industrieviertels zu stellen. Anlässlich des Jubiläums 200 Jahre Wiener Neustädter Kanal im Jahre 2003 gab es diverse Initiativen. Immerhin wurde auf einer Strecke von rund 5 km der Wasserweg für Paddelboote freigegeben und ein Bootsverleih am Wiener Neustädter Triangel eingerichtet. Ein Stichkanal zur Civitas Nova mit Bootsverkehr zwischen der Altstadt und der Stadtentwicklung an der Peripherie wurde geplant, aber nicht realisiert.
Die NÖ Landesausstellung 2019 geht turnusmäßig wieder an das Industrieviertel und wurde an Wiener Neustadt vergeben. Ein Schwerpunkt ist die Revitalisierung der bei der ehemaligen Stadtmauer und der Militärakademie gelegenen Kasematten. Der Wiener Neustädter Kanal wird eine der „Identifikations"-Achsen ausgehend vom Ausstellungszentrum sein, die eine neue Form der Zusammenarbeit, ein Wechselspiel zwischen Ballungszentrum und Regionen schaffen soll.

Kanal-Statusbeschreibungen befinden sich auch schon in den vorangegangenen Kapiteln. Hier eine Zusammenfassung:

- Der Wiener Neustädter Kanal ist als Wasserweg grundsätzlich, also mehr oder weniger, in seinem Bestand gesichert,

  - weil das Land Niederösterreich für die Erhaltungskosten aufkommt,
  - wegen diverser Wasserrechte,
  - wegen der Erhaltung des Mikroklimas und des Erholungswertes der Kanallandschaft für Spaziergänger und Radfahrer und
  - weil denkmalschutzrechtliche Vorkehrungen getroffen wurden.

- Dem ältesten und größten Industriedenkmal Österreichs sind aber seine charakteristischen technischen und baulichen Attribute „schleichend" abhandengekommen, und das seit Jahrzehnten.
  Der Gesamteindruck eines zusammenhängenden 36 km langen Bauwerkes ging verloren:

  - Schleusenwände verfallen durch Auswaschungen, die nicht repariert werden, und weichen sukzessive Böschungen.
  - Von den 80 Schleusentoren der noch wasserführenden Kanalstrecke sind mittlerweile alle verschwunden. Im Jahr 2013 wurde das allerletzte Schleusentor ausgebaut, es befand sich in Kottingbrunn. Es hätte wieder eingehängt werden sollen, konkret dürfte aber die Instandsetzung nicht im Laufen sein.
  - Technische Bauteile, wie Winden und Spindeln, verrosten beziehungsweise vermorschen ihre Holzhalterungen und werden nicht ersetzt.
  - Von den 54 historischen Brücken des Kanals sind nur mehr 8 übrig geblieben.
  - Die Kanalufer werden in zunehmendem Maße sozusagen der Natur überlassen, Büsche verstellen den Blick auf Schleusenkammern, die Uferböschungen fallen dem Unkraut anheim.
  - Die für manche Kanalstrecken typischen Pappelalleen dünnen sich durch Baumschäden aus und werden zum Teil gar nicht oder mit artfremden Bäumen ersetzt.
  - Es gibt offensichtlich kein Konzept und kein Regelwerk bei baulichen Veränderungen, im Falle der Brücken, Stege, Kleinkraftwerke und so weiter.
  - Da fast alle neu gebauten Brücken niedriger gebaut wurden als die historischen, unter denen Pferde durchgehen konnten, ist zum Teil die Unterführung auch für Fußgänger schwer oder nicht mehr möglich. Der Extremfall ist die Autobahnüberquerung des Kanals in Laxenburg, wo ein Umweg von ca. 2 km notwendig ist, um wieder an den Kanal zu gelangen.
  - Längs des Kanals gibt es an einigen Stellen beidseitig des Wasserweges Privatgrundstücke, die einen Durchgang oder eine Durchfahrt mit dem Rad nicht zulassen. Dadurch ist ein Bauwerk, das ein kilometerlanges, zusammenhängendes Ganzes ist und nur so zur Geltung kommen kann, hinsichtlich seiner öffentlichen Wahrnehmung und Ausstrahlung kaum vorhanden.

- Bauerhaltende, baubewahrende, museale bzw. dokumentierende Gegenströmungen sind jedoch auch erkennbar:

  - Es gibt private und kommunale Initiativen, die punktuell „Schaustücke", wie historische Brücken, vor dem Verfall retten.
  - Einige Bezirksmuseen haben Modelle, Beschreibungen und Bilder zum Kanal ausgestellt.
  - Es gab Aktivitäten von höheren technischen Lehranstalten zur Rekonstruktion historischer Brücken und jene von der HTL Mödling, die zur öffentlichen Bewusstmachung des Industriedenkmales beitrugen.
  - Literatur zum Kanal und Video (siehe ANHANG).
  - Eine Art Kompetenzzentrum für den Kanal befindet sich in einer ehemals nö. Gemeinde, im Bezirksmuseum Simmering. Die detaillierte Ausstellung zum Kanal geht auch immer wieder auf Wanderschaft.

Bei jeder Revitalisierung gibt es Ansätze, die sich zwischen Minimum- und „Schön-wäre-es"- Vorstellungen bewegen.

Was wären konkrete Vorschläge zur Realisierung von Minimum-Vorstellungen?

1. **Durchgehende Allee längs des gesamten Kanals** für Spaziergänger, Nordic Walker und Radfahrer. Die historischen Ufergestaltungs-Varianten des Wiener Neustädter Kanals wären Beispiele. Für die seit 1849 bzw. 1930 trockengelegten Strecken wäre das Allee-Prinzip wo möglich beizubehalten, sodass der Eindruck eines Gesamtbauwerkes entsteht. Für die landwirtschaftlich genutzten aufgelassenen Kanalstrecken wäre die „Landschaftskunst" eine Möglichkeit, bei der z. B. Wasser durch blau blühende Feldfrüchte, wie Lein, imaginiert wird.

2. Wenigstens eine **funktionsfähige Schleuse samt Schleusenwärterhaus** längs der heutigen Fließstrecke des Kanals herstellen.

3. Das **älteste Brücken-Ensemble Österreichs** zwischen Wiener Neustadt und Gumpoldskirchen wäre mittels eines Konzepts zu visualisieren und die touristische Nutzung umzusetzen (siehe nachfolgendes Bild).

*Kanallandschaft und Brückenensemble in den „Schweickhardt-Perspektiven"
1840*

Beispiel einer erhaltenen Pappelallee in Wiener Neustadt

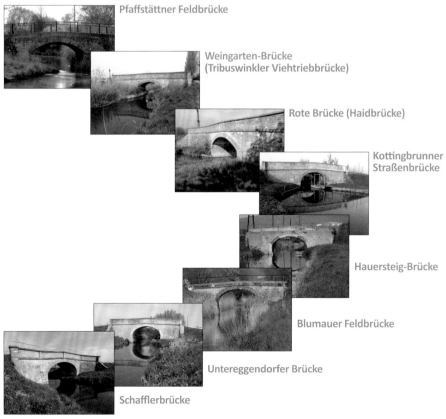

Pfaffstättner Feldbrücke

Weingarten-Brücke
(Tribuswinkler Viehtriebbrücke)

Rote Brücke (Haidbrücke)

Kottingbrunner
Straßenbrücke

Hauersteig-Brücke

Blumauer Feldbrücke

Untereggendorfer Brücke

Schafflerbrücke

Beispiel der Kanalnutzung: Narrow Canal in England

Ensemble der erhaltenen klassizistischen Brücken aus 1803 am Wr. Neustädter Kanal

„Schön-wäre-es"-Vorstellungen: „Wege zum Wasser", Revitalisierungsmöglichkeiten

Der von Süden nach Norden verlaufende Kanal und die kreuzenden Flüsse schaffen eine Struktur und Möglichkeiten an Wasserläufen entschleunigt Natur, Kultur und Kulinarik zu Fuß oder per Rad erreichen zu können. Anfang des 19. Jahrhunderts entdeckte man die Alpen, Ende des 20. Jahrhunderts die Flüsse als Erholungsräume. Das, was noch fehlt, ist ein Konzept, aus den vielen kleinräumigen Ansätzen ein strukturiertes Ganzes zu schaffen und aus dem amorphen Industrieviertel eine Kanal- und Flüsse-Parklandschaft zu machen.
Zunächst ein Good-Practice-Beispiel für eine gelungene Kanal-Revitalisierung:

Masterplan Donaukanal 2010

Exkurs:
Es gibt auch einen Bezug zwischen Donaukanal und Wiener Neustädter Kanal abseits der Tatsache, dass der Neustädter Kanal einst nach einigen hundert Metern Wasserweg im Wienfluss in den Donaukanal floss.
„Ursprünglich verzweigte sich die Donau im Wiener Raum in zahlreiche Arme, die teilweise durch Brücken verbunden waren und schon frühzeitig eine Handelsverbindung von Norden nach Süden ermöglichten. Der natürliche südwestliche Seitenarm der Donau in Wien wurde bereits 1686 als „Donaukanal" bezeichnet und hatte aufgrund seiner Stadtnähe große Bedeutung als Transportweg. Erstmals reguliert wurde der Donauarm zwischen 1598 und 1600 durch **Freiherr von Hoyos** und schließlich im 19. Jahrhundert gegen Hochwasser und Treibeis ausgebaut. Mit der Donauregulierung in den Jahren 1870 bis 1875 verlandeten die zahllosen Donauinseln und bildeten eine kompakte Fläche. In dieser Zeit entstand auch der Donaukanal in seiner heutigen Form als regulierter Flusslauf mit einer Gesamtlänge von 17,3 Kilometern."
https://www.wien.gv.at/stadtentwicklung/projekte/zielgebiete/donaukanal/masterplan.html

Die Grafen Hoyos waren jedoch bis 1855 auch die Hauptnutzer des Wiener Neustädter Kanals. 30 der rund 70 Kanalschiffe betrieb die Hubmer'sche Schwemm-Compagnie.

Bis es zu einem Masterplan für den Donaukanal kam, brauchte es Zeit und vor allem eine Phase der Schaffung eines entsprechenden Bewusstseins über die Chancen, die ein Kanal bietet. Zunächst wurde 1989 ein umfassendes Leitprojekt erstellt, es folgte 1991 ein „Nutzungskonzept Donaukanal". 1993 wurde eine detaillierte „Studie Donaukanal" und ein „Leitprojekt Kaimauerstrecke" unter Einbindung der städtischen Bezirke erarbeitet. Im Jahre 2005 verankerte man den Donaukanal im Stadtentwicklungsplan STEP 05 als Zielgebiet. 2008 wurde eine repräsentative stadtpsychologische Studie „Wohlfühl- & Freizeitoase Donaukanal" durchgeführt. Der Masterplan selbst entstand in den Jahren 2007–2010.

Aus: https://www.wien.gv.at/stadtentwicklung/projekte/zielgebiete/donaukanal/masterplan.html

• **Die Erlebbarkeit des Donaukanals als wassernaher Erholungsspender erhöhen.** Die Erlebbarkeit des Wassers soll generell verstärkt werden. Das Element Wasser soll sich als Leitthema im gesamten Verlauf in unterschiedlichster Form wiederfinden. … Diese bestehende Freizeitfunktion (Anmerkung: Sonnenbaden auf der „Schrägen Wiesn") soll daher auch weiterhin angeboten und ausgebaut werden.

• **Freizeit- und Naherholungsfunktion bewahren und aufwerten.** Die Interessen der Freizeitgestaltung und Naherholung haben Vorrang vor kommerzieller Nutzung. … Nutzungen müssen aus … planerischer Sicht sinnvoll sein. Mit diesen Vorgaben soll die Erlebbarkeit dieses durchgehenden Freizeit- und Erholungsraumes gewährleistet werden.

• **Barrieren abbauen, um die Zugänglichkeit zum Donaukanal zu erhöhen.** Sowohl die Erlebbarkeit des Wassers und der Ufer des Donaukanals als auch die Überquerungsmöglichkeit des Donaukanals und der begleitenden Straßen, sollen verbessert werden. Besonders ist dabei auf Personen mit besonderen Bedürfnissen Rücksicht zu nehmen. Abgänge sollen besser kenntlich gemacht werden.

• **Die öffentliche Durchgängigkeit sicherstellen.** Die Durchgängigkeit an beiden Seiten des Donaukanals soll für RadfahrerInnen und für FußgängerInnen gleichermaßen gewährleistet werden. Konflikten zwischen den einzelnen NutzerInnengruppen (FußgängerInnen/Lieferverkehr/RadfahrerInnen) soll durch entsprechende Maßnahmen entgegengewirkt werden.

• **Die ökologische Vielfalt erhöhen.** Der Donaukanal soll in seinen naturbelassenen und parkähnlich gestalteten Bereichen verstärkt als Lebensraum für Fauna und Flora erhalten beziehungsweise dessen Naherholungsfunktion erweitert werden.

• **Ein einheitliches Erscheinungsbild schaffen.** Die dem Donaukanal gesamtstädtisch zukommende Bedeutung bedarf einer großzügigen, aber präzise formulierten gestalterischen Sprache. Einen wesentlichen Anknüpfungspunkt hierfür stellt die 1894 bis 1896 gestaltete Kaimauerstrecke dar: Neu errichtete Gestaltungselemente wie z. B. Möblierung, Beleuchtung, sollen in Zukunft durch ein einheitliches Erscheinungsbild (Corporate Design) identitätsstiftende Wirkung bekommen.

• **Bei der Planung wie auch bei der Realisierung von Projekten aktuelle und potenzielle NutzerInnen berücksichtigen.** Bei allen vorgesehenen Maßnahmen ist dem Thema Partizipation nach Möglichkeit von Anfang an ein hoher Stellenwert einzuräumen, um Nutzungsinteressen seitens der Bevölkerung zeitgerecht berücksichtigen zu können. … Dabei soll auch die sozialräumliche Komponente des jeweiligen Abschnittes beachtet werden.

• **Kulturelle Aktivitäten am Donaukanal unterstützen.** Der Donaukanal bietet Raum für Kunst und Kultur: Neben Jugendkultur wie Konzerte (z. B. Flex, Donaukanaltreiben etc.) und Graffiti an den legalen "Wienerwand"-Standorten (www. wienerwand.at), bietet er einen möglichen Rahmen für Installationen im öffentlichen Raum und der Präsentation von Skulpturen (z. B. bei der Summerstage).

• **Identifikationsmerkmale unterstreichen und in die Nutzung einbeziehen.** Die Wahrnehmbarkeit wichtiger Gebäude entlang des Donaukanals oder an diesem selbst soll erhalten bzw. noch weiter verbessert werden. Dies soll bei Neuerrichtungen oder Umbauten von Identifikationsträgern (z. B. Beleuchtung von Brücken) berücksichtigt werden. Einprägsame Merkzeichen, welche sowohl die Identifikation als auch die Orientierung im Stadtraum unterstützen, werden angestrebt.

• **Den Donaukanal als Wirtschaftsstandort stärken.** Projekte in Zusammenarbeit mit privaten Investoren sollen einer transparenten Reglementierung hinsichtlich Gestaltung, Dimensionierung und des Mehrwertes für die Bevölkerung unterworfen werden.

• **Eindeutige Richtlinien für Nutzung und Ausnutzbarkeit vorgeben, wobei ganzjährige Nutzungen unterstützt werden sollen.** Neue Nutzungen müssen in die jeweiligen Bereiche mit ihren spezifischen Anforderungen aus stadtgestalterischer Sicht integrierbar sein und die unterschiedlichen Bedürfnisse verschiedener NutzerInnen berücksichtigen. Nutzungserweiterungen, die den generellen Zielsetzungen entsprechen, sollen weiterhin möglich sein. Soziale Infrastruktur wie Sport- und Spielmöglichkeiten, Möblierung etc. sollen ebenso verbessert und erweitert werden ... Mehrfach nutzbare Flächen und konsumfreie Ruheflächen sind im Hinblick auf das Erscheinungsbild und die Erholungsfunktionen zu reservieren.

• **Das Wasser des Donaukanals als öffentlichen Verkehrsweg forcieren.** Der Donaukanal soll als Wassertransportweg aufgewertet werden (z. B. durch Anlegestellen, Bootstaxi etc.). Die regionale Nutzung des Donaukanals als Wasserstraße soll intensiviert und Verbindungsstationen zwischen den stadtteilwichtigen Verknüpfungspunkten geschaffen werden.

• **Eine verbesserte Verbindung mit dem Hinterland herstellen.** Die Anbindung des Erholungsraums Donaukanal an die anschließenden Stadtteile soll durch die Errichtung von Baulichkeiten zur Überwindung der unterschiedlichen Niveaus verbessert werden. Auch sollen mehr Querungsmöglichkeiten über den Donaukanal geschaffen werden. Die Abgänge sollen besser kenntlich gemacht werden.

Innerhalb von 25 Jahren, vom tristen Entsorgungskanal zur Flanier- und Erholungsmeile am Wasser, der Donaukanal

Wien konnte beim Donaukanal, der bis in die 90er-Jahre wenig attraktiv war, einen bemerkenswerten Umschwung schaffen, auch wenn sich das damals kaum jemand vorstellen konnte. Es entstand eine Erholungszone, die allen Generationen und Interessensgruppen vielfältige Nutzung sichert.

Die zuvor angeführten „Generellen Ziele" aus dem Masterplan der Stadt Wien sind so gehalten, dass sie grundsätzlich auch für andere Kanäle gelten können.

Exkurs **Landschaftskonto**:

Bei Bauvorhaben geht zumeist Natur verloren. Da Natur ein begrenztes Gut ist, sind Eingriffe in Natur und Landschaft - so das Ziel des Landschaftskontos – durch die Bauträger zu kompensieren.

Die Absicht ist, durch eine „Wiedergutmachung" an anderer Stelle ein zugunsten verlorener Funktionen des Naturhaushalts oder zugunsten der Aufwertung des Landschaftsbildes ökologisches Gleichgewicht zu schaffen.

Die Praxis zeigt, dass viele Investoren Probleme mit dem für sie fachfremden Umsetzen naturschutzrechtlicher Ausgleichs- oder Ersatzmaßnahmen haben. Es wurden daher in einigen Ländern rechtliche Rahmenbedingungen beziehungsweise freiwillige Maßnahmen für eine Übernahme dieser Ausgleichs- oder Ersatzmaßnahmen durch darauf spezialisierte Unternehmen und Organisationen geschaffen.

In Deutschland können Bauträger, salopp Eingriffsverursacher genannt, ihre gesetzliche Verpflichtung für Ausgleich und Ersatz auf eine dafür befugte Agentur, auf sogenannte „Flächenpoolbetreiber", übertragen. Unter Flächenpools versteht man die örtliche Bündelung von ökologischen Maßnahmen, um größere Effekte von Naturschutzmaßnahmen und bessere Erfolgskontrolle zu erzielen. Beispielsweise setzt Brandenburg auf Zertifizierungsverfahren für Flächenpools, um einheitliche Qualitätsstandards zu etablieren.

SUM:

Mit dem Stadt-Umland-Management setzen die Stadt Wien und das Land Niederösterreich mit den Umlandgemeinden auf verstärkte regionale Zusammenarbeit über die Wiener Landesgrenze hinweg.

„Die dynamischen freiräumlichen Prozesse im und rund um den Ballungsraum erfordern eine regionale, gemeindeübergreifende Planung. Bislang fehlen aber geeignete Instrumente zur interkommunalen Entwicklung und Bewirtschaftung von Grünräumen. Das zeigt sich anhand zahlreicher Ausgleichs- und Ersatzmaßnahmen im Zuge von Umweltverträglichkeitsprüfungs-Verfahren, die räumlich unkoordiniert angeordnet werden.

Im Rahmen des Stadt-Umland-Managements erarbeiteten Expertinnen und Experten der Länder Wien und Niederösterreich ein Modell für „die interkommunale, regionale Entwicklung und Bewirtschaftung" von Grünräumen nach dem Vorbild des deutschen Ökokontos."

https://www.wien.gv.at/stadtentwicklung/projekte/landschaft-freiraum/landschaft/wachsende-stadt/umland/landschaftskonto.html

Die „Wiederverbundenen Räume" des Industrieviertels, wie sie auf der nächsten Seite schaubildartig skizziert werden, die eine Länge von ca. 400 km hätten und in einer uralten Kulturlandschaft stehen, ließen sich in einem solchen Rahmenwerk eines Landschaftskontos eingliedern.

Der Autor des vorliegenden Buches beschäftigte sich 2014/15 mit der Strukturierung des Industrieviertels auf Basis der Einteilung, die sich durch den Nord/Süd verlaufenden Kanal und der kreuzenden und speisenden Flüsse ergibt. Anhaltspunkt war damals der **„Reconnect-your-space"**-Wettbewerb 2013.

http://www.walkinginside.at/kanal-forum/projektinitiative-zur-revitalisierung-des-industriedenkmals-wiener-neustadter-kanal/

Die folgenden Seiten zeigen das mögliche pittoreske Ergebnis der „Wiederverbundenen Räume" („Reconnect your space") des Industrieviertels unter Einschluss der Wienfluss-Donaukanalachse.

"Reconnect your space - Wiederverbundene Räume"
Vorschlag für das Industrieviertel: Eine Park- und Kulturlandschaft, harmonisch verbunden durch den
Wiener Neustädter Kanal und seine umgebenden Flüsse

Revitalisierte Donaukanal-Flaniermeile

Der Wienfluss im urbanen „Aufwind"

Das „Revitalisierungsprojekt" der Habsburger: die Franzensburg mit dem Schlossteich

Wieder hoch geschätzt: der Mühlbach in Baden

Die Kunstmühle: Die Triesting betrieb sie einst, nahe der Kanalstation in Dornau

*Ehem. Kanalausfluss
in die Wien*

Dreifachschleuse Guntramsdorf

Ein Wasserschloss neben 11 Kanalschleusen in Kottingbrunn

Schleuse 31 in Kottingbrunn

Der Maler Gauermann machte sie zum Kult: Biedermeierlandschaft im Piestingtal

Ein Industriemonument überlebte: der schiffbare Aquädukt über die Warme Fischa

Der Kanal in Wiener Neustadt in Modell und Wirklichkeit

An Tagen über 35 Grad ein Geheimtipp: Die Schwarza im Höllental, wo einst Hunderttausende Raummeter Holz Richtung Neustädter Kanal getriftet wurden

Kapitel XII.

Kuriosa am Kanal

Zum Abschluss des Buches zunächst ein Resümee:

Das Kapitel I. schickte den Wiener Neustädter Kanal mit Stimmungsbildern auf Werbetour, das Kapitel II. bemühte sich, die Außergewöhnlichkeiten und Alleinstellungsmerkmale plakativ zu zeigen. Das Kapitel XII. schickt nun den einstmals schiffbaren Kanal nochmals auf Werbetour, und zwar in Manier einer Zeitung, die ihre Leserschaft mit Kuriosa unterhalten und ein Thema nachhaltig in der Erinnerung verhaften will.

Kurios bedeutet in unserem Sprachgebrauch seltsam, komisch, skurril. Dinge, welche die Betrachterin oder den Betrachter durch überraschende Abweichungen vom Erwartenden in Verblüffung versetzen, sind ein Kuriosum. Vom Wortstamm her kommt der Begriff von Neugierde, und auch im Englischen herrscht diese Bedeutung vor. Die nächsten Seiten bringen eine Sammlung der Kuriosa am und im Zusammenhang mit dem Wiener Neustädter Kanal:

- Schon in der Entstehungsgeschichte des Kanals ist vieles kurios. Ein umtriebiger, zunächst völlig unbekannter Montanist, Anton David Steiger, aus dem damals ungarischen Pöttsching, gab den Anstoß für die konkrete Planung des Kanals. Später erlangte er, ausgebootet aus dem Kanalgeschehen, überregionale Berühmtheit als „Hainz am Stain der Wilde", der Wildensteiner Ritterschaft auf blauer Erde. Er war ein Freund von Erzherzog Johann und Besitzer der Burg Seebenstein.
  Mehr unter Kapitel IV. „Die wundersame Welt des Anton David Steiger". Siehe auch unten: Der „Kanal ein Werk von Zuwanderern".

Auch das politische, gesellschaftliche und ökonomische Zeitgeschehen in der Bauphase des Kanals war mehr als kurios:

- Man baute im Kriegsgeschehen mit Napoleon, dabei zog man Militär und Sträflinge für den Kanalbau heran. Mehr unter Kapitel III. „Geschichte des Kanals". Siehe auch unten: Der „Kanal ein Werk von Zuwanderern".

- Josef Haydn komponierte 1797 im Jahr des Baubeginnes des Kanals die Kaiserhymne, kurioserweise mehr oder weniger als Gegenstück zur Marseillaise, deren Entstehungsgeschichte ebenfalls eine Aneinanderkettung von Kuriositäten ist.

- Für die damalige Zeit verschlang der Kanalbau Unsummen, es werden 11 Millionen Gulden geschätzt. Nach Umrechnung, die sich an den Goldkursen orientiert und über die sich diskutieren ließe, wären das – bezogen auf das Jahr 2016 – rund 143 Millionen Euro. Kurios im Vergleich dazu war, dass Joseph Haydn zur selben Zeit in einem Jahr beim Fürsten Esterházy 1000 Gulden verdiente, während er für ein einziges Konzert in London, dem damaligen Zentrum der boomenden Industrialisierung, angeblich 4000 Gulden honoriert bekam.

Der Wiener Neustädter Kanal, ein Werk von Zuwanderern:

Kurios, aber es entspricht den Fakten.

- Es begann schon bei der Idee zum Kanalbau: Der Mineraloge und Bergbaupionier **Anton David Steiger** kam aus Pecsenyéd in **Ungarn**, dem heutigen Pöttsching.

- Sein späterer Kompagnon bei der Wiener Neustädter Steinkohlengewerkschaft, der Fabrikant und Großhändler **Bernhard Tschoffen,** hatte **Schweizer** Wurzeln.

- Der Förderer und Financier des ab 1801 verstaatlichten Kanals, **Kaiser Franz II.**, war bis zu seinem 17. Lebensjahr ein „**Florentiner**", bis ihn sein Onkel Josef II. als „Kaiserlehrling" nach Wien beorderte. Sein Großvater war Lothringer, seine Mutter eine spanische Prinzessin.

- Der Planer und bis 1799 Bauführer des Kanals, **Sebastian von Maillard**, kam aus **Lunéville in Lothringen**; dort wurde übrigens 1801 im „Vertrag von Lunéville" der Zweite Koalitionskrieg mit Napoleon als beendet erklärt. Das Know-How über Narrow Canals holte er sich bei seiner Studienreise 1795/96 in **England**.

- Der Planer und Bauführende der finalen Bauphase, **Josef Schemerl**, wurde 1752 in **Laibach**, Herzogtum Krain, geboren. Seine Kenntnisse über den Kanalbau erwarb er in **Holland** und **Deutschland**.

- Die **Ziegelschläger** für den Kanalbau wurden in **Kroatien** angeworben.

- Selbst die **Sträflinge**, die für den Bau herangezogen werden mussten, weil kriegsbedingt die arbeitsfähigen Männer eingerückt waren, stammten aus **Brünn** und **Prag**, wie die Kanal-Biografin Valerie Riebe schreibt.

- Dass der Kanal nicht einmal bis Ödenburg gebaut werden konnte, war wiederum durch **ungarischen** Widerstand und durch den Krieg mit **Napoleon** verursacht, der gerade in der Bauzeit notwendige Ressourcen band.

- Der schillernde Kanalpächter **Moritz von Fries** hatte **Schweizer** Wurzeln, studierte in Leipzig und starb in Paris.

- Der Kosmopolit unter den Kanalpächtern **Georg Simon Sina** hatte griechisch/armenische Wurzeln, ein ungarisches Adelsprädikat und unterstützte den griechischen Freiheitskampf.

- Auch das Finale des Kanals in seiner schiffbaren Periode gehörte Ausländern, nämlich der **Société Belge de Chemins de Fer** bzw. der **Austro-Belgischen Eisenbahngesellschaft**.

  Es erfolgt nun eine Wanderung von Wien nach Wiener Neustadt mit Blick auf die Kuriosa längs des Kanals.

Kapitel II. beschäftigte sich bereits mit **Einst-und-Jetzt-Vergleichen**. Hier noch eine **kuriose Zeitreise über 250 Jahre** auf dem Areal, wo sich zuerst der Ochsenmarkt befand, dann der 1. Wiener Kanal-Hafen, später die Station Hauptzollamt und heute „Wien Mitte The Mall".

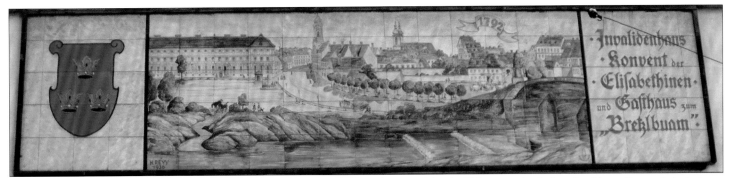

Am Haus Nummer 17 in der Invalidenstraße in Wien-Landstraße befindet sich ein Azulejo, ein Bild aus quadratischen, bunt bemalten und glasierten Keramikfliesen, das im Detail das spätere Hafen- und Kanalareal um 1792, ein paar Jahre vor Baubeginn des Kanals 1797, zeigt.

Bildbeschreibung: Im Vordergrund fließt der damals noch wasserreiche Wienfluss, rechts die alte Stubenbrücke, die zum Stubentor führte. Links, mittig, das Areal des Ochsenmarktes, das sich fast bis zum Donaukanal erstreckte. Hierher baute man ab 1797 das Hafenbassin. Dahinter sieht man das Invalidenhaus von 1727, das 1909 abgerissen wurde. In der Bildmitte verläuft die Landstraßer Hauptstraße, vorbei an der Elisabethinenkirche von 1711, rechts davon im Hintergrund die Rochuskirche von 1721. Rechts, mittig, der „Hauptakteur" des Azulejo, das Gasthaus zum Bretzlbuam (heute Haus Nr. 17), rechts daneben erkennt man die Ungargasse Richtung Süden. Einen Häuserblock weiter verlief ab 1803 der Frachtverkehr am Kanal, der, vom Hafenbassin kommend, hier Richtung Süden schwenkte.

Hafenbassin 1803–1848

Im Winter herrschte am Hafenbassin reges Treiben

*Bau der Verbindungsbahn und des Bahnhofes 1849–1860.
Der Stadtbahnbau erfolgte 1895–1901*

Ab 1957 stand hier das AEZ, 2007–2012 erfolgte der Bau von „Wien Mitte The Mall"

Erster Wiener Kanalhafen, Ansicht um 1820. Links der Pappeln ist die Stubentormühle zu sehen. Am linken Rand ist ein Foto aus der Jetztzeit eingeblendet, mit der Stubenbrücke und einem ihrer „Lemurenköpfe".

Das erste Wiener Hafenbassin mit den stattlichen Abmessungen von 200 x 120 Metern befand sich da, wo sich jetzt der Komplex „The Mall Wien Mitte" samt dem ebenso weitläufigen Verkehrsknoten befindet. Bevor der Kanal das Bassin erreichte, durchfloss er die Rampe der Stubenbrücke. Das alles ist schon ein Kuriosum, weil sich kaum jemand heutzutage dessen bewusst ist.

Kurios ist auch die Geschichte der Stubenbrücke bis heute:

> Bis zum Ende des 14. Jahrhunderts war an ihrer Stelle ein hölzerner Steg, der aus privaten Mitteln erhalten wurde.
> Herzog Albrecht IV. ließ 1400–1402 aus eingenommenen Strafgeldern eine steinerne Brücke mit zwei Mittelpfeilern bauen, in deren Mitte sich ein gotischer Bildstock befand. Bei der Stubenbrücke und der Staubmühle, die ab 1803 durch Kanalwasser angetrieben wurde, fand 1461 ein Gefecht zwischen Truppen Herzog Albrechts VI. und den kaisertreuen Wienern statt, die unter Bürgermeister Christian Prenner die Angreifer von der befestigten Brücke zurückwarfen, woran eine Gedenktafel in der Weiskirchnerstraße 1 erinnert.
> 2001 wurden vier „Lemurenköpfe" nach der MAK-Retrospektive „Franz West: Gnadenlos" auf den Pylonen der Stubenbrücke angebracht. „Die archaisch anmutenden, bis zu drei Meter hohen Lemurenköpfe aus lackiertem, geformten Aluminium, die den Dialog zwischen skulpturalem Objekt und Betrachtern herausfordern, verbinden sich mit der Symbolik des immanent fließenden Wassers des Wienflusses." (meinbezirk.at/innere-stadt). Es gab aber auch andere mediale Kommentare dazu.

Der „Kanalinitiator" schaut heute noch auf seine Kanaltrasse:

Fotomontage

Bernhard von Tschoffens Bildnis befindet sich heute in der Sammlung des Belvedere, mit Blick auf die ehemalige Kanaltrasse. Er kannte sowohl die Brunnenkaskade vor dem Schloss als auch die „Lockflights" in England.

Bernhard von Tschoffen war einer der Initiatoren des „Canals". Bemerkenswert und kurios ist vieles in seinem Leben. Er war Millionär, brachte englische Waren und technisches Know-How nach Österreich. Er war einer der Ersten, der Kohle statt Holz zum Feuern in seinen Unternehmungen verwendete. Und er war: „Verheiratet mit Maria Carolina Barbara Claudia von Tschoffen, geb. Puthon, mit der er vier Kinder hatte. Es wird angenommen, dass Maria von Tschoffen die mysteriöse ‚unsterbliche Geliebte' von Ludwig van Beethoven war." (digital.belvedere)

Kurios auch sein Vertrag mit Sr. Majestät Franz II.:

> Biographisches Lexikon des Kaiserthums Oesterreich: „Diese Gesellschaft (Anmerkung: Wiener Neustädter Steinkohlengesellschaft) erfreute sich auch des besonderen kaiserlichen Schutzes. So erhielt sie mit kaiserlicher Entschließung vom 16. August 1796 die Zusicherung, daß dieses gemeinnützige Unternehmen im nöthigen Falle aus der ah. Privatcasse unterstützt werden solle. Eine weitere Folge war, daß Se. Majestät nicht nur den Steinkohlenbau im ganzen Lande Oesterreich unter der Enns als ein landesfürstliches Regale dergestalt sich vorbehielt, daß Niemandem mehr ohne ausdrückliche ah. Erlaubniß eine Belehnung hierauf ertheilt werden durfte, sondern der Gesellschaft wurde als ein Fond zur Unternehmung die Strecke von je vier Meilen rechts und links an der Straße von Schottwien bis Wien auf fünfzig Jahre, jedoch mit der ausdrücklichen Bedingniß verliehen, daß der Canalbau längstens binnen drei Jahren angefangen werde, widrigenfalls die ganze Verleihung als nicht geschehen anzusehen sei."

Schlussendlich war nicht ausfindig zu machen, wann Tschoffen geboren wurde. Er starb 1802, also ein Jahr vor der Fertigstellung seines „Canals".

Der „älteste Beamte Österreichs":

Beim Ausheben der Kanaltrasse in Landstraße, damals noch eine eigenständige Gemeinde außerhalb von Wien, förderte man die Statue des **ägyptischen Beamten Chai-hapi** zutage.

Dieser wäre somit der „älteste Beamte Österreichs" und wahrscheinlich auch der älteste beschriftete Kunstgegenstand, der jemals in Österreich ausgegraben wurde.

Im heutigen 3. Wiener Gemeindebezirk Landstraße befand sich zur Römerzeit eine sogenannte Lagervorstadt, eine canabae legionis. In ihr siedelten Zivilisten und die für die Infrastruktur notwendigen Betriebe des Lagers. Die Häuser der Lagervorstadt bestanden aus Fachwerkbauten (canabae) und Gebäuden, die der Freizeit und der Unterbringung von Heiligtümern dienten, in denen verschiedene Götter aller damaligen Religionen verehrt wurden.

Über die Herkunft der Chai-hapi-Plastik weiß man, dass sie um 1800 oder schon 1798 zusammen mit römerzeitlichen Objekten ausgegraben worden ist. In der französischen Besatzungszeit dürfte der ägyptische Beamte „unkommoderweise" nach Paris ausgelagert und um 1814 restituiert worden sein. Die Statue kam 1825 durch Schenkung des Fürst-Erzbischof Graf von Firmian im Namen des Wiener Domkapitels in die 1821 angelegte habsburgische Sammlung ägyptischer Altertümer.

Chai-hapi hält ein Rasselinstrument mit dem Kopf der Hathor, der Göttin der Liebe und Freude, das ihr zu Ehren „gespielt" wurde. Der Rückenpfeiler ist mit einem Opfergebet beschriftet, die Seitenteile widmen sich den Göttinnen Hathor und Saosis. Die Figur wurde 1250–1200 v.Chr. aus Gneisgestein hergestellt und hat die Abmessungen H x B x T: 49,5 x 19,8 x 31,4 cm.

Spektakuläre Bauten an der Kanaltrasse:

Im Jahre 1899 weihte man in Wien die **Russisch-Orthodoxe Kathedrale zum heiligen Nikolaus** ein, einige Meter von der Trasse entfernt, wo bis 1848 der Wiener Neustädter Kanal floss. Beinahe hätte sie, wie die ähnlich aussehende, monumentale Erlöserkirche in St. Petersburg, auf dahinströmendes Wasser geblickt.

Das Bild links deutet dies durch eine Fotomontage an. (Rechte-Bahn-G. 44)

Wohl auch kurios:
Hier im Bild links verlief der Wiener Neustädter Kanal, er war die wichtigste Logistikachse für den Ziegeltransport während der Bauperioden der Ringstraße und Gründerzeit.

Heute befindet sich längs der Trasse einer der **größten Verschubbahnhöfe** Österreichs und dahinter einer der größten Friedhöfe Europas, der Wiener Zentralfriedhof. Zu sehen ist die riesige Kuppel der Karl-Borromäus-Kirche, auch Dr.-Karl-Lueger-Gedächtniskirche genannt, eine Jugendstilkirche nach Entwürfen des Architekten Max Hegele, 1908-1911 errichtet.

Kurioses Schicksal des einst höchsten Kanalaquäduktes:

Weniger kurios, denn betrüblich: Der höchste Aquädukt des Kanals in Unterlaa über die Liesing wurde trotz Denkmalschutz demoliert. Weder die Stadt Wien noch das Bundesdenkmalamt sollen „amused" gewesen sein. „Täter" waren Presseberichten zufolge die Bundesbahnen.
Neugierige, die ein ähnliches, ebenso gewaltiges Bauwerk heute noch sehen wollen, können in Teesdorf „Die Drei Schwibbögen" bewundern.

Der Liesingbach-Aquädukt wurde auch von der Aspangbahn benützt. Das Foto links aus 1979 zeigt die Behelfsbrücke, die nach Sprengung zweier Pfeiler im Kriegsjahr 1945 errichtet wurde.

Kurios war sicher auch, dass bei den ersten Befüllungen des Kanals mit Wasser, dem sogenannten Spannen, gleich einmal der Aquädukt über die Liesing brach und Dämme so undicht waren, dass angrenzende Gebäude unter Wasser standen. Siehe Kapitel VI., Die **„schwimmenden Särge"** in der Wallfahrtskirche Maria Lanzendorf.

Ein Hinkelstein am Kanal?

Der **„Hohe Stein"** von Achau:
Der aus einem Acker in Achau neben dem Kanal ausgegrabene Hinkelstein wäre möglicherweise nach dem Chai-hapi der zweitälteste Fund am Kanal, hätte man ihn nicht zwischenzeitlich in Unkenntnis seiner möglichen Bedeutung in einem Hausfundament als Füllmaterial „entsorgt".
Der ca. 220 cm hohe Stein war dem Bauer im Weg und unter Beisein eines Experten des Naturhistorischen Museums wurde der Koloss schließlich ausgegraben. Weder dem Stein noch den beigabenlosen Skeletten an dieser Stelle wurde historische Bedeutung beigemessen.
Ob keltischer Menhir, slawischer Gedenkstein oder Stein einer jüdischen Begräbnisstätte, das bleibt ungeklärt.

Der „Lebenszyklus" einer Kanalbrücke in „Zeit im Bild":

*Der Sammler Stefaan Missinne machte 2015 auf dieses bisher
unbekannte Bild aufmerksam*

Rund 50 Brücken im klassizistischen Stil führten über den Kanal. Bis auf acht, bzw. neun, überlebten diese Bauwerke nicht. Den spektakulärsten und mit Fotos dokumentierten „Abgang" erfuhr die Unterlanzendorfer Brücke. Der Maler Anton K. Schmidt (1887–1947) verewigte das Bauwerk, wobei zu sagen ist, dass auch die Kanalexperten Fritz Lange, Johannes Hradecky und der Leopolds-dorfer Chronist Gerhard Horvath die Zuordnung zu Unterlanzendorf nicht sicher bestätigen konnten.
Die Unterlanzendorfer Brücke sah um 1931/32 wie am Foto unten gezeigt aus und veränderte sich damals in Sekundenschnelle.

Der Lanzendorfer Chronist Michael Komarek schrieb dazu:

„Um 1930 führte der Kanal noch etwa 30 Zentimeter Wasser. Entlang des Ufers gab es einige Schrebergärten.
In der Oberlanzendorfer Gemeinderatssitzung vom 27. Dezember 1930 wurde beschlossen, die Kanalgrundstücke, d.h. den ausgetrockneten Kanal samt Böschung, von der Kanalgesellschaft anzukaufen. Zu diesem Behuf wurde eine Agrargemein-schaft jener Besitzer, welche Anrainer dieser Flächen waren, gebildet. Gleichzeitig pflog man wegen der Kommassierung – der großen Flurbereinigung durch Feldzusammenlegung – Verhandlungen mit der Agrarbezirksbehörde und erteilte zur Durchführung die Genehmigung.
Die Unterlanzendorfer Brücke befand sich hinter der Hohl – heutige Buchengasse – die Feldgasse führte über die Oberlan-zendorfer Brücke. Anfang der 30er-Jahre fand in einer Mulde bei der Hohl eine Übung des Bundesheeres statt. Die Soldaten verteilten Mehlspeisen an die Kinder, welche sie angesichts der damaligen Verhältnisse gerne annahmen.
Die verfallene Unterlanzendorfer Kanalbrücke wurde 1931/32 gesprengt (Aufnahmen von Rudolf Soukup)."

Kriegsrelikte am Wiener Neustädter Kanal:

Zwischen Biedermannsdorf, Laxenburg und Guntramsdorf befindet sich das Areal, wo im Zweiten Weltkrieg die Flugmotorenwerke Ostmark produzierten.

Das, was man heute davon noch merkt, ist zum Teil kurios und sollte jedenfalls auch nachdenklich stimmen.

- In Biedermannsdorf steht am Krottenbach, dort wo dieser einst den Kanal unterfloss, unvermutet eine Bunkeranlage aus dem Zweiten Weltkrieg, eingebaut in die ehemalige Schleuse neben dem abgerissenen Aquädukt.
- In Laxenburg befindet sich beim Kanalufer ein eigenartig aussehender Betonzylinder mit Türe. Es handelt sich dabei um einen sogenannten Einmannbunker aus der Zeit des Zweiten Weltkrieges. Dieser Kanalabschnitt befindet sich im Besitz der ecoplus mit ihrem Industriegebiet. Die ecoplus, Niederösterreichs Wirtschaftsagentur GmbH, dient der Unterstützung von Investoren und Unternehmen bei der Ansiedlung und Erweiterung von Betrieben. Eigentümer ist zu 100 % das Land Niederösterreich. Die Agentur ist Nachfolgerin der Industriezentrum NÖ Süd GmbH, die wiederum, verkürzt ausgedrückt, Rechtsnachfolgerin der Flugmotorenwerke Ostmark ist. Ebenfalls eine kuriose Tatsache.
- In Guntramsdorf Nord befindet sich „Das Kunstwerk im Kreisverkehr", eher abseits, trotzdem eindringlich. Es erinnert, dass das mythenbehaftete Flugmotorenwerk hier ein KZ-Nebenlager unterhielt, wo über 3.000 Zwangsarbeiter hinter elektrischen Zäunen gefangen waren.

In Gumpoldskirchen befindet sich bei der Schleuse 2 ein Kleinkraftwerk, das mit einem langen, schmalen Kasten auffällt, der sich über die Schleusenkammerlänge erstreckt. Wenn man es weiß, ist es nicht kurios, sondern sinnvoll, denn es ist eine Aufstiegshilfe für Fische.

Auch wenn ein Kleinkraftwerk eine „umweltfreundliche Leistung" von 10 kW ins Netz liefert, aus der Sicht des Denkmalschutzes sind die Kraftwerke eine „Todsünde".

Auffallend sind die monströsen Versuchskraftwerke neuerer Prägung in Pfaffstätten und Kottingbrunn.

Wie kommt Klimt an den Kanal?

Im Jahre 1985 fand die Ausstellung „Traum und Wirklichkeit" im Künstlerhaus in Wien statt. Am Dach des Hauses montierte man die Replik einer Allegorie von Klimt, die nach der Ausstellung nach Traiskirchen übersiedelt wurde.

Das Haar der Figur schafft Assoziationen zu bewegtem Wasser.

Das „Schicksal" der Plastik erinnert an das des Wiener Neustädter Kanals. Geschaffen für die Ewigkeit und dann doch verworfen und „abgestellt".

Das vorliegende Buch ist eine Hommage an das größte der frühesten Industriebauwerke in Österreich, den Wiener Neustädter Kanal.

Die „Bilderflut" täuscht darüber hinweg, dass es das Industriedenkmal funktional gar nicht mehr gibt und von der ursprünglichen Bausubstanz nicht mehr viel übrig ist.

Wenn sich der Zug der Zeit fortsetzt, wird der Verfall der verbliebenen Kammern der 40 ehemaligen Schleusen weitergehen. In wenigen Jahrzehnten ist dann trotz Denkmalschutz das einzige Beispiel einer Logistikachse auf dem Wasser, das noch im 18. Jahrhundert zu bauen begonnen wurde, verschwunden.

Dieses Buch wurde geschrieben, um Werbung für das einzigartige Bauwerk zu machen und um zu zeigen, wie England unter gleichen Bedingungen mit seiner „Baulast" umgegangen ist.

Die Landesausstellung 2019 ist eine Chance, ebenso das 220-Jahr-Jubiläum 2023.

Diese Monumentalplastik, nach einem Klimtentwurf, schaffte im Jahre 1985 unter dem Titel „K. u. k. Disneyland" den Sprung in die Zeitschrift Der Spiegel. „Aber die Professorenschaft konnte dieses sowie zwei weitere ‚Fakultätsbilder' von Klimt nicht ertragen; sie wurden zurückgewiesen und sind schließlich im Zweiten Weltkrieg verbrannt. Nun ist Klimts Traum doch wieder Wirklichkeit geworden, eine merkwürdig knallige, dreidimensionale Realität."

Mit über 600.000 Besucherinnen und Besuchern war die Ausstellung ein Rekord.

Kanal bei Schleuse 4

→ Standort der Plastik heute: Badener Straße 29, Traiskirchen

Gumpoldskirchner Brücke

Schleuse 6

Pfaffstättner Feldbrücke

Kurios wäre die direkt neben dem Kanal gelegene Trabrennbahn samt Kaisertribüne, wenn sie nicht schon 1915 abgebrannt wäre. Als man die Anlage 1894 baute, schwelgte der Geldadel, und der Jockey-Club sah neben der Wiener Freudenau Bedarf nach einer zusätzlichen Rennbahn. Das Kottingbrunner Schloss wurde gleich mitgekauft.

Das eigentliche Kuriosum aber war, dass die für die Zufahrt notwendige Brücke über den Kanal mit einer aufwendigen Hebemechanik versehen wurde, um den (ohnedies nicht mehr stattfindenden) Schiffsverkehr zu ermöglichen.

In Eggendorf, wo der Kanal eine Trockenwiesenlandschaft durchfließt, steht ein kurioser Betonkomplex mit Wasserturm. Es handelt sich dabei um eine ehemalige Trinitrotoluol-Fabrik aus dem Ersten Weltkrieg, die heute als Katastrophenübungsanlage und Ausbildungszentrum fungiert.

Am Wiener Neustädter Kanal waren einige außergewöhnliche Firmen angesiedelt, man denke nur an die Spiele-Baukasten herstellende Firma Matador, die Kultstatus erhielt.

Ebenso die Firma Austro-Daimler, die eine unglaublich vielfältige Palette an zivilen und militärischen Fahrzeugen – links im Bilde der AD Panzerwagen – herstellte und bei der der spätere Marschall Tito als Testfahrer beschäftigt war. Der Verein „Sektion-Austro Daimler" kümmert sich um das Vermächtnis der ehemals am Kanal angesiedelten Firma.

Der Canaletto-Blick des Chrysostomus Sandweger:

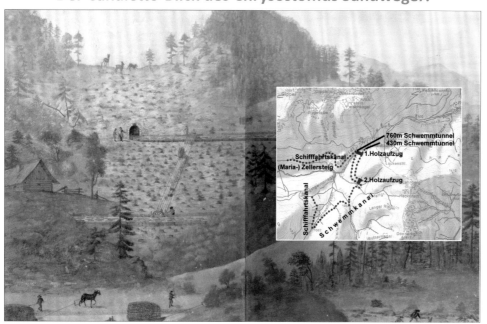

Belotto, so hieß Canaletto, verwendete eine eigene Technik mittels Camera Obscura und speziellen Zeichnungen, die seine „objekt-authentische" Qualität, bei allen künstlerischen Freiheiten, ausmachten.

Sein „Canalettoblick" von Wien bzw. anderen Städten ist Kult und hat heute im Hochhauskonzept der Stadt Wien als Richtlinie Bedeutung erlangt.

Chrysostomus Sandweger schaffte einen solchen Blick vom Gscheidl, einem 1000 m hohen Bergrücken, der mit einem Tunnel durchbohrt war. Am Bild sind der Tunneleingang, Holzaufzüge und Schiffskanäle mit Zugpferd zu sehen. Die Lasertechnik ermöglicht es, Sandwegers Bild an Hand der Höhenlinien und Tunnelöffnungen nachzuvollziehen. Neben dem Tunnel ist der „Raxkönig" Georg Hubmer zu sehen.

Die wunderbare Skulpturenwelt aus Schwemmgut der Leitha und des Wiener Neustädter Kanals:

Die 40 Wasserfälle der ehemaligen Schleusen des Wiener Neustädter Kanals geben dem Buch seinen Titel. Das Umschlagblatt zeigt einen dieser Wasserfälle. Mit einem Wasserfall endet auch das Buch.

Detail aus einer Gouache von B. Albrecht, Traditionsraum der Theresianischen Militärakademie

Kurios ist, dass die erste Schleuse in der Monarchie 1779, also rund 20 Jahre vor Beginn des wirtschaftlich genutzten und 1802 bzw. 1803 in Betrieb genommenen Franzenskanals im damaligen Ungarn und dem Wiener Neustädter Kanal, gebaut wurde.

„Die Teiche gefüllt mit Kehrbachwasser werden mit einer Kunstschleuse, englische Schleuse genannt, versehen, veranschaulichten Schleusenmanöver, und es musste außer dem Schifffahren sogar schwimmen zu Pferde von den Cadetten geübt werden."

Zitat: Johann Svoboda, „Die Theresianische Militärakademie zu Wiener Neustadt und ihre Zöglinge", 1894. Aus: „Die Geschichte des Kehrbaches", Brigitta Listmayr, Johann Scherz, Unser Neustadt, Blätter des Wiener Neustädter Denkmalschutzvereins, 2016.

Das literarische Motto ergab sich, als das Buch schon geschrieben war, bei einem Spaziergang von Wien Mitte über die Stubenbrücke in Richtung Ringstraße:

> **DENEN, DIE IN DIESELBEN FLÜSSE STEIGEN,**
> **FLIESSEN IMMER NEUE WASSER ZU UND**
> **IMMER NEUE SEELEN ENTSTEIGEN DEM NASS.**
> Heraklit, Fragment 12

Inschrift auf dem Pylon der Stubenbrücke über den Wienfluss an der Fritz-Wotruba-Promenade, und einer der vier „Lemurenköpfe" von Franz West

In der rechten Wienfluss-Mauer befindet sich auf Wasserniveau der ehemalige Ablauf des Wiener Neustädter Kanals. Rechts, etwas unter dem Brückenniveau, befand sich von 1803 bis 1848 das Hafenbassin. Heute erstreckt sich hier das Areal von „Wien Mitte". Links ist das Museum für Angewandte Kunst MAK mit dem Terrassenplateau zu sehen, das in Richtung des ehemaligen Hafens zu zeigen scheint.

ANHANG: Literaturhinweise, Quellennachweise und Anmerkungen

Die Nachweise der Quellen und Bilder sowie Anmerkungen erfolgen nach den Kapiteln des Buches.
Innerhalb eines Kapitels werden die Nachweise nach Seiten und innerhalb einer Seite nach der Reihenfolge: Zeilen und Spalten angeführt. Das Kartenmaterial stammt, wenn nicht anders angegeben von „arge kartographie".
Die Bilder, schematischen Darstellungen, Collagen und Fotomontagen ohne Angaben stammen vom Autor. Sie wurden in den Jahren 2014 bis 2017 erstellt.

Literaturhinweise mit Kurzbiografien und Verweisen zu Biografien:

Name:	Titel: Ordnung der Titel nach dem Erscheinungsjahr	Verlag: Verlagsort	Jahr:	Abkürzung:
Gaheis Franz von Paula	**Wanderungen und Spazierfahrten in die Gegend um Wien** Drittes Bändchen. Biografie: Siehe Kapitel X.	Doll, Kupfer, Wimmer	1809	GAHEIS
Maillard Sebastian von	**Anleitung zu dem Entwurf und der Ausführung Schiffbarer Kanäle** Biografie: Siehe Kapitel III. bzw. in den Anmerkungen zu Kapitel III. im ANHANG weiter unten und in der Allgemeinen deutschen Biographie Bd. 20. Das Buch beginnt mit einer Widmung: „AN SEINE KAISERLICHE HOHEIT DES ERZHERZOG JOHANN! ...... Über die Art, Canäle zu entwerfen und auszuführen, ist noch nichts methodisches und auf ächte Sätze gegründetes erschienen. Da wir auf allerhöchsten Befehl Sr. MAJES-TÄT des jetzt regierenden Kaisers, die Möglichkeit einen schiffbaren Canal von Wien nach Ödenburg in Ungarn, und von da einerseits nach Raab, andererseits aber nach Steyermark und möglichst nach Krain und so nahe als thunlich an das adriatische Meer zu führen, untersuchen mußten, und nach Befund besagter Möglichkeit, nach England zur Bereisung der daselbst bestehenden, wie auch im Bau begriffen gewesenen Canäle geschickt wurden, hernach die große Bürde auf uns nehmen mußten, den Theil obbenannten Canals, von Wien bis an die ungarische Gränze zu entwerfen, auszustecken und in Ausführung zu bringen, auch letztere Arbeit bis in das dritte Jahr leiteten, so haben wir dadurch mehr, als viele andere, Gelegenheit gehabt, Kenntnisse in diesem Fach zu sammeln. Da diese dem allgemeinen Wohl nützlich werden könnten, so halten wir uns, obgleich unaufgefordert, verpflichtet, diese Kenntniße mitzutheilen: nämlich darzustellen, wie man zu Werke gehen kann, um die Möglichkeit eines Canals zu untersuchen, dann selben zu entwerfen, endlich ordnungsmässig auszuführen. Diese methodische Darstellung aller, von Anbeginn bis zum Ende der Ausführung so großer Unternehmen, nöthigen, sowohl politischen als physischen Verfahren, wie auch die Zergliederung jedes derselben, wage ich Euer Kaiserlichen Hoheit als eifrigen Beschützer und Beförderer alles Nützlichen und als Chef des ausgezeichneten Ingenieur-Corps, unter welchem ich die Ehre zu dienen habe, ehrfurchtsvoll zuzueignen: geruhen Sie gnädigster Herr diese Frucht meiner Bemühungen, möglichst nützlich werden, obgleich nicht so viel werth als ich es wünsche, doch der guten Meinung wegen aufzunehmen. EUER KAISERLICHEN HOHEIT unterthänigster Diener Sebastian v. Maillard" Inhaltlich umfasst das Buch die Analyse der „Vortheile der schiffbaren Canäle" und konkrete Ausführungen zu folgenden Themen: Kanalführung, Nivellierung des Geländes, Bodenuntersuchungen, Speisewasserversorgung, Schleusen-, Aquädukt-, Schiff-, Hafen-, Dock-, Dammbau. Ein Kapitel beschreibt die Organisationsvorkehrungen für Planung und Bau, ein anderes Kapitel gibt Beispiele für Kostenschätzungen. Selbst der Aufbau und die Funktion eines Eisbrecherbootes wird skizziert und der „Gebrauch der Dampfmaschinen bey Canälen" für Pumpzwecke, um den Wasserbedarf bei Mehrfachschleusen zu decken. Der Anhang enthält Pläne und Konstruktionszeichnungen. Maillard vermied bei seiner Trassenführung nach Wien jeden Tunnel. Seine Abneigung gegen Stollenbau fußt auf einer Episode, bei der ein Schiffskonvoi ohne Pferd nur von der Schiffsmannschaft durch den Tunnel befördert wurde. Er beschreibt das Ereignis so:	Pest	1817	MAILLARD

Name:	Titel: Ordnung der Titel nach dem Erscheinungsjahr	Verlag: Verlagsort	Jahr:	Abkürzung:
Maillard Sebastian von	„…. die Schiffsknechte stiegen auf das vordere Schiff, legten sich auf den Rücken auf die Fracht nach der Quere nieder, und schief gegen das Hintertheil des Schiffes gewendet, dann stießen sie alle zugleich mit den Füßen in schrägen Schritten in die eine Seitenmauer, und schoben auf diese Art die Schiffe durch den Stollen, äußerst mühsam, und so langsam fort, dass die Fahrt durch diesen kurzen Stollen (Anm.: Canal bei Prestonbrook, 588 Klafter = 1.115 m lang) 66 Minuten dauerte, wo am Ende derselben diese Mannschaft ganz erschöpft und in Schweiß war. Während dieser Fahrt, stunden wir auf den Vorderteil des ersten Schiffes. Die Luft strich so feucht und so scharf durch den Stollen, daß wir glaubten Hals und Ohren zu verlieren; auch fielen hier und da, aus dem Gewölbe der First, dicke Wassertropfen auf uns herab, die bis an die Haut drangen; schon in kurzer Entfernung von der Einmündung verlor sich das Tageslicht dergestalt, dass ich meinen Reisegefährten, an den ich doch stieß, nicht mehr sehen konnte, und das Licht am Ausgang des Stollen erschien nur wie ein Stern. Am Ende dieser Fahrt schätzten wir uns glücklich, einen solchen Versuch nicht auf dem anderen, auf dem nämlichen Canal bey Hercastle befindlichen, und 1484 Klafter (Anm.: 2.814 m) langen Stollen angestellt zu haben, da wir bey einer längeren Fahrt die Gesundheit eingebüßt hätten."	Pest	1817	MAILLARD
Umlauft **Friedrich**	**Der Wiener Neustädter Canal** Umlauft (* 1844 Wien, † 1923 Wien) studierte an der Universität Wien Geschichte, Geografie und Philosophie, wirkte als Dozent für Geografie an der Wiener städtischen Lehrerakademie und gehörte zu den Mitbegründern der Urania, deren wissenschaftlicher Leiter er wurde. Er verfasste Reiseberichte, Fachbücher und Artikel in Fachzeitschriften.	Mittheilungen der k.k. Geogr. Ges. Wien	1894	UMLAUFT
Riebe Valerie Else	**Der Wiener Neustädter Schiffahrtskanal** Die Autorin wurde 1879 in Berlin als Valeska Elsbeth Riebe geboren. Von Beruf war sie Lehrerin und Schriftstellerin und arbeitete u. a. bei Radio Wien als heimatgeschichtliche Redakteurin. Riebe erstellte die erste umfassende Kanalbiografie. Ihr kommt der Verdienst zu, die umfangreichen Archivalien der Austro-Belgischen Eisenbahngesellschaft, der letzten Kanal-Eigentümerin, die noch Schifffahrt betrieb, aufgearbeitet zu haben. Sie war mit dem Direktor der Bibliothek des Patentamtes Moritz Grolig verheiratet und verstarb 1945 in Wien.	Eigenverlag	1936	RIEBE
Slezak Paul/Friedrich/ Josef Otto	**Vom Schiffskanal zur Eisenbahn.** Wiener Neustädter Kanal und Aspangbahn **Kanal Nostalgie Aspangbahn** Paul Slezak verfasste die Kanalbeschreibung, Josef Otto Slezak die Eisenbahngeschichte und Friedrich Slezak stellte die Bezüge zur Verkehrs- und Wirtschaftsgeschichte her. SLEZAK1 beschäftigt sich auf rund 90 der 228 Seiten mit dem Wiener Neustädter Kanal. Im Anhang befindet sich eine dreiseitige fortlaufende Liste der Objekte am Kanal mit Angaben der Höhenmeter. SLEZAK2 ist ein Ergänzungsband mit z. T. akribischen Details. Die Bücher sind vergriffen, jedoch im Antiquariatshandel neuwertig erwerbbar.	Eigenverlag	1981 1990	SLEZAK1 SLEZAK2
Industrieviertel- **Museum** (Hrsg.)	**200 Jahre Wiener Neustädter Kanal 1797–1997** M. Rosecker, H. Rosmann, J. Edelbauer, H. Mayrhofer, K. Flanner Im 72 Seiten umfassende Buch geben eine Autorin und vier Autoren einen Überblick zur Geschichte, Fauna, Flora geologischen Umgebung, zu den Wasseranspeisungen, Wasserentnahmen, Wassereinleitungen und der heutigen Nutzung des Kanals durch Kraftwerke, Fischerei und Tourismus. Ein Kapitel ist „Zwei Jahrhunderte im Spiegel der Presse", ein anderes der Nostalgie „Vom Volksbad zum Lido" und eines den „Ideen für den Kanal –Zukunftsprojekte für ein Industriedenkmal" gewidmet. Das Buch ist vergriffen.	Eigenverlag	1997	INDVM
Lange Fritz	**Von Wien zur Adria – Der Wiener Neustädter Kanal** **Vom Dachstein zur Rax Auf den Spuren von Georg Hubmer** Von Böhmen nach Wien Der Schwarzenbergische Schwemmkanal Lange, geboren 1939 in Feldsberg (Valtice, CZ), Südmähren, kam im Zuge der Vertreibung der Sudetendeutschen 1946 nach Wien, studierte hier an der TU Wien, wo er sein Studium 1967 mit einer Diplomarbeit zum Thema Farbfernsehtechnik abschloss. Er arbeitete bei Siemens, Bosch und Philips, zuletzt als Leiter des Geschäftsbereichs Fernseh-Studiotechnik, ist verheiratet und hat zwei Töchter. „Seit 1955 fasziniert vom Wiener Neustädter Kanal, als in diesem Jahr an der Kreuzung Fasangasse/Rennweg ein Teil der Kasematten des Kanals einbrach und dadurch den gesamten Verkehr blockierte. Seit dieser Zeit – mit	Sutton Verlag	2003 2004 2007	LANGE1 LANGE2 LANGE3

Name:	Titel: Ordnung der Titel nach dem Erscheinungsjahr	Verlag: Verlagsort	Jahr:	Abkürzung:
Lange Fritz	großen Abständen – Sammeln von Bildern und Informationen über den Kanal. Das Buch entstand nach meiner Pensionierung, um wenigstens einen Teil der gesammelten Dokumente zu veröffentlichen" (Zitat Lange). Lange gilt als Doyen der Biografen des Wiener Neustädter Kanals. Unschätzbar in der Dokumentation der österreichischen Industriegeschichte sind auch seine beiden Bücher zu den Holz-Schwemmkanälen. Ob in Wien, Wiener Neustadt, Traiskirchen, im Naßwald oder am Josefsberg, seine Vorträge entreißen (Indus-trie-)Denkmäler und markante Persönlichkeiten dem Vergessen und garantie-ren volle Vortragssäle. In seinem 2010 erschienenen Buch „Südmähren – Bilder erzählen Geschichte" widmet sich Lange der Kulturlandschaft seiner Herkunft.	**Lange** Fritz	2003 2004 2007	LANGE1 LANGE2 LANGE3
Hradecky Johannes **Chmelar** Werner	**Wiener Neustädter Kanal. Vom Transportweg zum Industriedenkmal** Wien Archäologisch Band 11 Museen der Stadt Wien – Stadtarchäologie Hradecky, geboren 1959 in Wien, absolvierte die Wirtschaftsuniversität Wien und arbeitet seit 1985 als Controller bei der Mautner Markhof Feinkost GmbH in Wien-Simmering. Seine Hobbys See- und Luftfahrt sowie Geschichte mit den Schwerpunkten Wirtschaft und Verkehr übt er seit 2012 als Mitglied des Simmeringer Bezirksmuseum-Teams ehrenamtlich aus. Chmelar, geboren 1957 in Wien, studierte Archäologie an der Universität Wien, nahm an zahlreichen Grabungen im In- und Ausland teil und arbeitet für die Museen der Stadt Wien – Stadtarchäologie. Auch er arbeitet seit 2012 ehren-amtlich im Bezirksmuseum Simmering mit, wo er seine Hobbys Schienenverkehr, Geschichte der Ziegelerzeugung und sein berufliches Wissen als Archäologe einbringt. Da sich beide seit Jahrzehnten aufgrund ihres gemeinsamen Hobbys Schie-nenverkehr kennen, lud Chmelar Ende 2010 Hradecky zur Mitarbeit an der Poster-Ausstellung „Wiener Neustädter Kanal und Aspangbahn" der Stadtarchäo-logie Wien ein. Die Ausstellung dokumentierte die Arbeit der Stadtarchäologie 2009–2011 auf dem Gelände des ehemaligen Kanalhafens bzw. Aspangbahnhofs im 3. Wiener Gemeindebezirk, informierte über Bau, Geschichte und Technik des Kanals und wurde 2012 in der VHS Meidling in Wien gezeigt. Aufgrund des großen Interesses zum Thema Kanal, das diese Ausstellung aus-löste, entschloss sich die Leiterin der Stadtarchäologie, Karin Fischer Ausserer, im Rahmen der populärwissenschaftlichen Buchreihe „Wien Archäologisch" ein von Hradecky und Chmelar verfasstes Buch zu diesem Thema herauszugeben, welches 2014 erschien und mittlerweile die 3. Auflage erreichte. Die Recherchen zur Kanalgeschichte führten die Gestalter auch ins Bezirks-museum Simmering, dessen Leiterin Petra Leban die beiden als ständige Mitarbeiter in ihr Team aufnahm. Dank der Unterstützung durch Joseph Wallig vom Amt der NÖ Landesregierung konnte die Ausstellung wesentlich erweitert werden und war, durch zahlreiche Artefakte ergänzt, 2013–2014 in einer sehr gut besuchten Sonderausstellung im Bezirksmuseum Simmering zu sehen. Die Unterstützung durch die Badener Kultur- und Sportgemeinschaft ermög-lichte es, die Ausstellung im Sommer 2014 in der ehemaligen Oetker-Fabrik am Kanal in Baden zu zeigen. Die Ausstellung mit neu gestalteten Schautafeln über den Badener Kanalabschnitt fand beim Publikum großen Anklang. 2016 zeigte das Stadtmuseum Wiener Neustadt von Mai bis September mit großem Erfolg die neu gestaltete und wesentlich erweiterte Ausstellung „Wie-ner Neustädter Kanal & Aspangbahn". In die Ausstellung neu aufgenommene Themen betreffend Kanal zeigte das Bezirksmuseum Simmering anschließend bis März 2017 in einer Sonderausstellung unter dem Titel „Neues vom Wiener Neustädter Kanal". Als Rahmenprogramm zu den Ausstellungen wurden Besichtigungstouren entlang des Kanals sowie Bildvorträge angeboten. Es ist geplant, die Ausstellung auch in Zukunft wieder zugänglich zu machen und auch zu erweitern.	Phoibos Verlag	2014	HRADECKY
Wallig Josef	Bericht zur Gewässerbeschau am Wiener Neustädter Kanal. Unveröffentlicht	Amt der NÖ Landesregierung, Abt. Wasserrecht		WALLIG

Sonstige Literatur und Informationsquellen werden bei den Kapitelverweisen jeweils angeführt. Bei den Recherchen für die meisten Kapi-tel wurden zur Informationsanreicherung und für Querprüfungen Onlinelexika herangezogen.

Quellennachweise und Anmerkungen nach Kapiteln:

Kapitel	Seite(n)	Nachweise: Die Reihenfolge der Nachweise von Bildern aus externen Quellen erfolgt nach Zeilen und Spalten.
Einführung	8	BM-Landstraße
I.	17	WiM
II.	19, 22 23 24	19: Markus Trösch 22: David Tinhofer BM-Landstraße (Hafen und Doppelschleuse) / Collage: Kanalmodell nach Jahn, A.WNK BM-Favoriten / GM-Leopoldsdorf 3x
	25	Schlossmuseum Kottingbrunn / StM-WrN / StA-WrN
Kanal-Datenblatt	26	MAILLARD, RIEBE, SLEZAK1 u. 2, LANGE1, HRADECKY
III.	Lit.&Info	GAHEIS; MAILLARD; UMLAUFT; RIEBE; SLEZAK1 u.2; INDVM; LANGE1; HRADECKY; WALLIG; A.WNK; Dtv-Atlas zur Weltgeschichte Bd. 1 und 2; Kleindel W., „Die Chronik Österreichs", Chronik Verlag, 1984; Wagner W. J., „Bildatlas zur Geschichte Österreichs"; Wehdorn/Georgeacopol-Windischhofer, „Baudenkmäler der Technik und Industrie in Österreich", Band 1, Böhlau, 1984;
	Anm.	**Genietruppe:** Bei ihr handelt es sich um eine historische Truppengattung, auch Ingenieurtruppe genannt, die technische Arbeiten übernahmen. Sie waren für Festungsbau, Brückenschlagen, Sappen-, Minenbau und dgl. zuständig. Als Genieoffizier hatte somit Sebastian von Maillard Kenntnisse im Nivellieren, eine Fähigkeit, die er mit den damals einfachen Mitteln meisterhaft beherrschte und die bei Begehung der Kanalstrecke heute wie damals Bewunderung hervorrief. **Sappeure:** Auch dieser Ausdruck wird im Kapitel III. verwendet, er bezeichnet Belagerungspioniere, die u. a. sog. Sappen, das sind Schützengräben und Stollen, anlegten. Sappeure wurden, soweit dies das Kriegsgeschehen zuließ, für den Bau des Wiener Neustädter Kanals abgestellt. **Sebastian von Maillard:** Ihm wurden als Planer und Bauleiter u. a. mangelnde Organisationsfähigkeiten und Fehlentscheidungen bei der Auswahl der Baumittel vorgeworfen, was letztlich auch zu seiner vorzeitigen Abberufung führte. Abgesehen von den horriblen Rahmenbedingungen, die Maillard vorfand und die hauptverantwortlich waren, dass der Kanal später jahrzehntelang ein Sanierungsfall war, ist der Lothringer – analysiert man sein Gesamtwirken – in der Wahrnehmung in ein anderes Licht zu rücken. Der englische Kanalhistoriker Mike Clarke begann 2016 Maillards wissenschaftlich literarisches Werk ins Englische zu übersetzen, um es dem internationalen Fachpublikum leichter zugänglich zu machen. Nach Clarkes Meinung sollen Maillards Schriften, wie: „Sammlung von Versuchen über die Eigenschaft und Zubereitung verschiedener Cemente und Cementmörtel ..." und über Mechanik – auch wenn ihm Zeit seines Lebens schon wissenschaftliche Ehrung erteilt wurde – bemerkenswerter sein, als die bisherige Rezension von Maillards Lebenswerk den Anschein hat. Siehe auch BLKÖ, Band 16. **Energie:** Energiebedarf und Energienot beherrschte immer schon die Menschen. Naheliegend, dass man sie schon seit jeher messen wollte. Die internationale Einheit der Energie ist heute das Joule (1MJ = 1000 kJ = 1 Mio J). **James Prescott Joule** (* 1818 bei Manchester; † 1889 bei Manchester) war Besitzer einer Bierbrauerei und forschte autodidaktisch, ausgehend von technischen Fragen des Maschinenbaus zunächst im Zusammenhang mit dem Brauereiwesen, zu naturwissenschaftlichen Fragen. England prägte somit im 18. und 19. Jahrhundert den Kanalbau und ein Engländer ist Namensgeber der Energieeinheit. Obwohl schon 1948 definiert und seit den 1970-er Jahren in vielen Ländern und seit 2010 in der EU als gesetzliche Einheit vorgeschrieben, setzt sich das J bzw. kJ nur langsam durch. Hier die Umrechnungen zu den anderen Einheiten: 1 J = 1 Ws, 3600 kJ = 3600 kWs = 1 kWh = 860 kcal, 1 kcal = 4,19 kJ, 1kJ = 0,239 kcal In der „Kanalzeit" war die **Pferdestärke** die Messeinheit für Leistung (= Energie pro Zeiteinheit). Auch ihr Namensgeber war ein Engländer, niemand geringerer als **James Watt**, der damit eine anschauliche Maßeinheit für die Leistung von Dampfmaschinen schaffen wollte. 1 PS ist die Leistung, die ein Pferd erbringt, wenn es 75 kg einen Meter in einer Sekunde hebt, wobei das Pferd das Gewicht an einer Leine über eine Umlenkrolle zieht. 1 PS = 0,735 kW; 1 kW = 1,36 PS.
	27	WiM
	29	Anm.: An der Studienreise des Sebastian von Maillard nach England, Wales und Schottland nahmen noch folgende Personen teil (SLEZAK1): • Hauptmann Swoboda, Mathematik- und Hydraulikprofessor von der Wiener Neustädter Militärakademie, er erstellte auch die Zeichnungen zu Maillards „Anleitung zu dem Entwurf und der Ausführung schiffbarer Kanäle". • Bergrat Karl Haidinger, von ihm ist ein Gutachten zum Brennberger Kohlenrevier überliefert und eine Kanalbaubibliographie, wo u.a. auf Kanäle in Russland Bezug genommen wird. • Hofsekretär von Dürrfeld und der Fabrikant Tschoffen, der mit England Geschäftsbeziehungen unterhielt. Zur Zeittafel in der rechten Spalte ist zu ergänzen, dass Josef II. 1777 die Kanäle in Südfrankreich besuchte und von ihnen begeistert gewesen sein soll.

Kapitel	Seite(n)	Nachweise: Die Reihenfolge der Nachweise von Bildern aus externen Quellen erfolgt nach Zeilen und Spalten.
	29	Bildnachweis: Jacob Gauermann, 1820, GM-Pöttsching, Steiger-Moser / Auf dem in der Mittelspalte gezeigten Dokument befinden sich die Siegel und Unterschriften (mit Beifügungen) von: „Hptm. Michael Joseph de Roy, Bgm. Wr. Neustadt; Ignaz Paul Hussar, Handelsmann in Wr. Neustadt; Anton David Steiger, Pächter der Herrschaft Saubersdorf, Bergverwalter des Grafen Palffy zu Erlach; Franz Johann Maurer, Magistrat in Wr. Neustadt; Marcus Hengel, Direktor Seidenfabrik Fries & Comp. in Wr. Neustadt; Dr. Franz Herbeck, kk Leibchirurgus, Schwager Hussars; Augustin Kurz, Rechnungsoffizial der magistratischen Buchhaltung in Wien; Maurus Edler von Bürwald, schürfte 1726 Kohle in Leoben". Quelle WALLIG. / C. v. Wurzbach pd / ÖNB
	30	WiM / derbund.bern
	31	WALLIG / cc by Ledl sa / BM-Landstraße / Schlossmuseum Kottingbrunn
	32	Anm., als Ergänzung zu „Sonstige Daten zum Kanal" in der rechten Spalte: In SLEZAK1 wird auf einen Bericht eines Edmund Daniek verwiesen, der in einem Artikel mit dem Titel „Unterbliebene Großbauten Altösterreichs" in der Wiener Zeitung schrieb, dass es am Wiener Neustädter Kanal sehr wohl Fahrten mit kleinen Frachten- und Personendampfschiffen gab, die bis nach 1879 verkehrten. Ob Zeitungsente oder nicht, verwunderlich ist es allemal, dass am Wiener Neustädter Kanal keine Dampfschiffe eingesetzt wurden, fuhr doch bereits 1803 am schottischen Forth and Clyde Canal das erste dampfbetriebene Schiff des William Symington, die in Fachkreisen berühmte Charlotte Dundas. Das erste größere Dampfschiff der Monarchie verkehrte 1830 von Wien nach Pest. Bildnachweis: UMLAUFT / J-L. Mosnier artnet 1801 pd
	33	GM-Leopoldsdorf / ÖNB / BM-Landstraße / W. Burger, ÖNB pd / GM-Leopoldsdorf
	34	Bilder 1-4 BM-Liesing / Österr. Architekten-Verein pd
	35	Bilder 1-2 BM-Liesing / GM- Leopoldsdorf / BM-Simmering, A.WNK
	36	BM-Landstraße / Aspangbahnhof wikimedia commons pd
	37	Anm. 1: In der rechten Spalte wird eine Zeittafel zu wichtigen Erfindungen im Industriezeitalter gebracht. Eine völlig außergewöhnliche Erfindung für Narrow Canals wird im Schauraum des Summersetshire Coal Canals östlich von Bath gezeigt. Mit ihr konnte man in einem Vorgang einen Höhenunterschied überwinden, der 7 Schleusen entsprach. Robert Weldon erfand die Caisson Lock (Senkkasten-Schleuse) mit der ein komplettes Narrow Boat mit 22 m Länge und 2 m Breite in einem Vorgang um 14 m gehoben und gesenkt werden konnte. Der Schiffsaufzug wurde 1797 dem späteren König George IV vorgeführt. Die Erfindung fand aber wegen technischer Probleme keine Verbreitung. Anm. 2, als Ergänzung zu den „Beispielgebenden Kanälen" in der mittleren Spalte: Auch in Österreich gab es ältere schiffbare Kanäle, so den Kanal bei Roitham/OÖ mit der sog. Traunfall-Schleuse aus dem 16. Jahrhundert, der heute nicht mehr existiert und den nördlichen Abschnitt des Donaukanals in Wien, der um 1700 erbaut wurde. Die erste Schleuse in Österreich wurde 1779 in der Militärakademie Wiener Neustadt errichtet, um die Kadetten im nautischen Umgang zu schulen. Maillard baute 1793 im Schlosspark von Laxenburg zwei Schleusen im Zuge des sog. Forstmeisterkanals. Der im damaligen ungarischen Teil der Monarchie 1802 eröffnete Franzenskanal (Große Batschka-Kanal) besitzt 5 Schleusen.
	38	Kanalmodell InvM / Tardebigge Lock deposiphotos 139545744_m-2015
	39	Bilder 1,2,5 WiM / depositphotos_11524892_m-2015 / depositphotos_2524839_m-2015
	40 Anm.	LANGE1 zeigt auf Seite 6 eine zeitgenössische Liste der Güter jener Zeit, die am Kanal transportiert wurden. Hier ein Auszug aus diesem Tarifbuch. Begünstigte Frachten waren: Baumaterialien wie Ziegel, Sand, Steine, Gips, Zement. Lebens- bzw. Genussmittel wie Erdäpfel, Getreide, Mehl, Salz, Öl, Branntwein in Fässern. Eisen, Glas, Hadern, Kohle, Koks. Besonders begünstigten Tarif gab es für komplett beladene Schiffe mit Brennholz. Nicht begünstigte Frachten waren: Baumwolle, Kaffee, Porzellan, Wein in Gebinden über 8 Eimern. Für Schiffstransporte mit verderblichen Gütern gibt MAILLARD folgende Anleitung: „Die zur Führung der Produkte, die der Witterung nicht ausgesetzt werden dürfen, dienenden Schiffe, sind mit einen mit Pech übertünchten Segeltuch gedeckt, und innerlich mit Bretern beschalt .... , solche Schiffe erhalten eine kleine Cajüte, wo der Steuermann sich in der Nacht aufhält. Sie sind auch mit einer kleinen Pumpe versehen, um im Nothfall das Seih-Wasser aus dem Schiffe zu schöpfen ...." Bildnachweis: ÖNB / MAILLARD pd / WiM / ÖNB / BM-Landstraße

Kapitel	Seite(n)	Nachweise: Die Reihenfolge der Nachweise von Bildern aus externen Quellen erfolgt nach Zeilen und Spalten.
	41, 42	41: 2x BM-Landstraße/ 2x WiM; 42: © Derek Quilliam
	43	BM-Favoriten / GM-Leopoldsdorf / StM-WrN / StA-WrN
	44	J. Kriehuber pd / Bergerhaus-Gumpoldskirchen / Max Stiglbauer / StM-WrN
	45	BM-Landstraße / HM-Pfaffstätten / StM-Traiskirchen
	46	GM-Leopoldsdorf / HM-Pfaffstätten / 2x Sektion Austro Daimler
	47, 48	47: GM-Leopoldsdorf / Bergerhaus-Gumpoldsk.; 48: StA_WrN / InvM
IV.	Lit.&Info	Becher Nándor, Brennbergbánya, 1753-1793-1953; Susanna Steiger-Moser_Pöttsching
	49, 51	49: Collage: UMLAUFT, GM-Pöttsching_Steiger-Moser; 51: MAILLARD, Adrian Pingstone pd
	53	Weber & Weiss, Geol.BA, 4. Band Braunkohlenvorkommen, 1983
	54	GM-Pöttsching_Steiger-Moser / Nö. Landesbibliothek
V.	Lit.&Info	A. Burton, D. Pratt, „Canal", David & Charles Inc., 1976; D. D. Gladwin, „A pictorial History of Canals", B.T. Batsford Ltd, 1977; Jane Cumberlinge, „Inland Waterways of Great Britain", Imrey Laurie Norie & Wilson Ltd, 2009; Mike Clarke, „The Leeds & Liverpool Canal", Milepost Research, 2016; water-ways.net, 2017; Mike Clarke, Kanalhistoriker, 8 Green Bank Barnoldswick
	Anm.	MAILLARD gibt in seinem Buch an, folgende Kanäle in England, Wales und Schottland bzw. folgende Städte an Kanälen besucht zu haben: Bridgewater Canal, Manchester, Bingley, Runcorn, Birmingham Canal, Glasgow, Lancaster, Wellington, Derby, Elsmere, Pontcycyllte, Liverpool & Leeds Canal, Brentford, Huddersfield. Er schreibt auch, dass zu seiner Zeit bereits 19 Kanäle mit einer Gesamtlänge von 230 deutschen Meilen (Umrechnung mit Vorbehalt: 1600 km) existierten, die insgesamt über ca. 1000 Schleusen und 23 Tunnel verfügten. Auf Seite 56 wird eine Anzahl von 40 Kanälen angeführt, diese Anzahl entspricht der heutigen Kanalgliederung. Gladwin (siehe Lit. oben) gibt für das Jahr 1900 die Gesamtlänge der britischen Kanäle mit 6200 km an. Die heutige gesamt Länge für die mit Ausflugsbooten zu befahrenden Kanäle wird vom Canal & River Trust mit 2000 Meilen (3200 km) angegeben.
	55, 56	55: Hannah Kitchener_ Canal & River Trust; 56: Kartenbasis von water-ways.net
	57	Cc by Tom Jeffs 2009 -sa / cc by RuthAs 2009 / 4x depositphotos_83579214_m-2015_2013, 127715188_m-2015-2013, 5598207_original-2010, 128301747_m-2015_2012
	58	Cc by Jooperscoopers 2008-sa / depositphotos_10130386_m-2015-2008 cc by fatmanphoto, cc-by Gandalf61 2006-sa / cc by Simon Oliver 2016-sa / cc by Akke Monassosa 2007
	59	Cc by Oosoom 2008-sa / depositphotos_122774016_m-2015 / cc by snowmanradio 2006-sa / depositphotos_122986782_m-2015_2002
	60	4x © Geoff Caine, canalscene.com
	61	© Geoff Caine, canalscene.com, BM-Favoriten / cc by Paul Anderson 2006-sa / Old Moonraker pd
	62	G-Man 2005 pd / 4x depositphotos: 19942651_m-2015_2009, 52289127_m-2015_2012, 126484250_original © perrynb, 126485384_m-2015_2016
VI.	64	2x BM-Landstraße / BM-Favoriten / GM-Leopoldsdorf
	65	GM-Leopoldsdorf / A.WNK
	67, 68	67: StA-WrN / mapire_Staatsarchiv / GKB; 68: GM-Leopoldsdorf
	Anm.	Am Ende der Kanalabschnittsbeschreibungen aller Kanal-Anrainergemeinden werden jeweils zwei historische Kanalzeichnungen gebracht, die in der ÖNB verwahrt werden. 1: **Perspectiv-Karte des Erzherzogtums Oesterreich** unter der Enns; die einzelnen Karten wurden zwischen 1830-1846 von Franz Xaver Joseph Schweickhardt gezeichnet. 2: **Plan und Uibersicht der Trace des k.k. n.oe. Neustädter Schiffahrt Canals.** Der Plan ist in der Form eines Leporellos, also auf einer Papierrolle erstellt und diente „.. behufs der jährlichen Bereisung von Seite der k.k. hohen Hofcomission". Es gibt verschiedene Fassungen, die hier verwendete entstand nach 1848, nachdem der Wiener Hafen zum Rennweg verlegt wurde. Als Verfasser katalogisert die ÖNB einen Lois Zels, der aber vermutlich lediglich der zuständige Herausgeber war. SLEZAK1 meint, dass der anonyme Verfasser die Karten erst um 1865 erstellt hat, und es sich bei Lois Zels um einen Louis Itzeles handelt.
Landstraße	Lit.&Info	K. Hauer, „Die Landstraße", S 61ff, Wiener Neustädter Kanal und Aspangbahnhof, Amalthea, 2012; BM-Landstraße, Wien 1030, Sechskrügelgasse 11, Prof. Karl Hauer
	69	BM-Landstraße / ÖNB

Kapitel	Seite(n)	Nachweise: Die Reihenfolge der Nachweise von Bildern aus externen Quellen erfolgt nach Zeilen und Spalten.
	71	Anm.: Der Hafen von Birmingham soll Vorbild für den ersten Wiener Hafen in Landstraße gewesen sein. Der Wiener Hafen, der mit seinem Umfeld Stephansdom, Invalidenhaus, Stubenbrücke pittoresk war, ist leider zugeschüttet worden und verschwunden. Der Hafen in Birmingham existiert noch und hat sich unter dem Namen Gas Street Basin zu einem pulsierenden Szeneviertel entwickelt. MAILLARD schreibt dazu: „Die Schiffe der öconomischen Canäle, wie bewußt, brauchen nicht umzukehren, um zurück zu fahren: bey diesen Canälen bedarf also der Hafen nur so viel Breite, um rechts und links auf und abladen, auch in der Mitte fahren zu können. Wie nun je länger das Uferland ist, auch desto mehr Schiffe zugleich geladen, und gelöscht werden können; so bedürfen die Häfen der öconomischen Canäle nur die zu diesem Zweck nöthige mässige Wasserbreite; hingegen aber eine große Uferlänge. Die schicklichste Gestalt für diese Häfen ist also wie jene zu Birmingham, die Gabelförmige." Die Realisierung in Wien fiel dann zwar anders als in Birmingham aus, man hielt sich aber an einige grundsätzliche Vorgaben. Bildnachweis: KHM / L. Janscha, J. Ziegler, Witzmann 1792 pd / 3x BM-Landstraße: Ignaz de Pantz / Ing. Hptm Stazer / Marr
	72	BM-Landstraße / 3x WiM / 2x Stadtarchäologie Wien
	73	BM-Landstraße / 2x WiM / BM-Landstraße / ÖNB
	74	ÖNB / WiM / 2x BM-Landstraße / WiM / BM-Landstraße
	75, 76	75: ÖNB 76: ÖNB / 2x cc by E. Judt-sa
Simmering	Lit.&Info	BM-Simmering, Wien 1110, Enkplatz 2, Johannes Hradecky
	78	BM-Favoriten / BM-Landstraße / BM-Favoriten
	80	GKB / WiM / J. Kriehuber pd / 2x BM-Landstraße
	81	S. Kleiner 1750, Steinmetzmuseum Kaisersteinbruch pd / WiM / cc by DerHHO-sa
	82, 83	5x ÖNB
Lanzendorf Ma.-Lanzendorf Leopoldsdorf	Lit.&Info	Gerhard Horvath, Johann Stoik, „Leopoldsdorf einst & heute", heimat verlag, 2011 Aufsatz: „Der Wiener Neustädter Kanal", Michael Komarek, 2015 Walter Schramm, Informationen zum Thema Ziegel
	85	GM-Leopoldsdorf / R. Soukup in M. Komarek / A.K. Schmidt, St. Missinne / GMLeopoldsdorf
	86-88	86: Rodelberg, A. Mosandl 87: 2x R. Soukup in M. Komarek 88: GM-Leopoldsdorf
	89	2x W. Schramm: Abbruch des Aquäduktes und Karte mit rot eingezeichneten Ziegelwerken / 5x GM-Leopoldsdorf / GKB
	90, 91	90: 3x ÖNB; 91: mapire_Staatsarchiv
Achau Biedermannsdorf	Lit.&Info	Josef Kogler, „Unsere Heimat ACHAU", Hrsg. Pfarre Achau, 2003; GR Othmar Würstl Karl Stiglbauer, „BIEDERMANNSDORF Der Wandel eines Bauerndorfes zur Stadtrandgemeinde von Wien", Eigenverlag 2004; Hannes Zellner GM-Biedermannsdorf, Wolfgang Glasl; Wolfgang Hinker, Wasser + Umwelt
	93, 95	2: Kaiserablässe: atlas.noe.gv.at; 95: 2x J. Kogler
	96, 97	96: 2x GKB / 2x GM-Biedermannsdorf 97: 2x ÖNB
	98	GM-Biedermannsdorf
Laxenburg	Lit.&Info	A. Bürgler et al., „Die Franzensburg in Laxenburg", G. Hajós et al., „Der Schlosspark Laxenburg", beide Hrsg.: Schloss Laxenburg Betriebsgesellschaft m.b.H., 1998; R. Bouchal, M. La Speranza „Stumme Zeugen", IX. Kapitel, Flugmotorenwerke Ostmark, Seiten 169-177, pichler verlag, 2013; GR Michael Heidenreich
	Anm.	Der in Laxenburg von Sebastian von Maillard im Jahre 1793 gebaute und später Forstmeisterkanal genannte Wasserweg besaß damals nach seinen Angaben zwei Schleusen, die heute nicht mehr existieren.
	102, 103	102: 2x ÖNB 103: A.WNK
Guntramsdorf	Lit.&Info	Josef Knoll, Josef Müller, Johann Bellositz, „Chronik der Marktgemeinde Guntramsdorf und der Pfarren von Guntramsdorf", Hrsg. und Verleger Marktgemeinde Guntramsdorf, 2004; Josef Koppensteiner, HM-Guntramsdorf
	104, 107	104: Darnaut, HM-Guntramsdorf 107: 6x HM-Guntramsdorf
	108, 109	108: 2x ÖNB 109: 2x Karin Tinhofer

Kapitel	Seite(n)	Nachweise: Die Reihenfolge der Nachweise von Bildern aus externen Quellen erfolgt nach Zeilen und Spalten.
Gumpoldskirchen	Info	Bergerhaus, Schrannenplatz 5, Gemeindearchiv, Horst Biegler
	110	F. Bilko, Gemeindearchiv-Gumpoldskirchen
	112	3x F. Bilko, Gemeindearchiv-Gumpoldskirchen / Kalkofen cc by Karl Gruber 2012-sa
	113, 114	113: 2x F. Bilko, Gemeindearchiv-Gumpoldskirchen 114: 3x ÖNB
	Info	Während der Drucklegungsarbeiten des Buches Ende August 2017 wurde die Kanalbrücke im Zuge des Houskaweges (siehe Bild Seite 111 unten) baufällig. Man sperrte sie für den Autoverkehr und verlegte ein paar Meter kanalaufwärts eine Ausweichbrücke. Dabei kam unter dem historisch nicht getreuen Verputz die ursprüngliche Ziegelgewölbebrücke zum Vorschein, siehe Bild rechts. LANGE1 schreibt zu dem einstmals als Gumpolsdskirchner Brücke bezeichneten Bauwerk Folgendes: „Maillard wählte hier eine besonders „ökonomische" Konstruktion mit 12 Fuß (3,8 m) lichter Weite, da der außerhalb verlegte Umlaufgraben die Wasserströmung aufnahm. Die Brücke blieb bei der Verbreiterung der Schleuse und Erhöhung des Wasserstandes unverändert und wurde vermutlich für Zugpferde unpassierbar".
Traiskirchen	Info	StM-Traiskirchen, Wolfstraße 18, Reinhard Götz, Karin Weber-Rektorik
	116, 118	116 und 118: Abbildungen der Modelle und eines Bildes im StM-Traiskirchen
	119	2x ÖNB
	Anm.	Die beim Kanal in der Badener Straße 29 bei der Fa. klik-Bühnentechnik aufgestellte überlebensgroße Klimtfigur wird im Kapitel XII unter „Kuriosa" beschrieben.
Pfaffstätten	Lit.&Info	J. Hösl, „Chronik Pfaffstätten", Hrsg. Marktgemeinde Pfaffstätten, 1998 J. Hösl, „Das alte Pfaffstätten Ein Bilderalbum mit historischen Fotos", Heimat Verlag 2002 HM-Pfaffstätten, Dr. Josef Dolp-Str. 1, Gunther Kacerovsky; GM-Pfaffstätten, Erwin Brenner
	123, 124	123: Bild Mühle, GM-Pfaffstätten / 4x HM-Pfaffstätten 124: 2x ÖNB
	125	StM-Traiskirchen
Tribuswinkel	128, 129	128: GKB 129: 2x ÖNB
Baden	Lit.&Info	Rollettmuseum Baden, Rudolf Maurer Kurt Drescher, „Die ehemaligen Badener Mühlen", 1990
	131, 133	131: F. G. Barbarini, Rollettmuseum 133: Günter Kerschbaumer / A.WNK
	134, 136	134: Rollettmuseum / Horst Schmid / Rollettmuseum 136: 2x WALLIG
Bad Vöslau	Info	Joelle Kußnow, Tourismusabteilung, GM-Bad Vöslau
	137	Johann Ployer (J. Kußnow)
	139, 140, 141	139: Georg Matthäus Vischer, 1672, pd / Jean-Laurent Mosnier, 1801, pd / 2x StM-Bad Vöslau 140: 3x ÖNB 141: ÖNB / WALLIG
Kottingbrunn	Lit.&Info	Joachim Künzel, „Kottingbrunn Von Einst ins Jetzt", Kulturszene Kottingbrunn, 2010 Christian Linhart, Schlossmuseum Kottingbrunn
	144, 145	144: 3x Schlossmuseum Kottingbrunn 145: GKB
Leobersdorf Schönau/Tr.	Info	HM-Schönau/Triesting, Altbürgermeister Plank
	148, 149 150, 151	148: Kanalhaus Schleuse 35: cc by Herzi Pinki sa 149: 3x HM-Schönau/Triesting 150: 2x ÖNB 151: 2x GKB
Sollenau Ebenfurth Eggendorf	Info	Günter Kerschbaumer
	154	7x Günter Kerschbaumer
Wiener Neustadt	Lit.&Info	INDVM; Brigitta Listmayr, Johann Scherz, „Die Geschichte des Kehrbaches", Blätter des Wiener Neustädter Denkmalschutzvereines, 2015/2016 Stadtarchiv WrN.: Gerhard Geissl, Brigitte Kukla; StM-WrN; Theresianische Militärakademie: Martin Pickl; infoTOWN: Werner Sulzgruber, Heinrich Witetschka; Sektion Austro Daimler, Georg Weinzettel
	157	2x Markus Trösch

Kapitel	Seite(n)	Nachweise: Die Reihenfolge der Nachweise von Bildern aus externen Quellen erfolgt nach Zeilen und Spalten.
	159	GKB / 2x MAILLARD / 3x StA-WrN / 1x StM-WrN / 1x INDVM / Brigitta Listmayr
	160 161-163	4x StA-WrN / Hafen-Magazin: InvM 15x Sektion Austro Daimler
	164	infoTOWN / Cavalieri, 1583, Getty Research Institute pd / Ungar. Nationalmuseum pd / Denkmal Burggarten Wels, G. Anzinger pd
	166	166: infoTOWN 167: 3x ÖNB 169: Markus Trösch / InvM
Lichtenwörth	Lit.&Info	Robert Bachtrögl, „Die Nadelburg Ein Denkmal vom Beginn des Industriezeitalters Geschichte ab 1747", Nadelburgmuseum, 2009 Susanna Steiger-Moser, Pöttsching; Herbert Radel, Neudörfl
	Anm.	**Schlacht an der Leitha:** Der Gedenkstein an die ehemalige Kriegsfleckbrücke erinnert an diese Schlacht. Man weiß genau wann diese stattfand, nämlich 1246, aber nicht genau wo. Mehrere Gemeinden im Raum Ebenfurth, Neufeld, Lichtenwörth, Neudörfl kämen in Frage. **Österreichisches Interregnum:** Bei der Schlacht an der Leitha fiel der kinderlose Herzog Friedrich II. der Streitbare, womit die Babenberger im Mannesstamm ausstarben. Damit begann eine herrscherlose Zeit (bzw. fiel Österreich und die Steiermark als Reichslehen an dieses zurück), die je nach Geschichtsschreibung unterschiedlich lang dauerte. Realpolitisch übernahm um 1252 Ottokar II. Přemysl von Böhmen die Macht, die er durch die Zustimmung der österreichischen Stände und indem er durch die Heirat von Friedrichs Schwester Margarete das Privilegium minus - das auch eine weibliche Erbfolge vorsah - für sich reklamierte. Damit nicht genug, erwarb er mit Hilfe eines Erbvertrages Kärnten und die Krain. Damit wurde er den Kurfürsten wegen seiner Machtfülle suspekt; diese wählten 1273 den zunächst unbedeutenden Rudolf von Habsburg zum König, der von Ottokar die angeeigneten Reichsterritorien zurückforderte und 1276 auch bekam. Ottokars Versuch seine Herrschaft mit Waffengewalt wiederherzustellen scheiterte 1278 in der Schlacht auf dem Marchfeld. Soweit - etwas ausführlicher und dennoch stark verkürzt - die Historie zur Gedenktafel bei der Stelle der ehemaligen Kriegsfleckbrücke in Lichtenwörth. Anmerkung zur Kriegsfleckbrücke: Diese wird am historischen Leporello Lichtenwörther Augränzbrücke genannt.
	170	StA-WrN / GM-Neudörfl, Herbert Radel
	172	Franziszeische Landaufnahme / 2x StA-WrN / 4x GM-Pöttsching, Steiger-Moser
	173-175	173: 3x Robert Bachtrögl / GKB 174, 175: 3x ÖNB
VII.	Info	Onlinelexika, openstreetmap.at, basemap.at- Verwaltungsgrundkarte Österreichs, atlas.noe.gv.at
	182	Brigitta Listmayr, WrN
VIII.	Info	Detto Kapitel VII.
	183, 185	183: David Tinhofer / Markus Trösch 185: 2x BM-Favoriten / GKB
	186, 189	186: ÖNB / 2x GM-Leopoldsdorf / GKB 189: Karin Tinhofer
	190	ubk, 1885, Dorotheum pd / ubk, 1910, Hildegard Hnatek pd / GKB
	191, 193	191: Anton Schiestl, 1924 pd 193: Günter Kerschbaumer
	194, 196	194: Otto Meyer / Markus Trösch / StM-WrN 196: StA-WrN
IX.	Lit.&Info	LANGE2; Hildegard und Franz Wiesenhofer, „Trift auf der Großen Erlauf Brennholz für die Reichshauptstadt Wien", Erlaufer Bildungskreis, 2015; GM-Klausen Leopoldsdorf, Horst Schmid; Pfarre Josefsberg, Heribert Pfeffer; Stiftsarchiv Lilienfeld, Irene Rabl, Lilienfelder Professbuch; Manfred Riss, „Die Fenster bleiben rund! Der Raxkönig Aus dem Leben und Wirken des Georg Hubmer und seiner Leute in historischer Sicht", 1988; Hubmer-Gedächtnisstätte Naßwald; BLKÖ; Alfred Vesely TIMBER-EXPORT e.U.; Karl Brunner, Petra Schneider (Hrsg.), „Umwelt Stadt Geschichte des Natur- und Lebensraumes Wien", Böhlau, 2005; erlebniswelt-mendlingtal.at
	Anm.	**Heizwert und Transportökonomie:** Die Energiedichte von Holz ist mit ca. 15 MJ/kg ($\approx$ 4 kWh $\approx$ 3.500 kcal) relativ gering. Im Vergleich dazu hat Erdöl ca. 42 MJ/kg ($\approx$ 12 kWh $\approx$ 10.500 kcal), also rund 3x so viel. Vergleichsweise benötigt eine Frau mit 55 kg ca. 2.400 kcal, ein Mann mit 68 kg ca. 3.100 kcal pro Tag, die über die Nahrung zuzuführen sind. Beim Transport gilt die logische Regel, dass der Energieverbrauch des Transportmittels nicht höher als die Brennenergie des Holzes sein darf. Für ein Pferdegespann galt die Faustformel von 30 km bzw. die Entfernung, die ein Gespann für Hin- und Rückweg am selben Tag haben darf. Für weitere Strecken kam in der Voreisenbahnzeit eigentlich nur der Wasserweg in Frage. Schon in der Zeit vor dem Wiener Neustädter Kanal, um 1800, wurde der überwiegende Anteil des Brennholzes am Wasserweg nach Wien gebracht und nur rund 20% kamen aus der unmittelbaren Umgebung auf Pferdefuhrwerken in die Residenzstadt.
	202	2x Rollettmuseum / GM-Klausen Leopoldsdorf, Horst Schmid / WALLIG
	204	Hubmer-Gedächtnisstätte Naßwald

Kapitel	Seite(n)	Nachweise: Die Reihenfolge der Nachweise von Bildern aus externen Quellen erfolgt nach Zeilen und Spalten.
	206	Klause am Kraxenbach bei Ruhpolding cc by Nasenbär- sa 2009 / openstreetmap, Christian Kernbeis / Schautafel der Stadt Wien
	208	3x Alfred Vesely TIMBER-EXPORT e.U.
X.	Lit.	GAHEIS
	209, 210	209: Foto des Bucheinbandes des Archivexemplares StA-WrN 210: J. Kriehuber pd / ÖNB
	211	**Baukosten des Wiener Neustädter Kanals:** Der Kanal wurde zwischen 1797 und 1803 währen der napoleonischen Kriege (Koalitionskriege) erbaut. Seit 1762, dem Siebenjährigen Krieg gab es in Österreich auch Papiergeld. Um den andauernden Kursverlust der Papiere zu stoppen wurde 1797, also im Jahr des Baubeginns des Kanals, ein Zwangskurs festgesetzt. 1811 erklärte die Österreichische Regierung schließlich den Staatsbankrott. Dieses ganz kurze Szenario des Umfeldes während der Bauzeit gibt einen Eindruck, dass man schlüssige Umrechnungen von Geldgaben dieser Zeit in eine heutige Währung nicht erwarten kann. In diesem Sinn sind auch die Ausführungen auf Seite 218 unter dem Titel „Was kostet ein Kilometer schiffbarer Kanal?" zu sehen. Der Rechenvorgang für die Ermittlung der Kennzahl Mannjahreskosten kann hier aus Platzgründen nicht wiedergegeben werden. Bei diesem werden als Maßstab die durchschnittlichen Einkommen eines (Bau-) Arbeiters herangezogen. Zu ergänzen wäre noch, dass die € 5 Mio. pro Kanalkilometer samt Brücken und Aquädukten noch immer zu niedrig ausfallen, um plausibel zu erscheinen. Die Erklärung ist bei den sogenannten kalkulatorischen Kosten zu suchen: So wurden der zunächst bauausführenden Kanalgesellschaft Ziegelwerke, Arbeiter und andere Produktionsfaktoren zur Verfügung gestellt, die in der damaligen Ausgabenrechnung nicht zu Buche schlugen. Quellen u.a.: http://erzherzogcarl.bboard.de/board/ftopic-75805382nx22190-206.html Statistik Austria, Geldmuseum der Österr. Nationalbank
	219, 223	219: UMLAUFT 223: StA-WrN / StM-WrN
	224, 225	224: HM-Guntramsdorf 225: NÖLB / WiM
	226-228	226-228: 4x WiM
XI.	Lit.&Info	wien.gv.at; stadt-umland.at; Internationaler Wettbewerb: Reconnect Your Space; Verordnung zur Durchführung von Ausgleichs- und Ersatzmaßnahmen in Maßnahmen- und Flächenpools in Brandenburg (Flächenpoolverordnung-FPV), 2009
	229	Insert: Kanalmodell Jahn in A.WNK
	231	ÖNB / depositphotos_126484500, cc by perrynb, Llangollen at Chirk Aqueduct, 2015
	236	Piestingtal, Christusgrotte, cc by Braveheart-sa, 2016 / Kanalmodell, InvM
XII.	Lit.&Info	Helmut Satzinger, „Frühe Erwerbungen für die Ägyptische Sammlung", Jahrbuch der kunsthistorischen Sammlungen Wien 87, 1991; R. Bouchal, M. La Speranza „Stumme Zeugen", pichler verlag, 2013; Josef Kogler, „Unsere Heimat ACHAU", Hrsg. Pfarre Achau, 2003; SLEZAK2, ehem. Buchhandlung Josef Otto Slezak, Wiedner Hauptstraße 42; Klik Bühnensysteme, Traiskirchen, Mag.a Claudia Skilich; Der Spiegel, 14/1985; Sektion Austro Daimler, Wiener Neustadt; Theresianische Militärakademie, Referat für Öffentlichkeitsarbeit, Martin Pickl, Vzlt
	237	A. de Laborde, Voyage pittoresque en Autriche II, 1821 / „Klimtfigur" Fa. Klik, Badener Straße 29 / Schwemmgutsammlung, Werner Götz, Katzelsdorf
	239, 240	239: BM-Landstraße / WiM / cc wikimedia, 1905; 240: Kanalhafen mit Stephansdom, WiM,
	241	241: KHM 242: P. Wegenstein, 1979, Buchhandlung Slezak / Josef Kogler, Achau
	243, 245	243: Stefan Missinne / 2x Rudolf Soukoup aus Publikation Michael Komarek; 245: Fa. Klik
	246 247	246: Schlossmuseum Kottingbrunn / Sektion Austro Daimler, Wiener Neustadt / Chrysostomus Sandweger, Pfarre Josefsberg 247: Werner Götz, Katzelsdorf
	248	B. Albrecht, Theresianische Militärakademie, Referat für Öffentlichkeitsarbeit

Abkürzungen

Anm.	Anmerkungen, Spezifikationen, Erläuterungen, Begriffsdefinitionen	A.WNK	Ausstellung „Neues vom Wiener Neustädter Kanal", 2017, BM-Simmering (stellvertretend auch für frühere Ausstellungen des BM)
BM-...	Bezirksmuseum	BLKÖ	Biographisches Lexikon des Kaiserthums Oesterreich, Bd. 16
cc	creative commons, schöpferisches Gemeingut	cc ..	by Namensnennung nc nicht kommerziell sa Weitergabe unter gleichen Bedingungen
Geol. BA	Geologische Bundesanstalt	GKB	Gradkartenblatt, auch Aufnahmeblatt genannt, Franzisco Josefinische Landaufnahme um 1873 erstellt
GM-...	Gemeinde bzw. Stadt	HM-...	Heimatmuseum
Hrsg.	Herausgeber	InvM	Industrieviertel-Museum Wiener Neustadt
KHM	Kunsthistorisches Museum Wien	Lit.&Info	Literatur und Informationen
NÖLB	Niederösterreichische Landesbibliothek	ÖNB	Österreichische Nationalbibliothek
pd	Public domain	StA-...	Stadtarchiv
StM-...	Stadtmuseum	WiM	Wien Museum
WiN	Wiener Neustadt	ubk	Unbekannter Autor

Weblinks

https://de.wikipedia.org/wiki/Wiener_Neust%C3%A4dter_Kanal
https://www.wien.gv.at/wiki/index.php/Wiener_Neust%C3%A4dter_Kanal
http://www.walkinginside.at/kanal-forum/
http://www.walkinginside.at/kanal-forum/diplomarbeiten/
     Marina Hufnagl: Staycation in der Region Industrieviertel in NÖ am Beispiel des Wiener Neustädter Kanals, Fachhochschule Campus Wien, Studienrichtung Public Management.
http://www.schifferlfahren.at/2514.html
https://www.youtube.com/watch?v=4gnDFHwGEgE
     Trailer des Videos „SPURENSUCHE AM KANAL" von Josef Kovats

Alle Rechte vorbehalten
Copyright © 2017 by Kral-Verlag, Kral GmbH
J.-F.-Kennedy-Platz 2
2560 Berndorf
Tel.: +43 (0) 660 4357604
Tel.: +43 (0) 2672/82 236-0, Fax: Dw. 4
E-Mail: office@kral-verlag.at

Für den Inhalt verantwortlich: Heinrich Tinhofer | Pressbaum | heinrich@tinhofer.com
Landkarten: arge kartographie | St. Pölten | arge.karto@aon.at
Umschlag und grafische Innengestaltung:
xl-graphic | Wien | xl-graphic@chello.at

Printed in EU
ISBN: 978-3-99024-713-6

Besuchen Sie uns im Internet: www.kral-verlag.at
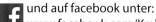 und auf facebook unter:
www.facebook.com/KralverlagBerndorf

Kanalhafen an den Toren Wiens

Doppelschleuse in Wien Landstrasse

Mautstraße beim Linienwall

Kanalbrücke bei Gumpoldskirchen

Schiffsverkehr bei Ma. Lanzendorf

Schleusentor in Sollenau

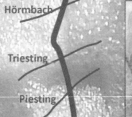

Kanalidylle bei Baden

Schiffsverkehr vor Wiener Neustadt

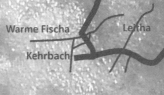

Schiff überquert den Aquädukt
über die Warme Fischa

Kanalbeginn in Wiener Neustadt

Aquädukt über die Leitha

Wienfluss

Liesing

Petersbach

Krottenbach

Mödling

Mühlbach

Schwechat

Hörmbach

Triesting

Piesting

Warme Fischa

Leitha

Kehrbach